U0411095

Public Law and
Government Regulation
公法与政府管制丛书 | 丛书主编：刘 恒

Government Regulation and Administrative Law

政府管制的行政法解读

刘莘 著

图书在版编目(CIP)数据

政府管制的行政法解读/刘莘著.—北京:北京大学出版社,2009.5
(公法与政府管制丛书)
ISBN 978-7-301-15178-5

Ⅰ.政… Ⅱ.刘… Ⅲ.行政法-研究-中国 Ⅳ.D922.104

中国版本图书馆 CIP 数据核字(2009)第 064372 号

书　　名:政府管制的行政法解读
著作责任者:刘　莘　著
责任编辑:肖　菊
标准书号:ISBN 978-7-301-15178-5/D·2291
出版发行:北京大学出版社
地　　址:北京市海淀区成府路 205 号　100871
网　　址:http://www.pup.cn
电　　话:邮购部 62752015　发行部 62750672　编辑部 62117788
出版部 62754962
电子邮箱:law@pup.pku.edu.cn
印 刷 者:北京山润国际印务有限公司
经 销 者:新华书店
650mm×980mm　16 开本　29 印张　428 千字
2009 年 5 月第 1 版　2009 年 5 月第 1 次印刷
定　　价:49.00 元

未经许可,不得以任何方式复制或抄袭本书之部分或全部内容。
版权所有,侵权必究
举报电话:010-62752024　电子邮箱:fd@pup.pku.edu.cn

《公法与政府管制》丛书总序

政府管制是否为公法学研究提供了替代性范式，是一个富有争议性的问题，而无论争议是否有结果以及争议的结果如何，政府管制作为一种研究范式为公法学的研究注入了新的活力，提供了新的概念、术语、研究方法和技巧，这是难以否定的。

经济学家较早地关注和研究政府管制现象，他们通过创设价格管制、进入和退出管制等管制术语来解释市场失灵的现象，为传统经济学研究拓宽了领域。而后，政治学、社会学等学科也加入了研究行列，探求从政府管制中寻找新的研究资源。相对而言，公法学对政府管制的关注起步较晚，因为传统的研究资源基本上已经足够，公法学家们并没有迫切感到术语的缺乏和解释的乏力，按照科恩在《科学革命的结构》中的描述，这时处于一种“范式稳定”的阶段。而随着社会经济的发展，政府必须处理大量社会问题，如贫富分化、环境污染、失业救济、交通整治等，随之而来的必然是行政权力的扩张和行政职能的增加，这种情况在西方发达国家出现在19世纪末20世纪初，在中国则出现于20世纪八九十年代。这就使得公法学，特别是行政法学不得不转移研究重点，将政治、政策、法律等系统变量纳入研究范围，这时候传统公法学研究范式的不足就开始显现了，它们无法解释研究过程中出现的许多新问题和诸多“异常现象”，这种“范式危机”的出现迫使公法学家们不得不去探寻新的“替代性范式”，政府管制研究范式便应运而生。按照美国研究政府管制的行政法学家约瑟夫·P. 托梅恩教授和西德尼·A. 夏皮罗教授的说法，政府管制研究范式可以对诸如管制国家的目标和目的、完善治理的构成条件、新公共议程的内容、官僚政府公共美德的构成条件等传统公法领域所不能解答的问题提供清晰而有解释力的答案。①

---

① 参见〔美〕约瑟夫·P. 托梅恩、西德尼·A. 夏皮罗：《分析政府规制》，苏苗罕译，载方流芳主编：《法大评论》第3卷，中国政法大学出版社2004年版。

国内公法学界近年来也开始重视政府管制，一批中青年学者以极大的热情自觉地从政府管制角度来研究公法问题，各种译著、论文、著作逐步推出，以政府管制为主题的学术会议也相继召开，如2005年11月中山大学法学院主办了“政府管制与行政许可学术研讨会”（本丛书中《行政许可与政府管制》一书即此次会议的成果），2006年5月在厦门大学举行了“政府管制与人权保障学术研讨会”等。

《公法与政府管制》是目前国内专门以公法和政府管制研究为主题内容的系列丛书，我们试图使丛书具有以下特色：

首先，是对现有相关研究成果进行阶段性总结。虽然近年来我国公法学界对政府管制的研究已渐趋热烈，但基本上还处于跟踪国外学术发展的水平，现有成果也多以国外该领域研究的译著或介绍为主，独创性的理论研究成果时有显现，但尚不多见。这种情况既与原有的研究资源和基础有关，也与整个社会背景有关。所以本丛书尽量选择在目前国内政府管制研究方面具有代表性、创见性的公法学著作，以期对目前积累的研究成果作一个阶段性的总结。

其次，为公法学研究拓宽视野。我国传统的学科划分将公法学分割为宪法学、行政法学等部门学科。而我们认为，公法学研究应该具有更加广阔的视野，不应进行简单分割。本丛书立足公法研究而不限于行政法研究的范畴，即考虑到公法学研究领域整合的需要。而国内公法学，特别是行政法学的研究范围，基本上还囿于行政法基础理论、行政行为、行政程序和行政救济等传统领域，政府管制等新兴领域的研究基础还比较薄弱。对有希望成为替代性范式的政府管制研究来说，我们必须拓宽学术视阈，予以足够关注，以使学术更好地服务于社会实践，同时也顺应世界公法学领域研究的发展趋势。

最后，为今后政府管制研究提供一个交流平台。《公法与政府管制》丛书将瞄准本领域的前沿性研究成果，逐步出版一系列著作。本丛书的出版将秉持兼容并蓄的态度，我们希望这是一个开放性的平台，期待与同行们在此进行交流与合作，共同推动我国公法学的研究与发展。

是为序。

丛书主编：刘　恒

2006年11月29日于广州康乐园

自　序

一场细雨,似乎告诉人们春天的到来。春天是万物复苏的季节,春天是一切开始的季节,在这座喧嚣的都市蛰伏了一个冬季后,人们又开始了新的忙碌的一年。回首新世纪过去的八九年,我不禁问自己收获了多少成果呢?

仔细盘点,我欣慰地发现,这几年虽然不是很高产,却也的的确确有些收获。有书,有论文,有长篇,更多的是"短打",拉拉杂杂共计100余件,字数有两百多万。除了自己主编的著作以外,撰写文字也有一百万以上,使得并非勤奋的笔者大受鼓舞。这本集子主要收录了比较长篇一些的论文,另外的几十件短篇杂文计划收录到"随笔集"中出版。本书的议题广泛了些,所以应当交代一下自己思想的脉络,使读者知道本书的章法何在。

有限政府,在西方已经鼓呼了两三百年,我国却是近一二十年方渐为人们所熟知。其实这是关于政府与社会的关系的经验总结和共识。当代是政府权力比较大,其必要性无论在理论上还是社会常识上似乎都没什么疑义,权力超大当然应当防止权力滥用,虽然有人说行政法仅仅靠"限权"是不够的,要强调政府的服务功能,此话固然不错,但倘使服务政府权力很大,也是危险的。因此,强调服务政府,并不能防止政府权力滥用,控制、限制、制约政府的权力是永远没错的,不会过时。当然,从宪政而言,或从政治学、经济学的角度来说,受限制的政府也应当是有为的、有效率的政府,关键是面对具体问题时这个"度"如何把握,这是我们时时遇到的问题,本书中许多文字议论的正是这个"度"的问题。

依法行政是本书的核心话题。依法行政或法治政府是法治国家最重要的部分。因为权力机关议事的权力和司法机关的审判权力,与具有主动性和大量裁量权的行政机关或政府相比较,显然政府行政机关是直接、普遍地面对着社会大众。在传统上行政占主导地位的中国,80%左右的法律实施是靠行政机关,政府能否做到依法行政,就直接关乎建设法治国家的目标能否实现。依法行政是什么,依法行政要求什么,经过学者们的研究已经形成基本的标准、原则体系,但研究不能就此止步。我们经常看到的情形,是社会既有的制度、传统、社会环境,在与继受来的价值乃至制度构建之间的紧张关系、冲突和博弈,这些问题如何解决是我们行政法学人面临的更为深入的研究课题。

程序、救济是上述两个问题的必要延伸,在行政权还非常强大的当下,在社会需要又无法立即将行政权限缩的当下,从程序上控制行政权力无疑是明智的选择。程序并不妨碍行政权的运作、行使,却如同水渠一般引导行政权的正确行使,以使得行使权力的结果更令人信服。最近,笔者甚至认为(见本书“民主、善治与公众参与”一文),也许行政程序在促进行政民主的同时,也会对我国的政治民主产生推动作用。救济与权利是形影相随的,写在宪法上的公民权利,没有救济就形同虚设。救济有许多很专业的问题,如主张权利人的资格,诉讼中如何确定法律的适用,原则在诉讼中的地位和作用,行政诉讼法应当如何修改等,笔者均有所涉及。

法治,简言之是规则之治,但是实质的法治又不仅仅是规则之治,法治不仅仅是将冷冰冰的法条变成现实,法治应当闪耀着人性之光、人性之美。机械地理解法治,刻板地执行法条,或者故意地规避法律,这些现象已经或隐或现,我们在为我国行政法治的快速发展鼓掌叫好的时候,却不能不正视这些现象。这也许是吾辈今后更加任重道远的长期工作。

刘　莘

己丑年阳春于京西寓所三木居

目　　录

第一篇　行政法基础理论研究

第二篇　变迁时代的中国行政法

第三篇　政府管制与行政法

第一篇　行政法基础理论研究

“期成宪草”简评*

自康梁维新以来,中国的宪政运动和制宪活动已历百年。其间屡遭挫折,有时反反复复,有时停滞不前,有时发展缓慢。其经验教训,实有待研究总结。

总的来看,在国家遭受内忧外患之时,专制的政府会做出一定的让步,放松对社会的控制,使得宪政运动和制宪活动相对活跃起来。这样的阶段主要有两个:其一是清朝末期的立宪运动;其二是抗战时期的宪政运动。后者的重要成果就是当时的政治学者和法律学家制定的一部体现宪政主义精神的宪法草案——“期成宪草”。

一、宪政期成会的成立和“期成宪草”的形成

抗日战争的全面爆发为民主力量的集结和壮大提供了历史性的机遇,宪政运动也随之高涨,社会各阶层要求结束一党专制、改革政治、实施宪政的呼声非常高。

1938 年 7 月 6 日,国民政府为了“团结全国力量,集中全国之思虑与识见,以利国策之决定与推行”,特设立国民参政会,作为抗战时期国家最高咨询机构。1939 年 9 月 9 日,国民参政会在重庆召开一届四次会议。本次会议以“推动宪政实行,巩固党派团结”为主要议题。会上,国民党参政院孔庚等 59 人提出《请政府遵照中国国民党第五次全国代表大会决议案定期召集国民大会制定宪法开始宪政案》;共产党参政员董必武、陈绍禹(王明)等 26 人向大会提出了《请政府明令保障各抗日党派合法地位案》;青年党、国社党和第三党[①]领导人左舜生、张君劢、章伯钧等提出《请结束党治立施宪政以安定人心发扬民力而

---

* 本文系与张书克合作,“中国宪政之路”理论研讨会论文,载姜明安主编:《润物无声》,法律出版社 2004 年 12 月版。

① 当时上述各中间党派和中共已经取得合法的地位,成为“国民政府合法但不忠诚的反对派”。

利抗战案》、《改革政治以应付非常局面案》、《建议集中人才办法案》等提案。

其中《请结束党治立施宪政以安定人心发扬民力而利抗战案》提出实施宪政的三项具体办法:(1) 由政府授权国民参政会本届大会,推选若干人,组织宪法起草委员会,制定宪法;(2) 在国民大会未召集以前,行政院暂对国民参政会负责,省、市、县政府分别暂对各级临时民意机关负责;(3) 于最短期内,颁布宪法,结束党治,全国各党派一律公开活动,平流并进,永杜纠纷,共维国命。《改革政治以应付非常局面案》则认为:"国家者,全国国民之国家,而非一党一派之国家,政府者,全国国民之政府,而非一党一派之政府。"该提案对国民党政府对于人才"以党派而划分畛域,因畛域而加歧视"的做法提出了批评。《建议集中人才办法案》则建议政府:用人但问其才不才,不问其党不党。切戒以党之不同而加歧视和防范,并戒以是否亲故为进退人之标准。可见,上述几个提案一致要求政府结束党治、实施宪政。

1938 年 9 月 15 日,大会达成了《请政府明令召集国民大会制定宪法实行宪政案》,随即决议予以通过并提交政府。国民参政会议长蒋中正根据这一议案,指定了以黄炎培、张君劢和周览[1]为召集人,由各党派代表和无党派参政员组成的国民参政会宪政期成会,其任务是协助政府修改宪草,促成宪政。宪政期成会成员为 19 人,后增加到 25 人,包括黄炎培、张澜、张君劢、左舜生、李璜、罗隆基、史良、褚辅成、钱端升、周炳琳、罗文干、陶孟和、傅斯年、章士钊、章伯钧等众多的专家和名流;[2]后来因《自由中国》杂志而名声大振的雷震则任宪政期成会的助理。

1939 年 11 月,西南联合大学罗隆基、周炳琳、陶孟和、罗文干、钱端升等教授,傅斯年、张君劢等期成会会员以及张奚若、杨振声、任鸿隽等学者受宪政期成会委托,研究宪草。这批富有声望和资历的学者对宪政问题颇有研究。他们定时集会研究,并推罗隆基为主稿人。稿成之后,讨论数月,几经修正,最终形成了一个宪法草案。这个宪草文

① 周览,又名"周鲠生"。

② 其余十人为:董必武、杭立武、周览、李中襄、许孝炎、梁上栋、胡兆祥、马亮、王家桢、李永新。

稿后来向宪政期成会正式提出,名为《中华民国宪法草案(五五宪草)修正案》,共7章120条。因这个草案是在昆明研讨而形成的,故又称为“昆明宪草”。

1940年3月30日,宪政期成会经过10天的努力,以“昆明宪草”为基础,参考救国会沈钧儒等提出的《我们对于五五宪草的意见》和共产党参政员董必武等提出的《关于国民大会组织法、选举法及五五宪草的意见》,并综合褚辅成等其他参政员以及重庆、上海、成都各团体的意见,最终形成了《中华民国宪法草案(五五宪草)之修正案》。由于这个草案是由宪政期成会同人起草的,故被简称为“期成宪草”。

二、“期成宪草”对“五五宪草”的修正

“期成宪草”共138条,分8章:第一章总纲、第二章人民之权利义务、第三章国民大会及国民参政会、第四章中央政府、第五章地方制度、第六章中央与地方、第七章国民经济、第八章宪法之施行及修正。

“期成宪草” 是以“五五宪草”[①]为基础并对“五五宪草”进行修正而成的。

“期成宪草”对“五五宪草”或存或改或补或删,其中比较重大和重要的修正是以下几个方面:

1. 增设国民大会闭会期间常设机关——“国民议政会”

为解决“人民政权运用不灵”的问题,“期成宪草”在第三章增加了第二节“国民大会议政会”,共8条。这是“期成宪草”对“五五宪草”最大的修正。根据“期成宪草”的规定:在国民大会闭会期间设置国民大会议政会,议政员为150—200人,由国民大会互选之,“任期为3年,连选得连任”。[②] 国民大会议政会议政员不得兼任公务员。[③]

“期成宪草”第41条具体规定了议政会的九项重要职权。在这些

---

① 《中华民国宪法草案》于1936年5月2日由立法院通过,5月5日由国民政府公布,故称“五五宪草”。

② 参见“期成宪草”第37、39条的规定。转引自章伯锋、庄建平主编:《民族奋起与国内政治》(下),四川大学出版社1997年版,第1185页。本篇文章“期成宪草”的条文皆出自此书,下文不再注明。

③ “期成宪草”第40条。

职权中，有的职权在“五五宪草”中属于立法院享有。宪政期成会同人指出，“五五宪草”没有完全依循孙中山的权能分治原则，因为立法院是治权系统中的一个立法技术性机构，其职权应是就立法事项向各院及各部委提出质询；根据国民大会确定的立法原则，制定法律，再提交国民大会审议复决。正如张君劢在参政会上作说明时所言：“立法院为政府之一部，依据中山先生遗教，只能行使治权。”[①]而“五五宪草”第 64 条规定：“立法院有议决法律案、预算案、戒严案、大赦案、宣战案、媾和案、条约案及其他关于重要国际事项之权。”显然，上述职权属于政权，而不属于治权。在任何一个立宪国家，这些重大事项均由国民或其代表机关来讨论决定，而“五五宪草”却将这些权力划归只应掌握治权的立法院，造成了治权侵越政权的现象。“期成宪草”试图理顺政权与治权之划分，将“五五宪草”中立法院拥有的权力移交给国民大会议政会。就“期成宪草”第 41 条第(一)、(二)、(三)项的规定来看，不仅原本属于立法院行使的议决戒严案、大赦案、宣战案、条约案等重要职权，一律移交给议政会；对于预算、决算及法律案，因为这三项牵涉到政权与治权两方面，故立法院也只能做出初议，议政会则握有创制立法原则及复决之权，即议政会控制了立法权，立法院则成为一个专门性的立法技术机关。议政会有“权”，立法院有“能”，这与孙中山的思想相合。

根据“期成宪草” 第 41 条的规定，议政会在国民大会闭会期间代行监督治权的职能。“五五宪草”虽规定掌握行政权的总统(以及行政院)和中央政府其他四院分别对国民大会负责，同时国民大会对中央法律有创制权和复决权。但在实际运作中，由于国民大会闭会期间没有常设机构，人民的“政权”无法监督和控制政府的“治权”。为了充分体现孙中山“以权制能”的宪政原则，“期成宪草”特设议政会，以便在国民大会闭会期间代表国民大会行使一系列监督政府的权力。

首先是议政会对五院的制约。“期成宪草” 第 41 条第(四)项规定：在国民大会闭会期间，议政会受理监察院依法向国民大会提出之

---

① 张君劢：《中华民国宪法草案修正草案说明书》，载章伯锋、庄建平主编：《抗日战争》第 3 卷《民族奋起与国内政治》(下)，四川大学出版社 1997 年版，第 1196 页。

弹劾案，且监察院对行政、司法、立法、考试、监察各院院长、副院长之弹劾案，经国民大会议政会出席议政员三分之二通过时，被弹劾之院长、副院长即应去职。同时，议政会亦有权对行政院院长及部委长官提出“不信任案”，只要经出席议政员三分之二通过时，行政院院长即应去职。① “昆明宪草”的起草人认为：“议政会对行政院可通过不信任案，但不能弹劾总统，此为人民对行政有限度之监督制裁”，其好处是使总统用人“必能选贤举能”。②

其次是议政会对总统的监督。“期成宪草”第41条第（六）项规定：议政会“对国家政策或行政措施，得向总统及各院院长、部长、委员会委员长提出质询，并听取报告”；第（三）项规定：“凡经议政会复决通过之法律案，总统应依法公布之。”另外，议政会“对于监察院提出之总统、副总统弹劾案，经出席议政员三分之二决议受理时，应即召集临时国民大会，为罢免与否之决定”。③ 为必要之处置，总统虽有权发布紧急命令，“但发布命令后，应即提交国民大会议政会追认”。④

根据上述规定，国民大会议政会在国民大会闭会期间代表国民大会对政府行使监督权，实际上相当于国会，成为国家权力重心。这样，总统及行政部门的权力便受到议政会较多的制约。而“五五宪草”仅规定国民大会“每三年由总统召集一次”，会期一个月（第31条）。“组织庞大，会期稀少短促”，且由“总统召集国民大会而罢免总统，固为不近情理之事”，这就使得国民大会闭会期间的五种治权及凌驾于五种治权之上的权力中心总统缺乏制度上的制约，从而导致“国民缺乏行使主权的有效方法”。⑤

另外，“期成宪草”还对国民大会议政会议政员的言论免责、人身

---

① 参见“期成宪草”第41条第（五）项的规定。

② 参见张君劢：《中华民国宪法草案修正草案说明书》，载章伯锋、庄建平主编：《抗日战争》第3卷《民族奋起与国内政治》（下），四川大学出版社1997年版，第1196页。

③ “期成宪草”第41条第（四）项。

④ “期成宪草”第53条。

⑤ 罗隆基等：《五五宪草之修正》，载《再生》第45期，1940年4月10日。转引自石毕凡：《近代中国立宪主义思潮的演进——从“五五宪草”到“期成宪草”》，载《法制与社会发展》2003年第2期。

自由的特别保障、议长的选举,以及议政会的会期进行了规定。[①]

2. 提高了司法权的地位

"期成宪草"有关司法院的职责,司法院解释法律、命令的权力,以及法官依法律独立审判,法官任职保护等方面的规定和"五五宪草"基本相同。[②]

"期成宪草"对"五五宪草"的下述修正意味深长,颇堪注意:

(1) 根据"五五宪草"第76条规定:"司法院为中央政府行使司法权之最高机关",而"期成宪草"第83条则规定:"司法院为中华民国之最高法院";

(2) 根据"五五宪草"的规定:"司法院院长对国民大会负其责任"[③],而"期成宪草"则取消了上述规定;

(3) 根据"五五宪草"第77条第1款的规定,司法院院长(及副院长)有任期的限制,任期为三年,且没有规定可以连任,司法院院长的任职缺乏稳定性。"期成宪草"则没有对司法院院长的任期做出限制。

"期成宪草"对"五五宪草"的上述修正体现了起草者的用意:一是提升司法机关的地位;二是增强司法机关的独立性,使之尽量摆脱代议机关和行政机关的干涉,形成一个相对独立的司法权力中心。

3. 增加"中央与地方"一章,以"划清中央与地方之职权"

"期成宪草"第六章"中央与地方"为"五五宪草"所无。该章共三条。第119条是原则性的规定:凡事务有全国一致之性质者,划归中央;有因地制宜之性质者,划归地方。第120条则对中央的权限进行了列举。而根据第121条的规定,第120条未列举的剩余权力则留给地方行使。

4. 将"五五宪草"第七章"教育"予以删除

仅在人民之权利义务部分规定:人民有依法律受国民教育之义务

---

① 参见"期成宪草"第42—44条的规定。

② 可对比"五五宪草"第76、79、80、81条和"期成宪草"第82、84、85、86条的规定。

③ "五五宪草"第77条。

(第22条),以符合宪法"条文简短、字句明确"之旨。[①]

5. 改变了解释宪法的机关

根据"五五宪草"第142条的规定,宪法之解释,由司法院为之。而"期成宪草"第135条则规定,宪法之解释,由宪法解释委员会为之。宪法解释委员会设委员9人,由国民大会议政会、司法院、监察院各推3人组织之。宪法解释委员会设委员长1人,由委员互推之。

三、"期成宪草"政体设计的特点

由上所述,我们可以看出,"期成宪草"对"五五宪草"中的政体设计修正较大,其政体设计明显不同于"五五宪草"的政治体制,从而体现出了自身的特点。

从总体上说,"期成宪草"的政体设计体现了权力分立、相互制约、相互平衡的宪政精义。"五五宪草"是以孙中山五权宪法学说为基础的。孙中山对西方的代议制民主存有偏见,他倾心的是卢梭式的直接民主。其思想虽被国民党人奉为圣经,但却过于原则,流于空疏,而缺乏可操作性。在五权宪法学说享有话语霸权的情势下,宪政期成会同人尽量发挥和利用五权宪法学说中有利于民主宪政的因素,并在五权宪法学说的框架内,在执政党意识形态的制约下,在形式上采用五权分立的体制,而实质上则把分权制衡原则运用到宪法草案中,使之体现出宪政主义的色彩。他们试图通过提升立法权和司法权的地位,以改变民初以来立法权不振、司法权不强,以及党权和行政权专横的政治局面,最终在国民大会及议政会的立法权、总统及行政院的行政权、司法院的司法权三权之间建立相互制衡的机制。

正因为如此,除去"期成宪草"身上的迷雾,剥离它身上五权宪法学说的外衣,我们看到的仍然是代议制民主权力分立互相制约的本

---

① "昆明宪草"的起草人原拟将"五五宪草"第六章"国民经济"一章也全部删除。后在宪政期成会讨论时,宪政期成会以"经济政策为现实各国内政上争执之点,中山先生对此问题,尤有其特别见解,应著之宪章,以垂久远"为由,予以保留。参见张君劢:《中华民国宪法草案修正草案说明书》,载章伯锋、庄建平主编:《抗日战争》第3卷《民族奋起与国内政治》(下),四川大学出版社1997年版,第1199页。

质。可以说,“期成宪草”设计的是一种分权制衡的政治体制。详言之,“期成宪草”在以下三个方面体现了三权分立、互相制约的机制:

第一,作为民意机关的国民大会及议政会既掌握立法权,又对掌握行政权的总统及行政院发生牵制作用。根据“期成宪草”第33条的规定,国民大会选举总统、副总统;罢免总统、副总统、行政院院长、副院长。“期成宪草”第55条明确规定:“总统对国民大会负责”。第41条则规定,议政会行使议决戒严案、大赦案、宣战案、条约案等重要职权;对于预算、决算及法律案,议政会握有复决的权力(议政会还有权创制立法原则);议政会“受理监察院依法向国民大会提出之弹劾案”(包括对总统、副总统、行政院院长、副院长的弹劾案);议政会有权对行政院院长及各部部长、各委员会委员长提出“不信任案”;议政会有权针对国家政策或行政措施,向总统及各院院长、部长、委员会委员长提出质询,并听取报告;凡经议政会复决通过的法律案,总统应依法公布,没有否决权。

另一方面,总统也拥有牵制议政会的权力。这表现在以下几方面:(1)对于议政会通过的对行政院正、副院长的不信任案,总统有不同意权,“总统对于议政会对行政院院长或副院长通过之不信任案,如不同意,应召集临时国民大会为最后之决定”,“如国民大会否决议政会之决议,则应另选国民大会议政会议政员,改组国民大会议政会”。[①] 这是总统在间接行使对议政会的否决权。(2)国家遇有紧急事故须为急速处分时,总统只需“经行政会议之决议”,便可发布紧急命令,尔后方提交议政会追认。[②] (3)总统可通过其领导下的行政院向立法院提出法律案和预决算案,作为议政会制定法律、复决预决算的依据,以此来间接介入和制约立法权。

第二,对于行政权与司法权的关系,“期成宪草”规定:“司法院设院长一人,由总统任免之”;[③]另外,总统依法行使大赦、特赦、减刑、复权之权(第50条),司法院无权干涉,这便构成了行政权对司法权的牵制。而司法院也有制约总统及行政院的权力:司法院掌理“行政诉讼

---

① “期成宪草”第41条第(五)项。

② “期成宪草”第53条。

③ “期成宪草”第83条第2款。

之审判",并有"统一解释法律、命令之权",这使司法机关可以追究违反法律的一切行政官员。同时,司法院人员还是宪法解释委员会的成员之一,而后者享有司法审查权,可以宣布行政立法或总统的某些行为违宪。[①] 更重要的是,身份及物质保障使法官有终身任职的可能,使他们能够摆脱立法权和行政权的控制而独立审判。

第三,对于立法权与司法权的关系,"期成宪草"规定,议政会只要以三分之二多数通过监察院提出的对司法院正、副院长的弹劾案,则正、副院长即应去职。国民大会及议政会创制、复决的法律一旦生效,司法院就必须执行,除非该法律被宪法解释委员会宣布为违宪。这体现的是立法权对司法权的制约。另一方面,司法权对立法权也存在制约:司法院作为宪法解释委员会的成员之一,审查立法权的行使是否违宪,如果某一项法律被宪法解释委员会宣布为违宪,那么司法院便可以不予适用。

另外,在中央与地方的关系上,"期成宪草"采中央、地方分权体制,这也体现了分权制衡的思想。孙中山提出"均权主义"的概念,主张以事务的性质作为划分中央与地方管理权限的基本准则,"凡事务有全国一致之性质者,划归中央;有因地制宜之性质者,划归地方。"[②] 孙中山尤其重视县自治,其所构想的地方政制以县为基层自治单位,以省为最高自治主体并与中央均权。可以说,地方自治的构想是孙中山思想中的精华。但是,"五五宪草"虽规定在县、市实行地方自治[③],却同时规定"省政府执行中央法令",省长"由中央政府任免"。[④] "期成宪草"在中央政府层面引入分权制衡机制的同时,在中央与地方的关系上也引入了分权机制。"期成宪草"保留了"五五宪草"有关县、市实行地方自治的规定,同时规定:省议会享有"议决省预算、省决

---

① "期成宪草"第134条规定:"法律与宪法抵触者无效,命令与宪法或法律抵触者无效。"第135条规定:"宪法之解释,由宪法解释委员会为之。宪法解释委员会设委员九人,由国民大会议政会、司法院、监察院各推三人组织之。"

② 《孙中山全集》第9卷,中华书局1986年版,第123页。转引自石毕凡:《近代中国立宪主义思潮的演进——从五五宪草到期成宪草》,载《法制与社会发展》2003年第2期。

③ 参见"五五宪草"第五章第二节、第三节的规定,第103—115条。

④ "五五宪草"第98、99条。

算”、“议决省单行规章”和“向中央提请罢免省长”等权力。[1] 并在中央与地方的职权划分上采取列举中央政府的职权、剩余权力留给地方的做法。[2] 这就类似于联邦国家联邦与各邦之间的权限划分。

四、“期成宪草”的命运

“期成宪草”的设计者崇尚权力分立、相互制约的原则，这与孙中山所主张的国民大会集权体制和建立高效运行的“万能政府”的目标南辕北辙。更为重要的是，“期成宪草”的起草者以结束党治、实现宪政为目的，并认为前者是后者的必要条件。[3] 他们设计的政治体制以议政会为重心，以司法独立为重要特点，一旦实现该宪政构想，国民党的训政与党治便很难再继续下去，这是存有“打天下者坐天下”观念的国民党人[4]所绝对不能接受的。这就决定了“期成宪草”在当时的命运。

1940 年 4 月，国民参政会一届五次大会在重庆召开，宪政问题是主要议题之一。5 日下午，大会正式讨论宪政期成会历时数月所提出的五五宪草修正案（即“期成宪草”），由国民参政会议长蒋中正主持。立法院院长孙科首先报告“五五宪草”的起草经过，并强调说它以建国大纲为依据，完全是“遵奉总理的三民主义”，具有“过渡性和进步性”，并认为这部宪草“大体可采用”。[5] 他对“期成宪草”持保留态度，

---

① 参见“期成宪草”第 106 条。

② 参见“期成宪草”第 119、120、121 条。

③ 在宪政提案审查委员会扩大会议上，各民主党派参政员和国民党参政员之间就“结束党治”展开了激烈争论。罗隆基（国社党党员）和李璜（青年党党员）发言最多、最激昂，徐傅霖（国社党党员）也挺身而出，大呼：“一党专政不取消，一切都是空谈！”参见邹韬奋：《关于宪政提案的一场舌战》，载章伯锋、庄建平主编：《抗日战争》第 3 卷《民族奋起与国内政治》（下），四川大学出版社 1997 年版，第 1169 页。

④ 1932 年 4 月，在“行都”洛阳召开的国难会议上，罗隆基和熊希龄、谷锺秀、李璜一起质问汪精卫，国难会议为什么不谈政治？汪精卫说：“国民党的天下是打出来的，你们不满意，尽管革命好了”，罗隆基他们愤然而退。台湾《传记文学》第 39 卷第 3 期，第 36 页。转引自谢泳：《罗隆基评传》，载谢泳编：《罗隆基：我的被捕的经过与反感》，中国青年出版社 1999 年版，第 30 页。

⑤ 参见孙科：《在国民参政会一届五次大会上关于宪草草议经过的报告及其内容的说明》（1940 年 4 月 5 日），载《国民参政会资料》，四川人民出版社 1984 年版，第 139—149 页。

尤其对增设国民大会议政会"力持反对"。[1]

接着,张君劢以宪政期成会召集人的身份,作了40分钟的报告,说明期成会开会的经过和修正"五五宪草"各点的理由。他指出:国民主要是通过代议机关审议预算决算、质询行政方针、参与和战大计以及提出对政府的不信任案来监督政府的,"若此等政权人民不能行使,可谓民国之政权完全落空"。"五五宪草"的最大弱点即在于人民政权运用不灵,立法院并非政权机关,而两千余人的国民大会每三年才集会一次。在国民大会的政权无着落的情况下,常设性的议政会可以弥补其缺陷,成为"经常的国大"。张君劢强调,设置议政会并不违背五权宪法遗教,也不会对"政府有能"的原则和总统的权力造成损害。[2]

此时议长蒋中正起立致辞。其谈话要旨是:

总理遗教"权能分开"与"政权和治权划分之原则",在制定宪法时必须奉为准则;

综观各国宪政历史,一国之宪法,实行之始,规定愈详细,愈繁密,尤其对政府职权限制愈严格,就愈不易实现;

制宪时,必须了解我国国情,而在开国之始必须有一个有能的政府,不可一概模仿欧美。[3]

第二天,大会继续审议宪草问题,蒋中正主持会议。会议一开始,国民党参政员和在野党派参政员就围绕国民大会闭会期间是否需要设立常设机关,以及"政权"与"治权"的区分等问题,展开了一番舌战。国民党参政员认为:"政权只有选举、罢免、创制与复决四种",至于"期成宪草"赋予议政会的"预算、决算、宣战、媾和等权",则"不能算作政权"。他们主张国民大会闭会期间不必设立议政会,只要"将国

---

① 梁漱溟:《论当前宪政问题》,《梁漱溟全集》第6卷,山东人民出版社1993年版,第553页。转引自石毕凡:《近代中国立宪主义思潮的演进——从五五宪草到期成宪草》,载《法制与社会发展》2003年第2期。

② 以上请参见张君劢:《中华民国宪法草案修正草案说明书》,载章伯锋、庄建平主编:《抗日战争》第3卷《民族奋起与国内政治》(下),四川大学出版社1997年版,第1194—1199页。

③ 出自:www. chungcheng. org. tw.

民大会会期改为每年一次”即可。[1] 中间党派参政员则认为,议政会拥有的权力属于政权而非治权,并反复说明设立议政会也是依据孙中山的遗教,没有违背权能分开的原则。罗隆基、左舜生、邹韬奋、王造时、董必武等参政员力主“设立常设机关”,指出国民大会即使每年召开一次,也不能很好地解决“人民政权运用不灵”的问题。[2]

在双方争论甚烈、宪草其他各点尚未展开讨论的情况下,蒋中正发表了一篇批驳“期成宪草”的长篇演说。其谈话要旨是:

(1) 五权宪法的创制和权能区分的发明,主要目的在防止欧美各国议会政治之弊,故主张直接民权,使人民有权,政府有能;

(2) 依照政权与治权的分别,预算、宣战、媾和、缔约之决定,究竟何处?此一问题,可作保留,要依施行时之实际利弊,详加研究;

(3) 国民大会闭会期间应否设置常设机构如议政会一案,依据总理遗教五权宪法的精神,似可不必,否则成为一变相的议会,违反权能分开之精义;

(4) 我国颁行宪法,必须顾及中国历史环境和现实情况,宪法要有弹性,要顾及第一、二届行宪之人,树立良好模范,使宪法能够实行,能立信于天下;

(5) 将来宪法的条文不可太繁密,规定不可太详细,要将我们几千年来社会习惯和不成文部分,贯注于全部宪法的精神内,使之初步施行,能切合人民实际的程度和国家真正的需要。

最后,蒋中正宣告讨论结束,决定将宪政期成会的修宪草案及各人意见记录并送政府斟酌处理,待国民大会来作最后的决定。这等于将“期成宪草”无限期地搁置起来。

1940年9月18日,国民党五届157次中常会以“各地交通受战事影响,颇多不便”为借口,宣布原定于1940年11月12日召开的国民大会不能按期召开,会期另定。中国的宪政运动再次遭受挫折。

---

① 参见金鸣盛:《政权与治权》,载《时事类编特刊》第53期,宪政宪草专号,1940年6月10日。转引自石毕凡:《近代中国立宪主义思潮的演进——从五五宪草到期成宪草》,载《法制与社会发展》2003年第2期。

② 参见:《参政会昨第六次会,宪草辩论结束》,载重庆《大公报》1940年4月7日。转引自同上。

“期成宪草”失败的命运充分表明：中国国民党不愿放弃“党在国上、党国一体、以党治国”的做法，缺乏实施宪政的诚意。可以说，党权政治(即党治[①])是中国实行宪政和法治的最大障碍。在一党制政治体制没有发生根本变化的情况下，制定符合宪政主义标准的宪法文本基本上是不可能的，更遑论实现宪政。[②]

结语

18 世纪末，法国人声称：“凡权力未分立、权利无保障之社会就不足以言有宪法。”[③]这句简短的话很好地概括了实现宪政的手段和目的。可以说，宪政是一种为保障个人权利而进行的制度安排；而最好的制度安排，就是权力之间的相互制约和相互监督。

宪政期成会同人大多有留学欧美研习政治和法律的经历，深受西方自由主义政治哲学和宪政实践的影响，希望在中国建立宪政体制以保障人权。这批政治学者和法律学家，对宪政问题有了极为透彻和到位的理解，他们对宪政的坚持和守护预示着中国发展的正路。而“期成宪草”由于引入了分权制衡因素，实际上是对“五五宪草”中总统集权体制和国民党党治主义的否定，深得宪政主义之精髓。可以说，至少在 20 世纪中期以前，中国众多的宪法文件(包括宪法和宪法草案)

---

① 所谓党治，即由一党统治，由一党独裁之意。在党治之下，党权高于一切，政治取决于一党的全体党员。党的决议在事实上乃至在形式上就等于法律；党更可以用决议的方式随时取消或变更法律。参见王世杰、钱端升：《比较宪法》，中国政法大学出版社 1997 年版，第 413、425 页。简单地说，党治等同于“党员治国”，奉行的是“非党员不能做官、为做官仅可入党”的做法。可参见罗隆基：《我对党务上的“尽情批评”》，载《新月月刊》第 2 卷第 8 期(1929 年 10 月 10 日)；罗隆基：《我们要什么样的政治制度》，载《新月月刊》第 2 卷第 12 期(1930 年 2 月 10 日)。显而易见，信奉党治主义的人忘掉了一个重要的事实：任何党(包括执政党)只是全体国民中的一部分(在英文里头，party 既有“党”的意思，也有“部分”的意思)。

② 有关党权政治的兴起及其对中国宪政的致命影响，可参见陈小平：《党权政治的兴起及对中国宪政的影响》，载《自由主义与当代世界》(《公共论丛》第 6 辑)，三联书店 2000 年版；陈小平：《当代中国的宪政道路》，载 www. gongfa. com.

③ 法国《人权和公民权利宣言》第 16 条。

中，"期成宪草"（尤其是其政体设计）是最接近宪政真义的宪法文本，应当在中国的宪政史上占有一席之地。

参考文献

论文类：

1. 陈波：《"期成宪草"探微——抗战时期民主宪政运动的重要成果》，载《湖北大学学报》（哲社版）2000 年第 3 期。
2. 石毕凡：《近代中国立宪主义思潮的演进——从"五五宪草"到"期成宪草"》，载《法制与社会发展》2003 年第 2 期。
3. 兰芳：《1939 年中间党派的宪政提案评述》，载《历史教学》2002 年第 7 期。
4. 王永祥、王丽华：《论中间党派在 1939—1945 年宪政运动中的宪政设计》，载《南开学报》1998 年第 1 期。
5. 陈小平：《党权政治的兴起及对中国宪政的影响》，载《自由主义与当代世界》（公共论丛第 6 辑），三联书店 2000 年版。
6. 陈小平：《当代中国的宪政道路》，载 www.gongfa.com.
7. 罗隆基：《期成宪政的我见》，载谢泳编：《我的被捕的经过与反感》，中国青年出版社 1999 年版。原载《今日评论》（昆明）第 2 卷第 22 期，1939 年 11 月。

著作类：

1. 四川大学马列教研室编：《国民参政会资料》，四川人民出版社 1984 年版。
2. 孟广涵主编：《国民参政会纪实》（上、下卷），重庆出版社 1985 年版。
3. 章伯锋、庄建平主编：《抗日战争》第 3 卷，《民族奋起与国内政治》（下），四川大学出版社 1997 年版。
4. 王世杰、钱端升：《比较宪法》，中国政法大学出版社 1997 年版。
5. 张学仁、陈宁生主编：《20 世纪之中国宪政》，武汉大学出版社 2002 年版。
6. 张国福：《民国宪法史》，华文出版社 1991 年版。
7. 殷啸虎：《近代中国宪政史》，上海人民出版社 1997 年版。
8. 徐祥民等：《中国宪政史》，青岛海洋大学出版社 2002 年版。

论赋税与宪政的关系*

一、问题的提出

赋税制度,从时间和空间、纵向和横向看,古今中外均自有国家开始而有之。它是国家有机体得以持续生存的物质经济基础,也是个体存在与发展的一个重要促进(或限制)因素,赋税制度对国家政治统治的重要性自不待言。

就中国而言,历史上有过成功的赋税制度改革,如秦国商鞅变法,"开阡陌封疆"、"废井田",统一赋税,并且"平斗桶、权衡、丈尺"以方便税收和交易,以法律形式废除奴隶制的土地制度,肯定土地所有制的合法性,发展了封建经济,使秦国在短短的二十年间由弱变强,得以统一六国。①

也有改革以失败而告终,如北宋王安石变法。北宋中期,土地兼并急剧扩张,官吏贪赃枉法,地主依仗权势影庇税户,国税流失严重,阶级关系紧张,农民造反与士兵暴动此起彼伏,再加之边疆连年战争失败所引起的"岁赐"与"岁币",使宋廷陷入严重的财政危机和社会

---

* 本文系与许炎合作。

① 战国时期,秦孝公任用商鞅变法,"为田,开阡陌",推行土地个人私有制,提高土地利用率,井田制彻底瓦解,将对土地之赋课变为严格意义上之赋税。商鞅变法前后共两次,涉及经济和赋税的主要变革包括:废除井田制,"任其所耕,不限多少",承认土地私有和买卖;废除世卿世禄制度,即废除旧贵族特权;实行"重农抑商"政策,禁止游手好闲、弃农经商,运用赋税调节农商关系;鼓励分居立户,即一户有两个以上成年男子不分家的加倍赋课,鼓励棉粮生产;山林川泽收归国家所有,按土地多少赋税;按人口抽人头税,按人口征兵;为便于统一征收赋税,统一了度量衡。这些改革措施使农业生产得到发展,赋税上的履亩而税奠定了我国历史上的田赋征收制度。商鞅变法为秦统一中国奠定了良好基础。参见王志端主编:《中国赋税史》,中国财政经济出版社 1998 年版,第 24 页。

矛盾之中。王安石在税制上的变革,如均输法、青苗法、免役法、方田均税法、保甲法等,[①]虽限制了大官僚、大地主、高利贷者们的剥削,增加了政府赋税收入,但因新法损害既得利益集团的利益,遭到守旧者的强烈反抗,即使作为最高统治者的皇帝也无力调和,改革最终失败,社会矛盾进一步加剧。[②]

还有的税制改革尽管本身很成功,但没有同时解决社会矛盾,无

---

① 均输法曾出现于汉代,王安石实行此法的目的是在不增加赋税的情况下,增加向国家输送财赋的数量和效用。青苗法是将原常平、广惠仓敛散法加以改造和扩大而成的。每年夏秋之际百姓青黄不接时,依其自愿,向政府申请贷款,次年收获时附加20%的利息还给政府。推行此法的目的是保护农民生产的积极性,在青黄不接的时候,由国家贷款给农民予以资助,防止富户对贫苦农民进行高利贷盘剥,抑制土地兼并。宋代的职役法扰民之重,早为有识之士所重视。熙宁二年,王安石主张废除差役法,设立雇役法或称募役法、免役法,熙宁四年正式全面实施。新法规定的核心是出钱免役、变差役为雇役。方田均税法是王安石变法中对田赋制度的改革。根据方田均税法的主要条文,田赋定税的依据是土地,即按耕地(地形、地貌及土质)优劣分五等定税,这与唐末以资产多少为据定税的两税法颇有不同。北宋的夏秋两税明确为田亩税,"均"在于一律依据耕地的优劣定税,税额限制在旧额内,不许增展"凡越额增数皆禁之"。所以,"均税"并非调整税额。另外,方田均税法不是仅为一纸法令,而是由丈量、定等、公布、书户帖(户帖即田亩赋税册)、登账(庄账即土地册)等程序严格配套,确保方田均税法的实施,使两税的征收得以规范化,纳税人的负担也才可能较为合理。保甲法则是采用胥吏作为中央政府的基层代表,使国家直接与个人联系,这一做法成为中国全能主义社会政治结构之滥觞,影响一直延续到现代中国。参见马海涛、李将军:《王安石财政思想及其史鉴价值研究》,载《现代财经》2003年第8期;郑学檬主编:《中国赋役制度史》,上海人民出版社2000年版,第393页,第342—343页;陈伟:《东西方近现代化比较视野中的王安石变法——以国家问题为中心的新考察》,载《南京社会科学》2002年第8期。

② See Anderson, Greg, "To Change China: A Tale of Three Reformers", (2001) 1 *Asia Pacific: Perspectives* 1—18;田莉姝、周海燕:《论王安石的经济法律思想》,载《云南大学学报法学版》2001年第2期。

法挽救政权走向末路,如唐朝末期杨炎的"两税法"。[1] 唐末时,一方面是藩镇割据与中央政权的矛盾,另一方面是土地所有制发展导致的均田制破坏,贫富分化日益严重,引起财政危机。"两税法"虽改革了征税办法,使赋、役负担趋向合理,增加了政府财政收入,但并未能同时解决另一重要矛盾,致使社会动荡不已,五代十国的分裂割据遂成为中国历史的组成部分。

然而,不论赋税制度的改革成功还是失败,中国历史上始终没有出现一种近现代西方意义上的立宪政府。从西方的经历与经验来看,税收是议会之母,反对国王对私有财产权的侵犯从议会开始。对于西欧国家来说,征税被视作特别事务,必须征得议会同意。当国家陷入财政危机时,国王与其政府往往不得不寻求各种途径获得税收或借款,在与国王就财税事项上的不断博弈过程中,议会逐渐发展成为限制国王权力的机构,迫使政府建立信用,一步步走向现代意义上的法治和宪政。有趣的是,西方国家通过赋税制度发展出一套约束、规范政府的法律原则与制度,而有着悠久赋税制度历史的中国,却未能促

---

① 唐代中期,土地兼并日益加剧,土地占有形式发生很大变化。以缓解地主与农民在土地占有方面的矛盾为目的的均田制,无法继续推行下去。土地私有制的发展必然导致均田制的破坏,因其与均田制相抵牾。开元年间,法令弛坏,土地兼并导致农民无田流亡;再加之人口变动,户籍久不清理,贫富变化极大,致使唐王朝失去据以课税的土地和人丁,以此为据的租庸调制失去了存在的基础。除去这些外在环境的变化,均田制和租庸调制本身亦有弊端。尽管唐初它对恢复农业生产和繁荣经济起到了积极作用,但此后由于减轻对土地买卖的限制,土地兼并加剧,官吏普遍受田又进一步助长了土地私有制的发展。并且唐初的贵族、宗室和官僚大地主都享有免税免役的特权,占有大量土地而又无需纳税,因此沉重的税负落在自耕农身上。所以均田制实际上并不"均",租庸调制对农民也没有带来太多好处。因势所趋,两税法应时而生。根据史料所载,两税法的主要内容概括起来有如下特点:第一,将一切租调杂徭合并为一,以垦田数为基础分夏秋两次征收,故曰两税法;第二,量出为入,即先对国家财政支出数额进行预算,再据此确定收入的总数,分配给各地方向农民征收,以限制滥征苛敛,减轻人民负担;第三,按财富多少为课征标准征税,这一"以资产为宗"的征收原则与租庸调制迥异;第四,两税征收按钱计算。参见吴兆莘:《中国税制史》,台湾商务印书馆股份有限公司 1965 年版,第 60—64 页;王志端主编:《中国赋税史》,中国财政经济出版社 1998 年版,第 75—76 页;郑学檬主编:《中国赋役制度史》,上海人民出版社 2000 年版,第 271 页。

成建立有效控制政府权力,保障个体权利与自由的制度,是什么原因导致了结果的不同?

如何回答这些问题,正是本文希望在研究中有所发现的。

二、经济结构决定社会对法治的需求

中世纪时的英国几乎是一个自给自足的国家,国际贸易主要依靠羊毛产业,羊毛基本向佛兰德斯[①]出口。如同法国一样,英国的对外政策受到与佛兰德斯纺织品贸易关系的影响。英国的纺织品工业在15世纪时为国家资本的快速积累提供了基础,同时使普通人有可能拥有一部分剩余资本,并拥有相应的私有财产。在这一时期,英国经济结构上的特点不同于其他传统的小农社会。传统的小农社会以家长制为主导,实行大家庭结构,妇女地位不高,具有紧密的熟人联系、经济上自给自足,家庭是社会的劳动单元。而在英国,如同艾伦·麦克法兰所说,至少从13世纪起,它就可被看作是一个具有流动性、以个人趋向为主导的社会,一系列涉及财产、继承和妇女法律地位的正式规则确定了其独特的小农社会结构。[②]

中世纪时法国的一个重要特征是封建君主制经济体制的确立。15世纪英法百年战争结束后,王权力的扩张使法国成为一个强大的君主专制国家。社会被分成三个等级:第一等级是大封建主和教会僧侣,第二等级是贵族,第三等级是农民和其他人。文艺复兴时期的法国是一个农业国家,农业生产仍停留在中世纪时的技术水平,工业发展主要体现在印刷和冶金业。但采矿和玻璃制造业作为重要的工业生产部门得到贵族的投资,丝绸业也创造了生机勃勃的市场,亚麻与大麻纤维作为主要出口产品得到广泛生产。法国港口城市鲁昂(Rouen)是当时全国的第二大城市,里昂(Lyon)则是法国银行业中心和国际贸易市场。16世纪和17世纪时国家工业进一步发展,法国成

---

① 中世纪欧洲的一个伯爵领地,包括现在比利时的东佛兰德省和西佛兰德省以及法国北部部分地区。

② 参见〔美〕阿兰·麦克法兰:《英国个人主义的起源:家庭、财产与社会变迁》,牛津:布莱克维尔出版社1978年版(英文)。

为当时欧洲品位和时尚的先驱。[①] 农业则因效仿英国和意大利的成功而取得显著进步。法国的经济可说是一种高度重商主义、保护主义和干预主义相结合的经济形式。虽其仍是封建专制统治的自然经济，商品经济的发展受到专制君主的严格干预，但其商品经济具有强大生命力，这种经济形式势必要求对私有财产权进行有效保护。遗憾的是，专制的法国政府不能满足这一日益强烈的需求。

在早期的德意志，依据熊彼德所说，若没有财政上的迫切需求，创建近代德意志国家的直接原因或许就不复存在，“经济当然是根本”。[②] 个体经济的出现打破了以往的经济秩序。14 世纪席卷欧洲的黑死病过后[③]，由于经济、宗教和政治上的变化，欧洲社会逐渐步入近代时期。在德国，货币经济的出现引起贵族与农民之间的对立；一种原始的资本主义经济体制逐渐从封建体制中蜕变出来。中世纪时，德意志已发展出强大的经济实力，以行业公会和手工制造为基础，同时存在商人资本主义和重商主义因素。德意志发达的城市贸易遍及欧洲乃至世界其他地区，当时达到顶峰的汉萨同盟甚至影响着其他国家的内国政治。[④] 在对外贸易方面，德意志几乎常处于顺差的有利位置。[⑤]

美国的经济发展源于 16 世纪到 18 世纪期间欧洲殖民者和移民者对经济利益的无限追求。早期殖民地的繁荣来自于毛皮贸易，但整

---

① 参见〔美〕琼·德珍：《风格的本质：法国人如何创造时尚、美食、别致的咖啡馆、风尚、品位与魅力》，纽约：自由出版社 2005 年版（英文）。

② 参见〔美〕约瑟夫·熊彼得：《赋税国家的危机》，载理查德·斯维德伯格编：《资本主义的社会学与经济学》，新泽西：普林斯顿大学出版社 1991 年 9 版（英文），第 108—109 页。

③ 黑死病在 1346 年至 1350 年间大规模袭击欧洲。鼠疫导致欧洲人口急剧下降，死亡率高达 30%。当时人们无法找到药物治疗，只能使用隔离的方法阻止疫情蔓延。有学者认为，这场黑死病沉重打击了欧洲传统的社会机构，削弱了封建和教会势力，间接促成后来的文艺复兴和宗教改革。参见《黑死病》，载“维基百科”，http://zh.wikipedia.org/wiki/%E9%BB%91%E6%AD%BB%E7%97%85#.E6.AD.B7.E5.8F.B2.E4.B8.8A.E7.9A.84.E5.A4.A7.E6.B5.81.E8.A1.8C。

④ 参见《汉萨同盟》，载“维基百科”，http://zh.wikipedia.org/wiki/%E6%B1%89%E8%90%A8%E5%90%8C%E7%9B%9F。

⑤ 参见斯迈泽：《国内经济》，载《德国研究》（英文），http://lcweb2.loc.gov/cgi-bin/query/r?frd/cstdy:@field(DOCID+de0092).

个殖民地人民的生活仍主要依靠小块农地耕作,经济基本属于自给自足。随着殖民地的发展,支柱性产业开始出现。殖民地建立了造船行业,修造渔船并买卖船只。到 18 世纪时,人民的生活标准除奴隶外有了极大提高,甚至超过英国本土,显示出殖民地经济的繁荣。①

从上述简单描述中可以看到,与封建自然经济相伴随的是一种早期形态的资本主义经济。当贸易拓展到一个领地之外,市场扩充为一种区域性贸易时,不仅表明多边贸易在更大空间的增长以及专业交易市场的出现,而且表明贸易伙伴在数量上的增加。贸易活动的频繁以及产业的专业化使得一个自由市场成为必需。

用经济术语分析,市场范围的扩大导致交易成本的迅速增加。适应过去小规模农村交易的紧密社会关系网络,被更陌生的交易参与者取代,因而需要花费更多的社会资源以确保交易的有效进行。尽管在近代欧洲,宗教规则能给交易者提供某种行为标准,但其有效性取决于交易者自愿遵守的程度。不断扩展的贸易增长产生交易成本上的两个重要问题:一是代理人问题,二是处于不同地区的交易者履行合同的问题。与此同时,资本市场的创立,以及拥有大量固定资本的制造业公司的发展,需要某种具有强制性的政治秩序维持。这种对保护私有财产权和维护交易安全的需求,使一种能有效保证跨时间和跨地区履行合同的政治法律制度得以产生。② 其实这也是有需求就有市场的一种表现。市场经济的发展需要一系列明确的规则和有效率的制度,这样,作为交易参加者的普通民众才能公平地进行贸易,合同才能得到有效履行,私有财产权利才能安全。然而,以君主专制为特点的旧有政治体制不能满足这一经济形式的必然要求。君主的专制权力、贵族阶层的特权和市场上的某些政府垄断都对贸易和商业构成威胁。

除了资本流动性、信息成本和私有领域的风险分散问题外,对私有财产权最大的危害来自统治者的任意征收,其中大多以赋税形式课

---

① 参见〔美〕杰里米·阿泰科、皮特·帕萨尔:《美国历史的新经济学视角:殖民时代至 1940 年》,纽约:诺顿出版社 1994 年第二版(英文)。

② 参见〔美〕道格拉斯·诺斯:《制度、制度变迁与经济绩效》,剑桥:剑桥大学出版社 1990 年(英文)版,第 120—122 页。

征，尤其在巨额军费引起财政困难时这种课征更甚。显然，旧制度与新兴的商品经济之间存在不可调和的矛盾。经济结构和政治制度之间的冲突，加剧了权力专制的问题。权力上的任意武断必须受到控制。在君主及其政府持续存在的财政需求，与商人和市民对信用的要求不断增长的过程中，专制逐渐受到限制，成为宪制。在英国，光荣革命之后，同样限制王权和议会的新政治体制使财产权变得安全。在法国，1789 年大革命后，人民主权赢得胜利的同时，受法治观念激发的个人自由意识不断提高。在美国，一个统一的联邦政体、分权与制衡和对财产权利的保护制度，促进了对资本市场至关重要的长期合约的发展，促使美国经济迅速增长。"二战"后的德国，政治和经济上的领导人都迫切希望尽快恢复经济，他们认识到经济是社会繁荣的必要手段，也是民主和社会稳定的必要基础。

这些说明，经济结构是促进宪政产生和发展的决定性因素。自由市场的内在本质激发了平等、可预测性、确定性等基本法治原则的形成，加强了对政府权力合法性与合理性的诉求。反过来，这些观念及其实践又证明自身的可接受性和与市场经济的适应性。的确，当一种政体不能再符合自由市场的要求时，当赋税变成最明显和最直接的方式加剧冲突的存在时，某种变化必然发生，以纠正不适应的旧制度并产生恰当的新制度。经济结构为宪政发展提供了基础和可能性。

中国自古以农业立国，中国改革开放前，都处于以农业为基础的社会形态中。农业几乎全部为小农经营，不同于西方近现代时期的工商业经营。民国时期统计，我国农户中自有土地之自耕农约占 46%，佃农占 30%，半自耕农占 24%。无论何者，他们拥有的资本都相对较少，田地范围狭小，多依赖家庭共同劳作，雇农户数仅约占农村住户总数的 1.57%。[①] 因此，我国小农经营的劳动力主要由家庭供给，经营主与劳动者混为一体。并且在农村，储蓄者就是投资者，农民生产的产品以粮食为主，纳税后除一部分供家庭消费外，若尚有剩余部分则供出售，还有预留的一小部分作为次年之种子，供明年再生产。生产所需肥料为家庭自储，不需或较少需要向市场购买，故工业化鼓励投

---

① 参见马寅初：《财政学与中国财政——理论与现实》（上），商务印书馆 2001 年版，第 11 页。

资在小农经济下较难施行。我国这种农业经营的目的并非牟取利润，而是为求生存。与西方的资本盈利不同。

中国之所以实行几千年这种小农经营模式，在于农业经济能自给自足。中国幅员辽阔，在全国各地气候土壤差异极大，所生产的农作物种类很多。在主要粮食生产不足的时候或地区，人民可依靠杂粮维持生计。因此粮食供给上基本可自力解决，不必依赖外界市场。虽然自由工商业在春秋时即已存在，但传统思想和社会现实中商人的地位很低，"节制资本"一直是政府传统的经济政策，治理方式上除从汉武帝时期开始实行"盐铁政策"，由政府统制盐铁官卖，禁止日用必需品为商人牟利垄断外，并不鼓励资本的扩大再投资，因而直到清代都未有垄断性的大资本家出现。

经济结构上以农业为主，财政上依赖田赋税收，农业经营以家庭式小农经营为模式，再加上政府对土地兼并的抑制和打击，中国的商品经济在历史上难以成为国家经济形式的主体，这也限制了工商业资本家阶层的形成。即使出现工商业资本家，往往很快受到政府管制，没有一个比较稳定的阶层拥有足够的对抗能力，进一步保护和发展财产所有权以及相应的政治和社会权利。明代始，为维持大帝国内部的平均与稳定，统治者及其政府宁可削弱部分工商业发达地区的商品经济。[①] 这种措施无疑限制了以此为基础的近现代税制的出现，而会计和银行制度基本未得到发展，客观上妨碍赋税征管的有效性和借助赋税控制政府权力的可能。财产权利的缺失自然扩展为人身权利的缺失。作为对比，西欧资产阶级在封建庄园的自然经济解体之后，通过商品贸易积聚了大量财富，出于保护交易和财产安全的需要，尤其是在反对专制君主任意征税和对财产权侵犯的过程中，资产阶级发展出一系列贸易规则以及法律规则，在财政赋税上形成对王权及其政府的限制。

中国进入现代社会之后，直到改革开放前实行的都是国家计划经济，这一经济形式在法律上消弭了个体对财产的所有权，政府的行政权力全面渗透到社会和经济中。在国家做出是否保留个体私有制的

---

① 参见黄仁宇：《十六世纪中国明朝的赋税与财政》，伦敦：剑桥大学出版社1974年版（英文），第2页。

政策之前,人民并无决策前的发言权和决策后的选择权。从经济学上看,高度公有化的经济难以解决诸如规模经济(如集体经济)的管理等问题。国家控制的公有经济依靠党政行政官僚等机制对集体生产实施监管,但由于缺乏激励机制,尤其在集体生产活动的基层,从而引起生产的低效率或无效率。一项研究表明,20 世纪 60 年代初期经过调整的人民公社,并没有排除国家对所有权的干涉,农村和农民的贫困依然十分严重。[①] 赋税在农村以公粮的形式、在城市以企业利润的形式转变成国家所有,掩盖了纳税的事实。国家试图消灭农民的所有权来加快国家工业化的进程,导致经济效率低下和人民生活水平提高缓慢,体制运行费用高昂,自我调整机制僵化,损害了国家政府职能的正常发挥,也影响到政治机构合法性的权威。因此,中国经济结构上的改革肇始于农村,在对个体所有权确定和保护的过程中商品经济得以发展,并逐步为宪法和法律所肯定。这种经济制度的变化,促使法律制度和政治制度随之改变。上述内容说明经济结构在客观上对政治体制的约束。

三、政治结构的不同使得赋税具有约束政府的效果

赋税是维持国家生存的物质手段,古已有之。赋税与宪政,并非简单的因果关系。赋税是资产阶级革命以后支撑宪政的基石,其原因在于资产阶级革命以后的政治结构与以往不同。资本主义以前专制类型国家,其财政收入主要源自基于土地所有关系的地租,或国家所掌控的物质能源垄断收入,政治的作用不过是维持王权或专制统治,财政收入的获取实质是强制性的"夺取",这实际是一种家产国家。但当新阶级在旧的社会中生长出来后,家产式的索取就会遭到反对。因而无例外地,资产阶级革命均发端于赋税。

英国　1215 年的英国,大封建主联合骑士与城市上层迫使英王约翰签署了《大宪章》(Magna Carta),它具有封建契约性质,首次正式表达了"无代议士不纳税"的思想。[②]《大宪章》是英国宪法的开始,虽然

---

① 参见周其仁:《产权与制度变迁:中国改革的经验研究》,北京大学出版社 2004 年版,第 26 页。

② 参见《大宪章(英译本)》,第 12、14 条,载"大英图书馆"。

仅是英王对封建贵族妥协让步的契约,但表明君主的权力并非无限。其后的亨利三世于1258年在牛津召开讨论征税的大会议[①],力图举债远征西西里,遭到贵族兵谏反对,被迫接受限制王权的《牛津条例》。该条例规定,议会法是最高权威,一切法令不得与其相悖;国家的一切税收应交付度支部而非王家金库,大会议每年必须按时举行三次,等等。国王须信守承诺,以换取贵族的财政援助。《牛津条例》被看作英国的第一部成文宪法[②],经大会议批准征税逐渐成为英国的政治传统。

国家财政收入的转移促使骑士和平民政治地位提升,到14世纪爱德华三世时,国会由临时机构转变为永久性机构,骑士和市民代表参加国会成为一种稳定的制度,并逐渐发展成上、下两院。1337—1453年,英法两国因贸易利益和争夺王位而爆发百年战争,战争引起巨额开支,但英王开征新税必须取得议会同意。在此过程中,下院取得了批准征税权,加强了与国王讨价还价的实力并逐渐获得立法权。此后,1628年的《权利请愿书》创制了禁止不承诺课税原则,提出未经国会一般性同意,任何人不承担税金及其他类似负担,不受强制性约束;[③]1689年的《权利法案》彻底改变了英王的政治地位,议会获得对财政事务的排他控制权,国王独立的收入来源被限制。更为重要的是,议会从此取得对政府支出进行审计的权力,对王权形成了有效的财政限制。[④]"光荣革命"和《权利法案》使英国从此走向君主立宪制政体,标志着"议会至上"的开始。

美国 美国的前身北美十三州,是英国的殖民地。随着英国本土宪政的发展,英国政府为取得收入将财税负担转嫁给殖民地。七年的英法战争(1756—1763年)后,英国政府无力支持驻美军队军费,于是

---

① 在英国国会产生之前,国王宫廷中已有由教、俗大封建主组成的"大会议",负责向国王提出建议、讨论税收等大事项。

② 参见《牛津条例》,载《大英百科全书2007》(英文),http://www.britannica.com/eb/article-9057827。

③ 《权利请愿书》第X条,载"宪法经典图书馆"(英文),http://www.constitution.org/eng/petright.htm。

④ 《1689权利法案》,载"宪法经典图书馆"(英文),http://www.constitution.org/eng/eng_bor.htm。

在1764年和1765年分别通过《砂糖条令》和《印花税法》,对殖民地强制征税,激起各阶层的反抗。[①] 殖民地人民认为英国政府通过税收"抢夺"了他们的私有财产。1765年殖民地国会宣布,"没有人民亲自或由其代表同意,不得对其征税,这对于一个民族的自由必不可少,这是英国人民不容置疑的权利"。[②] 殖民地人民认为,作为纳税人他们有权向英国议会派遣议员,但这一宪法权利未得到英国议会的尊重。由此,"无代议士不纳税"作为一项重要宪法原则在美国宪法文件中确定下来。1776年《弗吉尼亚权利法案》不仅规定了这一原则,而且在第6条明确阐释赋税与代议制民主之间的关系:"在议会中代表人民的代表之选举,应为自由选举;凡一切有充分证据证实其与社会有永久共同利益,并爱护社会的人们均有选举权;未经他们本人或他们以此种方式选出代表之同意,不得对他们课税,或为公共用途剥夺他们的财产。"[③]

但英王及议会拒绝给予殖民地派遣代表的权利。迫于压力,英议会最终撤销《印花税法》,但1767年的《汤森法》向在殖民地出售的英国产品征收重税,再次引起殖民地的暴力冲突。1770年"波士顿大屠杀"迫使英议会取消《汤森法》,但其仍保留对茶叶课税。英王乔治三世认为,必须保留一种税以维持对殖民地的课税权。为此,殖民地爱国者和激进分子争辩,只要茶税继续存在,英国议会对殖民地的控制权就始终存在。因此,茶税成为导火索,最终点燃美国独立战争。[④]

美国独立之初面临巨大的战争欠款,在各州都互相推诿财政责任的现实情形下,只有建立一个具有独立财政大权的联邦政府才能解决这一严峻问题。因此,1787年《美国宪法》加强联邦政府权力,尤其是征税权,该法第8条赋予国会各种赋税财政权力,第10条则对各州财

---

① 参见《殖民地人民之反抗》,载《美国历史简要》(英文),http://www.let.rug.nl/usa/H/1990/ch2_p5.htm。

② 1765年《印花税法议会之权利宣言》,载"宪法经典图书馆"(英文),http://www.constitution.org/bcp/dor_sac.htm。

③ 参见《弗吉尼亚权利法案》,载"宪法经典图书馆"(英文),http://www.constitution.org/bcp/virg_dor.htm。

④ 参见《争议中的无代议士征税》,载《美国历史简要》(英文),http://www.let.rug.nl/usa/H/1990/ch2_p6.htm。

政权力做出明确限制。同时为防止权力滥用,宪法设置了分权制衡、司法审查等一系列政治法律制度。[①] 正是基于一个比较正确的赋税体制的确定,美国逐步走上经济繁荣之路。

德国 从公元10世纪起,日耳曼王国也即德意志王国在奥托一世的统治下强盛起来。由于帮助教皇平定内乱,奥托一世于962年被加冕为"神圣罗马皇帝",德国从此被称为神圣罗马帝国,地域包括意大利北部。但掌管尘世事务,肩负主要职责的是保卫教会的"神圣罗马皇帝",为了与上帝的代理人、管理世人灵魂的罗马教皇争夺地位,在三个世纪里屡屡与教皇交手用兵,使得国库匮乏,国力削弱,最终德国皇帝受制于德国内部的各大诸侯。13世纪早期的德国皇帝对这些大诸侯作了许多至关重要的让步,把关税权、开办集市权、铸币权都划入大封建主的权力之内,使大封建主变成各邦诸侯。而到16世纪宗教改革前夕,德国已四分五裂成几百个相互竞争的公国、公爵领地、主教辖区和自由城市;有七大选侯,十几个大诸侯,二百多个小诸侯,上千个独立的骑士领地。[②] 迫于财政危机,王位继承人不得不请求封建主和各领主同意征税。他承认德国皇帝没有命令权,不会损害大封建主的利益[③],并提出诸如土耳其战争这类事务不是其个人事件而是一种"共同紧急事件"(common exigency)的征税理由。作为同意征税的交换,大封建主取得征税和赋税使用的控制权。但"以多数决为基础的纳税义务,甚至更为普遍的纳税义务,以及法律所控制的在宗主与封臣之间的纳税负担的分配,发生得都十分缓慢"。[④]

---

① 参见《美国宪法》,载"美国国家档案"(英文),http://www.archives.gov/national-archives-experience/charters/constitution.html。

② 参见〔美〕约瑟夫·熊彼得:《赋税国家的危机》,载理查德·斯维德伯格编:《资本主义的社会学与经济学》,新泽西:普林斯顿大学出版社1991年版(英文),第102页。

③ 这是德意志皇帝签署的《保证条款》的内容(Schadlosbriefe, Letters of Indemnity)。熊彼得认为,如果这种权力控制的机制能毫无间断地发展下去,《保证条款》或许会成为英国《大宪章》那样的宪法文件。

④ 参见〔美〕约瑟夫·熊彼得:《赋税国家的危机》,载理查德·斯维德伯格编:《资本主义的社会学与经济学》,新泽西:普林斯顿大学出版社1991年版(英文),第107页。

在熊彼得看来，正是这种“共同紧急事件”促使近代意义上的德意志国家的诞生。因此他认为，赋税在德意志从封建国家解体到民族国家建立的过程中起了关键作用，“赋税不仅促使国家诞生，而且促进国家的组成。赋税制度是国家的基本要素，它的发展推动其他国家机构的发展。”①不幸的是，德国在形成近现代的赋税国家之后，战乱频仍。“铁血宰相”俾斯麦当政时期，取得强大的宰相权力，议会权力相对软弱。他无视议会的财政预算与监督，不顾其责难，独断征税与决定财政支出，这种违宪行为却因在战争中为德国赢得胜利而获得议会的赦免。在他统治下的德意志帝国，宰相只对皇帝负责，议会仅有少量的立法参与权和拒绝通过预算法案的权力。德国循着历史的惯性沿着军国主义道路愈走愈远，尤其是第二次世界大战，带给了自身和世界巨大的灾难。可见，德国赋税制度在这段历史进程中，对于限制统治者权力所起的作用较小。这从反面说明，绝对的国家权力会对国家和人民造成绝对的灾难，必须建立一种法治政体防止权力滥用，保护人民权益。

法国 从12世纪开始，法兰西封建国家逐渐脱离政治动乱和无政府状态：腓力二世时(1180—1223年)建立行政官僚体制，为日后法国实行君主集权奠定了基础；腓力三世时改革司法制度，设国王法庭并进行币制改革；腓力四世时，王权继续得到加强。腓力四世对教产征收20%的所得税，遭到教皇反对，于是他断绝了教廷在法国的收入。为巩固征税的合法性，加强与教皇斗争的力量，腓力四世于1302年召开三级会议，这是法国议会制度的开端。所谓“三级”是指会议的参加者包括教士、贵族和市民三个等级。三级会议不定期举行，国王具有完全主动权，往往在需要征收新税时才召开。尽管三个等级各有一票表决权，但前两个等级是特权等级，意见常常一致，在讨论如何分担税额时，第三等级虽人数众多，但因只有一票，处于非常不利的境地。与英国国会相比，三级会议的权力很小。在与英国长期作战的过程中，君主的财政权力进一步加强，腓力四世不仅向国王的领地征税，而且

---

① 参见〔美〕约瑟夫·熊彼得：《赋税国家的危机》，载理查德·斯维德伯格编：《资本主义的社会学与经济学》，新泽西：普林斯顿大学出版社1991年版(英文)，第108页。

采取一系列措施把征税范围扩大到整个法兰西王国。[①]

英法百年战争期间，由于法国不断战败，激发了法国人民的民族意识，三级会议决定全力支持国王。1439 年国王被许可可不经三级会议同意征收新税，成为国王以后停止召开三级会议的原因之一。民族自卫战争的名义使得国王的征税权在战争中得以合法化，并使国王的政治天敌——教会和贵族的政治势力遭受极大削弱。百年战争结束后，法国成为一个统一的民族国家，形成了君主集权的专制体制。[②] 到 16 世纪随着法国工商业的发展，王权进一步增强。在既无议会传统又无普通法职业阶层的法国，由于罗马法格言诸如“君主不受法律约束”符合新兴王权所需，因此罗马法在法国适用，极大地促进了王权的繁盛。

在路易十四执政期间（1661—1715 年），法国高度中央集权的君主专制达到鼎盛。在他统治期间，法国成为当时欧洲的霸主。国王的权力无限（“朕即国家”，*L'état, c'est moi*），尤其是财政权。他征收的赋税主要包括商业税（*aides, douanes*）、盐税（*gabelle*）和土地税（*taille*）。[③] 当时法国的税收制度规定贵族和僧侣不必纳税，因此沉重的税负完全落到农民和正在兴起的中产阶级（市民）身上。战争、王室的挥霍无度及政府贪污导致财政赤字，路易十四不得不加重对农民的税收。重税、对贵族的削权以及毫无政治权力的市民阶层的不满，成为导致法国大革命的政治、社会和经济原因。

大革命爆发前夕，法国的国家经济基本破产。1789 年路易十六为解决财政问题，被迫召开三级会议。国王希望会议批准征税，但第三等级代表不同意增税，并宣布征税非法。他们自行组成国民议会，宣称国王无权否决国民议会的决议，此后国民议会改称制宪会议，要求制定宪法，限制王权。路易十六调集军队解散议会，巴黎人民发动起

---

① 参见〔美〕詹姆斯 · W. 汤普逊：《中世纪晚期欧洲经济社会史》，徐家玲等译，商务印书馆 1992 年版，第 29—34 页；参见《腓力四世》，载《天主教大百科全书》（英文），http://www.newadvent.org/cathen/12004a.htm。

② 参见周刚志：《论公共财政与宪政国家》，北京大学出版社 2005 年版，第 75 页。

③ 陈刚：《宪法化的税法学与纳税者基本权》，载于〔日〕北野弘久：《税法学原论》，陈刚、杨建广等译，中国检察出版社 2001 年版，第 15 页。

义,攻占象征封建王权专制的巴士底狱。国王不得不承认制宪会议的合法地位,制宪会议成为实际上的最高国家权力机关。在议会中,君主立宪派起主要作用,通过法令废除封建制度,取消教会和贵族的特权。1789 年 8 月 26 日制宪会议通过《人权和公民权利宣言》,该宣言第 13 条、第 14 条和第 17 条明确阐释了赋税存在的必要性,征税权的归属,私有财产权的神圣不可侵犯,更重要的是提出赋税平等原则,将人民的赋税权利扩展到监督税的使用方面。[①] 这些规定对以后赋税原则的发展具有深远影响。从此,法国成为君主立宪制国家。

与上述西方国家相比,中国的情形不同。中国历史上的政治体制大致可划分为两个时期,即秦以前的"封建政治"和秦以后的"郡县政治"。封建分封制,是地方分权和依赖血缘关系划分管理区域。郡县制实质则是中央集权。在此体制下,国家政治权力的中心在中央,一切行政、军政、财政、外交、用人之权皆出于中央,地方各级政治机构是中央政权的派出机构。郡是最重要的一级行政区,郡之长官全面管理一郡之军事、经济、文化和司法,拥有地方重权;县低于郡,县之长官负责县内的赋税、征兵、政令及法令的推行。[②] 以地域划分为基础进行统治和管理,"天下皆为郡县,子弟无尺土之封",任何贵族失去"食土子民"的权能[③],因而这一制度具有稳定性。虽元、明以后确立行省制度,但实际上仍是郡县制度的变异。戊戌变法后,虽引入宪政、联邦制等新思想,但中国的行政体制与管理仍受郡县制度的影响。

自秦至清,上是统一的中央政府,下是郡县地方政府,通过考试任用政府官吏,形成了职业行政官僚阶层。这一阶层在未进入政府之前,属社会中的"士"。隋唐的科举制度使魏晋南北朝时期的"门第社会"逐步崩溃。考试给社会中的普通人提供了进入政府的可能性,使政治与社会通过"士"阶层联系起来。考试以儒家经典为标准,因而儒

---

① 《人权和公民权利宣言》第 13 条、14 条、17 条,载"宪法经典图书馆"(英文), http://www.constitution.org/fr/fr_drm.htm。

② 参见王泽伟、范楚平:《秦汉郡县制对我国政治制度文明建设的启示》,载《理论探索》2004 年第 4 期,第 97—98 页。

③ 参见王亚南:《中国官僚政治研究》,中国社会科学出版社 1981 年版,第 57 页。

家思想与理论得以渗透于社会,并成为行政官僚统治的手段。

为保证中央集权的有效性,统治者必须要保证行政官僚对上级的服从与效忠,这样才能加强对地方的控制,不至于危害统治者的王朝安全。统治者必须依靠行政官僚实行管理,除了在思想上严格以儒家理论的等级服从等观念控制外,还必须通过对官僚的生计和升迁的控制,来保证行政官僚对其人身的依赖和意志的服从。尽管这种科层式的由上至下的管理体制,能比较有效地实施中央集权,但由于信息不甚畅通,各地方情况差异较大,统治者及其中央政府制定的法令在地方往往得不到一致遵行。因此,实际上,皇权受到来自行政官僚的约束,统治者无法严密而有效地控制各级官僚。儒家思想在限制各级官吏的同时,也限制统治者自身,如“轻徭薄赋”、“勤政爱民”等历来就是区别仁君与暴君的标准。皇权在实践中还会受到“相权”的制约,“王室”与“政府”骈立并峙。明代虽废宰相,但仍有“内廷”与“外朝”之分,宰相之下,政府百官严格划分职等,其中有“御史”和“史官”,前者可以直言朝政问题,后者必须忠实记录朝政事件,构成对皇权的另外一种限制。因而,中国过去的君主集权实际受到行政官僚的制约。但即便如此,君主的裁量权仍很大,能对各级官吏的人格性服从予以控制。

在各级地方政府中,除中央直接任命的“职官”外还有“吏”。吏是辅佐正式官员的办事人员。官员在各地之间轮换,但吏固守本地,熟悉地方情势。官员虽通过考试进入仕途,但所学非所用,地方政府多为吏把持。官吏虽有数量额定,但实际数目远远超过正数。官吏的薪金在“节制资本”的传统思想下十分微薄,因而为维持生活和完成行政管理职能,官吏贪污十分普遍,除在赋税征收上营私舞弊外,收入来源还有受贿与盘剥百姓。明清后期,农村实行保甲制度,保甲组织中的执事人员也要从征赋、派差中取得收入,所以地方上的开支是一笔无法查清的庞大数目。[①] 在进行管理的过程中,随着管理事务的扩大和事务的分化,行政管理部门日益膨胀。因缺乏上级对下级的有效监管,工作效率低下。

---

① 参见黄仁宇:《十六世纪中国明朝的赋税与财政》,伦敦:剑桥大学出版社1974年版(英文),第306—323页;周育民:《晚期财政与社会变迁》,上海人民出版社2000年版,第480页。

但是,行政官僚能从这种制度中牟取利益,而普通人又存在加入这一牟利集团的可能性,所以尽管过去在王朝之末总会爆发农民起义或战争,但暴力平定之后行政官僚制度总能重新恢复,原因就在于官僚阶层被统治者收买,为其利益俘获,而普通百姓缺少实质性变革的动因,同样存在被收买的可能性。因而,行政官僚制度虽对统治者集权构成一定限制,但因与其利益一致,会千方百计维护手中特权和政治体制,不会真正对社会进步负责。

应当说中国古代的官僚制度对于维持王朝统治起了重要作用,但与韦伯所论述的"理想类型"官僚制相比,首先,官僚的管理职能缺乏必要分工,集行政和司法权力于一身,容易导致权力腐败;其次,官员缺少专门的行政管理技能和法律知识,降低了管理效率,这从另一面说明过去赋税和土地户籍管理不善的问题;最后,缺乏严格的成文规章制度规定官僚组织内部的机构设置、职责权限、人员编制与组织运作等。[①] 在这种官僚体制中,法处于从属地位,官僚呈现非理性取向。所以,中国过去的官僚体制难以演变成现代官僚制。[②]

近现代以来,随着帝国主义的入侵,中国革命的实践使得民主主义、个人主义等理想幻灭,最终选择了社会主义的制度。社会主义理论上要摈弃官僚制,但由于我国长期实行计划经济,所以行政管理虽与过去有很大不同,本质上仍沿袭官僚制传统。传统的行政官僚制本身存在矛盾,等级结构中层级数量和下属数量的增加,导致信息和控制的减弱乃至丧失。布坎南的公共选择学派理论指出,行政官僚本人也是理性经济人,以追求自我利益最大化为首要目标,为谋求职业发

① 参见谈志林:《官僚制与中国行政组织制度的演进路经》,载《学术探索》2004 年第 6 期,第 24—27 页。

② 在政治学上,官僚制指现代国家条件下,以相对专业化的行政人员为主体所构成的政府的一系列制度、体制、组织结构和原则的总和。它既是现代社会占普遍主导地位的组织结构,也是一种管理方式。马克斯·韦伯在《经济与社会》一书中提出了官僚制组织理论,奠定了现代行政组织理论的基础。韦伯的理想型官僚制组织具有以下基本特征:第一,层级制,权力分层、职务分等;第二,铁的规则,即按章办事;第三,工作的专门化与技术化,实行专职专人;第四,公私分明,区分公共利益与官员的私人利益;第五,理性管理,要求官员用理性精神指导行为,严格排除任性专断和感情用事。参见上注。

展会向上级传递有利信息,隐瞒不利信息,信息不对称致使官僚组织的控制力降低,容易产生决策错误、行动迟缓、人浮于事等问题。[①]

从我国目前行政管理的规范化看,法治程度不高,政府机构普遍存在不按法律规章和程序办事的问题。文字的法规约束不了现实官场逻辑,领导者个人权威大于机构和法律权威,行政权力难受规章制度的约束。官职成为牟取个人利益的手段,公共利益和私人利益区分不明,"寻租"行为屡见不鲜,因受传统思想影响,民众的契约观念和法治意识也比较淡薄。行政机构的设置具有很大随意性,缺乏科学论证和严格的法律依据,导致职能重叠、权责不清、机构臃肿,官僚自主性的膨胀造成对民主的危害。因而中国现代的政府行政面临着"在规则的通用性不高的情况下如何确保这些规则的公平性和一致性"的问题,对处于转型阶段的中国而言,需要的是一个更负责任、行为具有可预见性的政府及其公务员制度。[②]

总而言之,中国传统上由于长期实行自给自足的小农经济,儒家思想强调的等级观念和忠孝服从渗透于政治和社会,庞大而组织严密的行政官僚从上至下牢牢控制了社会和民众,"士农工商"的社会组成又进一步削弱了能独立于政府并对政府实施控制的阶层的出现,所以中国过去在思想上缺乏民主、平等、法治意识,在经济上难以发展出近现代商品经济及其所需的各种经济和法律制度——这些制度以平等和法治为诉求,在社会上难以形成市民阶层,所以中国过去的政治体制尽管也有赋税制度,但赋税不是政府和人民权利之间的对价,人民不可能通过同意纳税和拒绝纳税的权利管理社会和政府事务,也很难依靠对财产所有权保障的斗争来实行法的统治和宪政。

四、新中国成立以来赋税制度发展及其问题

1949 年后,中央政府根据当时的政治、经济状况,在清理旧税的基础上建立了一套复合税制。1950 年中央人民政府政务院颁布《全国

---

① 参见〔美〕戈登·图洛克:《官僚体制政治学》,华盛顿:公共事务出版社 1965 年版(英文),第 167 页。

② 参见裴峰:《行政改革视野中的官僚制与新公共管理》,载《上海交通大学学报(哲学社会科学版)》2004 年第 2 期,第 23—26 页。

税政实施要则》,规定全国共征收十四种税。[①] 此后直到 1957 年,我国的税收政策主要用于促进农业、手工业和资本主义工商业社会主义改造,以恢复国民经济。1957 年社会主义改造完成后,中国的经济结构发生巨大变化,国家和集体所有的经济成分迅速增长,成为国民收入的重要来源。[②] 经济结构的简化不再需要一个复杂的赋税体制,1958 年新中国实施了一次大规模的税制改革,主要是简化工商税:在城市国营企业试行"税利合一",在农村人民公社试行"财政包干"。文化大革命期间,赋税体制遭到极大破坏。到 1973 年全国又进行了一次税制改革,工商税制进一步简化。税务机构被大量撤并,大批税务人员被下放到农村进行改造,税制被批评为"法律条文专治"[③],在社会主义经济中没有必要。这导致税种日益减少,税制片面简化的不良后果,大大降低了赋税调节国民经济和社会的作用。[④]

这段时期的农村税制发生了重要变化。随着 1953 年第一个五年计划的实施,国家的工业化建设成为经济发展的重点,农业成为城市工业建设资金的重要来源。在农村,国家通过集体公社控制了农业收入,不仅公粮(田税)的缴纳数量由政府确定,而且销售给国家的余粮价格也由政府控制,通常低于市场价格。与此同时,政府定价的工业产品却以高于市场的价格销售给农村。通过这一过程和价格上的"剪刀差",农业生产收入被转移到工业建设上,较大的纳税负担落在农民身上。但农民缴纳的田税并非以"税"的名义,而是以强制性缴纳公粮的形式征收。在城市,国营企业工人的生产劳动所得则以企业利润的

---

① 参见李金言:《中华人民共和国赋税制度》,纽约:普雷格出版社 1991 年版(英文),第 10 页。

② 有统计数据显示,1950 年财政收入中,国家所有的占 33.4%,集体所有的占 0.3%,私人所有的占 30.2%,个人缴纳的占 34.5%;到 1956 年,国家所有的上升到 73.5%,集体所有的上升到 15.7%,私人所有的和个人缴纳的分别下降到 2.2%和 2.1%。参见刘佐:《中国税制概览》,经济科学出版社 2005 年版,第 8 页。

③ 郭建中:《中国大陆税收制度 1950—1994》,五南图书出版有限公司 1996 年版,第 17 页。

④ 参见王传伦:《中国税制改革刍论》,载《中国季刊》1984 年 97 期,第 53—67 页;刘佐:《中国税制概览》,经济科学出版社 2005 年版,第 2—3 页。

形式上缴给国家,同样不是以个人所得税的名义缴纳。这种纳税形式掩盖了农民和工人纳税的事实。

简言之,改革开放前的税制较为简单。农业为新中国的工业发展做出了重要贡献。正式与非正式的农业税费加重了农民纳税负担。

(一) 1978 年后的两次税制改革

从 1978 年开始,中国的经济体制逐渐从苏联模式的计划经济转移到市场经济上来,价值规律、按劳分配等重要经济理论被运用到实践中。与此相适应,几乎瘫痪的国家赋税体制逐渐恢复。1984 年的《关于经济体制改革的决定》标志着城市改革的开始。国有企业由政府控制经营转向政府拥有企业的最终决策权,企业利润上缴改为企业所得税,实现了税制改革上的重要一步。从 1980 年到 1982 年,全国人民代表大会先后通过并公布了《中外合资经营企业所得税法》[①]、《个人所得税法》[②]和《外国企业所得税法》[③],初步形成一套内外有别的所得税制。

(二) 1984 年税制改革

1982 年《宪法》规定:"在法律规定范围内的城乡劳动者个体经济,是社会主义公有制经济的补充"。[④] 1988 年《宪法》第一次修正案进一步规定:"国家允许私营经济在法律规定的范围内存在和发展。私营经济是社会主义公有制经济的补充。国家保护私营经济的合法权利和利益,对私营经济实行引导、监督和管理。"宪法以及其他相关法律确定了个体经济和私营经济在中国经济体制中存在的必要性。经济结构上的变化势必需要一个切合的赋税体制,使之更能适应商品

---

① 该法于 1980 年 9 月 10 日第五届全国人民代表大会第三次会议通过,1991 年 1 月 1 日起废止。

② 1980 年 9 月 10 日第五届全国人民代表大会第三次会议通过《个人所得税法》。此后,1993 年、1999 年、2005 年和 2007 年分别对该法作了四次修正。

③ 该法于 1981 年 12 月 13 日第五届全国人民代表大会第四次会议通过,1991 年 7 月 1 日起废止。

④ 《中华人民共和国宪法》第 11 条。

经济的发展。[①]

1983 年开始试行的国营企业“利改税”,转变了国家与企业之间的利益分配关系。理论上,税是企业向国家及其政府支付的换取公共服务的对价,两者之间在法律上处于平等地位;而利润则是作为所有者的国家收取其所有物的产出,所有者与被所有者之间不存在平等关系。“利改税”使企业——尤其是国有企业,变成相对独立的生产者,对其生产经营、投资以及奖金分配开始拥有决定权,并且使税收所具有的财政、社会和经济调节作用得以恢复。

1991 年,《中外合资经营企业所得税法》和《外国企业所得税法》合并为《外商投资企业和外国企业所得税法》。国营企业的“利改税”极大地提升了企业自主决定的自由,包括投资、价格、产量和工资薪酬等。税制上的改变产生了与企业有直接利害关系的三方:政府、企业管理者和工人。政府作为所有者和决策制定者,对企业具有非常大的决定权;管理者的利益则可能与政府或工人的利益不完全一致,与市场经济体中的“经理人问题”非常相似;[②]工人的收入与职位提升取决于企业的经济绩效,这使他们开始更加关注企业及其个人利益,这在改革前并不存在。尽管企业税制改革有许多积极意义,企业能向政府缴纳更多所得税,但因政府对企业拥有广泛的控制权,阻碍了经济发展,并给工人就业造成困难,社会福利得不到保障。

---

① 唐纳德·布赖恩认为,中国的赋税体制必须与其经济体制上的广泛结构变化相一致,通过运用价值规律,减少国家对企业的直接干涉,促进私营企业发展,同时促进金融制度商业化的发展。参见唐纳德·布伦:《现代中国的财政改革》,载唐纳德·布伦编:《现代中国税制》,纽约:劳特里奇出版社 1998 年版(英文),第 5 页。

② “经理人问题”(agency problem)是经济学上的术语,指在股东、债权人和经理人之间存在的利益冲突。这一问题的产生在于企业所有权和管理权的分离。理论上,作为所有者的股东控制企业的各种活动,但实际上由于现代大型企业往往拥有许多分散的股东,不可能参与到企业的每项决策和活动中,因此控制权掌握在经理人手上。经理人有可能利用其管理上的裁量权满足自身利益,所以这一问题亦称为“主人—代理人”(principal-agent)问题。因此,困难在于如何设计恰当的激励机制,既能控制经理人,促使其更好地为企业利益服务,同时在不牺牲主人(股东)利益的条件下满足其自身利益。参见《经理人问题》,载“政治经济学术语辞典”(英文), http://www.auburn.edu/~johnspm/gloss/agency_problem。

在农村,税制改革引起一些严峻问题,尤其是农民的税费负担问题,这些税费要求不仅来自地方政府,还来自中央政府的其他行政部门。农业税的税率没有调整,因而农业产量的提高实际上降低了名义税率,但这给了地方政府征收各种附加税或费的空间,以满足其公共和私人需求。由于税收行政上的困难,税务机关更倾向于一种简单的方式,对每个村民按固定税率征收某项税费,如屠宰税、特种农产品税等,而非按确定的收入或行为是否发生为标准征收,这实际上变相成为一种人头税,加重了农民负担。[①] 税制改革后公粮征收价格变得对农民不利,倾向于城市工业领域,导致城市与农村之间的收入差别。并且,由于乡镇企业在某些地区的快速发展,可以承担更多的税费负担,不同地区之间开始出现税负差距。中国广大的农村逐渐分化为三部分:东部富裕的工业地区、中部农业地区和西部贫穷地区。

(三) 1994 年税制改革

1994 年税制改革的指导思想是:通一税法,公平税负,简化税制,合理分权。目的在于通过中央与地方的“分税制”加强税收的宏观调控功能,统一所得税,创造平等竞争的环境;取消与经济发展不相适应的税种,规范税制。[②]

在企业所得税上,过去对国营企业、集体企业和私营企业分别征收的多种所得税被合并为统一的企业所得税。在个人所得税上,过去对外国人征收的个人所得税,对中国人征收的个人收入调节税和个体工商业户所得税被合并为统一的个人所得税。[③] 从所得税制看,统一后的企业所得税法降低了税率,国内企业不论所有权,一律适用 33% 的税率;为引进外资,外国企业或外商投资企业适用更为优惠的税率政策。企业的附加税被废除,简化了税收行政并使所得税制更为透明。

由于绝大多数工人不需缴纳个人所得税,因此工人的薪酬与福利

---

① 参见托马斯·伯恩斯坦、刘晓波:《当代中国农村的无代议士征税》,剑桥:剑桥大学出版社 2003 年版(英文),第 51 页。

② 参见贺志东主编:《中国税收制度》,清华大学出版社 2005 年版,第 9—10 页。

③ 参见刘佐:《中国税制概览》,经济科学出版社 2005 年版,第 8 页。

作为企业成本扣除,但不能超过规定的上限。个人所得税被确定为地方税,税收范围十分狭窄,所占比例也极小,如世界银行统计估计,19世纪80年代后期在北京工作的人中仅有不到1%的人纳税;1992年的个人所得税不到总税收的1%。[①] 然而,值得注意的是,1994年税改后个人所得税成为增长速度最快的税种,到2005年已在国家税收结构中上升至第四位。[②] 到2006年,据国家税务总局公布的数字,全国个人所得税完成2452.32亿元,比2005年增长17.1%,增加358亿元。

尽管1994年的税制改革在适应经济发展、统一税法和平等税负等方面取得重要进步,但它亦存在许多问题,然而或许这些问题是为取得更大目标而不得不付出的代价。

首先,赋税立法权虽然自1984年以来由全国人大及其常委会行使,但实际上授权立法所占比重很大,除《个人所得税法》、《外商投资企业和外国企业所得税法》和《税收征收管理法》[③]由全国人大或其常委会制定外,其余基本都是由国务院根据授权制定的暂行条例。我国的赋税立法权属于复合模式,在全国人大之外,国务院可制定税收行政法规,并受全国人大及其常委会委托制定各种税的暂行条例;财政部和国家税务总局根据税法、税收暂行条例和行政法规,可制定税收实施细则和规章。中央立法机关的赋税立法权在现实中处于相对虚置的位置,而且暂行条例、规定、办法缺乏稳定性,在实践中多次变动、修改,削弱了整个税法体系的权威性。

其次,中央与地方税的分配体制有利于中央集权、宏观控制,但不利于地方政府发展经济、完善政府职能。政府公共服务的提供广泛地发生在基层,若缺乏必需的资金保障,很难确保这些职能的完成,并难以避免地方政府借收费的形式侵害公民财产权的问题,最终受害者仍是

---

① 参见〔美〕罗伊·鲍尔:《中央—省—地方财政关系》,载唐纳德·布伦编:《现代中国税制》,纽约:劳特里奇出版社1998年版(英文),第138—139页。

② 参见国家税务局税收统计表,http://www.chinatax.gov.cn/data.jsp。

③ 1992年9月4日第七届全国人民代表大会常务委员会通过,1993年1月1日实施。1995年2月28日第八届全国人民代表大会常务委员会、2001年4月28日第九届全国人民代表大会常务委员会修正。

人民。

再次,分税制需要一个有效的监督体制,以保障国家税务总局对地方税务机构的监督;政府需要一个管理信息系统提供充分的数据,以确定个人和企业应纳税额、处理征收,提供登记、审计和预算所需资料。但事实上政府缺乏这样的监督体系。中央与地方税务行政的分立,对某些税种的双层管理,一方面使对企业的审计管理缺乏效率,一方面增加了行政成本。[①]

(四) 当前赋税制度实践

1994 年税制改革对我国现行税制有很大影响:第一,赋税体系存在多种不公,包括城乡税负不公平、内外资企业税负不公平、个人所得税起征点太低、农民权益受损等;第二,再分配功能较弱,包括区域间的再分配不平等、缺乏社会保障功能;第三,政府部门财政支出责任不清;第四,赋税体制与预算和审计制度缺乏有效配合。2001 年中国加入世界贸易组织对赋税法律制度的修改完善提出新的要求,即逐步减小与国际规则和惯例之间存在的差距。2003 年中国开始新一轮税制改革,根据《中共中央关于完善社会主义市场经济体制若干问题的决定》第 20 条,这次改革的指导思想是"简税制、宽税基、低税率、严征管",以统一内外资企业所得税、改进个人所得税、完善消费税、深化农村税费改革、赋予地方政府适当的税收管理权等为主要内容。

已取得的进展主要表现在个人所得税上。2005 年全国人大常委会对个人所得税法进行修正,工资薪金所得税的起征点提高到 1600 元(2008 年起征点提高至 2000 元)。城乡税制统一的重要一步是取消农业税以及调整消费税。从 2007 年开始,税制上的进一步完善主要致力于统一内外资企业所得税,实行综合和分类相结合的个人所得税、增值税转型等。[②] 这些改进使赋税制度更加合理,赋税平等性得到体现。

---

① 参见〔美〕罗伊·鲍尔:《中央—省—地方财政关系》,载唐纳德·布伦编:《现代中国税制》,纽约:劳特里奇出版社 1998 年版(英文),第 140—141 页。

② 参见中华人民共和国财政部:《积极稳妥推进税制改革》,载 http://www.mof.gov.cn/news/20060426_2291_14441.htm.

我国现行税制以间接税为主、直接税为辅。作为财政收入重要来源之一的增值税,从1994年以来更多地体现为财政目的,以增加财政收入为主,加重了企业税负。就企业所得税而言,内外资企业不同的税率与税收政策使同样在中国从事生产经营活动的企业之间,税负相差约十个百分点[①],这无疑造成不平等的竞争环境,不利于国内企业自身的产业发展,且易导致国家税收流失。所以,统一内外资企业所得税,从宪法和法律的平等原则来看,不仅必要而且必须。个人所得税虽已对现有税法做出修正,但它调节居民收入差距的重要作用尚未完全发挥。正式赋税以外仍存在的行政收费,作为一种非法定的“税”,给个体纳税人造成额外负担。

简言之,当前中国的赋税体制仍存在诸多问题。在中国迈向宪政国家、法治政府的进路上,如何保证纳税人的财产权利和其他权利,尚待研究与改革。

五、赋税设定、征收、使用上的硬约束,人民就赋税所获得的权利

其实当前中国的赋税问题并非始自今天,在我们历史发展的不同时期,制度上所存在的问题具有很大的相似性。从宪政角度进行分析,这些问题主要凸显在三个方面。

首先,与税制相关的法律制度不完善。正式的税负或许并不重,但非正式的各种苛捐杂税始终存在,有时甚至超过正税。历史上,名

① 有研究指出,我国现行增值税始于20世纪90年代中期。那时,国内通货膨胀和经济短缺是经济发展的主要矛盾;财政收入不足,所占GDP比重较低。作为增加财政收入、抑制通货膨胀措施之一的增值税因此在全国范围内实施。按照世界通行惯例,增值税的税基是消费型税基,不含购入固定资产的价值,但我国当时的增值税采用生产型税基,即不允许抵扣购入固定资产所含的税款(非增值部分)。经历近些年的经济发展,我国的经济环境已发生巨大改变,通货膨胀被紧缩取代,财政收入连年增长。这种生产型的增值税约束消费、抑制投资,不再有利于发展生产。因此,政府部门决定进行增值税改革,目的在于从总体上减轻纳税人的税收负担。改革具有普惠性。参见高培勇:《2006年中国财税政策对贸易、消费和投资的影响》,国务院发展研究中心宏观经济研究部主办“第三届中国宏观经济走势与产业发展高层论坛”,2006年7月22—23日。

义税率往往较低,但实际税率很高,原因在于存在各种名义的非正式税费。如在清代有所谓的“耗羡”,民国时期有“晓市摊捐”[①],20世纪90年代中期有“三乱”等。[②] 这些税费的征收机关多是地方政府或中央政府的行政机关,并且愈到基层征收愈甚。税费的开征没有经过正式的立法程序,往往缺乏确切的征收情况的统计数据。上级机关无法获取相关的真实信息,更不用说普通纳税人或付费者了。这一方面给制定和实施统一的财政预算增加了困难,另一方面使国家的法律规定形同具文,法律失去权威性、确定性和可靠性。同时,正税之外附加税费存在的可能性和不受监控,给官员(吏)营私舞弊、贪污腐败创造了机会和空间,税费征收之后难以运用到公共服务领域,或是正当的职务履行。这不仅严重违背近现代宪政上的基本原则——“赋税法定”,也不符合近现代税法理论和实践的要求。当前我国宪法仍未确定赋税法定原则,对于赋税,公民只有纳税的义务而缺乏程序和实体上作为纳税人决定是否征税和监督税的使用的权利。[③]

其次,赋税的征收和使用缺乏有效的监督机制。法律上,有关税的开征、收取、管理和使用没有严格的程序规定和控制,法律责任只适用于纳税人,极少涉及税务行政机关,政府的其他行政机关使用税费或执行预算的过程缺乏法律监督机制。在整个政治法律制度的框架下,地方政府只需对上级机关负责,无需或较少考虑处于被管理者的纳税人的诉求,法律上缺乏向纳税人负责的机制。作为中央政府在基层的代理人,地方政府需履行行政管理职能,因此一定的财政赋税权必不可少,但地方政府对税费的征收和使用具有信息控制上的优势,

---

① 1934年民国时期,各省、县政府乃至区乡公所巧立名目课征杂税。“晓市摊捐”是当时河北征收的共计27种杂捐杂税。参见穆岩:《华北农村经济问题》,载《政治月刊》第1卷第4期(1934年7月);转引自郑学檬主编:《中国赋役制度史》,上海人民出版社2000年版,第709页。

② 有研究指出,“三乱”问题,即乱收费、乱集资、乱摊派,对农民而言是最不确定、最不合理的负担。参见托马斯·伯恩斯坦、刘晓波:《当代中国农村的无代议士征税》,剑桥:剑桥大学出版社2003年版,第53页。

③ 《中华人民共和国宪法》第56条规定:“中华人民共和国公民有依照法律纳税的义务。”

上级政府因缺乏必要信息不能实施有效控制。同时,地方政府为满足上级机关的政绩考核要求,缺乏激励机制约束自身,相反消极激励欺上瞒下,所以仅靠上级主管部门的监督根本不可能限制不合法的政府行为。运用经济学理论评价,这一责任机制存在严重的信息不对称。[①]从过去到现在,我国的上、下级政府之间总是存在所谓的"代理人问题"。处于信息最遥远的上层领导者集团和最下层的普通百姓,难以取得充分的信息以判断地方政府或中央政府的行政机关是否遵照法律、严格履行职能。赋税控制权上的乏弱限制了监督政府的能力和有效性,这进一步限制了司法控制的能力。并且,由于缺乏法律规定,出于自身利益考虑,地方政府以及中央政府的行政机关没有"信息公开"的动机,尤其在涉及"钱"权领域。因而,即使历史上曾出现过各种各样的监督办法,如设置"御史"、史官及近现代的审计监督,但监督机制总是缺乏民众纳税人的参与。在此情形下,政府的法治、责任都不太可能得到保障。

最后,纳税人的私有财产权容易被侵犯。虽然中国过去和现代,个体在事实上都享有一定的财产权,但这种财产权不完整,不是能对抗外界干扰和侵犯的对世权。财产权的组成中最重要的部分是排他

---

① 在经济学上,对称信息是指在某种相互对应的经济人关系中,对应的双方都掌握有对方所具备的信息,也就是说双方都了解对方所具有的知识和所处的环境。不对称信息是指在日常活动中,由于某些参与人拥有另一些参与人不拥有的信息,由此造成的不对称信息下交易关系和契约安排的经济理论。不对称信息的存在会引起道德风险。道德风险是指经济代理人在使其自身效用最大化的同时,损害委托人或其他代理人效用的行为,它实际上是经济人针对自身隐蔽信息采取的理性反应。只要在建立或签订合同前后,市场参加者双方掌握的信息不对称,这种经济关系都可归属于委托—代理关系。掌握信息多或具有相对信息优势的市场参加者称为代理人,相对处于信息劣势的称为委托人。在委托代理关系下,如果不能满足参与约束和激励相容,委托代理之间的关系就不能达成均衡。参与约束是在没有"自然"干涉的情况下,代理人履行合同责任后所获得的利益不能低于某个预定收益额;激励相容是代理人以行动效用最大化原则选择具体的操作行动,在使自己预期效用最大化的同时保证使委托人预期效益最大化。如果委托人与代理人之间不能建立相互信任的关系,履行委托代理契约的成本将十分高昂。这一理论应用在上级和下级政府之间的关系上,能说明作为委托人的上级政府不能有效监督下级政府的问题。参见乌加培等编著:《信息经济学》,高等教育出版社 2002 年版,第 198—205 页。

权,即个体对其占有的财产非经本人同意,他人或组织不得侵占。在不损害他人正当权利的前提下,个体拥有获得、使用和处分自己财产的权利。这种财产权不仅体现在个体之间,也反映在个体与国家之间的权利和权力关系上。根据宪政理论,国家税收是从个体所拥有的私有财产中拿走一部分,因而实质上是对私有财产的特殊"剥夺",国家征税必须事先取得个体的理解和同意,政府征税权力的合法性在于个体的同意。征税权的正当性在于,公民纳税人期待税仅被用于提供公共产品或被用以同意的转移支付。这样,政府权力才可能被限制在合适的领域,这是宪法的逻辑。公民私有财产的存在先于国家的诞生,私有财产权是政府权力的在先约束。①

财产权是一种与生俱来的人权。布坎南也说,无论政治的或集体的决策是怎么做出的,私人的或独立的财产权是自由的守护者,"必须设定有效的宪法制约,这种制约应有效地抑制政治对(法律界定的)财产权利,以及对涉及财产转移的自愿的契约安排的公开侵扰。如果个人自由要得到保护,那么,这些宪法限制就必然优先于且独立于任何的民主治理"。② 在与专制权力的对峙中,私有财产的脆弱性和易受侵犯性显露无遗。回顾我国税制发展的历史,过去和现代财产权制度上几乎都没有对这种排他权的有效保障。无论在过去王朝之初实行轻徭薄赋、王朝中后期横征暴敛,还是现代社会主义时期依然存在的税费问题,普通个体都缺乏对抗政府强制征收的能力。所以中国没有"风能进、雨能进,国王不能进"的法谚。赋税的征收主要为财政收入目的,较少虑及调节社会和经济的目的,造成个体之间的不平等。我国宪法历经四次修正后,直到最近才承认私有财产权,然而宪法和法律对财产权保障的制度非常不充分,若不能对政府的征税和用税权力做出制度约束,宪法的规定只能是苍白的文字。

19世纪的通行观点认为,赋税主要用以给政府提供资金,强调的是赋税的财政收入目的。政府存在的必要条件是具有独占征税权,当

---

① 参见王怡:《立宪政体中的赋税问题》,载《法学研究》2004年第5期,第14—24页。

② 布坎南:《财产权是自由的保护神》,翟小波译,载 http://www.1921.cn/new/zggc/2005008/503.htm.

个人或实体的纳税不能符合政府要求时,可能会受到诸如罚款、没收和监禁等惩罚。至于公民为什么应当纳税,征收机关应受何种限制等问题,传统税法学极少有研究或提供满意的答案。传统观点忽视了税的其他目的或功能,如调节贫富差距、保护特定资源等,同时也忽视了对纳税人基本权利的保护,没有接触到税的本质。

"征税的目的是获得财政收入以满足公共需求"。[①] 这说明,在现代立宪政体中[②],税除了是依据立法权而进行的一种强制征收外,还意味着,人民纳税的目的是为了支持政府执行法律,以及作为持续实现国家各种正当功能的手段。简单说,税就是作为整体的人民向政府支付的,用以购买其公共服务的对价。

法律上赋税的本质,应当是权利和义务、缴纳和使用的统一。日本著名税法学家北野弘久从纳税人权利出发对传统观点——税是政府的强制征收、赋税法律关系不存在税的使用问题,进行了批判。他认为传统税法仅是一部关于征收的法律,没有体现宪法的人民主权原则。[③] 当代赋税法定原则的发展亦认为,仅强调征税权属于人民,即在人民主权的宪法原则下征税权属于人民,由议会(或我国的人民代表大会)以制定税法的形式代表人民行使征税权远远不够。不仅征税权应属于人民,而且更重要的是,赋税的支出权也应属于人民。正如北野弘久所说:"在租税国家体制下,租税的征收与支出都必须符合宪法规定的保障人民基本权利的目的,作为纳税者的人民享有对符合宪法目的的租税的征收与支出而承担纳税义务的权利。"[④]如果将赋税单纯地解释为税收,在税的支出方面就难以保障不发生侵犯个体权利的

---

① 《布莱克法律大辞典》,明尼苏达州:西部出版公司 1990 年第 6 版(英文),第 1457 页。

② 赋税只有在立宪政体中才具有意义。这是因为在封建体制下,专制君主或统治者以封建的土地所有权为基础,通常直接从地租中获得财政贡赋。这种贡赋实质不过是强取或者抢夺罢了,无需缴纳人同意,或是否同意对取得财产不具有任何约束作用。普通人缺乏私有财产权的保护机制以对抗这种强制征收。

③ 参见〔日〕北野弘久:《税法学原论》,陈刚、杨建广等译,中国检察出版社 2001 年第 4 版,第 158—167 页。

④ 陈刚:《宪法化的税法学与纳税者基本权》,载〔日〕北野弘久:《税法学原论》,陈刚、杨建广等译,中国检察出版社 2001 年版,第 17 页。

现象。现代国家多以赋税收入作为一切活动的物质基础,而各项活动对人民的生活和权益都有直接影响。个体同意纳税是为了交换宪法在先确定的各种权利,税在整体上是为实现宪法所规定的人民各项基本权利的物质保障。因此,所谓税的"无报偿性"是在此意义上而言的,即政府对纳税人提供的福利与其名义上的缴纳并不成比例。理论上,政府的成立以人民的最大同意为基础,作为政府权力的一种,征税权来源于被管理者的同意。为维持政府并向人民提供持续的安全和自由,人民同意将自己的一部分财产转移到政府手中,这种转移必须符合人民在先同意的规则。政府取得收入后,应当按照作为纳税人的人民的意愿使用,履行人民组成政府时希望其完成的功能。超出宪法规则以外的征收,以及对税不合目的的使用,都是对人民财产权的侵犯,都是违宪行为。

综上,公民和国家的关系就赋税而言,应当提出以下要求,方能推动宪政发展:

(一)承认纳税人权利

现代税收宪政精神的核心内容是宪法对于纳税人法律地位的确认。在宪政制度下,政府的税收与支出由不受监控或由上级监控转变为"纳税人监控",纳税人通过自己选举的代表机构实现这种监控。但在我国历史乃至近现代传统的赋税下,纳税人只是纳税义务人,在征收和使用上无权参与。

《中华人民共和国宪法》(以下简称《宪法》)第56条规定的"公民有依照法律纳税的义务"在"公民的基本义务"一章。显然,该法并未承认公民作为纳税人对赋税的征收和使用享有监督权。我国的税法学长期以来亦谨慎地将研究领域局限在赋税的征收阶段,极少涉及使用问题,因为税收基本理论并不认为赋税是宪政制度的基础。我国赋税概念上的偏狭使得理论和实践都忽视了赋税的使用问题。现实中,政府及其行政机关以经济增长为基础和目标,不断扩大行政权力范围。因对政府支出缺乏管理和监督,各级政府行政机关,凭借权力获得了更多可支配使用的收入,包括税收和各种行政收费,有充足的财力基础,行政机关当然能为所欲为。[①] 所谓"政府失灵"的问题在我国同样存在。所以从宪法上确定纳税人的法律地位,强调赋税的征收和使用都须严格遵守赋税法定原则。纳税人应有权通过法律规定的形式参与国家赋税法律和预算的制定,有权对国家财政资源的来源及其配置做出决定并监督其执行,有权对行政机关及其公务人员的违法行为提起诉讼。简言之,政府的财政支出活动要真实而完整地置于纳税人监督之下。这要求进一步完善人民代表选举制度以及行政诉讼制度。

从世界范围看,经济比较发达的国家和地区在税收上对纳税人权利的法律保护较为充分。如美国国会1988年通过《纳税人权利法案》,并于1994年、1996年两次修订该法案。纳税人的权利主要有:① 自然权利,包括信息权、隐私权、专业和礼貌服务权、代理权、忠诚推定权;② 抗辩权利,包括权益保护权和数量抗辩权;③ 申诉和司法审查权、赔偿权;④ 其他权利。[②] 又如澳大利亚1977年制定的《纳税人宪章》,加拿大1985年制定的《纳税人权利宣言》,英国1986年制定的《纳税人权利宪章》。

近年来,一些国际组织也日益重视纳税人权利保护的法律问题。如经济合作与发展组织(OECD)为成员国制定《纳税人宣言》范本,规定纳税人的基本权利有:① 信息权,纳税人有权要求税务机关提供有

---

① 比如20世纪90年代,农民缴纳的税以及其他各种以"税"的名义缴纳的行政费,使农民承担了沉重的税费负担,但农民对税费的使用却一无所知。各种级别、数不胜数的行政官僚机构,巧立名目命令农民支付各种费用。这些费用通常是对其名目不同的行政职能或服务任意添加的收费,在范围、形式和来源上都缺乏可预见性。征收机构既不对农民负责,也可隐瞒信息不向上级负责,无视法律上的批准程序。农民对于行政机关计划实施的项目,或可能给予他们的福利毫不知情。并且,行政机关使用资金的行为几乎没有任何责任机制的有效约束。农民对行政机关的不负责任十分不满,抱怨行政机关没有提供与其支付相适应的服务,把本应属使用者的收费变成事实上的税。参见托马斯·伯恩斯坦、刘晓波:《当代中国农村的无代议士征税》,剑桥:剑桥大学出版社2003年版(英文),第73—77页。

② 纳税人享有的基本权利规定于如下法案:《作为纳税人之权利》、《国家税务局政策声明P-1-20》、《纳税人权利法案》。此外,美国联邦税务局还专门提供低收入纳税人诊所服务(Low Income Taxpayer Clinics)。参见美国财政部税务局,http://www.irs.gov/advocate/article/0,,id=98206,00.html;陈守瑄:《美国的纳税人权利》,载《团结》2006年第2期,第46—48页。

关税制及如何测算税额的最新信息，税务机关应告知纳税人包括诉讼权在内的一切权利；② 隐私权，纳税人有权要求税务机关不侵害其个人权利，有权拒绝税务机关无理搜查住宅及被要求提供与正常课税不相关的信息；③ 只缴纳法定税款的权利，纳税人有权考虑个人的具体情况和收入多少并按税法规定只缴应纳税金，拒缴额外税金；④ 税收预测与筹划的权利，纳税人对自己经营行为的课税结果有权进行预测和税收筹划；⑤ 诉讼权，纳税人对税务机关行政行为的合法性、适当性存在异议时，有权提起诉讼。

此外，值得注意的是，2000 年 9 月 7 日于德国慕尼黑召开的国际财政协会全球会议，倡议制定纳税人权利保护的最低法律标准，并在适当时机制定“纳税人权利国际公约”，以加强纳税人权利保护的全球合作。[①]

我国近年来已越来越重视人权保护，虽然在立法上我国没有专门的法律集中规定纳税人权利，与纳税有关的权利主要见于《中华人民共和国税收征收管理法》（以下简称《税收征收管理法》），该法 2001 年修订后规定的纳税人可享有的权利有：知情权、咨询权、保密权、申请减免退税权、陈述权、申辩权、救济申请权和控告检举权等。[②] 这些规定较之以前几乎空白的立法，有很大进步，但在实践中这些权利难以有效实现。如国外主要依赖三大主体保障，即纳税人自身、国家的税务行政机关和社会中介组织，但在我国，这三者尚且乏弱。在纳税人方面，除内蒙古自治区于 1996 年成立全区的纳税人协会外，其他地方几乎都未建立纳税人组织。在税务机关方面，我国的税收宣传范围和深度都不够，尽管《税收征收管理法》第 7 条规定，税务机关应当广泛宣传税收法律、行政法规，普及纳税知识，无偿为纳税人提供咨询服务，但这种规定十分松散，并无明确可行的程序或制度约束。在社会中介服务组织方面，虽然目前全国有税务代理机构上千家，执业人员过万，但因税务代理制度存在的问题，纳税人一般视其为第二税务局，

---

① 参见王伟：《纳税人权利保护的国际经验》，载《学习时报》，http://www.studytimes.com.cn/txt/2006-09/19/content_7173667.htm.

② 纳税人权利主要规定于《税收征收管理法》第 6 条第 2 款、第 7 条和第 8 条。

税务行政机关的附庸,因而缺乏社会公信力。[1]

我国应首先在立法上详细、具体地规定纳税人在行政征收上享有的基本权利。有研究认为可从实体和程序两方面予以规范。[2] 税收实体性权利是静态意义上的权利,是纳税人具有的受法律保护的获得某种实体利益的资格,如法定限额内纳税权、税负从轻权等,表明纳税人对社会资源的合法拥有状态。在动态过程上,纳税人必须拥有通过一定的方式、步骤、手续等实现和保护其实体利益的权利,即程序性权利。程序性权利并不一定与某种实体结果产生直接联系,但它为纳税人在程序活动中个人尊严的维护以及程序理性价值的实现等提供重要保障。这种意义上的纳税人程序性权利,往往成为控制征税权力滥用,保护纳税人基本权益的重要法律手段,应当在税收程序法立法和实践中得到充分体现。具体而言,程序性权利应涵盖如下组成部分:① 要求程序主持者中立的权利,包括回避请求权、要求调查与裁决职能分离、有权反对与当事人单方接触;② 知情权;③ 听证权,即对纳税人做出不利决定之前,征税机关应当听取其意见,纳税人有权抗辩;④ 陈述申辩权;⑤ 平等对待权;[3]⑥ 要求说明理由权;⑦ 程序抵抗权,即纳税人对征税机关明显违反法定程序而做出的命令或行为,有拒绝执行或合作的权利;⑧ 救济权。此外,纳税人的程序性权利还有隐私秘密权、要求表明身份权、要求及时做出决定权、事前裁定权、委托代理权等。

上述这些权利有的在我国赋税立法中已有体现,如程序抗辩权。《税收征收管理法》第59条规定:“税务机关派出的人员进行税务检查时,应当出示税务检查证和税务检查通知书,并有责任为被检查人保守秘密;未出示税务检查证和税务检查通知书的,被检查人有权拒绝检查。”但这些权利在现实中的保护不够充分,还有的权利则尚未确

---

① 参见刘学峰、冯绍伍:《国外保护纳税人权利的基本做法及借鉴》,载《涉外税务》1999年第8期,第40—43页。

② 参见施正文:《论征纳权利——兼论税权问题》,载《中国法学》2002年第6期,第144—154页。

③ 该学者认为平等对待权作为纳税人的一项程序性权利,重要意义在于保证税收程序及通过程序而产生的结果符合“形式正义”的要求,以实现纳税人之间的负担公平,这是量能课税原则的体现。参见上注。

认。值得强调的是知情权,它对于纳税人权利的实现和保护具有重要意义。知情权是个人生存权与发展权的一部分,是民主社会的基石,是纳税人参与国家管理、保护自身利益的必要前提。税收直接关系到纳税人的财产权利。国家享有的征税权具有“侵权性”,是使用强制力将纳税人的一部分财产征收为国家所有。因此,纳税人必须享有获得与纳税有关的一切信息的权利,才能防范和对抗政府的恣意妄为。经济合作与发展组织为其成员制定的《纳税人宣言》范本中规定,纳税人有权要求税务机关提供有关税制及如何运用税额测定方法的最新信息,以及告之包括诉讼权在内的纳税人的一切权利。美国税务机关发放给纳税人的最主要的手册和纳税申报表填写指南中,均附有美国前一财政年度的联邦收入和支出的详细说明,有利于纳税人对政府财政收支活动予以监督。对滥用纳税人钱财的行为,纳税人可在获知相关信息后,提出相应的法律救济。知情权在我国法律实践中的保护十分不够,因为它以政府的信息公开和政务透明为基础。在我国,有关财政税收的信息、资料几乎不为公众所知。虽然财政部和国家税务总局每年都公布税收数额,审计部门近年来也对审计结果予以公布,但纳税人获取的信息并不及时也不充分。对于地方政府、各个行政机关的收入和支出情况更难以知晓,这限制了纳税人监督政府权力的可能性,也是权力滥用、贪污腐败等行为滋生而又无法消除的弊端所在。当然,国务院已经颁布了《政府信息公开条例》,于2008年5月1日生效实施,按照这一条例规定,纳税人可以得到或者要求得到相关的纳税信息。这方面的情形将有所改善。

有学者提出加强我国纳税人在纳税事务上的权利保护,可通过如下办法:第一,制定并颁布我国的“纳税人权利法案”,集中规定纳税人权利,应当包括纳税人的参政议政权、监督质询权、广泛的信息权、受尊重权等;第二,成立纳税人协会,提高纳税人自我维权的积极性;第三,税务行政机关应当建立相关服务体系,为纳税人提供周到、细致的咨询和服务;第四,完善税务代理的社会中介服务,主要是加强税务代理的立法,建立行业管理监督机构,提高社会对税务代理的认识。[1] 笔

---

① 参见刘学峰、冯绍伍:《国外保护纳税人权利的基本做法及借鉴》,载《涉外税务》1999年第8期,第40—43页。

者认为,第三项建议可以立即实施,其余三项建议在实践上难以迅速变现。如颁布“纳税人权利法案”,我国没有这种专门权利宣言式的法律,这样集中、概括地宣布权利,可能造成实施上的困难,立法机关恐难认同。就第二项建议来说,纳税人协会由谁组织?协会组织怎样体现代表性?怎样活动?经费从何而来?如果还是由政府出面组织,由政府负担协会领导人的工资,这样的协会又如何代表纳税人?第四项建议涉及许多方面,并非中介组织自身改进完善就可奏效,它与社会环境的逐步优化相关,并非一日之功。

笔者认为,目前对纳税人权利来说,税收行政法律救济制度的欠缺,是可以比较迅速改善的问题。如按照现行税收法规定,无例外地都是纳税义务人必须先缴纳税款,再申请行政复议或者提起行政诉讼。这无异于用金钱买救济权利。行政领域内的救济不仅是保护纳税人合法权益的必需,而且是对税收行政行为合法性的监督。尽管我们已有的行政诉讼制度权利保护的领域比较广泛,但税收领域存在的这种状况,在制度上显然不平衡。

除了纳税人的私益诉讼外,还可以建立纳税人(公益)诉讼制度。公民的纳税被用来提供公共服务和公共物品,如果不能被政府用于此目的,或政府不适当地减损服务和公共物品的提供,作为整体的公共利益就受到损害,而个体纳税人利益亦受侵害。国外存在公益诉讼制度,如英美法系的相关人诉讼,市民提起的职务履行令请求诉讼和纳税人提起的禁止令请求诉讼。[①] 一般就含义而言,相对于私人基于特定的个体利益而提起的私益诉讼,公益诉讼指根据法律的授权,国家、公民个体或社会组织以原告的诉讼主体资格,对侵犯社会公共利益的

---

① 相关人诉讼指在私人不具有当事人资格的法域,允许私人以相关人名义起诉。市民提起的职务履行令请求诉讼指在公务员未履行其职务的情形下,允许私人以市民的身份向法院提起请求发布职务履行令的诉讼。这最初作为相关人诉讼提起,后私人被允许以当事人的身份起诉。纳税人提起的禁止令请求诉讼,简称纳税人诉讼,指美国各州普遍承认私人以纳税人身份,具有请求禁止公共资金违法支出以及造成金钱损失的违法行为的诉讼提起权。参见梁慧星:《开放纳税人诉讼,以私权制衡公权》,载中国法学网,http://www.iolaw.org.cn/showarticle.asp?id=218.

行为,向法院提起民事或者行政起诉。[1] 纳税人诉讼具有公益诉讼之目的,纳税人身份为个体维护公共利益的诉讼活动提供了适格基础,这也是纳税人基本权利的必要组成部分。纳税人的基本权利涵盖赋税的征收和使用,因此违宪的不公平税制、不公平的税务行政,以及违宪支出行为,可以看作是对某个纳税人基本权利的侵害。实际上,违宪的任何支出行为都会侵害该纳税人的法律上的利益,因而该违法行为构成主观上的直接侵权,即使没有公益诉讼,仍可用普通的诉讼形式提起行政诉讼。纳税人诉讼,表面上是一个法律诉权问题,实际上是一个政府与公民谁是主人的问题。

(二) 赋税法定

1. 赋税法定原则

赋税法定原则源于对人民财产权利的保护,是近代资产阶级革命的重要成果之一,是当代民主与法治思想与实践在宪法中的根本体现。我国自清末法制改革以来,赋税法定原则已成为历次立宪的重要内容之一,但改革开放前社会主义制度的纯公有制形式使赋税在国家中的重要性降低,随着我国商品经济的发展和市场经济体制的确立,赋税在社会生活中的地位日益凸显,对于国家和个体而言都至关重要。根据赋税所具有的宪政意义,赋税法定原则不仅是税法的基本原则之一,更是宪法上的一项根本原则,它是人民主权原则的应有之义。

国家的税收是将私人经济主体的部分财富转为国家占有的手段,是施加于人民的负担,因此税法通常被视为侵权规范,属于法律保留的范围。政府的行政机关是实际赋税收入的获得者,亦是对人民提供公共服务的执行者。为使人民财产权免受非法侵害,必须要求税收的核计与征收有法律依据,政府不能随意征税,这是赋税法定原则的核心。

---

① 参见赵许明:《公益诉讼模式比较与选择》,载《比较法研究》2003 年第 2 期,第 68—74 页。有研究认为,公益诉讼指特定的国家机关、相关的组织和个人,根据法律的授权,对违反法律法规,侵犯国家利益、社会利益或特定他人利益的行为向法院起诉,由法院依法追究法律责任的活动。这种观点下的公益诉讼多表现为国家检察机关代表国家向法院提起的公诉,这与由个体公民或组织提起的一般公益诉讼不同。我国有公诉制度,但后者存在法律壁垒。

(1) 税收法定中的“法”是狭义的,仅仅指民意机关制定的法律;而且为了防止立法机关的专断与滥用职权,还要求这种立法符合某种原则或要求,即具有正当性、合理性。如有的国家规定税收公平原则,要求依据纳税能力公平税负。[①]

我国目前经由立法机关制定的赋税法律并不多,主要集中于原涉外税法和税收征管领域,而关系到绝大多数纳税人权利义务的赋税法律规范却由国务院的一系列暂行条例,或财政部和国家税务总局等的行政规章组成,导致赋税立法紊乱、赋税政策不稳定,影响纳税人的合理期望与行为选择。因此应依据法律保留原则,全国人大及其常委会应保留赋税立法权,对各类税法的构成要素做出确定性规定。

个人自由早在18世纪即作为消极权利出现,本质在于个人不受公共权力的干涉。个人的社会权利则在20世纪后才出现。从赋税法定原则在当代的发展过程看,它最初仅关注以法定形式规定赋税,是一种形式上的法定主义。20世纪后半叶,形式上的法定不再能有效保护纳税人权利,如果立法过程制定的税法不合理,执行过程的严格守法就会适得其反。因此,这一原则开始强调实质法定,禁止在立法过程中滥用权力,要求根据制约赋税立法权的实体宪法原理,如量能课税原则、公平负担原则、生存权保障原则等,制定赋税基本法律。

(2) 为了避免赋税法定原则虚置,要防止行政机关通过行政收费等手段规避赋税法定。法律应当明确规定“行政收费法定”。行政收费使公民个体和企业组织等承担了游离于赋税立法体系之外的行政规费负担。名目繁多的不合理的行政规费不仅严重侵蚀税基,而且使赋税立法的有效性及对征税行政的控制十分有限,不合法地加重了纳税人负担。另外,行政收费也导致预算外资金难以受到有效控制。“预算外”(off-budget)资金在财政学上一般指政府尤其是地方政府的收支,没有包含在中央政府确定的正式预算内。在中国,许多资金匮

---

① 如《意大利共和国宪法》第53条规定:“所有人均须根据其纳税能力,负担公共开支。税收制度应按累进税率原则制定”。转引自翟继光:《税收法定原则比较研究——税收立宪的角度》,载《杭州师范学院学报(社会科学版)》2005年第2期,第42—48页。

乏的地方政府,甚至某些资金充足的地方政府因无有效的监督机制,往往运用权力获取另外不合法的收入。预算外资金作为非正式的税赋,包含超预算资金(extra-budget funds)、自筹资金(self-raised funds)及其他地方政府和行政部门的非预算收入,如使用费、附加税、公债发行、国家资产销售所得以及一系列对地方企业征收的税费等。统计数据表明,20世纪90年代中期,预算外资金收入占全国财政总收入的比例超过1/3。[①] 预算外资金所导致的政府乱收费问题在90年代中期日益严重,一项研究显示政府在行政收费上的所得从1987年的1176.2亿元增加到1996年的9798.5亿元。1996年,约有58.64%的政府收入依靠这些行政费。[②]这毫无疑问削弱了正式预算的控制和监督作用,不可避免地为贪污腐败创造了机会。2005年审计署公布对32个中央部委2004年度预算执行的审计报告[③],结果显示大多数部委都存在不合法的预算外问题。无疑,这些钱主要来自于纳税人或付费人,但绝非纳税人或付费人同意支付的领域。而本质上,大多数“费”都属于税,因为它们并非政府对特定个人提供特殊服务的收费,而是在某一地区普遍征收的费。政府用“费”的形式掩盖了纳税的事实,间接侵犯付费人的财产权。与纳税人相比,付费人的合法权益更难保障,因其不具备法律上监督政府的当事人资格。若不能解决预算外资金问题,宪法所确认的私有财产权利保护或许只能看成纸面上的权利。[④]

---

① 参见克里斯汀·王:《中国的财政双元主义:渐进式改革与预算外财政增长》,载唐纳德·布伦编:《现代中国税制》,纽约:劳特里奇出版社1998年版(英文),第188页。

② 参见杨斌:《宏观税收负担总水平的现状分析及策略选择》,载《经济研究》1998年第8期,第47—54页;阮宜胜:《略论公共财政及其框架的构建》,载高培勇主编:《公共财政:经济学界如是说》,经济科学出版社2000年版,第394页。

③ 参见审计署2005年第3号(总第11号)文,“32个部门单位2004年度预算执行审计结果公告”,载2005年9月28日,http://www.audit.gov.cn/cysite/docpage/c516/200509/0928_516_14507.htm.

④ 2004年宪法修正案对《宪法》第13条做出修正,规定:“公民的合法的私有财产不受侵犯。国家依照法律规定保护公民的私有财产权和继承权。国家为了公共利益的需要,可以依照法律规定对公民的私有财产实行征收或者征用并给予补偿。”

由于税法的不合理性首先表现在立法过程,然后进入行政和裁判过程,最后扩大到经济生活过程,这种不合理性在整体上呈现不断扩大"不公平税制"的趋势,因而赋税法定原则可以阻止这种不公平的蔓延,尤其是阻止税法执行过程中的权力滥用。现行赋税法律对有关税的征收、管理和使用缺乏确切规定,法律责任大多针对纳税人,较少涉及征税机关,缺乏对其他行政机关征收和使用税费的规定,没有确立政府的负责制度。这些问题说明对立法阶段的赋税法定原则应当有清醒认识,有关征税机关、纳税义务人、课税物品、课税标准、课税物品的归属和税率等赋税要件,特别是缴纳和征收程序等,必须尽可能地由法律做出确切、详明的规定,最大限度减少授权行政立法,各种规避赋税法定原则的征收必须在立法阶段做出严厉禁止并规定相应的法律责任。否则赋税立法将成为侵犯个体权利和自由的首要源头。

(3) 赋税使用的约束。北野教授在对赋税法定原则的思索过程中,批驳传统宪法学把赋税的使用看作岁出预算的问题及传统的行政法学视其为财政管理作用法的观点,提出不应割裂赋税的征收和使用,应以宪法理论上构筑的"纳税者基本权"为基础理解赋税法定原则。"纳税者基本权"是指"纳税者"在赋税的征收与使用方面的固有基本权。[①] 宪政制度下,不仅仅是赋税的征收需要人民的同意,赋税的使用也是以人民同意为前提,反之即是对人民财产权利的非法侵犯。

从政府职能和赋税使用的关系上看,政府对税收的使用支出,决定着政府的职能范围,也即政府规模。政府的支出并不限于提供纯粹的公共产品和服务。政府依其自身意愿对税收重新分配的可能性,意味着扩大预算规模的动机始终存在。[②] 无论何种形态的政府,都有无节制敛财的天然倾向,因此必须约束。在经济学上,古典自由主义理论认为经济活动只要不产生确实的社会危害,就不应受政府管制。政府的作用仅在于为产权和契约的履行提供可靠的法律保障。但因市场失灵和信息不对称等因素,现实中出现的经济危机让人们观察到自

① 参见〔日〕北野弘久:《税法学原论》,陈刚、杨建广等译,中国检察出版社2001年版,第79页。

② 杰夫里·布伦南、詹姆斯·布坎南:《征税的权力:财政宪法的分析基础》,剑桥:剑桥大学出版社1980年版(英文),第27—28页。

由市场并不必然促进效率和发展,为降低交易成本,科斯定理要求政府管制。凯恩斯的国家干预主义在20世纪为解决资本主义的市场问题而大行其道,经济学家将政府“规范市场”或“改进宏观管理”的行为视为理所当然,在潜意识里认为政府是由“道德超人”组成。而一般的民主理论在法理上也假定,政府行政机关的官僚和立法机关因有赢取下届选举的预期,能受到选民的有效约束。但民主过程也存在大量的寻租机会①,官僚与利益集团相互利用可采取各种规避约束的手段,政府的各种支出方案很容易通过“公共利益”或普遍福利的诉求而被正当化,因此对政府财政权力的选举约束经常失效,这也就是“政府失灵”问题。解决政府失灵,需通过改变最初的宪法规则以约束政府的支出行为。

组成政府的人与普通公民并无不同,政府行政机关的官僚因对政策和决定的选择与执行享有裁量权,所以有可能在履行职务时追求自身利益。行政机关的“公共决策过程并不是一个根据公共利益进行选择的过程,而是各种特殊利益集团之间的缔约过程”。所以对政府支出即赋税的使用予以法定控制十分必要,通过对支出范围和方式的限制,从根本上限制行政权力的范围。对纳税人而言,政府的各项支出都来自于自身的缴纳,政府的支出行为关乎其公共福利的享有,所以纳税人对赋税的使用具有直接的法律利益,有权了解并监督政府的支出行为。

---

①　在布坎南看来,寻租是指用较低的贿赂成本获取较高的收益或超额利润,租金是指支付给生产要素所有者的报酬中,超过要素在任何可替代用途上所能得到的那一部分。公共选择理论认为寻租主要有三类:即通过政府管制的寻租、通过关税和进出口配额的寻租、在政府采购中的寻租。寻租活动会使政府决策和运作受利益集团或个人的摆布。因政府的各项经济决策往往表面上是某种公共利益的需要,而实际上是为某些利益集团服务,所以特殊利益集团为谋求政府保护,逃避市场竞争,实现高额垄断利润,进行各种“寻租活动”。政府官员会想方设法利用特权寻求租金。寻租活动导致“政府失灵”,因为它导致经济资源配置扭曲,或者说它是资源无效配置的一个根源。寻租并不增加任何新产品或新财富,只不过改变生产要素的产权关系。寻租还导致不同政府部门官员的争权夺利,影响政府的声誉,增加廉政成本,造成社会资源的浪费。

2. 赋税监管

(1) 预算监督　预算是对国家全部行政活动的预测,是以数字表现的事前计划,作为指导、监督一切行政活动的有效工具。[①] 预算的制定主体是政府的专门行政机关,但批准和决定预算的权力属于人民代议机构,预算批准后各行政机关必须依据预算执行,没有随意变更的权力。

预算是对财政支出的控制,基本上反映了政治和行政方面的管理过程。支出控制有多种形式,如英国控制的基本方法有三种:第一,明确资金用途,即清楚地指明预算支出的资金用途,控制支出使用方向,多用于地方预算;第二,控制人员预算支出,即有效控制行政人员职责,以降低预算的行政支出;第三,控制公共工程的预算支出,规范公共工程支出预算,明确限定项目建设资金使用规模和期限。[②]

我国历史上很早就有预算,但专制王权下的预算不是法律化预算,新中国成立后计划体制下的预算尽管采用了政府提出预算草案、人代会审议批准并监督执行的方式,但在本质上仅是一种"经济性计划",而非法律性预算。实行商品经济以来,计划经济体制下的财政约束逐渐失去效力,与市场体制相适应的财政机制尚未完全建立,预算无法起到控制行政活动的作用。从现实看,我国预算控制的政府收支仅是全部政府规模的一半左右,税收之外的超额预算收入、预算外收入及其支出基本不受预算支配;预算执行中的约束效力十分软弱。因此财政活动存在的暗箱操作在所难免,很大一部分"其他支出"是糊涂账。与预算约束不力相关的腐败现象屡禁不止,没有法律效力的预算导致社会资源配置的低效率,造成大量浪费与损失。

我国的预算制度执行不力,一则是因现行人民代表制度的缺陷所致,一则与我国税制设计不合理有关。直接税制下,纳税人地位清晰,而间接税制下纳税人地位模糊,虽仍承担大量间接税负,却普遍感觉不到负担的真实存在。我国目前以增值税、消费税和营业税等间接税

---

① 参见马寅初:《财政学与中国财政——理论与现实》(上),商务印书馆2001年版,第25页。

② 参见财政部:《财政制度国际比较》,载课题组编著:《英国财政制度》,中国财政经济出版社1999年版,第40—42页。

为主,采取隐蔽的征收方式,间接税负承担人很难估计自己税负的大小,即使税务专家也难以计算真实税负状况,再加之行政机关的收支不透明,纳税人无法将税负与预算联系起来,使政府预算几乎无需承担来自公众的压力。在支出方面,由于社会保障体系不健全,政府支出用于增加社会福利方面的支出很少,成为预算不受纳税人关注的重要原因。① 因此改善税制,提高行政机关支出的透明度,有助于纳税人对预算行使参与权、决定权和监督权。

我国现行《中华人民共和国预算法》(以下简称《预算法》)②立法宗旨过于强调预算的工具性职能③,颠倒了政府本应受监督的地位,将国家预算的权力过分集中于专门行政机关(财政部),缺乏纳税人参与或纳税人代表机构的明晰制衡,预算执行和结果的监督也被忽视。预算缺乏民主性、透明性和可靠性,使其控制政府权力的效力大为削弱。预算程序设计不合理也造成预算约束不力的情形。我国各级政府预算经本级人民代表大会批准一般是在三月份,但《预算法》第 10 条规定的预算年度自公历一月一日开始,这意味着我国每一个预算年度中,有两至三个月的时间内政府的行政活动没有法律依据,出现"约束空档"。这一问题降低了我国政府预算的法定性程度,在制度上为随意支出创造机会。为提高预算的法定性程度和有效避免各种不良影响,现行《预算法》亟需做出合理的修改和完善。

(2) 审计监督　对于预算执行情况的评价同样重要。决算是对预算执行情况的总结,是指各级政府、各部门单位编制的经法定程序

---

① 大多数中国人对税收的认识仅仅表现为对个人所得税的关注,但个人所得税收入只占政府税收的较小部分,如 1998 年个人所得税占总税收的 3.72%,而增值税、营业税和消费税合计占总税收的 64.96%。在当年国家财政支出中,行政管理费占 20%,抚恤和社会福利救济费仅占 3%。与此相对比,1991 年美国个人所得税占总税收的 27.2%,联邦社会保障和福利支出共占政府支出的 23%。数据来源转引自刘怡:《改革税制:创建更加有效的公共预算制度》,载《经济科学》2001 年第 4 期,第 104—113 页。

② 《中华人民共和国预算法》于 1994 年 3 月 22 日第八届全国人民代表大会第二次会议通过,中华人民共和国主席令第 21 号公布,自 1995 年 1 月 1 日施行。

③ 参见朱大旗:《从国家预算的性质论我国〈预算法〉的修订目的和原则》,载《中国法学》2005 年第 1 期,第 75—82 页。

审查和批准的预算收支的年度执行结果。对预算执行的监督多采用审计制度。审计监督是一种独立行使的职权,不应受任何机关或任何系统的干涉。[①] 现代各国都在实践中形成了一套有效制度。如英国由英王任命的审计长和督察长负责对预算执行的审查和监督,审计长需对政府预算收支情况进行独立核算后做出报告,并提交给下议院,由下议院表决通过。再如法国,法国设有专职机构,即审计法庭、财政总监和财务监督官,对预算实施事前和事后的监督。审计法庭是一个独立机构,由议会授权,不受任何政府部门的控制。国家决算要送审计法庭审查,并由审计法庭写出预算执行情况的审查报告提交议会审批。德国有联邦审计院,政府预算的整个执行过程始终受到联邦审计院的监督。[②]

在我国,根据《预算法》的规定,对预算和决算的监督机制主要包括:第一,权力机关即全国人民代表大会及其常委会对中央和地方预算、决算进行监督,权力机关有权就预算、决算中的重大事项或者特定问题组织调查,有关的政府、部门、单位和个人应当如实反映情况和提供必要的材料;[③]第二,人民代表大会的代表或者常委会的组成人员有权就预算、决算中的有关问题提出询问或质询,受询问或者受质询的有关政府部门必须及时给予答复;[④]第三,财政部门的监督,即各级政府财政部门负责监督检查本级各部门及其所属各单位预算的执行,并

---

① 参见马寅初:《财政学与中国财政——理论与现实》(上),商务印书馆2001年版,第120页。

② 参见邢会强:《程序视角下的预算法——兼论〈中华人民共和国预算法〉之修订》,载《法商研究》2004年第5期,第25—32页。

③ 《预算法》第66条规定:"全国人民代表大会及其常务委员会对中央和地方预算、决算进行监督。县级以上地方各级人民代表大会及其常务委员会对本级和下级政府预算、决算进行监督。乡、民族乡、镇人民代表大会对本级预算、决算进行监督。"第67条规定:"各级人民代表大会和县级以上各级人民代表大会常务委员会有权就预算、决算中的重大事项或者特定问题组织调查,有关的政府、部门、单位和个人应当如实反映情况和提供必要的材料。"第69条规定:"各级政府应当在每一预算年度内至少二次向本级人民代表大会或者其常务委员会作预算执行情况的报告。"

④ 《预算法》第68条规定:"各级人民代表大会和县级以上各级人民代表大会常务委员会举行会议时,人民代表大会代表或者常务委员会组成人员,依照法律规定程序就预算、决算中的有关问题提出询问或者质询,受询问或者受质询的有关的政府或者财政部门必须及时给予答复。"

向本级政府和上一级政府财政部门报告预算执行情况；[①]第四，审计部门的监督，即各级政府审计部门对本级各部门、各单位和下级政府的预算执行、决算实行审计监督。[②] 形式上，我国的监督机制比较全面，既有权力机关的监督，也有行政机构内部的监督，但实际执行效果难尽如人意，人民代表大会制度的不完善和人民代表的代表性问题限制了立法监督的约束效力。

近几年来，审计监督的力量和效果受到社会瞩目。我国《中华人民共和国审计法》（以下简称《审计法》）[③]第2条规定，国务院和县级以上地方人民政府设立审计机关，对国务院各部门和地方各级人民政府及其各部门的财政收支，国有的金融机构和企业事业组织的财务收支，以及其他依照本法规定应当接受审计的财政收支、财务收支的真实、合法和效益进行审计监督。尽管最近审计机关的监督，尤其在中央一级，使政府行政机关的各种活动特别是财政经济活动开始向社会公开，违法行为受到一定程度的制约[④]，但审计制度仍属于行政系统内部的监督，隶属于各级政府，缺乏独立性；审计机关的权限有限，对被审计单位不合法的行为多只能责令改正、通报批评或采取其他行政措施，缺乏对违法行为和责任人的法律制约。这些缺陷阻碍了审计职能的发挥。

实际上，由于我国预算本身不具备真实性、透明性和可靠性，作为对预算执行结果监督的审计效果当然也难尽如人意。更重要的是，无论预算还是审计，都缺乏纳税人的有效参与。本质上，政府的收入和

---

① 《预算法》第70条规定："各级政府监督下级政府的预算执行；下级政府应当定期向上一级政府报告预算执行情况。"第71条规定："各级政府财政部门负责监督检查本级各部门及其所属各单位预算的执行；并向本级政府和上一级政府财政部门报告预算执行情况。"

② 《预算法》第72条规定："各级政府审计部门对本级各部门、各单位和下级政府的预算执行、决算实行审计监督。"

③ 《中华人民共和国审计法》于1994年8月31日第八届全国人民代表大会常务委员会第九次会议通过，根据2006年2月28日第十届全国人民代表大会常务委员会第二十次会议修正。

④ 如2006年9月11日审计署发布2006年第5号审计公告，公布了对42个部门单位2005年度预算执行的审计结果。详文载于国家审计署网页，http://www.audit.gov.cn/cysite/docpage/c516/200609/0911_516_17404.htm.

支出都是纳税人的钱，但作为权力所有者的纳税人却无法对其使用予以控制，有悖法理。行政机关只需向上负责，显示政绩保住“官帽子”，而可不问纳税人诉求，无需向下负责。这是政府不守法、权力不受限的致命弱点。中国的宪政和法治发展，必须承认和确保纳税人法律地位，才能真正取得进步。

六、结语

中国现代的税制可谓古老而崭新。所谓古老，是因其秉承过去的传统观念，征税是政府天经地义的权力。延续数千年的农业税（田赋）直至21世纪才免除。所谓崭新，是因其依附的经济模式已发生了巨大改变，与商品经济相适应的现代税种成为税制的主体。然而，难以改变的是依然强大的行政权力，在追逐自身利益时依然有效，法律制度的约束依然不得不为“潜规则”让路。[1] 对于纳税人而言，几乎从古至今都是不容置疑的纳税“义务人”，税负的减轻是上层统治者及其官僚的“恩赐”，税负加重只能怨自己生不逢时，逃税漏税被发现只能是时运不济。

然而，现代社会的经济全球化和现代化已将中国推入一个加速度的发展时代。中国社会的经济不仅经历着翻天覆地的变化，而且变革正催生着法律制度和意识观念上的急剧变化。与商品经济发展已过数百年的西方发达社会相比，现代中国还太年轻。西方社会付出长时间和重代价磨合而出的政治法律制度，付出巨大代价认识到的个体权利和自由保护，在中国还需要更多的时间和实践去探索。经济的变化是一个不可阻挡的趋势，适应过去体制的税制和法律观念已缺乏能力

---

① 参见吴思：《潜规则：中国历史中的真实游戏》，昆明人民出版社2001年版；吴思：《血酬定理：中国历史上的生存游戏》，究竟出版股份有限公司2003年版。作者用“潜规则”和“血酬定理”解释书中描述的中国传统行政官僚制度、个体生存和社会状况等问题。所谓“潜规则”是指在主流意识形态或正式制度之外，人们私下认可的行为约束，它们在实际运作中起真正作用。吴思的“潜规则”与诺斯的非正式制度不同，后者的非正式制度是对正式制度的补充，二者一起构成约束人们行为的规则体系。有趣的是，为什么社会上真正遵行的“潜规则”不变成“显规则”？尽管吴思讲述的是中国历史上的问题，但其论述在今天的中国似乎仍有适用性。

适应新的经济基础,它们需要而且必须改变,直到能与新的经济兼容协调。

中国宪法明确规定实行法治,实行宪法之治,保护人权,保护私有财产权,但如果行政机关不守法,行政权力滥用,中国宪政法治和权利保障如何能够实现?宪政的核心是有限政府,在研究如何达到这一目标时,正如本文一再强调的,限制政府的财政权力——征收和使用赋税的权力,将其严格置于法律的控制之下,置于纳税人参与的监督之下,会是一种有效的方法。赋税是联系政府和个体的物质纽带,纳税人的钱就是政府运行的资本。应当通过法律制度上的修正和完善,改变中国过去纳税人权利和行政权力之间的力量不平衡。管住政府的"钱袋子",通过管住"钱袋子",有效约束"官帽子"下的权力。如此,纳税人权利实现的过程就将是宪法实现的过程。

参考文献

中文

1. 马寅初:《财政学与中国财政——理论与现实》(上),商务印书馆 2001 年版。
2. 周其仁:《产权与制度变迁:中国改革的经验研究》,北京大学出版社 2004 年版。
3. 周育民:《晚期财政与社会变迁》,上海人民出版社 2000 年版。
4. 刘佐:《中国税制概览》,经济科学出版社 2005 年版。
5. 郑学檬主编:《中国赋役制度史》,上海人民出版社 2000 年版。
6. 〔日〕北野弘久:《税法学原论》,陈刚、杨建广等译,中国检察出版社 2001 年第 4 版。
7. 谈志林:《官僚制与中国行政组织制度的演进路经》,载《学术探索》2004 年第 6 期,第 24—27 页。
8. 王怡:《立宪政体中的赋税问题》,载《法学研究》2004 年第 5 期,第 14—24 页。
9. 施正文:《论征纳权利——兼论税权问题》,载《中国法学》2002 年第 6 期,第 144—154 页。
10. 翟继光:《税收法定原则比较研究——税收立宪的角度》,载《杭州师范学院学报(社会科学版)》2005 年第 2 期,第 42—48 页。

外文

1. North, Douglass C., *Institutions, Institutional Change, and Economic Performance*, Cambridge: Cambridge University Press, 1990.
2. Huang, Ray, *Taxation and Governmental Finance in Sixteenth-Century Ming China*,

London: Cambridge University Press, 1974.

3. Tullock, Gordon, *The Politics of Bureaucracy*, Washington, D. C.: Public Affairs Press, 1965.
4. Bernstein, Thomas P. and Lu Xiaobo, *Taxation without Representation in Contemporary Rural China*, Cambridge: Cambridge University Press, 2003.
5. Brennan, Geoffrey, Buchanan, James M., *The Power to Tax: Analytical Foundations of a Fiscal Constitution*, Cambridge: Cambridge University Press, 1980.
6. Schumpeter, Joseph A., "The Crisis of the Tax State", in Swedberg, Richard (ed), *The Economics and Sociology of Capitalism*, Princeton, New Jersey: Princeton University Press, 1991.
7. Brean, Donald J. S., "Fiscal Reform in Modern China" in Brean, Donald J. S. (ed), *Taxation in Modern China*, New York; London: Routledge, 1998.
8. Bahl, Roy, "Central-Provincial-Local Fiscal Relations" in Brean, Donald J. S. (ed), *Taxation in Modern China*, New York; London: Routledge, 1998.
9. Ross, Michael L., "Does Taxation Lead to Representation", (2004) 34*B. J. Pol. S.* 229-249.
10. Wang Chuanlun, "Some Notes on Tax Reforms in China", (1984) 97 *China Quarterly* 53-67.

纪检监察机关依法行政的探讨*

我国监察法规定的监察机关属于行政机关的性质，但目前行政法学界对监察机关依法行政的具体研究较少，只有一些教科书提到过行政监察的概念、特征、对法条的解释等内容。孟德斯鸠曾说："实践证明，不受制约和监督的权力，必然导致腐败，绝对的权力，必然导致绝对的腐败。"行政机关的依法行政问题是一个国家、一个社会能否走向法治的重要前提，而监察机关一方面要以依法行政作为标准对行政机关进行监督，另一方面，监察机关实施监督时亦应依法进行。所谓监察机关依法行政的问题，包含着上述不可分割的两个方面。实践中，由于一些监察机关不依法行政导致行政机关的治政不严、法纪松弛、滥用职权等违法行政行为或者不当行政行为得不到及时纠正，严重阻碍了我国市场经济的健康发展和政治体制改革的顺利进行。因此，必须加强监察机关依法行政理论问题的研究，以解决实践中产生的种种问题和矛盾，提高监察机关依法行政的水平，更好地监督行政权的依法行使。

而从对依法行政的理解而言，现在对"依法行政"的理解已从形式上升为实质，即行政行为不单单是要符合形式上的法律要求，而且要符合法律的本质要求，要符合"正义性"，从而形成真正意义上的"合法行政"。[①] 行政监察的基本原理、依法行政的内在要求以及古今中外监察机制的成功经验表明：监察机构应有充分的独立性、激励因素、保护因素，拥有与其职责相应的权力和手段，才能实现监察机关的依法行政。

一、健全监察立法是监察机关依法行政的前提

依法行政是行政法治原则的具体要求之一，"它强调的是法治的

---

* 本文系与程中秋合作。

① 胡建淼：《行政法学》（第二版），法律出版社 2003 年版，第 54 页。

形式层面,与任意行政、人治行政相对”。[①] 其基本含义是“指政府的一切行政行为应依法而为,受法之拘束。要求法律对行政权的运作产生绝对有效的拘束力,行政权不可逾越法律而行为”。[②] 依法行政是法治原则对行政机关行为的要求。法具有规范性、强制性的特点,可以避免人治的随意性,克服思想教育的柔弱性。

在我国,依法的“法”,包括法律、法规、规章。“依法”的内容包括依法定权限、法定实体规则和法定程序,显然依法行政的前提是有法可依,即有一个完善的法律制度体系。亚里士多德指出:“法治包含两重意义:成立的法律获得普遍服从,而大家所服从的法律又应该本身是制定得良好的法律。”[③]这不仅要求监察机关以现行法律规范行使监察权力,而且要求其所执行和遵守的法是良好的、具有可行性、统一性的法,是体现人民意志的法,这样才能为监察机关依法行政创造良好的法律环境,为依法行政得以实现提供重要的前提。

在国外,凡是设有行政监察制度的国家,都十分重视监察立法。一方面是制定专门规范监察工作的法律。“如美国 1978 年通过的《监察长法案》和《政府道德法》,韩国 1973 年的《监察院法》。它们都较详细、明确地规定了监察机关的组成、职责、权限和监察程序等”。[④] 另一方面在其他有关法律中对监察加以规定,如“美国卫生行政监察专员是根据 1973 年制定的《国民卫生服务改组法》和 1977 年制定的《国民卫生服务法》的规定设立的。”[⑤]

而在中国古代,封建统治者为了确保监察机关的监察活动有明确的方向和准则,提高监察效率,防止监察机关的活动超越权限,或监察官执法违法,就十分重视通过法律形式来规范机关的活动。历朝都制定了不同类型的监察法规。“《唐六典》对御史台的编制,御史大夫、御史中丞以及台、殿、察三院长官的品级地位,各自的职权范围及行使

---

① 姜明安:《行政法与行政诉讼法》,法律出版社 2003 年版,第 59 页。

② 同上注。

③ 〔古希腊〕亚里士多德:《政治学》,吴寿彭译,商务印书馆 1965 年版。

④ 张正钊、韩大元:《比较行政法》,中国人民大学出版社 1999 年版,第 658 页。

⑤ 同上注。

职权的程序,都给予了明确具体的规定。明代有规定监察制度的专门性法规《都察院宪纲》,清代有《大清律·吏律》、《钦定台规》"[①],等等。我国古代在监察立法上的做法值得借鉴,法律详尽规定了监察程序,如案件如何受理,如何弹奏,对司法进行监察时如何制约等。尽管君权至上的封建社会,法律往往首先被皇帝本人破坏,但是监察法的制定,有助于御史正确行使职权,保证了监察工作稳定而有序地开展,对监察官也起到了约束作用。从这里我们可以看出立法对于监察机关依法行政的重要性。

我国现代意义上的行政监察制度始于20世纪之初的辛亥革命。但由于辛亥革命先天缺乏民主政治的基础,后天又培育不善,几经坎坷周折,行政监察制度并未真正建立并发挥作用。其后,新中国建立,1949—1954年是监察体制基本形成的时期,但由于新中国初创,有关监察的法律法规如《中央人民政府组织法》、《中央人民政府政务院人民监察委员会试行组织条例》等尚不完善。1954年原人民监察委员会改为监察部,1955年批准了《中华人民共和国监察部组织简则》。20世纪50年代后期大规模开展经济建设,行政监察部门职责不清,监察范围太宽、管辖太细,后来经十年"文革",监察体制受到严重破坏,行政监察的历史中断了。1986年12月,全国人大重新批准恢复建立了行政监察机关,自此,有关法律、法规进一步规定和明确了监察机关的职责、任务和权力,立法上取得了一定成效。1990年《中华人民共和国行政监察条例》以及与之配套的法规、规章颁布。尤其是1997年《中华人民共和国行政监察法》(以下简称《行政监察法》)的出台,对完善监察制度,保障其依法行使职权发挥了重要作用。为适应形势发展和监察实践的客观需要,2004年国务院又通过了《中华人民共和国行政监察法实施条例》,进一步明确了监察对象、派出监察机构或人员的设置,规范了监察机关的权限、履行职责的程序,完善了特邀监察员制度、举报制度、回避制度等,为监察机关的依法行政切实地提供了法律上的保障。

但在实践中,监察立法还存在两方面的问题亟需解决:

第一,监察工作某些具体环节缺乏配套的实施细则,操作困难,难

---

① 陈奇星等:《行政监督论》,上海人民出版社2001年版,第217页。

免使一些法律规定流于形式。监察程序在《行政监察法》中规定得不够明确。如第34条规定:“监察机关做出的重要监察决定和提出的重要监察建议,应当报经本级人民政府和上一级监察机关同意。”报经两个机关同意就有可能出现两个机关意见不一致的情况。一旦发生这种情况,监察机关将无所遵循。如果两个主体享有同一权力,就应当对两个主体的权力关系、权力范围予以细化界定,起码应规定二者发生冲突时的解决办法。又如《行政监察法》中关于监察机关的规定,不能真实反映我国纪检和监察合署的实际情况,使得法律规定与实际情况存在差异:性质上,行政监察机关并不单纯是行政机关,而是党政机关;领导作用上,自合署以来,监察部和地方各级监察机关从未在本系统召开过全国或地方的专门会议,对行政监察工作进行部署;《行政监察法》中规定的“国务院监察机关主管全国的监察工作”也未真正落实,因为地方监察工作已由地方党委直接领导。法律规定的与法定职能相联系的监察手段,也令监察机关很难完成查办违法犯罪大案的任务。

第二,监察法与其他相关法律缺乏衔接。如监察机关“责令案件涉嫌单位和涉嫌人员在调查期间不得变卖、转移与案件有关的财物”的规定,就与《中华人民共和国行政诉讼法》(以下简称《行政诉讼法》)不衔接。因为执行此规定,如果在认定涉嫌单位和涉嫌人员方面有误,会造成财物损失;如果做出了错误的监察决定,没收、追缴或责令退赔的决定发生错误,也会造成对他人财产权的侵害。按照行政诉讼原理,实施该行为的监察机关和监察人员可以成为行政诉讼的被告。但是由于《行政监察法》未明确赋予有关当事人(单位或个人)提起行政诉讼的权利,而行政诉讼法在受理与不受理的列举中又难以看到此类内容,因而事实上造成将行政监察行为排除在人民法院的司法审查之外,这不利于对监察机关的监督,也不利于保障被侵权人的权利。其实,人民法院不予受理案件的列举中,“行政机关对其工作人员的奖惩、任免行为”一项,并不包括行政监察机关在调查违法案件时采取的上述行政强制措施和行政处罚,按照《行政诉讼法》第11条明确列举的范围,无疑是应当纳入行政诉讼范围的。

因此加快监察法体系的立法步伐,提高立法质量是当务之急。总结中外实践经验,我们应当建立以《行政监察法》为核心的监察法律体系：

首先修改《行政监察法》。从实际出发，明确界定行政监察主体，不仅有利于履行法定监察职能，而且有利于监察法律责任的承担；完善具体工作制度、理顺领导体制、实现监察工作方式的法制化，防止以政策代替法制，以建立稳定的工作秩序，做到依法监察；有必要根据新的实践要求逐步建立新的监督制度，如加强对国企改制的监督管理方面的立法，防止国有资产的非正常流失。其间，不仅仅要将《行政监察法》的规定进一步细化，使其具有更强的操作性，同时还应注意与《行政诉讼法》、《中华人民共和国国家赔偿法》等相关法律的衔接。

其次，注重监察组织方面的立法，如"行政监察机关组织条例"、"监察人员条例"等，实现其设置、职权、编制和工作程序的法制化，使检查、受理、调查、建议、决定各个环节互相协调，减少领导决定的随意性，切实保障行政监察工作的开展和职能作用的发挥。亦应加快与之相配套的法律、法规或规章的制定，如"财产申报法"、"检察官保障法"等。

再次，要注重程序立法，保障实体权力的合法行使，从实质上实现依法行政。如重大行政处分的集体讨论程序、复核批准程序、听证程序等，尽快制定、颁布单行法规或规章。

最后，抓紧对现行的法规、规章进行清理。监察部曾根据《中华人民共和国行政监察条例》(已失效)制定了大量的规章，如《监察机关举报工作办法》、《监察机关实行回避制度暂行办法》等。在《行政监察法》颁布后，这些依条例制定的规章应依实际情况进行修改和废止，对监察工作急需又尚未制定相关规范的应及时制定，如"行政处分条例"，使监察机关的各项工作都有法可依。另外，还需加强法律解释工作，保证法律、法规、规章更有效的贯彻执行，为监察机关全面进行依法行政提供法制保障。

二、改革和完善监察体制是监察机关依法行政的核心

(一) 确立监察机关的独立性，为监察机关依法行政提供组织保障

行政监察工作的首要原则是依法独立行使监察权：一是强调监察

机关行使职权必须依照法律规定进行;二是其独立行使职权,只服从法律、法规和政策,不受其他行政机关、社会团体和个人的干涉。由于监察对象是行政机关及其工作人员,监察工作势必会受其影响,如不具独立性,则对行政机关的监督起不到实质作用。因此,监察机关要依法行政必须提高其法律地位,这是由监察工作性质决定的。

中外各国对提高监察机关的法律地位都是十分重视的。我国古代的行政监察制度自秦朝正式建立,一直延续到清末,机构独立,体系完备。秦代在地方最高行政机关郡级设置监郡御史,掌一郡的监察,隶属于中央御史大夫寺。独立、专门的监察机构基本形成。中央与地方两大监察系统已初具规模。“监察官行使监察权时一般不受同级乃至上级行政长官的干预,可以直达皇帝。御史的委任权也不属于吏部,而由皇帝定夺。”①御史台或都察院与中央行政机关及军事机关平行,其设置意在排除权力行使中的外界干扰。唐朝的御史台与“三师”、“三公”、“三省”并立,使得监察机关具有较高的独立地位,自成体系,两汉和隋唐的中央监察机关独立于政府之外,对地方实行垂直领导。为更好的发挥监察作用,唐代又在御史台中设立了台院、殿院、察院,加强其内部建设,使监察官的职责更加分明。古代的行政监察制度,对我们有所启示:只有确立监察机构较高的独立的法律地位,才能相对摆脱行政权的控制。

在英国,1967 年设置的行政监察专员,由国王任命,终身任职,地位较高。美国的州监察专员由立法机关选举产生。苏联在 20 世纪 50 年代也曾设立独立的人民监察委员会,受苏共中央和苏联部长会议共同领导。列宁认为:“那些必须有一定人数出席政治局每次会议的中央监察委员,应该形成一个紧密的集体,应该‘不顾情面’地进行监督。”②

按照监督学的基本原理,监督者应当位于被监督者之上,而我国监察机关处于行政系统之内,《行政监察法》规定:“监察机关是人民政府行使监察职能的机关,依照本法对国家行政机关、国家公务员和国家行政机关任命的其他人员实施监察。”各级监察机关是同级政府

---

① 于波:《浅议我国古代的行政监察制度》,载《行政论坛》2001 年第 1 期。

② 《列宁全集》第 33 卷,第 440 页。

内部的常设机构,实行双重领导体制,既受上级行政监察机关的领导,又受同级政府的领导,这使得监察机关在人、财、物上都受制于政府职能部门,不能独立地依法开展监察工作。当出现地方与中央利益、部分与整体利益冲突时,少数地方政府搞地方保护主义,干扰监察工作,为一些违纪者开脱责任,导致同级行政部门及有关人员的监督存在较大困难。可见,监察机关只是一般的行政职能部门,而非“专司监察职能”的机构,与被监督者缺乏位差,必然削弱监察权的行使,降低行政监察的可信赖度和执法力度。

实践中,为了适应党风廉政建设的需要,强化和协调办案工作,用一套工作机构、两块牌子的办法,使中央纪委和监察部合署办公。这样,党的纪委成了监察机关的直接领导机关,形成对行政监察的“三重领导”。重大问题由纪委常委集体讨论决定,使得监察机关首长负责制难以落实,出现职责不明、权限含混、以党代政、党纪政纪处分不分的现象。现有的监察体制不仅在行政系统内不独立,而且完全弱化了监督职能作用。使行政监察流于形式,处于附庸地位。

在依法行政的要求下,有关监察组织体系的设置及其各项职权应在法律中明确规定,应立足于监察机关的独立性、专门性、优势性,当然独立性只是相对而言,如果完全超脱于行政机关,则同其他监督方式没有区别,也就失去行政监察作为内部监督所具有的意义及其独特性。问题的关键是如何在完全超脱于和完全依附于行政机关之间寻找一个合适的“度”。

从上述分析看,我国的监察机构,应变政府内部的双重领导体制为垂直领导体制,条件成熟时,可进一步建立独立于政府的行政监察系统。如韩国的监察院独立于其他行政机关,只受总统管辖;美国各部的监察长由总统任命,参议院批准,直接对总统负责,给予了行政监察机构以很大的主动权和独立性。监察机关具有独立性,把监察人员的任职、考核、晋职、升降与地方人事管理完全脱钩,由上级监察机关统一管理,各项开支实行财政单列,可以保证监察机关具有较高的法律地位和较大的权威性,只服从法律。

虽然具有独立性,但在具体的监察工作中监察机关还要注意与其他机关的协调配合和信息沟通。与纪检工作的配合中,可以临时成立联合机构,从纪委和监察中分别选出适当人员专职某些反腐案件,在党政领导委托办理的案件上,一切调查、处理、建议都由监察机关自主做出,不受委托者的指示和暗示。

最后,应为监察机关独立的法律地位提供宪法和法律保障,建立监察人员的身份保障制度。孟德斯鸠说过:"在性质上,民主政治的监察官也一样是独立的。诚然,在监察官任职期间,对他们的行为不应该追究,对他们应该信任,绝对不要挫伤他们的勇气……一切官吏都要对自己的行为负责,只有监察官例外。"[①]我国对监察人员的身份保障的立法和制度目前还是空白,为避免监察人员监督执法时有后顾之忧,应制定"监察官法",明确监察人员非因法定事由和法定程序,不被免职或撤职等权利和其对国家应尽的义务,对专职监察人员应变委任制为选举制,并为其提供行使职权的法制保障。

(二) 建立、健全严格的责任监督制度,促进监察机关依法行政

以权利制约权力、以权力制约权力,是现代社会监督有效性的关键,监察机关行使的是一种权力形式的监督,在履行职责中很可能侵害监察对象及其他公民、法人的合法权益。所以,监督者首先要接受监督。监察机关的行为是否合法,处理是否得当,要接受被监督者的反映和申诉,同时建立健全对行政监察工作实施监督的制度和办法,可在立法中增加:监察人员不履行法定职责造成严重后果的,应当承担相应的法律责任;由于工作失误而侵犯公民合法权益的,亦应承担相应的法律责任,受害者可以通过行政诉讼得到救济,将监察机关的违法行为纳入行政诉讼和国家赔偿范围,保证监察机关依法行政。还可以充分发挥权力机关、司法机关、行政机关与社会各界对监察机关的监督,督促其加强自律,率先依法行政。

三、良好的法律意识和监督意识是监察机关依法行政的思想保障

古人有言:"法不难立而难于行",监察工作的依法进行,离不开法

---

① 〔法〕孟德斯鸠:《论法的精神》,张雁深译,商务印书馆 1961 年版,第 53 页。

治和监督意识的提高、依法行政的自觉性。如果监察工作人员在思想意识上不提高,人治观念严重,那么法就很难得到执行,就搞不好监督工作,依法行政也只是个口号。

何谓法律意识,学术界表述不一。有人认为,“法律意识主要是指人们对法律现象(外在客体)的内在领悟及领悟到的感觉、知觉、观念、态度和情感等心理观念因素”;[①]有的认为,“法律意识泛指人们关于法的思想、观念、知识和心理的总称,其含义相当于日常生活中所称的‘法制观念’。其内容非常广泛,包括:人们探索法律现象的各种法律学说,对法的本质和作用的观点,以及对人们的行为和权利义务关系的法律评价等,但主要是指反映对现代法的态度的思想、观点、知识和心理。”[②]尽管有上述表述上的区别,但其共同之处都是承认法律意识是人们对存在的一种反映,是“对法律现象所进行的评价和解释、人们的法律动机、对自己权利和义务的认识以及对法律行为的评价。”[③]

法律意识,可分为低级阶段的法律心理和高级阶段的法律思想体系,二者相互影响、相互转化。人们在日常生活中形成的关于法律的零星的感觉、情绪、习性等属于法律心理;而经过思想化、理论化、系统化的法律意识就上升为法律思想体系阶段。处于不同阶段的法律意识,其内容不同,形成与提高的方法也不同。总地说来,法律意识的形成并非是对法律的一些简单认识、看法。法律意识的形成直接受文化的影响,文化背景不同,对某一法律现象的认识深浅也有不同。当然,法律本身质量的优劣也直接影响着法律意识的形成。

任何形式的法律活动都是以一定法律意识为引导的自觉活动,良好的法律意识将会借助于社会的、国家的强制性力量对社会的经济、政治制度产生巨大的作用和影响:

首先,“法律意识是社会需要与法律之间的中介环节和纽带”[④],法律并不能自然而然地形成,社会需要只有通过一定方式表现为人们

---

① 张文显主编:《法学基本范畴研究》,中国政法大学出版社 1993 年版,第 227 页。

② 沈宗灵主编:《法学基础理论》,北京大学出版社 1994 年版,第 261 页。

③ 卓泽渊主编:《法理学》,法律出版社 2002 年版,第 100 页。

④ 刘旺洪:《法律意识论》,法律出版社 2001 年版,第 98 页。

的法律需要,才能最终上升为法律。就此而论,法律意识具有法制建构功能。如果监察人员具有较强的法律意识,其对立法的评价会促使相关立法更加符合客观的发展需要。增强法律意识为依法行政提供了间接的法制保障。

其次,法律意识在法律适用和法律遵守方面也发挥着重要作用。"它使社会法律规范转化为社会主体的实际行为模式的主观价值和心理基础"。[①] 监察工作者的法律知识、法律思维、法律态度、法律情感和法律信息等,对法律的解释和理解具有重要的影响。因为从法律得到遵守的角度来看,起码的条件是:基本的法律知识、朴素无华的守法思想、法律能够实现正义和保护合法权益的信任感,等等。因此,监察人员必须具备较强的法律意识,熟悉国家法律、政策,并且有熟练的操作能力。

值得指出的是,不能简单地将法律知识的掌握等同于法律意识的培养,法律知识只是法律意识的一个方面,不是法律意识的全部;不具有法律知识的人并非不具备法律意识,法律知识掌握得多也不意味着法律意识就一定会很强。法律意识的培养是一项系统工程,从根本上推进全体监察人员的法律意识更是一项复杂工程:

第一,法制教育是塑造监察人员现代法律观念的基本途径。在内容上,注重各专业领域人才的培养,熟知各部门法律,适应转型期新领域工作出现的新问题。在人员选任上可以借鉴瑞典的议会行政监察专员制度,从具有杰出法律知识和秉性正直、社会威望较高的人士中选出,大多是法官和律师。[②] 从整体上提高监察机关人员的法律意识,最直接的方法就是吸收法律专业的毕业生到监察机关。

第二,厉行法制。法律意识的培养必须是在一定的法律制度及其实施的基础上。一个社会要培养一种意识,它首先是要有这种意识所反映现象的存在基础。法律意识的培养,需要有法律制度在社会中的有效运作。

要树立"法律至上"的信念:在社会调整体系中法律处于最高地

---

① 刘旺洪:《法律意识论》,法律出版社2001年版,第98页。

② 参见胡建淼:《比较行政法——20国行政法评述》,法律出版社1998年版,第473页。

位,是评价主体合法性的唯一和最终标准;一切人员应当严格按照法律的规定办事,依法享有权利和履行义务:由法律配置、保障和控制国家政治权力,不允许任何人和任何组织具有凌驾于法律之上的特权。在加强法律制度建设上,监察机关要积极参与市场经济法律制度建设,通过监督检查、专项执法监督、查办案件等手段发现问题,向党委和政府提出建设性意见。凡于法无据或超越有关法规的监察行为就是违法行为。监察机关应注意纠正和克服在联合检查中包打天下、越权行为以及甘当“门神”、乱发“保护牌”的行为。要做到立项合法,不在监察对象范围和相关法律、法规规定之外确立监察事项。而且,监察程序、监察结果也要合法,使监察活动每个环节都有法可依。

另外,就监察人员的监督意识而言,不仅仅指其作为监督主体主动参与监督的意识,而且包括自身接受监督的意识。在实际工作中,既有少数监察人员对监督认识不到位,不敢监督的现象,也有听不得不同意见,对被监督有抵触情绪的现象。两种情形在监察机关内部同时存在,便形成了“好人”主义盛行,事不关己,高高挂起,明知不对,不说为佳的风气。这种内部监督意识的淡化也导致了监察队伍自身出现违法乱纪的现象,严重阻碍监察工作的依法行使。

理论界对如何提高监督意识提出了许多看法,对监察机关的领导干部、工作人员进行全面教育,学习党的路线、方针、政策及监督法规,提高政治业务素质和办事能力。做到善于监督、敢于监督,领导干部要摆正位置,不论职位高低、权力大小,都有履行监督权力和接受监督的义务,充分发挥好党内监督、民主监督、舆论监督、群众监督的作用。作为实施监督职能的工作人员,应认识到依法监督是保障党和人民利益的客观要求,是社会进步发展的需要,从而使他们增强监督的责任感,克服畏难情绪,积极主动地实施监督。

综上,监察机关的依法行政是行政监督制度完善的保障,是落实依法行政的纪律保证,是国家依法行政不可或缺的部分。监察机关不能孤立地推进依法行政,要实施监察机关的依法行政,不仅要重视立法的健全,更要保障法的贯彻执行,还不能忽视依法行政环境——整个国家的法治环境的建设。以上各方面都是相辅相成、互相促进的,必须综合考虑。

宪法征收补偿条款的解读*

2004年宪法修正案第20条将《中华人民共和国宪法》(以下简称《宪法》)第10条第3款修改为:“国家为了公共利益的需要,可以依照法律规定对土地实行征收或者征用并给予补偿。”修正案第22条将《宪法》第13条修改为:“公民的合法的私有财产不受侵犯。国家依照法律规定保护公民的私有财产权和继承权。国家为了公共利益的需要,可以依照法律规定对公民的私有财产实行征收或征用并给予补偿。”与1982年《宪法》比较,2004年的修正案实现了无偿征收/用到有偿征收/用的宪法转向。七十多年前,《中华苏维埃共和国土地法》第1条规定:“所有封建地主、豪绅、军阀、官僚以及其他大私有主的土地,无论自己经营或出租,一概无任何代价地实行没收。”比较说来,宪法修正案第20条和第22条标志着中国共产党财产权意识形态的彻底转向,尽管这经过了一系列漫长的渐进改革。

宪法修正案第20条和第22条有五个关键词:国家、公共利益的需要、财产(权)、征收和补偿。国家由立法机关和行政机关代表,具体表现为大小官僚,该名词无需宏论。财产权的概念,民法学界也多有讨论,主要指对财产的占有、使用、收益和处分等支权能的部分或全体的集合。本文作者在阅读财产法和宪法相关文献[①]的基础上,试图对下述三个关键词做出初步的解读:征收、公共利益的需要和补偿。

一、征收的概念和种类

(一) 征收和征用的辩证

宪法修正案第20条和第22条同时用“征收”和“征用”。修正案

---

* 本文系与刘桂真合作。

① Jesse Dukeminier, James E. Krier, *Property*, Aspen Publisher, Inc, Fourth Edition, 1998. Theodore J. Novak, Brian W. Blaesser, Thomas F. Geselbracht, *Condemnation of Property*, John Wiley & Sons, Inc, 1993.

说明者王兆国对此有专门解释：

> 《宪法》第10条第3款关于土地征用的规定，以及依据这一规定制定的土地管理法，没有区分上述两种不同情形，统称“征用”。从实际内容看，土地管理法既规定了农村集体所有的土地转为国有土地的情形，实质上是征收；又规定了临时用地的情形，实质上是征用。为了理顺市场经济条件下因征收、征用而发生的不同的财产关系，区分征收和征用两种不同情形是必要的。
>
> 征收和征用既有共同之处，又有不同之处。共同之处在于，都是为了公共利益的需要，都要经过法定程序，都要依法给予补偿。不同之处在于，征收主要是所有权的改变，征用只是使用权的改变。[①]

王兆国的说法，可商榷之处有两点：

第一，关于征用，他给出两种定义：一是使用权的改变；二是临时用地。但是，“临时用地不改变土地权属。即原土地的所有权和使用权都无需改变。使用农民集体土地的不需要办理征用土地，使用国有土地的也不必办理划拨或有偿使用手续，只需签订临时使用土地合同。”[②]由此看来：(1)“临时用地”没有强制意义，它主要是合同行为；(2)“临时用地”并不是使用权的改变。征用，应该是公权主体为公共利益合法地强制剥夺或严厉限制私主体的财产使用权的行为，故“临

---

① 王兆国：《关于〈中华人民共和国宪法修正案(草案)〉的说明》。

② 卞耀武主编：《中华人民共和国土地管理法释义》，法律出版社1998年版，第164—165页。该书的主编和副主编分别是：卞耀武，全国人大常委会法制工作委员会副主任；李元，国土资源部副部长；黄建初，全国人大常委会法制工作委员会经济法室副主任；甘藏春，国土资源部政策法规司司长；该书的后记说：“我们参与土地管理法具体工作的同志集体编写了这本条文释义”(第408页)；出版前言说：“该丛书坚持以准确地反映立法宗旨和法律条款内容为基本要求，在每部法律释义中努力做到观点的权威性和内容解释的准确性”(第1页)。因此，有充分理由认为，该书的论述表达了权威的专家观点。

时用地”不是征用。[①] 其实,真正属于其所谓的征用范畴的行为,恰恰被他遗漏,此即国有土地使用权的收回。[②]《中华人民共和国土地管理法》第58条规定:“有下列情形之一的,由有关人民政府土地行政主管部门报经原批准用地的人民政府或者有批准权的人民政府批准,可以收回国有土地使用权:(一)为公共利益需要使用土地的;(二)为实施城市规划进行旧城区改建,需要调整使用土地的;……依照前款第(一)项、第(二)项的规定收回国有土地使用权的,对土地使用权人应当给予适当补偿。”这里的“收回国有土地的使用权”,显然是公权主体为公共利益而合法地强制剥夺私主体的财产使用权,因此属于征用。

第二,依照王兆国的说法,征用实乃剥夺使用权,征收则是剥夺所有权。使用权和所有权都是财产权。若以上述概念财产权为标准,征用和征收都是剥夺财产权。另外,依照我国土地法,征用对象不包括土地所有权,而只是指国家出让或划拨的土地使用权,对地权人来说,征用意味着地权的完全丧失。征收和征用的后果在此完全相同,即本由地权人控制的土地被征收。本文的讨论将围绕征收的概念展开,它包括征用。所谓的征收和征用的差别只是对象的不同,它与行为本身的属性无关,征收的对象是农村集体,征用的对象是城市地权人。[③]

(二)征收的种类

政府剥夺或削减公民财产权的行为,可粗略划分成三类:第一类

---

① 梁慧星先生把征用看作紧急状态下的“临时强行使用”。据估计,把“临时用地”当作征用,应该是受了他的影响;但把征用视作“使用权的改变”,则为梁先生极力反对的。[梁慧星:《宪法修正案对非公有制经济和私有财产的规定》(刘成伟整理),载中国社会科学院研究生院法学系研究生会:《明法》(内部发行),第34—39页]梁先生的说法,虽有他的良苦用心,但因为和现行法的习惯用法相差甚巨,故其不被接受,自是情理之中的事。“临时强行使用”在行政法上叫做“即时强制”,是紧急状态下行政优先权的行使。

② 类似规定还有《中华人民共和国土地管理法》第65条(收回集体土地使用权)和《中华人民共和国城市房地产管理法》第20条(收回国有土地使用权)。

③ 需要特别指出的是,在我国的法学术语中,征收还指征税和收费,但这不是本文的用法。参见王克稳:《经济行政法基本论》,北京大学出版社2004年版,第五章。

是征敛行为,这是基于公共需要而对合法公民的财产权的处分,它还可再分成征税(费)和税费之外的其他征收(主要是征地)等。第二类是罚没行为,这是对违法公民的财产权的惩处。第三类是宏观调控行为,这主要是以经济手段为内容的政策行为,是政府基于整体国民经济和社会利益而采取的行为,对个人财产权造成的损害,政府一般(并非绝对)不予补偿。

本文的征收指税费之外的征敛。依照我国学界的通常理解,征收(包括征用)是地权的剥夺。其实,这种理解极其片面,这只是狭义的征收。在美、英、德、法等国[1],征收还应包括对土地的使用权和收益权等权能的限制和削减。政府行为总是以特定公权为基础。依照作为征收行为之基础的公权(即基础公权)的种类的不同,前一种狭义征收可称作传统征收;后者是扩展意义的征收,可称作警察权之征收(takings of police power)。依据主观意图的状况,传统征收权和警察权的征收皆是故意征收,此外还存在事实征收;依据征收涉及实物和"支权能"的范围,除完全征收外,还有部分征收。依据征收的期间,征收还可分成永久征收和暂时征收。暂时征收是政府在短暂的明确的期限内剥夺财产权,它可依传统征收权和警察权而被行使。本文只对前四种征收略作阐释。

1. 传统征收

传统征收[2]是典型和狭义的征收,但并非唯一的征收;它是政府或经授权履行公共职能的私主体为公共使用之目的而强制获取私主体之财产权,再由政府为某种用途而优先分配这些财产权的权力。这里的分配可以是宏观项目的一部分,如城市翻新贫民窟或危旧房的改造项目;也可以是通常理解的公共服务,如修建高速公路、公园、地铁和街道;还可以是狭义的自我服务,如政府建办公楼。行使该权力的必要条件是给原地权人以公平补偿。通常说来,传统征收权的标的是土地等不动产的所有权,但绝不仅限于此。传统征收权的具体行使就构成征收(expropriation)和征没(condemnation)。征没更多用于危旧房

---

① See Van der Walt AJ, *Constitutional Property Clauses: A Comparative Analysis*, Juta & Co and Kluwer Law International, 1999.

② 此处所言乃狭义,广义的传统征收权还包括征税。

改造的语境,含有对建筑的脏乱差状况的谴责之义。

2. 警察权之征收

这里须解释两个问题:一是何谓警察权?二是警察权何时构成征收?警察权不只是公安系统的大盖帽象征的权力,尽管后者是警察权。警察权也不只是国家系统的权力,我国民众和学者长期以来有一种误解,一提到警察国家,就会想到特务国家,这是极片面的理解。

警察权有狭义和广义的区别。广义的警察权泛指全部政府权力。一般情况下,财产权人有资格随其所愿地使用和处分其财产,只要不影响其他人的财产权。然而,每个国家都有立法和行政的权力,以维护公共秩序与和平,促进公共健康、安全、道德和其他的普遍福利。这种权力就是警察权。① 财产权显然要受警察权的限制。警察权的行使可以针对违法行为,也可针对合法行为。本文主要讨论针对合法行为的警察权。依照警察权,政府可以对财产的使用和享有实施管制;为公共健康和安全,政府甚至可以禁止财产权人以某种营利方式来使用其财产。财产权人除享受该警察权所带来的普遍好处外,没有请求公平补偿的权利。

传统征收权是主权者为公共使用的目的而剥夺或损害私财产权的权力,主权者必须给财产权人以公平补偿。传统征收权之征收权利,是因为该财产对公众有用;然而,警察权管制或限制财产的使用,是因为该财产对公共利益有害。和传统征收权一样,警察权也是政府固有的权力。其范围非常广泛。土地用途管制权、分区权和规划权是最典型的警察权。② 没有警察权,政府便无法运作。在过去的美国,警察权甚至不受契约和商业自由的限制;但是,现在的警察权则必须服从征收补偿条款。

由警察权生出的管制是财产权应该承受的负担,它通常不构成征收,因此,政府不给予公平补偿。但是否能认为,凡警察权对个人财产权造成的合法损害,都不是征收,不应给予补偿。显然不可。如果警察权的管制范围如此之广、程度如此之深,以至于实质上剥夺了财产

---

① Henry Campbell Black, *Black's Law Dictionary*, Sixth Edition, 1990, pp. 1156-1157.

② http://www.deltaalpha.com/terms/policepower.html.

权人使用和享受其财产的权利,这种管制就构成征收,公平补偿就成为必要之举。[①] 现在的问题是:这种构成征收的管制的程度和范围的界线在哪里?

为这种界线规定明确具体的标准是不可能的。美国法官充分认识到这一点,并强调说,警察权之管制是否构成征收必须根据具体个案来确定。但是,联邦最高法院还是确定了指导个案的基本原则:其一,如果政府管制构成或导致对私人财产的永久的物理占有,那么,在该物理占有的范围之内,政府的行为就构成征收,无论政府行为是为了促进多么重大的公共利益,也无论其对财产权人的经济影响是多么的微不足道。其二,虽然不存在物理占有的情况,但警察权之管制严重贬损了财产权的经济价值,剥夺了财产的使用权,那么,政府的管制便同样构成征收。[②]

3. 事实征收

前文提及的传统征收权和警察权之征收,都有一个核心要素:即政府有征收财产权或实施某种必然导致财产权被征收之行为的意图。这种意图可以是明示的,也可以是默示的,也就是说,可以从具体的行为事实中推导出来。然而,征收的意图于征收而言并非必要,即使政府没有该意图,且没有把某特定的财产权或财产权益夺走,但是,如果它的某种行为产生了毁损某人的财产权益的结果,该行为同样构成征收,这就是事实征收(de facto takings)。[③]

例如,当路政机关喷洒盐粉以清除路上积雪时,这些盐液可能会渗入私人的土地,污染临近的水源,毁坏农作物。这种对财产权的损害就是事实征收,尽管路政机关的行为有法律授权且是合理做出的。公共设施之建设、维护或运作会使用临近土地上的水、沙、地等其他物质,此乃物理侵犯,它会损害原土地的使用,也构成征收,即使政府完

---

① 我国的立法还没有意识到这个问题。例如,《中华人民共和国城市规划法》体现了促进城市建设的拳拳之心,但丝毫未提及规划行为侵犯财产权后的补偿。

② http://www. deltaalpha. com/terms/policepower. html. 另见 http://users. sisqtel. net/armstrng/cntyjurisd. htm.

③ Black's Law Dictionary, pp. 416-417. 另见 http://www. animal-law. org/hunting/merrion. htm.

全没有为公共目的而获取和使用该财产的意图。政府为灌溉工程会修筑各种堤坝,但若这导致水位升高,淹没河岸两边的私人土地,该行为无疑也构成征收。海空两军的战机常在私人土地上空飞行,农场主的鸡受到惊吓,到处乱飞,很多撞墙而死,这便构成对农场主财产利益的征收。在此案中①,法院认为,飞机侵占了农场主土地的上空,这个空间是农场主财产的一部分,对此,农场主有实施控制的合理期望。简而言之,征收并不限于政府对财产权的剥夺;政府对财产权益的毁损和严重削减也构成征收。

4. 部分征收②

顾名思义,部分征收就是征收财产权的某些部分。"部分"体现为两种形态:一是具体实物的物理的部分,如农场主有四亩土地,政府征收其中的两亩,政府拿走的是农场主在这两亩土地上原有的全部财产权。二是针对同一实物的支权能,这里不涉及实物的物理分割,而涉及该实物上的权能的分割和组合。私人财产权由很多要素构成,其中,最关键的要素即占有、使用和收益这三项"支权能",它们本身就是财产权,同时也构成完整财产权即所有权的"部分"。征收补偿条款(宪法修正案第20条和第22条)为每项支权能的组合形态和其完整形态即所有权提供了完全相同的保护,这三者都是财产权。

在部分征收的情况下,政府必须对被征收的财产权的价值给予补偿。例如,某土地的空间权归张三,地表权归李四,如果政府征收了空间权,那么,这对张三来说就是完全征收,政府必须给予完整的补偿。但是,如果在征收之前,张三把他的空间权卖给了李四,那么,政府征收会不会有什么不同呢?确实,原来对张三而言的完全征收现在对李四而言就变成了部分征收。然而,这丝毫没有改变原来的财产权价值和政府行为的性质。政府同样要把给予张三的补偿完整地给予李四。宪法修正案第20条规定,国家为了公共利益的需要,可以依照法律规定对土地实行征收或者征用并给予补偿。前面说过,这里的土地实乃"地权",之所以用"土地",一定程度上是因为立法语言的粗疏和随

---

① 此乃一著名案例,即美国的"合众国诉考斯比案"。

② See Richard A. Epstein, Takings, *Harvard Uunniversity Press*, 1985, 5. of Part Ⅱ.

意。这个规定实际上意味着:国家为了公共利益的需要,可以依照法律规定对土地实行征收或者征用并给予补偿,不管征收的是部分地权,还是全部地权。

二、公共利益兼及交易成本的限制

征收只能为特定目的而行使。从我国《宪法》相关规定来看,特定目的即公共利益。这是内在于征收权之本性的要求:它是主权要素之一,是政府权力,而政府和主权应代表公共利益,而不是任何私主体的利益;否则,传统征收权便丧失正当基础,不论征收者多么乐意支付补偿,也不论其支付多么高的补偿。征收的范围直接取决于公益含义之狭窄。然而,公共利益却是最难界定和识别的概念,学界还常依具体情景的差异来交替选用"公共目的"(public purpose)、"公共福祉"(public good)、"公共便宜"(public convenience)等词。这些概念像是"谜团"(puzzle),模糊、"博大"和"宽容",以至于可以无原则地被人任意捏。因此,关于公共利益含义的确定,主要不能靠解释,因为这是可以无限解释的概念,它好似宇宙太空,随你投进什么东西,都不会掉出来;因此,真正的工作不是围绕着宏大词汇来云山雾罩,而是如何依据特定时代的实践需要和意识形态诉求,对它作细致而具体的规定。

如前所述,除税费征稽外,征收权主要有两类:一是传统征收权,二是警察权。警察权的目的是广义的公共利益,包括公众的健康、和平与安全、道德和环境等。实际上,除极其明显的以权谋私的情形外,目的限制对警察权之征收来说基本上没有太大意义,问题的关键是如何界定传统征收权之征收的目的。美国宪法第五修正案的措辞是"公共使用",这个概念的变迁史能给我们一些启发。在此,让我们暂时抛开该概念在具体案件中的演变史,仅从原则层面作普遍阐释。

1. 征收目的的实体含义:由公共使用到公共利益。公共使用的含义有个从狭义到广义的演变过程。在自由放任时期,公共使用的含义被界定得很狭窄,仅指"被公众和公共机构使用"。后来,随着工业化的深入和城市化的发展,为促进经济发展,加快城市建设,提高资源的利用效率,美国法院逐渐采取了广义的公共使用概念即"对公共有利或有好处"。

正如关于州征收的公共使用限制,在处理联邦征收问题时,美国联邦最高法院没有像早期那样,在"被公众使用"之标准和广义的公益理论之间选择。早期,作为联邦征收之目的的活动必须能经得起严格的"被公众使用"之标准的检验,如公园和国家纪念碑等,因此,选择在此时是不必要的。然而,后来,很明显,联邦征收不再服从于"被公众使用"之标准,只要有利于或有益于公众,它们便会被维持。[①]

也就是说,征收的目的已由原来的严格的公共使用变成了公共利益。在这个过程中,具有转折意义的案例是伯曼诉帕克案(Berman v. Parker)。目前,传统征收权的目的限制已和警察权相差无几。其范围极其广泛,所代表的价值可以是精神上的,也可以是物理上的,可以是审美的,也可以是金钱的。城乡水土保护,美化城市景观,保护历史文物,减轻事业,振兴社会经济,改善住房条件等,都属公共利益。

2. 公共利益允许服从于私人使用,但该使用必须主要是为了公共利益。在美国早些时期,被征收之财产权必须有公众或政府机构使用,否则,征收便不正当,是违宪行为。随着公共使用变成公共利益,使用主体便不再严格局限于公众或政府机构,一些私主体也可使用和经营被征收之财产权,这是因为,在某些情形下,私主体使用要比政府使用更能促进公共利益,然而,私主体的使用必须以促进公共利益为目标。

第一个问题是,私主体通常是自利的,若得不到实惠,他可能根本就不会去使用。因此,既然允许私主体使用,那就必然意味着,他要从中获得私人利益。如何解释这种现象?其实,在这个拥挤的社会中,公共利益和私人利益都不是纯粹的。整个共同体甚或其中的大多数应当直接参与征收或享用其利益,这并非公共使用的必要条件。如果某种使用的利益归某范围内的大多公众享有,该使用或其目的便有公共属性。也就是说,只要私主体之使用的主要利益归公众,那么,私主体在使用被征收之财产权的过程中获得的附带私利益并不能使政府征收无效。

---

① Commen, *The Public Use Limitation on Eminent Domain: An Advance Requiem*(1949), p. 610. 转引自 George Skouras, *Takings Law and the Supreme Court*, PETER LANG, 1998, p. 44。

第二个问题是,如何保证私主体使用的主体利益归大多公众享有?这就要求私主体的使用必须受到以公共利益为导向的管制。如果是为改善城市居民的住房条件而实施拆迁,那么,政府就必须对房产商的房价设定限制,以确保原居民和普通公民有能力在原地点购买新房。否则,不受政府管制的私主体的使用是违宪的,以此为目的的征收是无效的。

公共使用概念的扩张,绝不意味着它无所不包。虽然公共利益和私人利益的边界在某些极端场合是模糊的,但在大多数场合,它依然泾渭分明。政府任何时候都不能为了房地产开发商的利益而征收,因为就本性而言,后者只有一个目的,那就是为自己赚钱,尽管某小范围内的公众也可能从中获得附带的利益。如果政府征收某私人停车场并把它变为公共停车场,然后又把它交给其他的私业主,而该私业主又恰好是原业主生意上的竞争者,那么,这种征收就是违宪的。

3. “公共利益”的定义权属于立法机关。在美国,政府或特定私主体征收某财产权是不是为了公共利益的问题,早期是法院说了算。法官通常会根据自己的信仰和知识来严格审查征收行为。目前的联邦最高法院则非常尊重议会和州的决断。从常识角度看,法院固然要保护个人自由和财产权,但是,公共利益理应由民选机构来决定。当然,这不是说法院就完全不审查议会的决定。法院依然是要审查的,因为议会也可能在个别人的煽动下做出疯狂的行为,但总体上,法院是尊重议会的决定的,通常会推定它合宪,除非它有明显的专断和非理性之处,或者它明显是为了某私主体的利益,法院一般会认为有效。

4. 征收还应受到交易成本的限制。《宪法》规定为了公共利益且给予补偿时便可征收私人财产权。从原理上讲,这种规定有可商榷之处。政府要办公,需要办公桌,这显然是公共利益,那么,可不可以强制征收某商场的办公桌呢?即使愿意公平补偿,也显然不行。政府必须依照市场交易的方式向商场购买。既然中国已经选择了市场经济的道路,承诺保障人权(其中,最主要者就是免受政府强制),那么,政府就应该尽量少用强制手段。波斯纳从经济学的角度对此作了很好的说明:

给传统征收权提供的很好的——尽管主要适用于铁路和其

他公益事业公司而非政府——经济学理由是，它是防止垄断的必要措施。一旦铁路或管线开始建设，抛弃它而另选别的路线的成本就非常高。由于认识到这一点，拥有路线所在处的土地的人将会要出很高的价格——超过该土地的机会成本的价格。（这是个双边垄断的难题……）交易成本将会很高，获取土地的成本将会很高，基于这两种理由，公益事业公司将不得不提高其服务的价格。这种高价格将会诱使某些消费者转而寻求其他替代的服务方式。这样一来，公益事业公司的产出将会缩小；最后，它们将需要和购买较少土地，本来，它们是要以和该土地之机会成本相等的价格购买较多土地的。高的地价将给公司一种刺激，即用其他的投入来替代它们本来要购买的土地。结果，本来可能对公益事业公司（比对目前的所有人）更加有价值的土地将依旧以原来的不很有价值的用途存在，这是没有效率的……

这个分析表明，对某资源的相互冲突的请求和相互冲突或不协调的使用并不是根本的问题。根本的问题是低交易成本的情境和高交易成本的情境之间的差别。在前一情境中，法律应当要求当事人在市场上交易；应该确定当前所有者的财产权是绝对的（或几乎如此），每个为该财产权更有价值的人都应当和所有人谈判。但是，在高交易成本之情境下，人们必须被允许通过法院来把资源转移到更有价值的用途之上，因为市场以其本性无法在该情境下完成这种职能。这种区别在法律中并没得到很好的反应。虽然某些政府征收确实发生在高交易成本的情境之中——如为建高速路、机场和军事基地的征收要求持续获取很多片土地等，但是，很多其他的征收却不是发生在高交易成本的情境之中（如公立学校、邮局和政府办公楼）。①

三、公平补偿

关于补偿，问题有很多，但是，最重要的问题是补偿标准是什么？

---

① Richard A. Posner, *Economic Analysis of Law*, Aspen Publishier, 5th ed. 1998, pp. 62-63.

是公平补偿,还是适当补偿?其他的问题都是操作层面的技术问题。

我国《宪法》只规定了"补偿"。第十届全国人民代表大会第二次会议主席团关于《中华人民共和国宪法修正案(草案)》审议情况的报告曾提到:有些代表建议将"补偿"明确为"公正补偿"、"合理补偿"、"充分补偿"、"相应补偿",等等。但是,该建议显然并没有被采纳,审议报告对此也没有解释。这里的公正补偿、充分补偿和相应补偿实际上就是公平补偿,合理补偿则类似于适当补偿。就目前的研究文献来看,学界就此问题已经达成共识,即应该是公平补偿,也就是按征收之时的市场价补偿。对此,无须赘述,只说明下述三点:

(1) 随着公共利益含义的日益扩张,我们可以说,"公共利益"已几乎蜕变成"大言欺世"的概念,私主体已很难再通过对公共利益的质疑来对抗政府的征收,公平补偿已几乎成为私主体面对政府征收时的唯一保障。公平补偿的请求权已成为最重要的财产权。

(2) 征收导致的损害是私主体为公益承担的特殊牺牲,也可以说,征收是多数人暴力剥夺个别人财产权的过程。除非政府彻底抛弃公平的价值追求,否则,政府就必须给予公平补偿。也许,有些公民有较高的公德意识,愿意先公后私或大公无私,"牺牲我一人,幸福千万家",然而,这种公德只是该公民个人的事,丝毫不表明"无公平补偿之征收"是正当的。

(3) 在缺乏任何补偿要求的世界里,私投资者将怀有巨大的恐惧:政府将攫夺或不假思索地毁坏他们投资的果实。这种对后发之事的恐惧,将逼迫他们在开始之时就算计其未来命运,他们便不会在生产事业上投入资本。公平补偿要求因此就履行着双重目的:一方面,刺激投资,提升效率;另一方面,为财产权提供很大程度的保护,规范国家权力。否则的话,如果不为其消费的资源支付补偿,国家权力就将疯狂扩张,极权政体便会降临。

财产征收中的“公共利益”判断*

一、财产征收的含义

财产征收是以社会公共利益为直接目的，政府依法定程序强制获得他人财产或财产权利并必须支付补偿费用的行为。征收最初可追溯到罗马时代，在后世的大陆法系中，经过荷兰著名法学家格劳秀斯的阐释，在法国和德国等发达国家得到很大的发展。1554 年英国议会通过法案规定地方政府因为公共基础设施建设有权向居民征收土地，但是要给予合理补偿。法国 1789 年发表的《人权宣言》第 17 条规定，所有权是神圣不可侵犯之人权，除非为了公共利益之要求，以及事先给予公正补偿，不得予以征收。美国宪法第五修正案规定：“非依正当程序，不得剥夺任何人的生命、自由和财产；非有合理补偿，不得征用私有财产供公共使用。”我国《宪法》第 10 条第 3 款规定：“国家为了公共利益的需要，可以依照法律规定对土地实行征收或者征用，并给予补偿。”

征收理论先后经历了由古典征收向扩张的征收理论发展的一个进程。征收和征用目的性条件也从“公共使用”变为“公共利益”。尽管现代各国使用的词语不同，但不论如何进行扩展解释都没有离开“公共利益”这一财产征收的基本目的。而目前凡是确立公益征收制度的国家，宪法及民法上一般将征收的目的明确限定为公共福利、公共利益等。但是由于各国的政治、经济、文化、历史传统及法律制度各不相同，各国对“公共利益”的理解各不一样。

---

* 本文系与陶攀合作，载《法治研究》（浙江省社科院刊物）2007 年第 3 期，标题为“财产征收中公共利益的确定”。

二、不确定的公共利益概念

公共利益的概念,内容复杂且变化多端[①],如若寻求一恒定不变之概念以定义之,实属不能。因此在法学上被称之为"不确定法律概念"。既如此,我们当依不同法律制定所欲追求的目的,予以具体、个别的探究。《辞源》中的公益概念为:"公共之利益。相对于一个人之私利、私益而言。"由此可见,公益概念涉及"公共"之范围和"利益"之内容。"公共利益"概念的不确定性,亦由受益对象、公众范围的不确定以及利益内容的不确定造成。

(一)"公共"的范围

《辞源》曰:"公共,谓公众共同也。""公共"这一概念,表明数量上的多数,但这多数是不确定的。因为人们无法知晓究竟多少私人之集合方能称为公共。如若用简单的二分法,将公共排除在私人之外,使公益相对于私益而言,也仍然无法使人清晰地了解公共的含义。

德国学者洛厚德于1884年发表了《公共利益与行政法的公共诉讼》一文,主张公益是任何人但不必是全部人的利益。他为了界定任何人之利益,而不必是全体人的利益,提出了地域基础作为界定人群的标准。据此可知,在一地域和空间内,地区内的大多数人的利益就足以形成公益。相对的,在这一地区内,少数人之利益,则称之为个别利益,个别利益必须屈服于大多数人之平均利益之下。这种见解,以区域作为利益主体归属所在的标准,虽然能够据以解释行政机关某一措施可否嘉惠于该区域内大多数人,但其他区域的人民,也有越区而受利益的可能性,例如越区使用交通设施、文教设施等。故以地区作为区分的一个标准,亦无法完全阻绝利益的赋予,也不能完全解释公共之概念。

随后,德国的立法者、司法界及学术上提出了"某圈子之人"作为公众的相对概念,并间接地勾勒出判断公共的标准。所谓"某圈子之人"系指由一范围狭窄的团体,如家庭、家族团体或成员固定之组织或

---

① 如〔德〕汉斯·沃尔夫等:《行政法》,高家伟译,商务印书馆2002年版,第326—334页。

某特定机关之雇员等,加以确定的隔离;或是以地方、职业、地位、宗教信仰等要素作为界限,而其成员数目是少许的。由上述定义可以看出“某圈子之人”有两个特征:第一,该圈子并非对任何人皆开放,具有隔离性;第二,该圈内成员在数量上是少许者。从其反面推论,对于公共的判断就至少具备了两个标准:(1)非隔离性;(2)数量上须达一定程度的多数。①

另外,纽曼(F-J. Neumann)在其所发表之《在公私法中关于税捐制度、公益征收之公益的区别》一文中,对公益的概念,也有较精辟及可行性的见解。纽曼认为“公共性”即为开放性,任何人可以接近之谓,不封闭也不专为某些个人所保留。另外,他还提出公益受益人的不确定性。公益是一个不确定多数人的利益。这个不确定的多数受益人也就符合公共的意义。

因此,对于公共的概念,在早期,如纽曼所揭示的,就是以利益效果所及之范围,换言之,以受益人之多寡的方法决定,只要大多数的不确定数目的利益人存在,即属公益。故是强调数量上的特征。而且,以过半数的利益作为公益之基础,也符合民主之理念。因此,不确定多数人作为公共的概念,直至目前,仍在一般情况下,广为被人承认的标准。

对此值得注意的是,现代宪政国家的实践和理论已经表明,仅仅以人数的多寡决策、决定,同样可能造成多数人对少数人的暴政,因此如何保护少数人的利益,在宪政国家、(实质)法治国家,并非无足轻重,相反是实践和理论的重要任务和课题。法律是(利益)平衡器,行政法在平衡各种利益包括私人之间的利益、私人与公共利益、私人与国家的利益时,在以公共利益为重的同时,不能忽略私人利益或少数人的利益,不能以践踏、剥夺私人权益或少数人的权益为代价。这样的法律才是良法。可见,即使在法律保留的范围内,法律也并非可以对公民的权利任意为之,在为公共利益采取某些举措确会牺牲或影响少数人、私人的权益时,法律要事先考虑对这些牺牲、不利影响予以补

---

① 参见城中模主编:《行政法之一般法律原则》(二),三民书局 1997 年版,第 158 页。

偿,以期这种“不得不”的损害“最小”化。[①]

纽曼还提出了将对国家社会有重大意义的目的——国家任务——作为论定公益概念的要素。他提出了这个判断要素,是将判断公益的概念,由主观公益的纯粹数量(受益者)标准转为偏向质方面的价值标准,这被纽曼称为“客观公益”。这种公益是借助国家权力及信赖公权力来达成,原则上肯定公权力所为即是满足公益。以现代公益法学的眼光来看,这种说法至少与当今实际情况不合。因为司法释宪及行政诉讼制度的存在、要求纠正立法及行政不合法行为的必要,已经质疑了这种推论。但纽曼的这种看法,强调公益的目的,强调决定公益的在质的方面,可以说是符合现代宪法理念对公益的认定。从法治国家的理念要求而言,是值得肯定的。[②]

(二)利益的内容

依德国学者 Walter Klein 的分析,德国公法学界对利益的解释,不外是一个主体对一个客体的享有[③],或是主体及客体间的关系,或是在主体及客体关系中,存在价值判断或价值评判等。[④] 由此可知,价值是利益的内核,任何一个利益都不能离开主体对客体的价值判断,从这个意义上说,利益概念的实质是价值概念。但价值是指客体对于主体的意义,是客体满足主体需要的某种属性。[⑤] 因此这一概念与主体紧密相连,不同主体对同一客体的价值判断仍可不同,故这种价值所形成的利益概念含有相当的不确定性。

---

① “最小侵害”原则是德国宪法原则“比例原则”的下位原则或其含义之一。

② 参见陈新民:《德国公法基础理论》,山东人民出版社 2001 年版,第 186 页。

③ 这是德国著名行政法学者 H. J. Wolff 的主张,见 Wolff/Bachof, Vcrwaltungsrecht, L9, Aufl. 1974, 5.167 转引自陈新民:《德国公法基础理论》,山东人民出版社 2001 年版,第 182 页。

④ 引自 W. Jellinek, Verwaltungsrecht, 3, Aufl. 1948, 5. 43; M, Layer, Prinzipiendes Enteignungsrcchts, 1902, 5.207 转引自陈新民:《德国公法基础理论》,山东人民出版社 2001 年版,182 页。

⑤ 陈光中、王万华:《论诉讼法与实体法的关系——兼论诉讼法的价值》,载《诉讼法论丛》第 1 卷,第 4 页。

既然利益的概念有如此的不确定性与多变性，那么“客观利益”的概念是否存在？如果没有“客观利益”的存在，还有没有可能存在一个公共的利益？虽然利益的概念具有很强的不确定性，但实际上还是存在某种“客观利益”的。因为利益概念中最重要的就是评价，实际上不但存在个人的评价标准，也存在使用一个独立于其自身之外，由他人所设定或承认的标准，也就是“客观评价标准”。使用“客观评价标准”来衡量的价值，就是“客观利益”。

另外，利益的形成及利益价值的认定，肯定会受当时的“客观事实”所左右，因而公益的内容自然是随着动态的国家社会情形而不同。评价标准倘归于个人所设定的标准，恣意的进行公益的判断，必定会导致法秩序的紊乱。因此，应将公益的判断标准，置于客观的基础之上。所谓“客观”是由大多数人之评价而生，在现代民主法治国家中，此客观标准应为法秩序、法制度所包含的目标，针对现存的价值而脱离个别利益主体的影响，对不确定多数人产生效力，同时限制个人主观目标而具有优越性。然而，即使我们可以在客观基础上判断公共利益，但公共利益仍然没有一个放之四海而皆准的内涵，只能是就个别案例为个别解释。

总之，公共利益会因语境不同而有不同的含义。判断公共利益确实应当有其内在的正当性、合理性，否则就会导致权力的滥用。所谓正当性是指针对私人的宪法性权利，即使是事关公共利益，法律的权衡和规定也应当是非常慎重的；所谓合理性，对立法者、执法者均指应当考虑到私人或少数人因公共利益的特别牺牲，有平衡、弥补其损失的设计或措施。

三、公共利益与相关概念的区别

（一）与国家利益的比较

“法律对于司法一般为路标，对行政则一般是栅栏——行政的路标是‘国家利益至上原则’。”①从拉德布鲁赫的话中，我们似乎能发现，在应该用“公共利益”这一字眼的地方，他使用了“国家利益”。实

---

① 〔德〕拉德布鲁赫：《法学导论》，米健等译，中国大百科全书出版社 1997 年版，第 130 页。

际上这种状况非常普遍，尤其在我国，国家利益与公共利益往往被视为同一概念而被通用。那么，究竟何谓国家利益？它与公共利益又有何不同？

国家利益概念大多存在于国际政治研究著作中，如我国学者冯特君等在《国际政治概论》一书中写道："国家利益是指一个国家内有利于其绝大多数居民的共同生存与进一步发展的诸因素的综合。"张季良等在《国际关系学概论》一书中写道："凡是满足国家生存和发展需要的便是国家利益。"薄贵利在《国家战略论》一书中说："从最一般、最抽象的意义来说，所谓国家利益，就是一个国家政治统治需要的满足。"

我国学者对于国家利益的概念的阐述大多是一般性的概括，未免过于简单。笔者认为国家利益从具体的方面来讲，应该包括国际和国内两个方面。在国际关系方面，主要包括国家安全利益和国家政治利益。国家安全利益即是指国家主权的独立、领土的完整和国民的生存不受侵犯。因为任何国家的存在都必须具备主权、领土和国民三个基本要素，缺少其中任何一个要素，都不能成为完整意义上的国家。国家安全利益是国家所有其他利益的基础，没有它，其他利益就无从谈起。国家政治利益，即是指国家制度和国家独立自主管理内政和对外交往的权益。

而从国内方面来讲，国家利益主要包括国家经济利益和国家意识形态利益。国家经济利益，即国家经济发展的权益，它包括经济繁荣、科技进步和人民生活水平的不断提高。国家意识形态方面的利益，则主要是指国家的价值，即每一个国家都拥有自己独特的意识形态、历史传统、民族精神、社会习俗、宗教信仰、稀世文物、名胜古迹以及生活方式。民族国家这些特有的价值在漫长的岁月中已渐渐成为人民生活不可或缺的内容，成为全社会的共同需要，因而也就成为国家利益的组成部分。

国家利益和公共利益存在很多不同。从马克思主义国家观来看，国家是统治阶级进行阶级统治的工具，国家利益从根本上来说是统治阶级的利益。所以，在统治阶级占少数时，国家利益的实质是少部分人的利益，这和公共利益要求是多数人的利益不一致。但另一方面，国家利益在一定程度上又具有公共利益的性质。这是因为，任何统治阶级为了自己和整个国家的存在,必须履行一定的社会公共职能,如维护正常的社会公共秩序等。这种社会公共职能是国内全体公民的正常生活和工作所必需的,满足这种社会公共需求也就是实现某种独立于各阶级利益的国家利益。同时,统治阶级与被统治阶级在某些非根本性问题上和某些特定的情况下可能有一致的利益,如繁荣科技、普及教育、增加社会财富等,这种一致的利益通常总是以国家利益的形式出现的。即使长期与我国是同一意识形态的俄罗斯,其法学家亦承认,任何国家的阶级职能和补充职能都是存在的,补充职能承担着实现全社会利益的任务,如修建道路、水利及其他社会工程,抗御灾害,实施社会规划等。[①] 此外,某些被统治阶级的利益与统治阶级的眼前利益看似是对立的,但从长远看,实际上并不对立,比如公民的义务教育、卫生保健等。被统治阶级的这部分利益,不但不会对统治阶级带来危害,反而可以带来好处,因而统治阶级往往给予尽可能的满足,从而使之上升为国家利益。可见,在许多情形下,国家利益与公共利益又是有重合交叉关系的。

(二)与社会利益的比较

关于社会利益的研究一直不多。19世纪功利法学派的代表人物边沁认为,社会利益是“组成社会的各个成员的利益之总和”。因此,在功利法学派那里,社会利益并不优越于个人利益。因而,社会利益并不能对抗个人利益。[②] 20世纪美国的社会法学派的创始人庞德对法律所保护的利益进行了区分。他认为社会利益包括:(1)社会的总体安全,是指整个社会环境的安全,包括社会秩序、社会稳定、经济秩序、交易安全等。(2)社会体制,所谓社会体制是指防卫社会生活的基本体制,包括家庭体制的安全、宗教体制的安全、政治体制的安全、经济体制的安全等。(3)基本道德(General Morals),基本道德是文明社会的社会生活所要求的,按照这种社会利益,应该制止违反一般道德准则的行为如不诚实、贪污受贿、赌博、具有不道德倾向的文学写

---

① 〔俄〕B. B. 拉扎列夫主编:《法与国家的一般理论》,王哲等译,法律出版社1998年版。

② 参见〔美〕博登海默:《法理学——法律哲学与法律方法》,邓正来译,中国政法大学出版社1999年版,第106页。

作。(4) 保护社会资源,包括保护自然资源、人力资源,对无独立生活能力或有缺陷的人进行保护和训练。(5) 不断发展(General Progress),包括经济的良性发展,体现人类文明成果的政治进步,文化的不断发展。(6) 按照社会标准所过的个人生活,包括个人自我主张,公平或合理的政治、文化、社会、经济的机会,个人的生活条件等。庞德认为法律的作用就在于协调、满足这些利益,并使利益清单上的其他利益牺牲降到最低程度。在庞德看来,社会利益包括并高于个人利益。

社会利益与个人利益的区分比较容易,在我国运用得混乱的是社会利益与公共利益,有些著作、文章干脆把社会利益和公共利益混为一谈,不作区分。但实际上,社会利益和公共利益也是存在区别的。民法学家史尚宽先生叙述道:"在日本民法不用'公益'二字,而易以'公共福祉'者,盖以公益易解为偏于国家的利益,为强调社会性之意义,改用'公共福祉'字样,即为公共福利。其实,公共利益不独国家的利益,社会的利益亦包括在内。"这表明,公共利益是上位概念,社会利益和国家利益同为并列的下位概念。那么,社会利益究为何指?它和公共利益到底存在哪些具体的区别?笔者认为,社会利益是全体社会成员共同追求的某种社会价值的愿望和要求。它主要包括要求公共安全的社会利益,追求社会制度之安全的社会利益,追求公共道德的社会利益,追求社会资源保护的社会利益和追求社会进步的社会利益。强调社会利益的全体性质,公共利益概念下的主体更为广泛,内容也更为丰富。当然,不容否认,社会利益与公共利益也是有重合交叉的。

(三) 与政府利益的比较

关于公共利益和政府利益的关系,目前学界存在着多种观点,主要包括:

1. 公共利益隶属于政府利益,是政府利益的一个有机组成部分。"在考察政府利益上,应该从它所代表的公共利益、组织利益以及政府组织成员的利益这样三个方面来理解";"政府利益应该是由'统治阶级利益、公众利益和政府自身利益'三个部分组成"。这一说法显然是从最宽泛的意义上理解政府利益。

2. 政府利益是与公共利益相对的政府组织自身的利益。“政府利益主要是指政府本身的权益”。公共利益处于主导、核心的地位,政府利益处于隐蔽、次要的地位。“政府的自利性、阶级性与社会性并存,政府的阶级性总是处于主导、核心的地位,社会性是政府属性的主要外在表现,是为阶级性服务的,自利性只能在事实领域处于隐蔽状态,属于次要地位”。

3. 不存在所谓“政府利益”,政府利益就是公共利益。“目前存在的政府自利不是政府的应有现象,它是政府发展不成熟的表现,是一种必须经过努力才能克服的现有现象。”“政府是一种特殊的组织形态,有自己独特的属于公共利益的个性。”

以上是笔者对当前学界关于公共利益和政府利益关系论述的简单归纳,由此我们也可以看出当前学界对两者关系的论述存在一定的问题:

(1) 把公共利益和共同体的利益混为一谈。“共同利益并不一定是公共利益”,尽管二者之间具有某种特殊的联系,共同体是个宽泛的概念,一个组织、一个社区、一个地区、一个国家甚至整个人类社会,都可以分别看作是共同体,这些不同层次的共同体都存在着自身的利益,因而可以分别被看作是利益共同体。政府组织也是一个利益共同体,政府自身的利益近似于政府这个公共组织的共同体利益。政府部门和地方政府可以分别看作是次级的利益共同体,通常所说的“部门利益”和“地方利益”都可以理解为较低层级的共同体利益。共同利益是公共的还是私人的难以分辨,这取决于作为共同利益基础的利益关系的本质属性及其动态变化性。所谓“政府没有自身利益,政府利益就是公共利益”、“公共利益隶属于政府利益”的观点,就把公共利益和共同利益混为一谈,抹杀了两者存在的本质区别。

(2) 把地方政府、部门政府及政府官员的利益追求与政府行为完全割裂。行政权是行政机关为完成其行政任务,履行行政职责,以实现国家的行政职能而享有的国家权力。一旦这种权力失去制约或不当使用,就会变质,而不再为公共利益提供服务和保障。现实中可以看到,行政权往往与具体的经济利益挂钩,成为部门或个人“创收”谋取单位或个人利益的工具。普遍存在的“自费行政”,靠收费养人而导致的权钱交易,靠权力“捞外水”的现象,更刺激了一些行政执法部门自觉不自觉地找事、争权,在政府立法工作和行政执法中随意设置和争夺审批权、发证权、收费权、罚款权,以给本部门、本系统带来实惠。因此,否认政府利益的存在或者认为政府利益等同于公共利益显然是与事实相违背的。

通过以上的分析,笔者认为在界定公共利益和政府利益的关系时,应当注意以下几点:

(1)政府利益不同于公共利益,政府利益是独立存在的。政府利益是指政府为了满足自己对客观需要的社会稀缺资源的占有,是政府机构中存在的一些非全社会的、非全国整体的,具有排他性的特殊利益。由此,我们可以认为,政府利益是相对于公共利益而言的,各级国家机关中存在着的既独立于社会利益又独立于国家整体利益的那些特殊利益。这些利益并不同于公共利益:政府利益的主体是政府机构或政府官员,而非社会整体,具有非社会共享性和排他性;政府利益在某种程度上是个人利益的相加;政府利益有时会破坏公共利益。

(2)要区分政府的正当利益和非正当利益。政府也是经济人,也有自身利益,这是经济学研究已经得出的结论。我们在确认存在这样一个客观事实的同时,不能断然否定所有的政府利益,要注意区分政府的正当利益和非正当利益。正如马克思所言:“人们为之奋斗的一切,都与他们的利益有关。”因此,从这个意义上来说,政府组织及其成员满足自身的需要和对自身利益的追求也是合理的、无可厚非的。但是,这种追求必须在合理的限度内,任何违反法律、法规,单纯为了追求政府组织和成员的利益的行为是不可取的,应该坚决予以杜绝。由于政府本身掌握着国家权力,因此极其容易导致政府为了谋取自身利益,滥用职权、损害公益。对于政府的正当利益我们应当设法予以保障,对于非正当利益应当加强监督,决不姑息。

(3)公共利益能够决定政府活动的基本方向。近代以降,政治国家和市民社会逐渐分离,公域和私域也日益分野,政府只能致力于公共事务,满足公共需要,维护公共利益已经成为人们的共识。只有这种共识,才能够全面反映政府所有活动领域的内容和特征,才能够反映政府的起源、性质、观念和价值目标,才能成为整个政府制度大厦的基石。因此,从这个意义上来说,公共利益应当成为政府活动的原动力,是政府活动的基本方向。

(4) 政府利益和公共利益之间不存在任何隶属关系。公共利益和政府利益的本质完全不同,利益指向并非完全一致,在实际生活中有时甚至是完全背离的,因此可以说两者并不存在任何隶属关系。公共利益是完全凌驾于一切具体利益之上的最高利益,维护公共利益是政府存在的目的和追求的最高目标。政府利益和其他社会利益主体的利益处于平行地位,公共权力的属性决定了政府只能用它来谋求公共利益。政府作为利益主体的一员,必须和其他利益主体一样合法、合理地追求自身利益。

(5) 明确公共利益的边界是约束政府利益扩张的保障。从洛克的自由主义主张到黑格尔提出的“市民社会”的概念,西方思想家就已开始注意公共权力的边界问题,认为公共权力的活动范围应当是有限的,公共利益的无限扩大必然导致权力的无限扩大,要对行政权力进行限制,就必须对公共利益进行严格的界定。政府作为公共权力的主要行使者,与公共利益有着最为密切的联系,也最容易对公共利益造成实质性的危害和侵犯。公共权力的扩张、私化和怠用构成对公共权威和公共资源的滥用,是政府利益膨胀的结果。目前,我国的法律对于公共利益的界定还不明确,通常把公共利益的内涵定义在国防、外交、法律等事关国家安全和利益的范围内,而把国家重点扶持的交通、能源、水利等基础设施建设作为“特殊情况下”的“社会公共利益需要”。这种定义方法有一定的合理性,但是由于其不够具体,使得现实中经常出现假借公共利益之名,行戕害人民利益之实的行为。不过,对于公共利益概念的具体界定,有待进一步论述,在此不再多言。

四、公共利益的判断

通过上述分析,我们可以清楚地看出,试图单纯从主观或实体的角度清晰地界定公共利益是困难的,公共利益本身所具有的不确定性使人们的努力最终归于徒劳。从国外的实践来看,判断公共利益,更多的不是以主观标准,而是以客观标准作为主要依据,通过法律列举、公用目的调查、司法判决和组织听证等方式来判断所要保护的是否属于公共利益。这实质上确立了判断公共利益的一个重要原则,即以程序决定公共利益。笔者认为,应特别重视客观程序在界定公共利益中的作用,具体有:

1. 通过立法程序界定公共利益

众所周知,美国法院在历史上一直将注意力放在征收补偿上,而非关注征收行为是否符合公用目的。之所以如此,关键在于"公共用途"这个概念实在太宽泛,法院难以发展出一套可操作的理论,为公共用途的司法界定提供实质性标准。尤其在国家从最小政府转变为积极政府之后,美国法院不愿意定义政府的"正确"或"自然"归属究竟是什么,因而对公共用途问题基本上放任不管。征收是不是为了"公共用途",几乎成为一个由议会独断的"政治问题";只要是议会做出的征收决定,几乎必然符合公用目的,法官不应该用自己对"公共用途"的主观判断去替代人民代表的判断。到此为止,问题已经不是"公共用途"究竟是什么,而是究竟谁的定义说了算。在民主国家,法院必须尊重民选议会的政策判断。美国法院之所以对公共用途问题放手不管,并不是因为它有意逃避司法责任,而是这个问题有一个更好的决定者——由民选代表组成的议会。

事实上,尊重议会的传统在英美国家源远流长、根深蒂固。在英国历史上,征收权是国王和议会长期斗争的对象。从很早开始,英国法就禁止国王剥夺公民的财产,即便是为了公共目的也不行,因为只有议会才有权征收土地。美国殖民者也吸取了英国经验,各殖民地议会有权征收土地,而法院无权干涉。这并不是说议会判断绝对不会出错,而是因为议会作为多数人利益的代表毕竟是对公民权利最可靠的保障。且社会需要不断发展,而发展往往要求在较短时间内完成土地所有权的转换。因而如果议会认为有必要征收土地以利社会改革,那么这种权力不应遇到司法障碍。确实,代表多数人的权力有时会侵犯少数人的基本权利,譬如对被拆迁者补偿不公,法院在这时就应该发挥作用了。但这里所涉及的是公正补偿而不是公共利益的问题。法院有义务保证多数人及其代表不剥夺被征收者的公正补偿权,但征收本身是否符合公共利益是议会决定的问题。

在这个意义上,议会相当于一个"公益机器"(public interest machine),在通常情况下,其所产生的法律或决定被认为自动符合"公共利益"。笔者提出这个概念,是借鉴了米丘曼教授在公正补偿领域中提出的相应概念——"公平机器"(fairness machine)。由于米丘曼教授并未完全信任司法机构能圆满解决"公正"问题,因而提出了在政府决策过程中自动实现公平和公正的制度设想。虽然议会因为可能侵犯少数人的利益而未必是绝对理想的“公平机器”,但它至少可以作为相当理想的“公益机器”,因为由民主选举产生的议会是社会多数人利益的最可靠代表。

因此我们可以考虑通过立法的方式来界定公共利益的概念,从而能够使公共利益的概念相对明确。关于公共利益的立法模式,国外有三种立法例:一是概括式,即仅在立法中概括规定征收须出于公共利益的目的,澳大利亚、加拿大(各省情况不尽相同)、美国(各州情况不尽相同)等国采取这种立法模式;二是列举式,即详细列举用于征收的公共利益的范围,日本等国采取这种立法模式,日本在与土地征收相关的法律法规中“穷尽”性地列出了35种可以发动土地征收权的“公共(益)事业”,并且几乎每种“公共事业”均相应有一部法律约束,政府没有任意行政权,法律条款的规定中既没有但书条款也没有保留条款;三是折衷式,即一方面列举公共利益的范围,另一方面又对公共利益做出概括性规定,我国台湾地区采取这种立法模式,台湾地区“土地征收条例”第3条的规定,因公益需要,兴办下列各项事业,得征收私有土地:(1)国防事业;(2)交通事业;(3)公用事业;(4)水利事业;(5)公共卫生及环境保护事业;(6)政府机关、地方自治机关及其他公共建筑;(7)教育、学术及文化事业;(8)社会福利事业;(9)国营事业;(10)其他依法得征收土地之事业。该条例第4条还规定,在下列情形下,得为区段征收:(1)新设都市地区的全部或一部,实施开发建筑者;(2)旧都市地区为公共安全、卫生、交通之需要或促进土地之合理使用实施更新者;(3)都市土地之农业区、保护区变更为建筑用地或工业区变更为住宅区、商业区者;(4)非都市土地实施开发建设者;(5)农村社区为加强公共设施、改善公共卫生条件之需要或配合农业发展之规划实施更新者;(6)其他依法得为区段征收者。

然而,不论是域外的实践还是我国相关法律规定,其实都是用公共利益的事项范围来框定公共利益。但事项范围仍然具有抽象性,如从事环境保护产品的生产,未必一定是公共利益事业,因而有了公共利益事项范围,仍然需要因时因地制宜地对公共利益做出判断。立法尽力所做的工作仍不能完成全部任务,公共利益在许多情形下还是需要行政的判断,但行政的判断不能是恣意的。

2. 通过行政程序判断公共利益

大部分法律并未具体地界定或列举公共利益。作为法律概念,即使它语义含糊,政府仍要予以遵守和执行。以《中华人民共和国行政许可法》(以下简称《行政许可法》)为例,其第8条规定,依法取得的行政许可受法律保护,但为了公共利益的需要,行政机关可以变更或撤回;第69条又规定,依法应予撤销的,为了公共利益的需要,也可以不予撤销。这就给了行政机关极大的空间,要求行政机关在适用法律的时候做出具体判断,从而使行政机关在公共利益的确定上拥有很大的自由裁量权。

但怎么保证行政机关不会滥用这种权力呢?根据现代控权理论的基本原理,当对实体权力进行控制成为不可能的时候,就应当考虑程序控制的方法,因此,世界上许多国家都通过完善认定公共利益的行政程序来解决这个问题。

界定公共利益的行政程序之一是听证程序。这是一项适用广泛的行政程序,因为它不仅是古老的公正原则的要求,而且也是现代程序正当原则的核心内容。适用听证程序判断公共利益的依据在于,尽管具体确认公共利益的权力在于行政机关,但行政机关并不能完全按照自己的意志决定。相反,行政机关认定某一利益是否属于公共利益的范围,必须听取他人的意见,特别是利益相关人的意见。通过广泛征求公众和利益相关人的意见,最终判断是否符合公共利益,虽然听取来的意见并不替代行政决定,但它符合法治原则的要求,而且也是保证行政权力不被滥用的有效手段。

另一种程序方法是公用目的调查和咨询,即通过行政机构或其他机构的广泛调查,或向具有一定独立性和专业性的机构进行咨询,来确认公共利益的范围。行政机关关于公共利益的报告应当在行政机关实施具体行为之前完成,并经代议机关批准后生效。公共利益的报告一般应包括公共项目的名称和构想,需要支出的公共财政预算和筹措方法,公共项目的负面影响及其解决措施,公共项目的预期利益和有关项目的论证及资料。如法国为保证公用征收的目的符合公共利益,专门规定了公用目的调查,这种调查一般由调查委员会进行。但为保障公平公正,这种调查和论证最好由独立的专业机构或咨询机构承担。

此外,在出于公共利益而采取行动并将给相对人带来不利影响时,及时通知和说明理由,认真听取利益相关人的陈述和辩解,也是行政机关正确判断公共利益的重要程序方法。

3. 通过司法程序判断公共利益

在法律未对公共利益做出具体规定的情况下,行政机关应当按照其自由裁量权或其他行政程序决定公共利益。但如果相对人对行政机关的决定不服,国家必须赋予相对人这样的权利,即可以通过诉讼的方式对公共利益予以最后的确认。事实上,各国一般都将公共利益的最终确认权给了司法机关,有的国家如法国,还专门成立了审查公用目的的公用征收法庭和公用征收法官。这一方面是因为司法历来被人们看作是人民权利的保护神,另一方面则是因为公共利益的概念模糊为执法留下了太大的空间,为避免行政机关在确定公共利益范围这个至关重要的问题上滥用权力,必须通过司法程序为公共利益提供充分有效的保护。

通过司法程序确认公共利益,主要在个案的审判中得以实现。这种由司法决定公益的方式,既可以通过审判程序来实现,也可以在处理案件时对所援引的公益条款根据个案作具体解释。对于此种方式,德国的P. 哈贝克(P. Haberk)教授称之为,以“法官的智慧”来配合经过“公开讨论程序”而制定公益条款的“立法者之智慧”。这实际上是将立法者制定的概括性的价值观念作最后的价值判断,是对形成成文法的公益条款的具体适用。

此外,在实行司法审查制度的国家,司法亦可以审查一部法律有无违宪,而公共利益条款亦是司法判断的最高价值标准,此时,司法成为公益价值的最后决定者。在此种情形下,法官的智慧不再是配合立法者的智慧,而是以法官之智慧来审查立法者之智慧了。

总之,公共利益的概念,由其所具有的不确定性的特征决定,无法从立法的角度得出一个绝对适用的定义。但是我们不能因此放弃种种努力,相反,立法对公共利益的判断和确定,需要根据不断变迁的社会政治、经济、文化等因素进行综合的考量。行政通过程序制约,达到更多地反映民意,使得公共利益的判断最大程度地成为多数人的判断,法院法官更应以法律,特别是宪法确定的原则和精神来解释公共利益、判断公共利益。通过主观的和客观的、实体的和程序的、量的和质的多重标准的结合,对于每个个案中的公共利益,我们还是可以得到相当具体的结论的。

私法中的“自治”与公法中的“自治”*

——共通性及其相互关联

一、引言

从古老的罗马法开始，“公法”与“私法”这一对范畴便在罗马法系的法学学者和法律工作者的头脑中，深深地扎下了根。① 可以说，这是“法学基本分类的一种，而且是相当源远流长的，但生活的错综复杂似乎又使这种区别的边界不那么确定”。② 确实，从古至今，公私法的分类标准一直众说纷纭，然而，这并不妨碍人们始终应用着这一分类。难道这是一种先天的范畴，使人们自觉地这样做？还是在这一分类的背后隐藏着什么机制，使这一分类历久弥新？毫无疑问，今天我们分析这一法学的基本问题，仍有现实意义。笔者认为，针对这一问题，用法学自身的研究方法和概念工具是不够的，必须引入其他学科的方法，因为法学逻辑上的自圆其说并不能让人们明白制度背后的动因，正如熟悉万有引力定律的人仍对引力背后的原动力迷惑不解一样。唯有恰当的方法才能引导出正确的结论。

“自治”是这篇文章中所要讨论的核心话题。讨论这一话题基于以下考虑：

第一，人类的生活可以具体区分为不同的类型：个人独处的状态、家庭生活、经济生活、社会生活以及政治生活。这些生活类型相互联结、交错作用，组成了人类生活的有机整体。然而，每一种生活类型，

---

* 本文系与李大鹏合作，南京大学2006费彝民学术研讨会论文。

① 作为罗马法正式渊源和权威教科书的《法学总论》开篇就提出：“法律学习分为两部分，即公法与私法。公法涉及罗马帝国的政体，私法则涉及个人利益。”参见〔罗马〕查士丁尼：《法学总论——法学阶梯》，张企泰译，商务印书馆1989年版，第5页。

② 〔意〕朱塞佩·格罗索：《罗马法史》，黄风译，中国政法大学出版社1994年第1版。

都涉及一个问题,那就是个人生活是自己说了算,还是需要别人的关心、帮助甚至主宰。用法律人的话来说,就是一个“自治与他治”[1]的问题。一个小孩子如果继承了一笔遗产,他不能自由处理这笔钱,而需要一个监护人帮他料理。成年的公民,有权选举一名人大代表替自己说话,却未必有机会成为一名人大代表、替自己说话、为他人代言。可以说,无论是市民生活,还是政治生活,虽然生活的实质内容有所不同,但“自治与他治”的问题都难以避免。

然而,如果把这一问题放到法律的框架下,无论哪种生活,都有一个同质的法理含义,即:如果自治受到法律的肯定,自治主体就有权处理这一生活事务,任何其他主体都有容忍的义务,并不得侵犯此种自治权;如果是他治受到法律的肯定,则他治范围内的主体针对他治行为容忍的义务,除非他治的状态在法律的框架内有所改变。事实上,由人类有限的能力、时间和有限的活动范围所决定,“自治与他治”的问题会在人类生活的各个层面体现出来。人们为了生活的需要,必须做出“自治”或“他治”的选择或安排。无论在哪种生活场合,人们的关切是相近的,即:如何保障自身的存在与发展。[2] 需求是特殊的,人性是普遍的,生活中的“小事”迟早要汇聚成政治领域的大事,而法律则必须回应生活中的需求。法律不但要关心个体的存在与发展,也要关注社会的秩序与群体的福祉。对于法律工作者而言,理应重视“自治与他治”的问题。

第二,既然“自治与他治”的问题在各种生活领域都有所体现,那么,我们的私法与公法便不能不对这些问题有所回应。众所周知,“私法自治”是私法的核心原则,自然,在私法中,“自治与他治”的问题便相当普遍,如:本人与代理人之间的关系、所有权人与他物权人的关系、股东与董事、经理的关系,等等。在公法中,在许多事项上都暗含着“自治与他治”的问题:法律保留原则、行政保留、特别权力关系、司法审查的深度、地方自治等。这个问题成了私法与公法的共同点。这

---

① 这里所谓的自治与他治,首先是从字面意义理解的,自治指的是自己的事情自己管理,他治指的是自己的事情由别人管理。

② 这里存在一个“利己”的人性假设,但如果把人类作为一个整体放入一个长时段的历史过程中作考察,则这并不是假设,而是现实。

是形式上的共性，还是在内部有什么实质关联？本文将尝试探究这些问题。

二、私法与公法产生与发展的历史背景

（一）罗马法时代

早在古罗马时代，便有了私法与公法的区分，而且古罗马的私法尤其发达。[①] 这要归功于古罗马的经济形态。古罗马虽然是一个典型的奴隶制社会，最初的经济形态以农业为主，但是，随着古罗马对外的军事扩张，疆域不断扩大，对外交往日益密切，商业逐渐发达起来。[②] 与此同时，罗马有了几乎专门从事商业的富有阶层——骑士。[③] 这种利益集团的出现，必然要求在法律上对他们的既得利益和商业自由进行保护。同时，古罗马的职业法律家阶层、古希腊文化等诸多因素都推动了罗马法的产生与发展。恩格斯曾经评价道：罗马法固然是奴隶制社会的法律，但它同时又是“以私有制为基础的法律的最完备形式。是商品生产即资本主义以前的商品生产的完善法。因此它也必然包括资本主义时期大多数的法律关系”。而且可谓“商品生产者社会的第一个世界性法律”。[④] 正因为这种本质上的特征，正因为罗马法是商品经济一般规律的体现，所以，当商品经济发展到一定程度，资本主义生产兴起之时，它便应运而起，充分地为后来的资产阶级民法所效法和采用。

---

① “罗马法虽然包括了罗马奴隶制国家的一切法律制度，但其中最为完备、对后世影响最大的是其私法部分。所以，我们通常所称的罗马法，以及本书所论述的，都是指罗马私法。”参见周枏：《罗马法原论》，商务印书馆 1994 年第 1 版，第 3 页。

② “我们纵观公元后头两个世纪中罗马帝国商业的演变，从而确定了这样一个事实：商业，特别是对外的和省际的海上商业，乃是罗马帝国的主要的财源。”〔美〕M. 罗斯托夫采夫：《罗马帝国经济社会史》，马雍、厉以宁译，商务印书馆 1985 年版，第 250 页。

③ 江平、米健：《罗马法基础》，中国政法大学出版社 2004 年第 1 版，第 12 页。

④ 〔美〕M. 罗斯托夫采夫：《罗马帝国经济社会史》，马雍、厉以宁译，商务印书馆 1985 年版，第 11 页。

虽然现代公私法理论起源于罗马法,但其内涵已与罗马法大不相同。罗马法时代的公法主要是关于宗教祭仪、行政、司法制度的规范。而现代的公法则一般指宪法、行政法、刑法等。罗马法时代的私法主要涉及个人间的权利义务关系,通常指民法,而现代意义上的私法包括了民法、商法等。[①]

(二)近代的市民社会与资产阶级的政治国家

在漫长的中世纪行将没落之时,在西欧出现了所谓“三 R”运动,也即:文艺复兴、宗教改革、罗马法复兴。[②] 这个运动,是人类近代史上的大事。文艺复兴与宗教改革在精神的层面,减弱了普通市民与中世纪教会的关系;罗马法的复兴则在制度上确保了普通市民的自由,用世俗的法律取代了神法。那么,“三 R” 运动为何会出现呢?

欧洲近代史已经告诉我们,从公元 11、12 世纪开始,欧洲的工商业开始发达,对外贸易日益频繁,在这种情况下,欧洲的城市开始发达起来。在封建庄园没落、城市工商复兴的整个过程中,社会阶级渐渐变化、重新组织为一种新的结构。在农村,由以领主与农奴的关系为主,渐渐演变成农业企业家与契约劳动者的关系为主;在城市,由以家庭手工业主与工匠、学徒等的关系为主,渐渐演变为富商大贾与家内工作者(domestic workers)的关系为主。[③] 事实上,资产阶级于此时已经诞生。资产阶级的生产方式和生活方式,必然要求这一阶级在制度上和观念上破除一切对其不利的束缚,文艺复兴和宗教改革则在所难免,罗马法复兴则是势在必行。“三 R”运动的关键意义在于:它在近代史上,为恢复人的主体性地位奠定了基础,渐渐促使人们形成了这样一种观念:人在尘世间的存在本身就是一个目的,人的自由是最宝贵的。[④]

---

① 〔美〕M. 罗斯托夫采夫:《罗马帝国经济社会史》,马雍、厉以宁译,商务印书馆 1985 年版,第 71 页。

② 三个 R 分别是 Renaissance、Reformation、Roman Law。

③ 参见周谷城:《世界通史(第三册)》,商务印书馆 2005 年第 1 版,第 611 页。

④ 后世哲学家如康德,虽然从理论上高度总结了这一观点,但这种观念在这一历史阶段已经形成了。

这种阶级的价值观需要一个实体把它保存好,固定化。而事实上,这个阶级已经与这个实体休戚与共了,这个实体就是被后来的理论家称之为"市民社会"的东西。市民社会是与资产阶级同时成长起来的,它是资本主义的生产方式和生活方式赖以存续和发展的领域。在这个领域中,核心的部分是资本主义的生产方式,即进行生产、分配、交换、消费的主体、客体和行为的总和。除此之外,市民社会还包括资产阶级和资本主义赖以存续和发展的其他方面:如教育、社会团体、公共舆论的空间等。市民社会的这些其他方面同样是必不可少的,他们维系着资本主义的生产方式,同时又作为资产阶级存在与发展的动力而有自身的价值。

总而言之,现实中的市民社会可以在理论上划分为两个方面:私经济事务与公共事务。私经济事务大体上可以与资本主义的生产方式(市民社会的核心部分)对应起来,在这部分事务中,主体的权利与义务是对等的,有多大权利即产生多大义务,无权利则无义务。权利与义务可以很好地被内化在从事私经济事务的主体之间。公共事务存在于市民社会的(除去资本主义生产方式外)的其他方面,在这部分事务中,权利与义务是难以对等的,如果从事这部分事务,则容易使有些人有权利而无义务,有些人有义务而无权利,在公共事务中总是产生外部效应。[①] 当然,公共事务也分为几个层级,有些公共事务可能与所有人都密切相关,如国防;也有些事务仅与一部分人密切相关,如乡村小学。公共事务是必须有的,因为它与人们的生产和生活密切相关,问题的关键在于:由谁来承担公共事务?[②] 总之,私经济事务与公共事务是相互关联、缺一不可的,两者共同组成了市民社会这个有机整体。

按照资产阶级的价值观,在市民社会中,保持充分的自由和自主

---

① 经济学认为:当一个人从事一项影响他人福利的活动,而对这种活动既不付报酬又得不到报酬时,就产生了外部性。如果对他人的影响是不利的,则称为负外部性;如果对他人的影响是有利的,则称为正外部性。参见曼昆:《经济学原理》,三联书店、北京大学出版社 2001 年版,第 210 页。

② 想到这个问题,人们自然会想到国家。国家当然是一种选择,但是否是最优选择,还需要考察。

权,是十分重要的。可是,纯粹的自由只能是空想,它必须与现实世界中的另一个实体打交道,这个实体就是政治国家。

近代政治国家的产生过程异常复杂,而从近代政治国家的产生到资产阶级完全掌握政权则又要经历一个漫长的过程。资产阶级对于异己的政权所会采取的态度是无需说的,而且它与这类政权的斗争已成为历史,我们更关心的是它与它所掌握的政权的关系,因为这种关系是十分微妙的,而且这种关系一直延续至今,具有重要意义。这种关系可以用"委托代理"理论来解释。资产阶级所建立起来的政治国家当然是属于整个资产阶级的。但是,一个国家不可能由所有的统治阶级的成员来管理,必须选出一些代表来管理政治国家。在这个过程中,政治国家取得了某种程度的独立性。统治阶级的国家是一定要为统治阶级服务的,但一个统治阶级内部所体现出来的利益诉求是多面向的,不可能让统治阶级内部的所有成员都完全满意,因此,他们常常组织或加入一定的利益集团,为的就是在与政治国家之间的利益博弈过程中取得优势。统治阶级要求,政治国家任何行动的价值取向都必须符合这个阶级的价值观,他们迫切需求国家有一套实现他们价值观的机制,这套机制必须能够体现普适性和权威性。此时,法律应运而生。

19 世纪的资产阶级革命在各国取得胜利之后,资产阶级马上开始了大规模的立法活动。资产阶级建立私法制度是为了维护资产阶级的经济利益,保障市民社会的正常运转。他们建立以宪法为核心的公法制度,主要目的是赋予国家机器正常运转以正当性,同时,为了避免国家机器异化,产生有违统治阶级利益的现象,必须对国家机器的运转方式予以全面规定,进而产生了"控权"的需要。但是,因为国家机器的运转必须服务于资产阶级统治,满足资产阶级利益,因此,一方面公法有了一定程度的发展,另一方面,以行政权为代表的公权力却不断膨胀。这一对现象看似一种"悖论",但却是资产阶级这一阶段统治的真实写照。英美法系虽然没有明确的公私法划分,但在功能上,却有相应的法律部门对应于大陆法系的公法与私法。因此,对公私法产生的这一历史阶段的概括说明,同样可以适用于英美法系的国家。

三、私法与私法自治

当我们从事一项交易活动时,通常要考虑以下几个方面的问题:交易的主体、交易的客体、交易行为、交易的后果。这些问题,必须有法律加以调整,因为没有法律的调整,一切交易行为都是短期行为,人们不敢投资、生产,市场也不会存在。以民法为核心、以商法为特殊法的私法,正是调整这些私经济活动的法律。

以《法国民法典》、《德国民法典》为代表的私法,强调"私法自治"的绝对理念。[①] 而所谓私法自治,又由以下几个方面构成:主体平等、所有权绝对、契约自由、过错责任。这几个方面的内容综合起来,就强调了"自由"二字。私法自治原则,保障了人们对外享有自主行动的权利,向内只需尊重自己的真实意志。

主体平等。在私法的语境下,首先强调的是每个主体都享有作为"人"的资格。用民法的术语表示,即是每个人都享有"权利能力"。权利能力这个概念在以《德国民法典》为模范的法系的国家中特别重要,享有权利能力的,就是私法上的主体,可以享有民事权利,承担民事义务。同时,权利能力的概念综合了自然人、法人这两种主体,认为这两者具有主体资格,就在于他们有"权利能力"。[②] 只要具有权利能力,就具有人的资格,而没有其他条件的限制,主体在享有权利、承担义务方面就是平等的。同时,我们看到,民法用的是"自然人"的概念,而不是公民的概念。《法国民法典》第 7 条规定:"民事权利的行使不以按照宪法取得并保持的公民资格为条件。"道理很简单,如果一国的民事法律只保护本国公民,那么还有哪个外国人敢跟这个国家的人做生意呢? 这条规定,重点在于保护贸易自由。主体平等,为当事人自由地进行经济活动提供了前提条件。

---

① 也有人用"意思自治"的提法。

② 参见《德国民法典》(1998 年修订):自然人:第 1 条【权利能力的开始】:人的权利能力,始于出生的完成。法人:第 21 条【非经营性社团】:不以经营为目的的社团,通过在主管初级法院的社团登记簿上登记而取得权利能力。第 22 条【经营性社团】:以经营为目的的社团,在帝国法律无特别规定时,因邦的许可而取得权利能力。许可权属于社团住所所在地的邦。参见杜景林、卢谌译:《德国民法典》,中国政法大学出版社 1999 年版。

所有权绝对。在现代,知识产权、股权、债权可能是更为重要的权利,但是在18、19世纪,所有权绝对是最重要的权利。没有所有权,生活没有保障,生产没有可靠的支点,因此,必须赋予民事主体占有的物以法定效力。正如《德国民法典》第903条规定:“【所有权人的权限】:在不违反法律和第三人利益的范围内,物的所有权人可以随意处分其物,并排除其他的任何干涉。”所有权的这一特征,被称为所有权的“对世”效力,因此,也有人称这种以所有权为代表的物权为“绝对权”。所有权可以对抗所有人以外的任何人,可以对抗普通的民事主体,也包括了可以对抗国家公权力的意思。但是,如果国家通过了征收、征用的特别法律,所有权的这种对抗效力又如何得到保证呢?作为与这些法律同一效力等级的民法,针对这种情况是无能为力的。所有权只有具有基本权利的位阶,受到宪法的保护,才能真正摆脱这一困境。作为绝对权的所有权是实现“私法自治”的重要一环。它保证了所有人可以随意处分所有物,为当事人自由地进行交易提供了前提条件。[①] 一个人,只有拥有所有权,才能拥有属于他自身的那一份独立的空间,才能排除他人干涉,保证基本的人性尊严。

契约自由原则,是近代“私法自治”原则的核心。体现契约自由原则的私法保证了在市场上进行交易的人有行为的自由,保证了当事人是法律关系的主要形成者。虽然私法的意思并不是说,只要当事人缔结的契约就有法律效力,当事人之间的法律关系就成立。私法仍然要对当事人的契约有一定的价值判断。私法对它认为可撤销的契约,赋予一方当事人以撤销的权利,同时,如果有权撤销契约的当事人逾期不撤销契约,则此契约便转换成完全合法、有效的契约。

即使是无效的契约,私法也非禁止当事人缔约的行为,私法只不过是因此契约的某个方面而不赋予此契约效力罢了。诚如台湾学者苏永钦所言:“私法中的‘强制’规范并不‘管制’人民的私法行为,而毋宁是提供一套自治的游戏规则,像篮球规则一样,告诉你何时由谁取得发球权,何时必须在边线发球,规则的目的在于让所有球员都能

---

① 也就是为“契约自由”原则提供了前提条件。

把投、跑、跳、传的体能技巧发挥到极致，而唯一不变的精神就是公平。”[①]市场就是由一个个自由的交易组成，可以说，离开私法中的契约自由原则，市场也就不复存在。离开市场，我们去哪里寻找我们的生产和生活必不可少的资源呢？离开了市场，人的自主性便难以实现。

过错责任在契约法和侵权法中都有适用。过错责任是一种归责原则，强调的是当事人有过错才应承担民事责任，当事人没有过错是不应承担民事责任的。这就给当事人以充分的行为自由，当事人不用过多担心额外强加的风险，这无疑为当事人从事经济活动创造了一个较为自由的活动空间。

总之，私法自治的原则与经济自由的精神一脉相承。“私法自治是从理性经济人的假设出发，相信每个人会做出最有利于自己的决定，而经由自由交易，有限资源即可在最低成本下产生最大效益，整体的公共福祉也自然达成。国家在私法中所扮演的角色，不是公共利益的界定者，也不是市场参与者，而只是单纯财产权的界定者及市场秩序的维护者。”[②]私法自治是经济自由的法律保障，而自由背后的经济利益是私法自治的真正目的所在。

至此，我们可以了解，作为市民社会核心的经济领域，内在地要求私法自治。在这个领域中，没有什么理由可以否定人们的生存、发展的权利。同时，我们也可以合理地假设人们会以“理性经济人”的形象出现，他们会为自己的利益做出正确的选择。尽管市场会有缺陷，选择会有失误，但是，历史的经验证明，经济发展的基础与原动力仍在于市场和当事人的自由选择。为了保障这种基础与原动力，为了保障人类存在与发展的基本权利，私法自治的基础地位不可动摇。然而，疑问并未结束。市民社会的边界并非在私经济事务内结束，而是向公共领域扩展。在那些公共领域中应该是“自治”还是“他治”？国家在公共领域应该扮演怎样的角色？在那里，是否应该有人们的能动性的存在呢？

---

① 苏永钦：《走入新世纪的私法自治》，中国政法大学出版社 2002 年第 1 版，第 17 页。

② 同上注，第 10 页。

四、公法上的自治

(一)基本权利保障与国家任务

从我国现行《宪法》可以看到,私法领域的核心原则已经上升到宪法层次而得到了最高位阶的保护。《宪法》第13条明确规定,私有财产不受侵犯,这为物权的对世效力提供了宪法层面的支持。《宪法》第5条第1款规定:“中华人民共和国实行依法治国,建立社会主义法治国家。”《宪法》第15条第1款规定:“国家实行社会主义市场经济。”此条第3款规定:“国家依法禁止任何组织或个人扰乱社会经济秩序。”这实际上是在宪法上体现了契约自由原则。现代宪法最基本的价值取向就是保障基本权利,保障私权的民法的最重要原则,上升到宪法层面而得到保护,是必然的选择。

基本权利是维系市民社会存在的最重要价值的权威化、固定化体现。基本权利反映了市民社会对国家的基本要求,它也同时形成了对国家行为的积极约束和消极约束。[①] 基本权利在宪法发展史上经历了重要的发展变化。近代宪法[②]所保障的基本权利以财产权、契约自由、人身自由、言论自由、宗教信仰自由为主,其旨在保证市民社会内部的自我运转。但是,近代市民社会的经济发展所带来的,却是日益扩大的人与人之间实质的不平等,于是新的要求产生了。现代宪法因应这种趋势,在保留原有的基本权利的情况下,增加了生存权、教育权、工作权、劳动基本权等规定。[③] 这些权利与那些传统的基本权利不同,传统的基本权利是针对国家的、消极防御的权利,而这些权利是人民向国家要求积极作为的权利。相应的,国家任务也会有所改变,如秩序行政的任务仍旧不变,给付行政的任务却增加了。

在市场某些功能失灵的情况下,人们往往会将求助的目光转向国家。的确,国家是最强大的,人们充分信赖国家,并委以重任。然而,

---

① 积极约束是指国家要积极维护基本权利,消极约束是指国家不得侵犯基本权利。

② 以《美国宪法》为代表。

③ 参见阿部照哉等:《宪法(下)——基本人权篇》,周宗宪译,元照出版公司2001年初版1刷,第209页。

国家是由人来运转的,它也会同市场一样,产生失灵的情况。同时,即使人们信赖国家,也不能不对国家权力的扩张怀有警惕之心,人们不能为了除去旧的烦恼而增添新的疾病。此时,一个让人困惑的矛盾出现了:人们不能既束缚国家的手脚又要让国家为我们服务。实践理性告诉我们:为了追求我们需要的功能,我们必须拥有一个最优的结构。

(二)多中心理论与辅助性原则

面对公共物品领域存在的市场与政府的双重失灵,传统的"市场—政府"模式已不能满足公共事务管理的需要。基于此,20世纪80年代以来,公共管理领域兴起了一种新的研究范式——新公共管理理论,并以此指导西方国家的政府改革。这个理论的核心问题是变革公共物品和公共服务的供给结构和方式。在新公共管理理论的诸多流派和主张中,具有代表性的就是多中心理论。"多中心"是以美国学者奥斯特罗姆为代表的制度分析学派提出的概念。该理论强调公共物品供给结构的多元化,强调公共部门、私人部门、社区组织均可成为公共物品的供给者,从而把多元竞争机制引入公共物品供给过程中去。多中心理论对公共物品供给的重大意义在于它指出了政府并不是公共物品的唯一供给者,在政府之外还存在着其他公共物品的成功供给形式。正如文森特·奥斯特罗姆所指出的:"每一个公民都不应由'一个'政府服务,而是应由大量的各不相同的公共服务业所服务。"①

与多中心理论略有差异、却有相通之处的是德国公法上的辅助性原则。辅助性原则起源于讨论国家经营事业之权限的辅助性理论。②国家借着国营(公营)事业达成其国家任务,已经成为国家作用的一个重要方式。而且现代宪法有保障人民工作及财产基本权利之理念,虽然对国家经营事业(指营利及非以营利为主要目的的经济活动)并未予以禁止,但是倘若国家欲以独占之方式,排除私人经营的同类企业,则必须有基于公益的急迫需求(这点较易引起争论)及宪法或法律的根据方可为之。而辅助性原则在公益需求方面,予以国家一种抑制性

---

① 〔美〕迈克尔·麦金尼斯:《多中心体制与地方公共经济》,毛寿龙译,上海三联书店2000年版,第25页。

② 参见陈新民:《德国公法学基础理论(上)》,山东人民出版社2001年版,第192页。

效果。辅助性原则认为:社会小团体自助优先,社会大团体只有在小团体不能或不再能自我救济的情况下才提供帮助,该原则不仅适用于公权力主体之间,也适用于国家和社会之间的关系,即私人的自我实现和利益追求优先于国家行为。运用到经济领域,该原则就意味着只要凭借私人经济的力量能够很好地实现目的,就不允许国家采取干预措施。[①]

多中心理论与辅助性原则都涉及这样一个问题,即:强调市民社会的公共事务可以由包括国家在内的多种主体加以完成,二者共同认为国家不能包办市民社会的公共事务。但是,多中心理论强调:将多个中心引入公共服务的事业中去,有利于促进竞争,提高公共服务的质量。而辅助性原则强调较小团体在提供公共服务中的优先地位,却没有指明在何时较大团体或国家进行干预才是正当的、有效的。尽管有上述侧重点的不同,我们仍然可以从这些论述中得到启示:市民社会的公共事务不应该仅限于由国家来完成,如果在这些事务中引入其他较小主体,可以打破国家的垄断地位,提高公共服务的质量。同时,在法律上,我们是没有理由排除较小主体参与市民社会公共事务的权利的;与此相对的是,如果排除了较小主体参与市民社会公共事务的权利,则会对人民的基本权利造成间接的侵害。现在的问题在于,面对现代国家超越一切其他主体的高权地位,怎样才能保证独立的主体有能够自主提供富有个性的公共服务呢?

(三)公法上自治的含义

上文已经提及,有效的公共服务可以由多中心的主体来提供。在现实中,一些公共服务的事业仍然要由国家提供,如国防事业。国防的投资是极高的,任何团体都不能单独提供。虽然国防的潜在受益者是全体人民,但这项事业是看不见直接回报的,因此,必须由国家直接承担起来。但是,也有一些区域性、集团性的公共事务,由国家直接参与管理未必能照顾到公共服务的多样性,提供最佳的公共服务。这样,一些独立的、能够反映和提供这些公共服务的组织就显得很有

---

① 参见〔德〕乌茨·施利斯基:《经济公法》,喻文光译,法律出版社 2006 年第 1 版,第 108 页。

必要。

提供公共服务的权力具有很强的公益性质,因此,必须有公法上的强制性规范加以约束。同时,提供公共服务的权力必须有明确的组织载体,这样,向市民社会提供公共服务的活动才能持续、明确、有效,人民提出的有关于公共服务的权利诉求不但有了明确的指向,人民还可以通过直接参与组织体决策的形成,引导最有利于自己的公共服务。

基于此种考虑,公法上自治组织体的出现,便很有必要。而公法上的自治[1]是指:由低于国家的公共行政机构或主体,以自己的名义自主地、不受专业指示约束地处理单项交付或总括式交付的或指派的自己的公共事务。[2] 这一自治概念主要有三个重要的特征:

1. 公法法律形式的特征。一个专门提供公共服务的自治组织体应该由公法设定和约束。因为只有公法规范才能保证这种自治组织体的公益指向,私法奉行私法自治的原则,如果一个自治组织体可以任由组织体内部的人员自行改变组织体的宗旨、活动方式,甚至自行解散,则公共服务得不到保证,人民的权益当然也就容易落空。

2. 当事人参与的特征。一个公法组织单位仅仅独立于国家机关的等级制度之外还不能算作自治,必须加上当事人的参与。面对自治组织所提供的公共服务,与公共服务密切相关的当事人必须有资格参与或影响提供公共服务的决策过程。自治的真正含义在于:对于与自身利益密切相关的事务,当事人最有资格进行判断;同时,我们也不能假设其他代替当事人的判断会比当事人的判断更好,同样作为理性主体的人,人们只有对自身事务才会最关切、考虑最周到。当事人的参与要想得到保障,自治机构的内部就必须有一个能够代表当事人利益的组织安排。

3. 以自我负责方式履行任务的国家间隔原则。这个原则是指自治机构与国家保持距离。它将国家机构对自治团体的监督限制为合

---

① 我们谈公法上的自治,就要从理论层面进入实际的制度,由于我国现在没有这方面的制度,因此,下面的介绍与分析主要以德国法为背景。

② 〔德〕乌尔海希·巴迪斯编选:《德国行政法读本》,于安等译,高等教育出版社 2006 年版第 1 次印刷,第 145 页。

法性监督。从中可以推导出,一个被赋予自治权力的行政机构,原则上不受专业监督或合理性监督,所以也不受专业上的个别指示或国家直接行政的行政规章的约束。道理很简单,像德国的联邦医生公会这样的行业组织,其特色就在于它很了解这一专业及行业状况,因此,它所提供的公共服务很有针对性。如果允许联邦政府对医生公会的工作指手画脚,则不但行业自治荡然无存,医生群体的利益也将无法得到保障。

公法上的自治包括地方、经济、行业和学术自治。同时,我们应该认识到,公法上的自治最重要的目的在于保障当事人的基本权利。在这里,保障当事人基本权利有两个基本的思考方向:① 如果要向当事人提供最符合当事人利益的公共服务,当然是由当事人参与并自主决策的机制最可靠。② 除了公共服务的视角之外,限制权力的考虑同样必不可少。自治制度在结构上塑造了国家体系内部的组织体,在不脱离国家法律监督的前提下,始终保持着自治的特性。自治功能发挥得如何,其实关键在于国家法律制度的整体安排。我们所强调的“控权”,不单是要用国家的法律来约束自己,也要使权力的行使主体真正产生结构上的区隔,才能达到效果。自治也并非什么事情都自己说了算,自治只是强调在特殊的公共事务上享有发言权,所有的自治体都需要在更广泛的公共事务上依靠国家。

五、私法自治与公法自治的一般关系

生活在任何一个类型的市民社会中的人,都会遇到这样两个问题:谁是我的利益的正当判断者?谁又是我的利益的最佳判断者?前一个问题回答了谁有权利在我的事务上做出判断,后一个问题则回答了他是否有可能在有权判断他的利益的人中间,做一个最优的选择。在市民社会的私经济事务中,人们较易达成共识,人们相信自己的判断,相信私法自治,相信“看不见的手”。然而,当面对公共事务时,人们对自己的理性似乎就不那么自信,人们更多地愿意依赖国家的权威,发挥“看得见的手”的作用。

事实上,无论在私经济事务中,还是在公共事务中,无论是在私法领域,还是在公法领域,都涉及一个“委托—代理”的问题。在私法领域,问题的答案是明确的,当事人只需在私法的框架下遵循自己的自由意志,任何"委托—代理"关系都不能违背当事人的意思自治。"委托—代理"关系是公法领域的标志性、结构性关系,因此,我们才有了上至宪法下至规章的规则,来约束这一关系,不使这一关系发生错位、异化。在当今世界,人们普遍地认为,代议制民主是保证人民权利的现实选择。如果我们在理论上赞成这一观点,那么我们在现实中就要清醒一点了。任何代议制民主类型都容易出现代理人越权的现象,这已为世界近现代史所明证。如果人们自己的权力总被别人滥用,他们为什么不学会自己行使权力呢?如果说人们相信:权力只有在政府手中才会焕发活力,那么我们就不要谈自治问题了。然而,人们并未这样判断,人们也不会背叛自己。我们应该研究公法上的自治的可能性与可行性,我们不能排除它作为缓解公法上"委托—代理"问题的方案的可能性。

事实上,私法自治与公法自治还有其他关系。著名经济学家米尔顿·弗里德曼曾经说过:"经济自由也是达到政治自由的一个不可缺少的手段。"[①]人们在私经济事务中获得了一定的自主性和实力,才会有能力进一步要求在公共事务中获得发言权;相应的,人们如果在公共事务中拥有自己的发言权,必然也会为自主处理私经济事务创造更为宽松的环境。从这个意义上讲,私法自治与公法自治是相互依存的。

"人们从来不是绝对顺从的机器人,他们总是奋力地改善自己"[②],正因为如此,"自治"问题才会有价值,本文的论述才不会沦为空谈。

---

① 〔美〕米尔顿·弗里德曼:《资本主义与自由》,张瑞玉译,商务印书馆2004年第2版,第11页。

② 〔美〕文森特·奥斯特罗姆:《美国联邦主义》,王建勋译,上海三联书店2003年版,第32页。

行政法上之诚信原则刍议*

一、诚信原则立于行政法上之根据

诚信原则为现代民法之大原则，有"帝王条款"之美誉。然长久以来，在公法领域，其并未被立法者所认识，更未规定于行政法规之中。因而，在学说上与实务上，对民法上之诚信原则能否适用于行政法之中，以补充行政法规之不备，有颇多争议。否定意见认为，行政法为公法，与私法不同，私法多为任意规定，公法多为强行规定，私法上意思自由之原则，为公法所不许。因公法具有严格性，法规的规定，必须严格遵守，若将私法上之诚实信用原则适用于行政法上，势必破坏行政法规之严格性。同时，可以适用诚实信用原则之法律关系，为当事人间具有相互信任的合作关系，行政法上没有此类关系，故不适用诚实信用之原则。在德国，堪称"行政法学之父"的奥托·梅耶即持否定立场。但持肯定立场者力量更为强大，只是其所持理论观点不尽相同。

1. 类推适用说。此说认为行政法发达较迟，行政法之规定多不完备，有赖于类推适用私法规定，以为补充。诚实信用之原则，在行政法上也为应适用的原理，故宜类推私法规定，而适用之。[①] 在德国，持类推适用说的代表者为 Hedemann 与 Hamburger。在实务中，德国行政法院起初也赞同此说，1926 年 6 月的一个判决中指出："国家作为立法者以及法的监督者，若课予国民特别义务，于国民私法关系，相互遵守诚实信用乃正当的要求；且国家对于个别国民在国家公法关系上，该诚实信用原则亦是妥当的。"[②]

2. 一般法律原则说。此说认为凡于私法规定之一般法律原则，

---

* 本文系与邓毅合作，载《行政法学研究》2002 年第 4 期。

① 参见林纪东：《行政法原论》（上），"国立"编译馆 1979 年修订版，第 110 页。

② 谢孟瑶：《行政法学上之诚实信用原则》，载城仲模：《行政法之一般法律原则》（二），三民书局 1997 年版，第 207 页。

虽并未规定于公法，不能当然说不存在于公法中；诚实信用原则既是私法规定之一般法律原则，也是潜在于公法之中的相同原则，只是私法对于此原则较早发现及规定。在学理上，肯认该理论的德国学者有Gowa、Kuchenhoff、Jellinek、Praun、Fleiner等人。[①] 1930年10月，德国最高法院在一判决宣示："诚实信用原则，对于一切法律，并包括公法在内，皆得适用之。"[②]即采此理论。1912年，瑞士民法典生效后，瑞士学术界及实务界亦皆将诚信原则列为公、私法共通的一般法律原则。

上述二说的共同点在于都以公私法的严格分立为前提，其不同点在于法律观上的差异。类推适用说实际上是以实证主义的法律观看待诚信原则。在他们看来，诚信原则在实在法上只规定于私法中，并未有任何行政法规规定之，故诚信原则并非行政法律规范或行政法的法律渊源，法官在裁决行政案件时也就不能信手拈来，当然予以适用。若确有适用之必要，亦只能采"类推"之方法。而一般法律原则说则秉持自然法主义之立场，认为在实在法之外，尚有不成文形式的自然法存在，它们独立于政府，独立于制定法，只要人们根据理性发现某一原则或原理适用于某一案件可达致正义，该原则或原理即当然具有司法适用之效力，并且其效力等级高于实在之法律、法规。在行政法上，诚实信用即属这样的原则，它虽然未被明文规定，但"自然"存在于行政法之中。在20世纪初西方法律实证主义与新自然法学的交锋中，新自然法学取得胜利，故在德国、法国、瑞士、日本等国家，一般法律原则说成为通说，并在司法实践中被法院所遵循。

笔者以为，类推适用说以机械的形式主义法律观看待诚信原则，自不可取。但一般法律原则说简单地以自然法理论立场肯定诚信原则在行政法中的存在，而不从政府与人民的关系入手深入论证诚信原则在行政法中存立的理论根据，欠缺充分的说服力。笔者认为，在近现代之民主国家，诚信原则存在于行政法中的理论根据，应在于人民与政府宪法上之信托关系。

---

① 谢孟瑶：《行政法学上之诚实信用原则》，载城仲模：《行政法之一般法律原则》(二)，三民书局1997年版，第207—209页。

② 林孝元：《诚实信用原则与衡平法之性质及其功能》，载刁荣华主编：《现代民法基本问题》，汉林出版公司1981年版，第49页。

人民与政府是否为一种特殊的信托关系，与国家的性质紧密关联。关于国家之性质，具代表性的观点有两种：一种国家观认为国家为一部分人压迫另一部分人之暴力机器，其目的是维护社会上占统治地位的阶级的利益；另一种国家观认为国家乃人们为共同的利益而成立的政治共同体，作为这种政治共同体的标志——政府，依社会契约而组建，其职能是保护成员的自由、财产和安全，以及促进共同体之普遍福利。

以前一种国家观视之，政府与其成员之关系，应为两种：一种存在于政府与统治阶级之间，二者为委托关系，即统治阶级委托政府对被统治阶级实行统治；另一种存在于政府与被统治阶级之间，二者为一种赤裸裸的压迫与被压迫关系。而依照后一种国家观，政府与共同体全体成员之间为一种依社会契约而产生的信托关系。在这种信托关系中，人民通过宪法（社会契约）授予政府以管理国家的概括权力，政府则根据人民之授权履行职责和进行管理。而宪法，就是人民的授权委托书。

尽管上述两种国家观在意识形态上有根本差异，但政府（包括立法、行政与司法部门）乃人民（范围有所不同）代理人的原理却为二者共同之公理；政府与人民的这种信托关系在近现代国家中通过立宪、选举、罢免、弹劾、不信任案等制度形式亦得到了具体的体现。由于在近现代民主国家中，政府与人民之间乃一种根据信任而建立的信托关系，政府在成立之际，皆明示或默示地做出了遵守宪法，维护社会公益及人民权益的承诺，因此诚实信用当然为调整与维系这种信托关系存续的根本规范。

由此可见，行政法作为调整政府与人民关系的公法，以诚信原则为指导立法、执法和司法的准则，乃其固有之本质使然。德国学者拉邦德曾说："诚实信用原则得支配公法领域，一如其于私法领域然。苟无诚实、善意，立宪制度将无法实行，故诚实、善意应为行使一切行政权（司法与立法权亦同）之准则，亦即为其限界。"[①]其当已悟信托关系

---

① 林孝元：《诚实信用原则与衡平法之性质及其功能》，载刁荣华主编：《现代民法基本问题》，汉林出版公司 1981 年版，第 48 页。有人认为公共利益是与个人利益、社会利益相并列的一种利益，它是指"在政治性组织的社会生活中并以该组织的名义所提出的主张、要求和愿望"。

理论之真谛。

二、诚信原则在行政法上之意义

在民法上,诚信原则就其内涵而言,乃要求民事主体在民事活动中应以“诚实人”之标准行为,在追求自己利益的同时,以爱人如己之精神顾及他方之利益和社会之公共利益。就其本质言之,诚信原则就是要建立人与人之间的信任关系,实现正义与公平,其最低目的是维系共同体之存立,最高目标则为建立理想之社会。而在功能上,诚信原则起着解释、补充法律及契约乃至超越法律的衡平作用。

民法为市民社会的规范,是对私人权利的保护与界定,它既保护私人权益免受他人侵犯,同时亦防范私人权利之滥用,以维护良好之社会风尚。在民事领域,政府立于市民社会之外,它并不直接运用国家权力干涉私人事务,而主要起制定规则和裁决纷争的作用,因此诚实信用原则在民法上是对民事活动参与者之要求,除非政府以民事主体身份出现,与政府无涉。而行政法是政治社会之规范,是对国家权力与公民权利之界定,其根本目的是维护与促进社会公益,尊重与维护公民权益。在行政领域,政府以社会管理者之身份直接介入社会生活,以实现国家之目的——安全、秩序与正义。由于在政治社会中,政府为行政主体,因此诚实信用原则在行政法上主要表现为对政府的行为要求。

笔者以为,在行政法上,诚实信用原则之基本内涵就是要求政府恪守人民授权之宗旨,忠实维护与促进社会之公益,真诚尊重与维护公民之权益。而其本质,乃在于维系与增进政府与人民之间的信赖关系,使政府成为正义之使者,公平之化身。诚实信用原则在行政法上之功能,其不但起着解释、补充法律之作用,而且起着指导法律制定之作用。具体而言,诚信原则在行政法上之根本要求是:

(一)公共利益是行政权力行使之起点

公共利益是一个众说纷纭的概念。笔者认为公共利益是一个相对的概念。从公民个人之角度,集体利益、国家利益和社会利益均为公共利益;而若以某一团体之角度,则该团体以外之其他利益为公共利益。如对行政机关而言,社会利益、国家利益以及不特定的公民的个人利益都应算是公共利益,而其团体利益则为私益。行政权力作为人民授予之公权力,必须以公益为行动之起点才符合人民授权之目的,亦才是对“委任契约”的诚实履行,任何从本部门、本机关或某一特定公民利益出发行使权力的行为皆违反了诚信义务。

(二) 基本人权是行政权力行使之界限

人权是人基于人固有的尊严而享有的作为人的权利。人权是一种要求他人尊重的权利,只存在于社会之中。对于与世隔绝的人来说,人权是一个没有任何价值的词汇。人们总是在两种意义上动用“人权”:一是表达一种社会理想,在这种社会中,每个人都过着作为人的体面生活,这是乌托邦式的人权;二是作为最低限度的权利,在人类共同体中,个人之权利并非都不可限制或剥夺,但是,即使在合法限制或剥夺个人权利的时候,被限制或剥夺权利的个人仍然享有最低限度的权利,这种因势而定的最低限度的权利是基本人权,任何政府,在运用国家权力的时候,都不得侵犯。因此,当国家行政权力损及相对人之基本人权时,皆可以正当地称之为滥用。

(三) 禁止过分是侵益行政行为之限度

基本人权不受侵犯,是因为基本人权产生于人的固有尊严,并具有高于实在法的效力。但是,即使在合法侵犯相对人权利的场合,行政机关也必须注意目的与手段的相宜性,其自由裁量权的运用必须符合比例原则,禁止过分侵犯相对人的权益,这亦是真诚尊重个人权益的基本要求。

(四) 公平合理是权益冲突之化解原则

个人权益与公共利益的冲突是行政法领域的常见现象。二者在冲突中可以并存的时候,行政机关应当注意维持公益与私益之平衡;当二者在冲突中只能存其一时,行政机关应当审慎进行利益衡量,而不能片面认定公益优于私益。

(五) 信赖保护是行政行为变更之准则

当行政机关决定变更、废止原具体行政行为时,行政机关应当保护相对人正当合理的信赖,造成相对人利益损失的,应给予补偿。

三、诚信原则与法治原则

法治原则是政府行使公共权力的基本准则。关于法治的含义,英国著名学者戴雪认为法治的基本要义就是武断权力的不存在和法律面前人人平等。当代英国学者韦德认为法治包括三层含义,即合法性原则、自由裁量权的限制和法律上的平等。笔者认为,这两位学者把握住了法治的精髓。即法治的基本要义是政府和人民皆应平等地接受法律的规制。具体而言,法治原则在行政领域的基本要求是:① 职权法定。这是指政府的一切权力皆应有法律的授权。② 符合法律。即政府的一切行为皆应符合法律的规定而不得与法律相违背。③ 控制自由裁量权。自由裁量权是行政活动所必需的,但是自由裁量权并不意味着不受任何规则的限制,也不意味着不受法院的监督。实际上,"法治的实质是防止滥用自由裁量权的一整套规则"。④ 法律的平等适用。法治既要求政府对人民平等地适用法律,也要求政府与人民在法律面前的平等地位。

上已述及,诚实信用原则之基本内涵是要求政府恪守人民授权之宗旨,忠实维护与促进社会之公益,真诚尊重与维护公民之权益。对政府而言,诚信原则在行政法上有五项基本要求,即:① 行政权力须以公共利益为行使之起点。② 行政权力行使之界限是基本人权。③ 禁止过分是侵益行政行为之限度。④ 公平合理是权益冲突化解之原则。⑤ 信赖保护是行政行为变更之准则。因此,诚信原则是对政府行为的实质要求,既要求行政权力行使的动机要合理,也要求行政权力行使的过程与结果要合理。

由上可知,诚信原则与法治原则存在明显的区别。这主要表现在:① 诚信原则是对政府行为的实质要求,法治原则是对政府行为的形式要求。即前者提出了政府行为的良善标准,后者更注重政府行为形式上的规则要件。② 法治原则体现的是一种"不变"的要求,诚信原则蕴涵的却是"变"的精神。易言之,法治原则要求政府根据既定之规则办事,而诚信原则则要求按照合理之规则行事,当既定之规则不符合具体情势时,应当变通或超越既定之规则而探求更合理的解决规则。③ 法治原则追求的是正义价值,诚信原则既追求正义,也崇尚宽容。正义之基本含义是应得,即根据才能、贡献或权利取得其应得的利益或根据其恶行而得到其应得的不利益。而宽容则是一种与人为善的美德。比如甲损坏公物,行政机关责令其赔偿相应的损失,是正义之体现;而考虑到行为人的经济困难,行政机关只要求其赔偿一半的损失,则是宽容之表征。

诚信原则与法治原则既有契合的一面,亦有冲突的一面。契合的一面表现在诚信原则亦要求行政机关根据法律之授权而采取对人民不利的行动,并要求行政机关平等适用法律。冲突的一面乃由社会情势多变性与法律固定性之矛盾冲突所致。即按照法治之要求,为做到法律面前人人平等和维护法律的至上权威,应当严格执行法律。而按照诚信原则,为了在个案中做到结果之合理,却应当变通或超越法律之规定。这时就出现了诚信原则与法治原则的位阶问题。笔者以为,在这种情况下,诚信原则应优先于法治原则。亦即在因法的严格性而使个案不能达至正义或虽能达至正义但未能达至对相对人权益的真诚尊重与关怀之时,行政机关应根据诚信原则进行衡平,使处理结果公平合理。

诚实信用原则在行政法上的运用*

一、引言

诚实信用作为一项重要的法律原则（下称“诚信原则”）在各国法律中表述方式不同，如罗马法中的“善意”（bona fides）原则，法国民法中的“善意”（bonne foe）原则，德国民法的“诚实和信用”（Treu und Glauben）原则，日本法中的“信义诚实”原则，美国法中是“诚意”（good faith）①原则。

关于诚信原则的内涵，不同的学者有不同的看法。大体言之，其基本含义是要求人们在市场活动中讲究信用，恪守诺言，诚实不欺，在不损害他人利益和社会公共利益的前提下追求自己的利益。② 诚实信用原则具有三项基本功能，即确定行为规则、衡平利益的冲突、为了解释法律和合同确定规则。③ 诚信原则被誉为民法（私法）中的“帝王条款”，但从其发展看，并非自始于此。诚信原则的发展过程，与自然法的兴衰紧密联系在一起。这是因为诚信原则与自然法一样，都具有相当的抽象性。由于成文法无法涵盖所有客观事实，适法者必然要以某种高于成文法的原则去解释法律，诚信原则在不断补充制定法（民法）不足的过程中，逐渐受到重视，从而渐渐变为成文法国家制定法上的原则。1804 年法国首次将诚信原则规定在民法典中，随后《德国民法典》、《瑞士民法典》也规定了诚信原则。《法国民法典》规定的诚信原则还只是规定“契约应依诚信履行”，《德国民法典》规定的诚信原则，就不仅仅限于契约（第 157 条），而且“债务人应斟酌交易上之习惯，遵从诚信负给付之义务”（第 242 条），即将适用诚信原则的范围扩大到

---

* 本文系与王静合作，载《岳麓法学评论》2003 年 5 月。

① 参见王利明：《民商法研究》第四辑，法律出版社 1999 年版，第 19 页。

② 参见梁慧星：《诚实信用原则与漏洞补充》，载《民商法论丛》第 2 卷，法律出版社 1994 年版，第 60 页。

③ 参见王利明：《民商法研究》第四辑，法律出版社 1999 年版，第 23 页。

了债法。1912 年 1 月 1 日生效的《瑞士民法典》,就将诚信原则作为适用于全部民法的原则规定下来:“行使权利,履行义务,应依诚实信用而为之。”(第 2 条)至此,诚实信用原则“成为所有法律关系的最高指导原理”[1],“君临法域”[2]。

那么,诚信原则引入行政法有无意义?行政法作为部门法,虽被称作动态的宪法,但实际上是从民法脱胎而来的。所以除了一些宪法原则被行政法奉为圭臬外,有些民法原则也同样应是行政法的原则,诚实信用原则即属此例。早期,大陆国家的公法学者强调公法、私法的区分,认为私法领域意思自治,多任意规范,而公法领域多强制性规范,以诚信原则作为法律法规的补充,势必破坏公法的严格性。[3] 但从后来的发展看,以十分强调公、私法分离的德国言之,其法院和行政法院的判例均已采用诚信原则,诚信原则已经成为德国公法的原则。诚信原则在公法上,也具有衡平的含义,是为了克服法律规范适用于个别事件而产生的不公平、非正义。

诚信原则作为人际往来的“善意”与“衡平”法则[4],无论在私法上,还是公法上,都不能脱离开法律关系。以行政机关为一方当事人的法律关系,可以分为权力支配关系、管理关系、私法关系。“权力支配关系”,一般而言,排除私法规定的适用,因而原则上不适用诚信原则。但是值得注意的是,即使是牺牲某种利益,也应当在各种法益之间进行“比较衡量以决定其适用”[5],可见,权力支配关系也并非完全排除适用诚信原则;“管理关系”指国家基于公益,经营管理财产,与私人所生关系。除非这种关系具有纯粹的公共性,或法律对之有与私法相异的明文规定,这种关系原则上适用私法,因而完全适用诚信原则。而以行政机关为一方当事人的私法关系,无疑更应当适用诚信原则。

---

① 谢孟瑶:《行政法学上之诚实信用原则》,载城仲模主编:《行政法之一般法律原则》(二),三民书局 1997 年版,第 199 页。

② 王泽鉴:《民法学说与判例研究》第一册,1979 年自版,第 330 页。

③ 参见林纪东:《行政法与诚实信用之原则》,载《法令月刊》第 41 卷 10 期,第 167 页。

④ 参见谢孟瑶:《行政法学上之诚实信用原则》,载城仲模主编:《行政法之一般法律原则》(二),三民书局 1997 年版,第 221 页。

⑤ 同上注,第 214 页。

二、诚信原则在行政法上的地位、适用的方法和条件

诚信原则的功用在于衡平各种利益,以保护当事人或第三人的信赖关系,维护法律安定性。因此,在法律原则的层次上,诚信原则是最高准则[①],其他如信赖保护原则、法安定性原则是其下位法原则。当然,也有学者认为,这些原则之间有着不同的覆盖领域,有重合,但亦有不同,是独立的法律原则,因而不存在哪一个是前提、哪一个是依据的问题。[②]

笔者倾向于第一种观点,就总体而言,诚信原则为最高原则,信赖保护原则和法的安定性原则作为具体的下位原则得以适用。(1)在行政行为的撤销、废止等方面,信赖保护原则是诚实信用原则在行政法领域的发展[③],而在其他领域,仍可适用诚信原则;(2)在行政行为范畴,如行政决定的撤销与废止,行政相对人及第三人对行政主体可主张信赖保护,而行政主体对行政相对人仅得要求诚实信用。[④]"信赖保护原则只是诚实信用原则在行政法领域的转换或翻版而已"[⑤],在特定领域,信赖保护原则是诚信原则的具体化。因此,诚信原则与信赖保护原则,法的安定性原则不是并列关系,不存在彼此的冲突与协调,而是上位原则与下位原则的关系。诚信原则作为"一般法律原则",与其他行政法基本原则地位相当,是指导行政法制定执行,遵守以及解决行政争议的基本准则,贯穿于行政立法、行政执法、行政司法和行政法治监督的各个环节之中,具有基本原则所具备的普遍性、特殊性、有效性等特征。[⑥]

诚信原则在各国适用于行政法领域的表现有所不同。英美法系

---

① 参见谢孟瑶:《行政法学上之诚实信用原则》,载城仲模主编:《行政法之一般法律原则》(二),三民书局 1997 年版,第 223 页。

② 参见吴坤城:《公法上信赖保护原则初探》,载城仲模主编:《行政法之一般法律原则》(二),三民书局 1997 年版,第 243—246 页。

③ 参见李春燕:《信赖保护原则研究》,载《行政法学研究》2001 年第 3 期。

④ 参见陈敏:《行政法学总论》,三民书局 1998 年版,第 84 页。

⑤ 马怀德主编:《行政法与行政诉讼法》,中国法制出版社 2000 年版,第 58 页。

⑥ 参见应松年:《行政法学新论》,方正出版社 1997 年版,第 37 页。

国家不存在公法、私法的划分，因此也没有私法原则于公法上适用的问题。原则上，诚信原则或称善意原则，不仅支配民商事法律关系，也支配行政机关为一方当事人的法律关系，但其表现方式却与大陆法系不同，主要是以“相互信任与忠诚”原则、“一事不再理”原则、“禁止翻供”原则、“遵守先例”原则、“限制法规或者规章的生效日期及其溯及力”、“保护合理期待”原则等形式表现出来。[①] 例如，在美国，“行政机关改变长期使用的政策，如果对于真诚信赖政策的人发生影响时，不能通过裁决，而必须制定法规。行政机关制定裁决建立规则不能违反原先得到行政机关同意而广泛流行的习惯”。[②]

大陆法系国家行政法上运用诚信原则的情形又分为两种。第一种，未以立法形式明确规定诚信原则，仅有学理上阐述。观念上接受诚信原则在公法领域的适用，并有司法判决的实践，德国、法国、日本属于此种情况。德国、日本的行政程序法虽然列举了若干基本原则，但并不包括诚信原则。这些国家相关理论详尽，与其他国家相比有法院适用诚信原则之典型判例，因此本文所举之案例多来自这些国家。第二种情形是，不仅有学理阐释，并在有关法律，主要是行政程序法中对这一原则有清晰描述，葡萄牙、中国台湾地区、韩国、中国澳门地区属于此种情况。葡萄牙1992年的《行政程序法典》规定了11条基本原则，其中包括善意原则：(1) 在行政活动中，公共行政当局与当事人应依照善意规则行事并建立关系；(2) 履行上述规定时，应根据具体情况，侧重于基本权利的保护。尤其考虑下列因素：① 因行为动机使相对人产生的信赖；② 做出行为所拟达到的目的。受葡萄牙影响，我国澳门地区1994年《行政程序法典》也规定了善意原则。韩国1996年《行政程序法》第4条专门规定了信义诚实与信赖保护原则，该条规定包括两项内容：一是行政机关执行职务时应本于诚实信用为之；二是法令之解释或行政机关之惯例为国民普遍接受后，除对公益或第三者的利益有明显危害之虑外，不得依新的解释或惯例溯及而不利

---

① 参见马怀德主编：《行政法与行政诉讼法》，中国法制出版社2000年版，第56页。

② 王名扬：《美国行政法》，中国法制出版社1995年版，第87、352—363、521、525、526页。

之处理。我国台湾地区 1999 年“行政程序法”第 8 条则规定:“行政行为应以诚实信用的方法为之,并应保护人民正当合理的信赖。”[①] 在此之前,我国台湾地区“最高法院”已有适用诚信原则判决的案例。[②]

关于诚信原则如何适用,学界有两种观点。第一种为类推适用,台湾地区“行政法院”早年持此种主张[③],认为在行政法无规定,也无公法规定可填补缺漏的情况下,可比照适用法律评价上相似的私法规定,但上述观点近年已被否定。[④] 第二种即“直接适用”的方法,如某一原则为“一般法律原则”(allgemeiner kichtsgrungdsutz),则为公法、私法共同适用。台湾地区“行政法院”近年改持此种主张。[⑤] 诚实信用原则虽为民法规定,但其内容和意义覆盖法律活动全部领域,应属一般法律原则,自可直接适用于行政法,但“基于建立行政法之自主体系,适用民法之规定应有所节制,若能考虑行政法之特性,而将民法理论转换及行政法理论最为理想”。[⑥] 笔者同意将诚信原则作为“一般法律原则”看待,亦同意其适用于行政法应有不同于民法的特点,进而认为诚信原则在行政法上适用的基本前提条件与民法不同。

诚实信用原则在行政法上的运用的基本前提或说核心所在即“公

---

① 参见杨海坤、黄学贤:《中国行政程序法典化——从比较法角度研究》,法律出版社 1999 年版,第 101—105 页。

② 陈敏:《行政法学总论》,三民书局 1998 年版,第 44 页。

③ 台湾地区“最高法院”1963 年判字第 345 号判决认为:“公法与私法,虽各具特殊性质,但二者亦具有共通之原理,私法规定之规定表现一般法理者,应亦可适用于公法关系。依本院最近之见解,私法中诚信公平原则,在公法上应有其类推适用,……原处分……,不能不认为有违诚实公平原则,亦即难谓为适法。”李震山:《行政法导论》,三民书局 1999 年版,第 34 页。

④ 陈敏:《行政法学总论》,三民书局 1998 年版,第 44—45 页。

⑤ 台湾地区“最高法院”1981 年判字第 975 号判决认为:“按公法和私法,虽各有特殊性质,但二者亦有其共同之原理。私法规定表现一般法理者,亦可适用于公法关系,私法中诚信公平之原则,在公法上当亦有其适用。……按民法第九十八条规定,解释意思表示应探求当事人之真意,不得拘泥于所用之辞句,此项规定,对于公法上意思表示及法令之解释,亦有其适用。”李震山:《行政法导论》,三民书局 1999 年版,第 34 页。

⑥ 李震山:《行政法导论》,三民书局 1999 年版,第 35 页。

益”(Öffentliches Interesse)。现代政府执掌行政权力的来源被认为是公民权利的让与和人民的信任,而非当然享有。因此,行政机关存在和维持的目的是保障公民权利,并仅得为公益而行使行政职权,进行行政活动。法律上之“公益”并非抽象的属于统治集团或其中某一群人之利益,更非执政者、立法者或官僚体系本身之利益,亦非政治社会中各个成员利益之总和,而系各个成员的事实上利益,经由复杂交互影响所形成理想整合之形态。[①]

“真实之公共利益”(wahre öffentliche gemeininterester)存在于社会秩序之维持,人性尊严及自由,财产之保障以及教育、文化、经济及环境之促进等[②],而与狭隘地方利益、部门利益、本机关利益以及少数人特权无关。近年屡屡出现的地方保护主义,地方政府为本地利益设置壁垒限制外地产品进入本地市场。地方行政机关以种种借口实施的限制甚至禁止措施,往往是应地方企业要求或迫于压力而为之,导致本地行政机关与外地企业之间存在的信任关系不复存在,地方政府仅依狭隘地方利益而非公益做出不合理的行政决定,加剧地方垄断,违背诚信原则。另外,某些公用事业企业的上级主管部门,为维持本行业垄断地位,借口公共利益或社会利益而做出有利于本行业却损害消费者权益的行政活动,同样破坏了百姓与政府的信用关系,违反诚信原则。在未颁布《中华人民共和国反垄断法》之前,《中华人民共和国反不正当竞争法》规定未切中实质的情况下,上述行业垄断、地方垄断的行政活动缺乏法律上的有力制约,实可依诚信原则追究其法律责任。

行政机关为保护少数人或个别人权益或谋取机关利益而做出的行政决定,有“公益”之名,无“公益”之实,此类寻租性质的行政活动,也严重违背了诚信原则。因此,在“公益”意义上适用诚信原则不仅仅是现代政府存在和运转的道德底线,也是行政机关承担相应法律责任的依据。

---

① 吴庚:《行政法之理论与实用》,三民书局 1998 年版,第 60 页。

② Wolf / Bachof /Stobber, VwRI, § 29Rolnr. 3H,转引自陈敏:《行政法学总论》,三民书局 1998 年版,第 7 页。

三、诚信原则在行政法上的适用领域

（一）行政机关内部关系

1. 诚信原则首先适用的领域是公务员的义务与职责。19 世纪末，市场弊端暴露出来，诚信原则即复兴于民法，通过国家对私法关系的干预，体现了道德和伦理规范的复归。诚信原则不只是道德原则，而且是法律强行性规范，当事人不得以协议加以排除或规避。[①] 然而，诚信原则内容上主要是抽象的伦理道德要求，或正义的现实需要。在民法上，“诚信原则的种种表现，莫不与当事人内心状态的要求有关”[②]，但在行政法上，对行政机关是难以查明其“内心状态”的，而公务员的内心状态又不作为行政行为的成立要件。因此诚信原则适用于行政机关时，对行政机关的道德要求集中体现在对执行公职的公务员的义务与职责要求上。各国法律均有对公务员品行端正、依法履行职责的规定，特别是忠于职守、公正廉洁、克己奉公方面[③]，体现出公务员对人民的忠诚，进而建立和维护行政机关与人民之间良好的信任关系。例如，公务员以公事为由，因私外出，警车鸣笛开道，致使巴士躲避不及，车被刮伤，乘客受轻伤，警车上的公务员假公济私[④]，从而因违背诚信原则，不享有相应的行政优益权。[⑤]

2. 诚实信用不仅适用于公务员对行政机关，也适用行政机关对公务员。近期接连曝光的政府信用危机事例表明行政机关的公务员恪守诚实信用原则的意义不可忽视。湖北省浠水县洗马镇政府自 1998 年以来，为支付工程建设费用而开具大量的“欠款凭证”，还以开白条的形式给乡镇干部和教师发放工资。从 2000 年开始，这些白条在私下作为货币流通开来。由于政府长期不能兑现，白条开始打折，

---

① 参见王利明:《民商法研究》第四辑，法律出版社 1999 年版，第 24、27 页。

② 徐国栋:《民法基本原则解释——成文法局限性之克服》，中国政法大学出版社 1998 年版，第 90 页。

③ 参见 2005 年 4 月 27 日通过的《中华人民共和国公务员法》。

④ 参见胡锦光:《行政法案例分析》，中国人民大学出版社 2000 年版，第 17—18 页。

⑤ 需要指出的是，上述情况一般按照有关行政机关内部纪律或有关法律法规追究其责任，在无内部条例及法律规范情况下，才具体适用诚信原则。

从开始的9折、8折,一直降到5折。媒体评价,随着白条打折,镇政府信用也随之"打折"。[①] 2002年春节过后,河南省柘城县发生巨额棉花专项贷款失踪案,镇政府向公务员集资偿还贷款,所开收据名目繁多,或"集资",或"发展农业建设私人集资",或仅写"收到2000元"。报界同时报道,政府向其组成人员——公务员和其他公职人员——转嫁财政困难的事情同样也发生在江苏省如东县。政府转嫁财政危机,加大对预算外资金的收缴力度,其中一些收费以及带有强制性的捐款,"使得民众对政府的信任产生了动摇"。而另外一个影响则是使公务员"谋求工资外收入的动机更为强烈,而他们对机构的忠诚度和办事的质量和效率可能会大打折扣。"[②]行政机关恪守诚实信用原则不仅适用于外部行政行为,也适用于内部行政行为,唯此才能使行政机关的权威和公信力通过公务员和其他公职人员得以树立。

3. 诚信原则还适用于行政机关之间的相互信任和忠诚。上下级行政机关之间存在命令和服从关系;互不隶属的行政机关之间,则基于尊重和诚信,彼此认可对方的决定,予以公务上的协助。比较典型的是,《美国宪法》第4条第1节规定:"每一州对其他各州的公文书、公证录和司法程序必须给予充分的忠实和信任。国会可制定普遍性的法律,规定该文书、该记录和程序必须证明的方式及其效果"。这一规定被称为"充分忠实和信用原则"(doctrine of full faith and credit),适用于州与州之间,不仅指立法机关、司法机关之间的关系,也包括行政机关之间的关系。诚实信用原则在行政机关彼此关系上要求:相互承认依法做出并已生效的行政行为;一个行政机关在做出可能涉及其他行政机关的职权职责的行政行为时,应及时告知其他行政机关;一个行政机关的行政行为违法或无效,其他行政机关得知后,应及时告知并不承认其效力;在遵守管辖权的限制和其他法律规定的情况下,

---

① 参见《镇政府信用打五折》,《中国青年报》2002年4月8日。转引自《南方周末》A12版,2002年4月11日。

② 参见《4718万贷款人间蒸发,财务员集资填补亏空》、《政府投资失败巨债,24000公务员接账单》,载《南方周末》A1、A2版,2002年4月11日。

行政机关之间应尽力协助职务上的请求。[1]

（二）自由裁量

自由裁量意味着法律留有选择余地，虽然在国家与人民的关系上，国家为追求公共利益，有时可以牺牲特定利益，但这种牺牲必须建立在利益平衡上，必须顾及当事人和第三人的利益以及法的安定性。否则因违反一般法律原则包括诚信原则，侵害宪法保障的基本权利而构成裁量之滥用。[2] 这方面的事例在城市建设中出现的极多。如政府当年核发了许多三轮车或某种三轮机动车的许可，几年后又认为这些车辆的形象与城市的新面貌不合，决定不再允许这些车辆上路运营；政府当年给某一市场的几千名摊贩核发了许可证，几年后，为城市整体环境计，又盖另一大楼，意欲让这几千名摊贩全部搬入新楼，于是通知几日内"取缔"该摊贩市场。在这些事例中，政府对有关城市的规划、建设是有权作为的，但即使这些行为都是为了公共利益，也应权衡其他利益：如何合理、公平地使原来这些合法经营者过渡为新的经营者，如何使其损害降低至最小程度，怎样给予那些无法以新方法或不愿意以新方法谋生的经营者补偿，等等。如果缺乏这样的考虑而做出某些决定，将破坏人们对政府、行政机关的信赖，如此事件的积累，将使人们面对国家、法律对其行为的指引时发生动摇和怀疑，这种状况对建设法治国而言，无疑是非常危险的。

（三）违法行政行为的撤销

原则上说，行政机关有权也有责任在认识到自身行为违法时，纠正违法行为，而纠正违法行为往往要先撤销该行为。依职权撤销有瑕疵的行政行为，符合依法行政原则。但是在任何情形下，都不得不承认职权撤销"将给相对人的利益带来意外的侵害，且对一旦做出的行政行为而形成的多样的生活关系带来严重影响。"[3]因此，基于保护信

---

① 马怀德主编：《行政法与行政诉讼法》，中国法制出版社 2000 年版，第 59 页。

② 台湾地区"行政法院"1990 年判字第 2095 号。李震山：《行政法导论》，三民书局 1999 年版，第 76 页。

③ 〔日〕室井力：《日本现代行政法》，吴微译，中国政法大学出版社 1995 年版，第 106 页。

赖行政行为公民的权利,对行政行为的撤销应加以限制。

但这样一来,信赖保护原则似乎与依法行政原则存在冲突,需要权衡轻重、选择适用。但是,与信赖保护原则存在矛盾的仅仅是形式上的行政法治原则,依信赖保护原则不能撤销行政决定或撤销行政决定时对公民予以财产补偿,却符合实质意义的行政法治原则。[1] 不同种类的行政行为决定着撤销时的具体作法有所不同。[2]

1. 对受益行政行为,需对信赖利益[3]与公共利益进行衡量,公共利益小于信赖利益时,不得撤销;公共利益大于信赖利益时,可撤销,但须补偿因此受到的损失。如果受益人通过恶意欺诈、胁迫或行贿而促成行政行为,或对重要问题不正确或不完整的陈述而促成行政行为,或明知或因重大过失而不知行政行为违法,则不成立信赖保护。举例说明,如某开发商合法取得某块土地的使用权并依法交纳了土地出让金,地方政府本应在向国土资源部上缴该土地出让金后发给开发商土地使用证,可地方政府上缴土地出让金时拖延了好几个月的时间,因此在上缴土地出让金前即将土地使用证发给了开发商,事后,行政机关因地方政府交纳土地出让金在后、核发土地使用证在前,宣布核发该土地使用证的行政行为违法予以撤销。显而易见,此案中的开发商对地方政府延迟向国家上缴土地出让金不知情,也没有过错,但撤销该土地使用证的“板子”却打到开发商的身上。这对该行政法律关系的另一方是非常不公平的。因此,这一案件可以适用“信赖保护”。而且从本案分析,延迟上缴土地出让金虽然是违法的,但不能因撤销该土地使用证对公共利益并无损害,就不撤销该核发土地使用证的行为。如果是另外一种情形,为了公共利益,须撤销该行政行为,则应对无过错的另一方当事人予以赔偿。

2. 负担行政行为,通常情况下撤销负担行政行为会对公民产生有益后果,因此,原则上可随时撤销。但是,如果负担较轻行政决定被负担重的行政决定取代,或者,相对人已按照行政决定的要求处分标

---

① 参见李春燕:《信赖保护原则研究》,载《行政法学研究》2001 年第 3 期。

② 参见《德国行政程序法》第 48 条。

③ 学者们认为,信赖利益应为“值得保护的信赖”。关于值得保护的信赖的构成要件,参见吴庚:《行政法之理论与实用》,三民书局 1998 年版,第 336 页。

的物,无法恢复原状的,则产生信赖保护问题。

3. 双效行政行为,即对同一当事人既有受益又有负担,则分别依据受益行政行为和负担行政行为的准则处理:受益行政行为只在当事人有过错的情形下予以撤销,否则要权衡利弊,或不予撤销,或撤销并赔偿当事人的损失;对负担行政行为,一般可以撤销。

4. 复效行政行为,即该行政行为会对相对人和第三人分别产生不同效果,对相对人是受益,对第三人是不利或负担;或者对第三人是受益,对相对人是不利或负担。前一情形的行政行为,其撤销按受益决定处理,后一情形的行政行为,其撤销按负担决定处理。

如某环境保护部门允许某企业在某一场地堆放垃圾,环境保护部门这一许可不但对申请许可的企业产生影响,同时还会对垃圾堆放场相邻住户产生实质影响,但对该企业而言是受益,对相邻住户而言是不利。可见,这一复效行为属第一种情形,如果该行政行为违法应予撤销,按照受益行政行为处理。在许可持有人对这一违法没有过错时,撤销该许可就应该充分考虑对许可持有人的不利影响和如何填补这种损害后,方可为之。因为许可持有人信赖行政机关核发许可是合法的,在这种信赖基础上,他才会从事行政机关许可的活动。而信赖,是相对人服从行政机关、恪守义务的前提。当然,如若为了公共利益仍需保留该许可,行政机关就应该顾及第三人的利益,采取相应的措施:在有些情况下,由行政机关负责补偿第三人,而在有些情况下,可能由许可持有人负责补偿或赔偿第三人,或者由两者共同负责弥补第三人的损害。

如果行政机关命令某一企业治理河流的污染,事后又发现该企业并没有造成该河流的污染,因而不应该负担这一义务,则可以撤销该行政行为。尽管该企业治理污染对第三人有利,撤销这一行政命令却对其不利,但仍然可以按照负担行政行为处理——一般是可以撤销的。

(四) 无效行政行为以及行政行为的废止

1. 行政行为的无效

由于行政机关或行政相对人一方的错误方法(wrong means)会导

致行为无效。[①] 所谓错误方法包括相对人利用不公正的方式,如欺诈、贿赂和强制手段[②]或是行政机关本身利用错误方法来实现一个合法目的。例如,行政机关以诱骗方法使相对人误以为会产生有利于自己的情形而配合行政机关的管理,如接受罚款而免于其他行政处罚,交纳不合理费用而获得相应许可,即使行政机关的处罚行为或许可行为合法,但因方法错误,行政行为当属无效。错误方法导致行政行为无效,可以看作是对行政机关与行政相对人之间信任关系的破坏,错误方法更进一步毁坏行政机关的公正形象与公信力。认其无效,实际上是诚信原则的适用。另外,内容上的瑕疵,其中包括违反诚信原则,也会导致行政行为的无效,例如日本最高法院曾有判决,认定政府对开垦的土地,非法禁止权利人入内,妨碍其开垦,并将该土地作为未开垦土地予以收买,因违反信义诚实原则而无效。[③]

2. 行政行为的废止

废止是针对合法行政行为来讲的。合法的行政行为的废止,缘于事实和法律状态的变化,使行政行为在内容上不再符合现行法律。因此,行政行为的废止与依法行政原则"不矛盾,反而与该原则一致"。[④]

受益行政行为产生信赖保护问题,故除非有以下理由,不可废止行政行为:(1) 行政行为做出时附带废止保留的;(2) 相对人不履行义务的;(3) 做出行政行为根据的事实或者法律状态变更,不废止会危害公共利益,而且受益人尚未使用受益或尚未受领给付;(4) 受益人违反目的或任务使用给付;(5) 为制止或消除公共福利遭受严重损害。负担行为的废止可以废止,除非还应当重新做出相同的行政行为或有其他不得废止的理由。[⑤]

---

① 〔印〕M. P. 赛夫:《德国行政法——普通法的分析》,周伟译,五南图书出版公司1991年版,第197页。

② 欺诈、贿赂或强迫并不当然构成无效,还需根据内容瑕疵予以判断。同上注书,第197页。

③ 日本最高法院判决,民事判例集,第19卷第6号,第1412页,转引自杨建顺:《日本行政法通论》,中国法制出版社1998年版,第400页。

④ 〔德〕哈穆雷特·毛雷尔:《行政法学总论》,高家伟译,法律出版社2000年版,第39页。

⑤ 《德国行政程序法》第49条第2、3项。

（五）行政契约、行政计划和行政指导

1. 行政契约

行政契约，又称行政合同或公法上的契约，与一般的民事合同不同。一般认为，行政机关作为一方当事人享有行政优益权，即享有履行合同的监督权。因公共利益单方面变更合同的权力，为公共利益解除合同的权利和制裁权四项权利。[1]

行政机关变更或解除合同必须是出于公共利益的需要，并且是在"继续执行该合同的条件"确实发生变化的情况下（即情势变更）行政机关方可单方变更合同或撤销合同。情势变更适用于行政契约，所依据的原理即诚实信用原则。但值得注意的是，由于在行政契约中行政机关享有行政优益权，使得对方当事人的权利可能处于受威胁状态或受到侵害，因此对行政机关行使单方面的权利需要加以限制。首先，行政机关主张情势变更，必须是真实的、重大的变化。变化既可以是事实上的变化，也可以是法律方面的变化，但不能是虚构的，或不足以导致不能履行合同的变化，也就是说，主张情势变更本身不得违反诚信原则。其次，单方变更或解除合同必须是出于重大公益。因为，一般情况下的情势变更，是双方都拥有的权利，而非行政机关所独享，所以，行政机关此种为重大公益之理由而拥有的较大解约权，是"特例而非常例"。[2] 德国、我国台湾地区的行政程序法都有此类规定，对行政机关单方变更或解除契约权力有一定的条件约束，并且规定若对方当事人无过错，行政机关即使为重大公益调整契约或终止契约也必须补偿相对人。

传统合同法中，大陆法系国家根据诚信原则发展出"附随义务"的概念，从而极大弥补了法律或合同规定的不足；英美法中则有"不可能履行"或"目的落空"原则，其要旨同样是在发生不能履行合同的情况下实现实质上的公平，法官在解释合同时往往将这一原则作为当事人应遵循的"默示条款"。诚实信用原则适用于行政契约与民法上述规则类似，虽然不在契约中明确规定，但是行政机关不能违背这一法定

---

① 参见刘莘、马怀德、杨惠基：《中国行政法学新理念》，中国方正出版社1997年版，第293页。

② 参见陈新民：《行政法学总论》，三民书局1997年版，第273页。

义务。

2. 行政计划

行政计划是指为谋求行政计划化,规定达到的目标,实现的顺序,以及为实现目标所表示的必要手段的行政方针行为的总称。[①] 行政计划可能是行政机关内部活动标准,也有可能对外发生效力,不论其有无法的拘束力或其拘束力的强弱,都会给人民生活带来影响。由于行政计划具有引导民间活动的作用,具有引导国家和地方公共团体的预算、立法的机能,因此在日本被称为"第二立法权"或"第四种权力"。[②] 有鉴于此,即使变更中止计划是合法的,也会给信赖并付诸行动的公民带来损害。日本学者认为应赋予公民"计划保障请求权",对因计划中断而信赖该计划并付之行动者造成的损害,应当予以赔偿。日本地方法院和最高法院也有此类判例。[③] 例如,按照住宅小区建设计划而着手建设公共浴场的经营者,由于市长突然废除建设计划受到损害,日本地方法院判决认为,行政计划的变更违背信赖原则而违法,应支付赔偿金。另一案件中,日本最高法院判决认为,地方公共团体的工厂招标政策的变更是合法的,但如果不当破坏了被招标企业的信赖,在与企业的关系上是非法的时候,地方公共团体须承担不法行为责任。

3. 行政指导

行政指导指国家行政机关在其所管辖事务的范围内,对于特定的人、企业、社会团体等,运用非强制性手段,获得相对人的同意或协助,指导相对人采取或不采取某种行为,以行使一定行政目的的行为。[④] 行政指导不具有强制性,属于非权力性事实行为。在行政指导领域,诚实信用原则体现为"禁反言"法理,是指禁止主张违背自己过去的言行,以此损害曾经相信过去言行的相对人的利益。"在行政法令呈现

---

① 〔日〕室井力:《日本现代行政法》,吴微译,中国政法大学出版社 1995 年版,第 53、54、58 页。

② 杨建顺:《日本行政法通论》,中国法制出版社 1998 年版,第 567 页。

③ 熊本地方法院玉名支局判局:《判例时报》第 574 号,第 60 页,《判例时报》第 994 号,第 26 页。转引自杨建顺:《日本行政法通论》,中国法制出版社 1998 年版,第 574 页。

④ 杨建顺:《日本行政法通论》,中国法制出版社 1998 年版,第 536 页。

膨胀且复杂化，而国民不得不依赖于行政厅法令解释的今天，它具有重要意义。特别是在不同行政领域大力推行行政指导的今天，作为概括性的法原理之一，该'禁反言'法理是十分有效的"。[①]

按照日本学者的分类，行政指导可分为规制性行政指导、助成性行政指导和调整性行政指导。"规制性行政指导"是对违反公共利益的行为加以规范和制约的行政指导，往往不允许相对人选择，所以实际上对相对人具有与权力性行政行为相同的拘束力，严格受到禁反言法理的约束。而"助成性行政指导"是应相对人的申请而做出的"出主意"性质的行政指导，由于其错误而导致服从该行政指导的相对人行为违法时，如果做出这一行政指导的行政机关因此对相对人实施制裁性不利处分，特别是加重制裁性的不利处分，一般来讲是不允许的，理由即违反信义诚实原则。[②]

四、结语

尽管"把这些情况中的某些列举出来，可能加深我们对原则的重要性的认识，但是，这不会使对原则的表述更准确和更安全"。[③] 法学原则有思想原则和法律原则之分，思想原则可以统率思想、指导行为，但不具有法律属性，其实施缺乏强制力的保障。思想原则只有为立法所认定或为判例所确认才能上升为法律原则，从而具有规范功能和补漏功能，甚至成为克服成文法局限之工具。[④] 诚信原则是民法之法律原则当属无疑，其在私法领域发挥作用，主要是通过法院解释契约，解释其他意思表示，从而干预生活、调整当事人利益冲突，成为演进法律、填补法律漏洞的依据和指导原则。[⑤] 可见，由法院在司法过程中实

---

① 〔日〕室井力：《日本现代行政法》，吴微译，中国政法大学出版社 1995 年版，第 48 页。

② 杨建顺：《日本行政法通论》，中国法制出版社 1998 年版，第 537、560 页。但是，如果行政指导有教唆犯罪的明显违法，并不妨碍追究相对人的民事责任或刑事责任。

③ 〔美〕德沃金：《认真对待权利》，信春鹰、吴玉章译，中国大百科全书出版社 1998 年版，第 44 页。

④ 薛刚凌：《行政法基本原则研究》，载《行政法学研究》1999 年第 1 期。

⑤ 王利明：《民商法研究》第四辑，法律出版社 1999 年版，第 36 页。

现诚实信用原则,是推动诚实信用原则实施的决定性力量。诚实信用原则在民法上的最高地位已为人们普遍接受,将其作为一般法律原则适用于行政法意义重大,且顺理成章。诚信原则具体发挥作用的方式,或以立法规定之,或为判例所确定。但我国未确立行政判例制度,“司法实际工作中还没有真正建立起有关推理、论证的一系列规则,没有形成整合性概念,没有充分的学理研究的积累”。[1] 因此,寄希望于法院在行政诉讼判决中适用诚信原则,尚有一定的困难。建议不妨仿照葡萄牙、韩国的作法,在正在讨论的“行政程序法”中明文规定诚信原则的适用,并明确信赖保护的适用条件,这样也可与我国台湾、澳门地区相呼应,符合我国成文法之传统,易于被接受和适用。

① 季卫东:《法治秩序的建构》,中国政法大学出版社 1999 年版,第 140 页。

辅助性原则与中国行政体制改革*

改革开放以来,政府职能转变一直是中国学术界和实务界关注的焦点。本文选择在西方国家理论和实践中均比较成熟的辅助性原则为视角,对中国的行政体制改革进行尝试性研究,试图以辅助性原则来构建中国行政体制改革的理论基础。

一、辅助性原则的含义

辅助性原则(the principle of subsidiarity)作为"私人自由优先的代名词"①,以国家与个人的职能分立为基础,旨在解决国家与个人孰先孰后的问题。它是德国学者在对福利行政进行反思的过程中,自20世纪50年代始提出的一项理论。辅助性原则最早出现在1953年德国著名学者G. Durig的《福利国家的宪法及行政法》一文中。1959年,德国著名学者福斯多夫(Forsthoff)在其《服务行政的法律问题》一文中对辅助性原则做出详细论述,形成了该原则的主要内容。20世纪70年代初,经过德国著名宪法学者彼得斯(Peters)作了进一步阐释②,辅助性原则逐成学界通说。

辅助性原则秉承了欧洲自由主义思想传统,主张个人首先应自负其责;只有当个人无能为力时,公权力才予以介入;而在公权力内部,也应先由下级政府承担解决问题的责任。可见,辅助性原则是"一种自下而上的组织原则"③,愈是在政府结构的下层,愈具有对事务处理

---

* 本文系与张迎涛合作,载《行政法学研究》2006年第4期。

① 〔德〕罗尔夫·斯特博:《德国经济行政法》,苏颖霞、陈少康译,中国政法大学出版社1999年版,第114页。

② 参见陈新民:《德国公法学基础理论》(上册),山东人民出版社2001年版,第189页以下及第209页注释27;陈新民:《公法学札记》,中国政法大学出版社2001年版,第85页以下。

③ 谈志林:《欧盟立宪进程中的地方自治与中国地方制度的演进》,载《浙江社会科学》2004年第4期。

的优先权;政府层级越高,越具有辅助性。

具体而言,辅助性原则主要包括以下三项内容:(1) 凡是个人能够独立承担的事务,政府任由个人自己承担。如果个人无法独立承担,则由政府提供辅助。(2) 如果是下级政府能够独立承担的事务,任由下级政府承担。如果下级政府无法独立承担,则由上级政府提供辅助。(3) 国家对个人或上级政府对下级政府的辅助不能代替个人或下级政府的自助。

二、辅助性原则在域外的实践

1. 在处理国家与个人关系上的实践

在辅助性原则的发源地——德国,辅助性原则的具体要求是:“公民个人的生活需要自我负责,尽自己所能,努力实现自我发展;同时鼓励社会团体积极组织起来,团结互助共同为促进社会福祉服务;个人自我负责与团体协作优先于国家在给付行政方面所负的责任,各州的工作优先于联邦的工作。”[①]具体表现在“经济方面,《基本法》不是以一个完全的服务、福利和供给国家的思想为基础的。尤其是经济自由权利,它们是以个人负责和自我决定为目标的”。“辅助性原则意味着,经济上的个人责任与协作优先于国家责任,私人企业的经营优先于国家所有的经济活动……只有当私人经济没有能力有序高效地完成某一任务时,国家对经济的调控才作为最后手段或者作为备用力量予以考虑。”[②]

在日本,辅助性原则被称之为“补充性原则”。根据补充性原则,“确保私人生活手段及其他追求利益的行为,首先应该委托给私人或者家庭、市町村等共同体,而行政主体以一般纳税人的负担所进行的给付活动,原则上是对私人或者家庭、市町村等共同体无法充分实现其生活上的重要利益时,实施的补充性活动。”[③]日本《生活保护法》中

① 王贵松:《支配给付行政的三大基本原则研究》,载刘茂林主编:《公法评论》(第一卷),北京大学出版社 2003 年版,第 194 页。

② 〔德〕罗尔夫·斯特博:《德国经济行政法》,苏颖霞、陈少康译,中国政法大学出版社 1999 年版,第 66、114 页。

③ 杨建顺:《日本行政法通论》,中国法制出版社 1998 年版,第 333 页。

的相关规定是对这一原则实定法化的范例。[①]

20世纪70年代以后,为了应对福利国家危机,西方国家掀起了一场以“新公共管理”为口号的声势浩大的政府再造运动。有学者把此次西方行政体制改革的基本内容归纳为三方面:(1)社会、市场管理与政府管理职能的优化;(2)社会力量的利用和公共服务社会化;(3)政府部门内部的管理体制改革。[②] 其中,改革的第二项内容即“社会力量的利用和公共服务社会化”,就是辅助性原则在此次西方行政改革中得到具体运用的重要表现。

尤其指出的是,非政府公共组织在此次西方行政改革浪潮中异军突起,许多以前由政府享有的公共职能被转移给非政府公共组织。这样一来,过去的国家与个人之间的二者关系变成了现在的国家、非政府公共组织与个人三者之间的关系。辅助性原则在处理国家、非政府公共组织与个人三者之间的关系时,内涵获得了进一步发展,即处理某项事务的先后顺序由个人优先、国家辅助,变成了个人优先、非政府公共组织和国家辅助的关系。具体而言,首先,个人能够解决的事务由个人解决,奉行个人优先;然后,个人不能解决的事务,可以考虑由非政府组织来解决;如果非政府组织不宜或者无力解决该事务,则由国家来提供最后的辅助。

2. 在处理中央与地方关系上的实践

20世纪70年代以来,西方国家逐步将辅助性原则用于处理中央与地方的事务分配。欧洲理事会1985年通过的多国条约《欧洲地方自治宪章》[③]和地方政府国际联盟1985年通过、1993年再次通过的《世界地方自治宣言》[④]对如何运用辅助性原则解决中央与地方关系

---

① 参见王贵松:《支配给付行政的三大基本原则研究》,载刘茂林主编:《公法评论》(第一卷),北京大学出版社2003年版,第194页。

② 参见周志忍:《当代国外行政改革比较研究》,国家行政学院出版社1999年版,第30页以下。

③ 《欧洲地方自治宪章》旨在为衡量和保护地方政府的权利提供一个欧洲标准,并使民众能有效参与事关切身利益的决策过程。

④ 《世界地方自治宣言》是一个不具有国际法效力而只具有倡议性质的文件。它旨在为世界各国应当尽力实现的更加有效的民主程序确立一个标准,进而改善各国人民的社会和经济福利。

做出了如下精辟表述:“事务的分配以下级地方自治团体为优先,凡下级地方自治团体办理的事务,中央及地方自治团体即不宜干预。”“确立团体自治,采取‘全权限性’原则,规定地方自治团体对一切事项,除分配予其他团体或明确不属其权限者外,皆得自由处理之”。①

《德国基本法》第28条明确规定了地方自治。根据该条规定,德国在自治实践中确立了三项原则:(1)全权性原则,即只要国家没有通过法律规定自己保留的任务或明示将其授权给其他主体时,在乡镇市地域内的事务,皆可由乡镇市以自治事务处理;(2)核心领域保留原则,即凡属于地方自治的核心领域,即使国家的立法也不得侵犯;(3)自己责任原则,即指地方自治团体在没有国家指令和监督的情况下,对其自治事务有自由处理权。②

1982年,法国开始进行大规模的地方分权改革。1982年3月2日,法国颁布了《关于市镇、省和大区权利和自由法》,规定大区为一级领土单位,将国家行使的许多职能转移给地方政府,并减少中央对地方的监督。1992年2月3日和6日,法国又先后颁布了《关于行使地方议员权责条件法》和《关于共和国地方行政指导法》两个重要的法律文件,进一步将地方分权改革推向高潮。③

第二次世界大战后,1946年的《日本宪法》明确规定了地方自治。1995年和1999年,日本又先后制定了《地方分权推进法》和《地方分权一括法》。后者旨在将中央集权转化为地方分权,并使国家与地方公共团体上下、主从的关系改变为对等、合作的关系,扩大地方的自主性和自立性,以贯彻自己决定、自己负责的精神。④

3. 欧盟国家在处理欧洲一体化与国家主权的关系上的实践

事实上,辅助性原则不仅被应用于解决国内问题,而且还被欧盟国家用于处理国际关系问题。在1975年欧洲共同体委员会关于建立

---

① 许志雄:《地方自治的基本课题》,载《月旦法学杂志》1995年5月第1期。

② 张正修:《地方制度法理论与实用》(1),学林文化事业有限公司2000年版,第103—106页。

③ 参见潘小娟:《法国行政体制》,中国法制出版社1997年版,第127页。

④ 张正修:《地方制度法理论与实用》(1),学林文化事业有限公司2000年版,第170页。

欧洲联盟的《廷德曼斯报告》中,辅助性原则被首次明确提出。此后,在 1991 年的《马斯特里赫特条约》中,辅助性原则被正式确定为欧洲共同体建设的基本原则之一。

《马斯特里赫特条约》中对辅助性原则做出了如下表述:“共同体应在本条约所授予的权力和指定给它的目标的范围内行动。在不属于其专有的权限范围的领域,共同体应根据辅助性原则,只有在所建议的行动涉及的目标不能由成员国有效地实现,并且由于该项所建议的行动的规模和影响而可以由共同体更好地实现的情况下,才得采取行动。共同体的任何行动不得超越为实现本条约规定的目标必要的范围。”①

4. 小结

通过上文的论述不难看出,在欧盟、德国、法国、日本和中国台湾地区,辅助性原则已经不仅仅是学者的理论,而是在得到广泛应用的活生生的实践。辅助性原则在处理国家与个人关系、中央与地方关系以及欧盟国家与共同体关系的实践中,扮演着越来越重要的角色。

三、辅助性原则在中国行政体制改革中的地位

在 20 世纪末 21 世纪初,辅助性原则已然不知不觉间出现在中国学者的著述中。在 21 世纪中国的法律文本中也开始清晰地看见了辅助性原则的影子。

2003 年颁布的《中华人民共和国行政许可法》(以下简称《行政许可法》)第 13 条首次规定:“本法第十二条所列事项,通过下列方式能够予以规范的,可以不设行政许可:(1) 公民、法人或者其他组织能够自主决定的;(2) 市场竞争机制能够有效调节的;(3) 行业组织或者中介机构能够自律管理的;(4) 行政机关采用事后监督等其他行政管理方式能够解决的。”或许现在很难说《行政许可法》的该条规定是受辅助性原则影响的结果,但是至少《行政许可法》中的该条规定与辅助性原则的内涵相吻合,堪称开启了辅助性原则的内涵在中国实定法化的先河。

---

① 黄正柏:《从“辅助性原则”看欧洲一体化与国家主权的关系》,载《国际观察》2001 年第 2 期。

2004年3月颁布的《全面推进依法行政实施纲要》中,再次出现了与辅助性原则相似的内容。该纲要第6条宣告:"……凡是公民、法人和其他组织能够自主解决的,市场竞争机制能够调节的,行业组织或者中介机构通过自律能够解决的事项,除法律另有规定的外,行政机关不要通过行政管理去解决。"这样,国家不予干预的三种情形就从行政许可领域扩大到整个行政管理领域,辅助性原则的内涵也以中国化的表述方式从行政许可领域扩散至整个行政管理领域。

从以上简单梳理可以看出,尽管中国的法律文献中没有明确出现"辅助性原则"的字样,但是辅助性原则的内涵已经悄无声息地被中国的立法者和决策者所接受,辅助性原则实际上已经在中国的法治实践中得到了运用,只不过中国学者还很少用辅助性原则来对上述法律文献中的相关表述进行解读而已。

中国行政体制改革的首要任务,目前不论是官方①还是学术界都已经达成共识,即"进一步转变政府职能"。围绕"政府职能转变",官方和学术界都进行了不懈的探索。2002年国务院的政府工作报告中,第一次概括性地提出政府有四项职能:经济调节、市场监管、社会管理和公共服务。但是这16个字的简洁表述并没有说清楚政府职能究竟是什么,如何具体界定政府职能,而辅助性原则给我们指明了路径。

辅助性原则首先解决的是国家应该做什么的问题,其实就是我们所说的政府职能问题。自其产生之后的半个世纪以来,辅助性原则在西方各国已被广泛地用于解决国家与个人关系、中央与地方关系等法治实践中的重大问题。这表明,辅助性原则所阐释的政府职能内涵,至少在西方,是经受得住实践检验的。那么,在中国辅助性原则又处于何种地位呢?

笔者认为,应当把辅助性原则作为中国行政体制改革的理论基础。理由如下:首先,中国行政体制改革的核心问题是政府职能转变,而政府职能问题恰恰是辅助性原则要力图解决的首要问题。以辅助性原则为理论基础,可以对中国行政体制改革中政府究竟应当享有哪些职能等首要问题做出很好的回答。在回答了政府享有哪些职能以后,便可以顺理成章的解决行政体制改革的其他问题。其次,从中国

---

① 参见温家宝:《关于制定十一五规划建议的说明》。

法律文本中两次出现的与辅助性原则的内涵相似的表述可以看出,在中国的立法者和决策者的意识中,已经接受了辅助性原则的内涵。而且从《行政许可法》到《全面推进依法行政实施纲要》,辅助性原则的内涵已经扩展适用到了中国行政管理的整个领域。有了这样的事实作铺垫,把辅助性原则上升为中国行政体制改革的理论基础就很容易被人们接受了。再次,二十多年来的行政体制改革实践告诉我们,中国的行政体制改革确实需要一个正确的理论基础作指导。这些年机构改革失败的原因固然有很多,但是没有抓住政府职能这个最核心的问题做文章却是一个重要的原因。把辅助性原则作为行政体制改革的理论基础,有助于我们深刻认识政府职能在整个行政体制改革中的关键地位,进而花大力气首先解决政府职能转变问题。

将西方国家盛行的辅助性原则为我所用,也许会有人提出质疑,不知道这一理论的自由主义思想基础是否适宜中国的土壤?我们认为辅助性原则是一种行政管理体制的技术性原则,其自由主义思想基础不会侵蚀到我国的根本政治制度和体制。另外,要把我国的经济体制转为商品经济体制,与商品经济相伴而生的应当是自由主义思潮。自由主义不等于绝对自由,自由主义也不等于不要党的领导,望文生义、妄下断语是无知和幼稚的,也是对国家民族不负责任的。因为社会制度是可以选择的,但具体制度的生成条件和构建却可以是共识性的。

四、辅助性原则对中国行政体制改革提出的要求

如果按照本文的分析,将辅助性原则作为中国行政体制改革的理论基础,那么辅助性原则将对中国的行政体制改革提出如下几项要求。

1. 树立尊重个人理性的观念

观念的改变是中国行政体制改革的先导,只有树立了正确的观念,中国的行政体制改革才可能取得成功。辅助性原则继承了自由主义的思想传统,以尊重个人理性为前提,要求在启动行政体制改革之前,必须先树立尊重个人理性的观念。否则,个人的能力得不到应有的尊重,那些本属于个人有能力解决的事务不能从国家手中放心的转移给个人手,国家的职能就不可能进一步转变。而实际上,始于1978

年的中国经济体制改革就是以尊重个人的经济理性、解放对个人的经济束缚为前提的，这些年来从计划经济到市场经济改革的成功实践有力地证明了尊重个人理性的正确性。在行政体制改革中借鉴经济体制改革的成功经验当属必要。

2. 以辅助性原则作为确定国家职能范围的基本标准

前已述及，当下中国对国家职能范围的权威认识是：经济调节、市场监管、社会管理和公共服务。这 16 个字大致上揭示了国家职能的范围，但是在什么情形下才需要国家进行经济调节、市场监管、社会管理和提供公共服务呢？现有的权威认识缺乏可操作性，无法回答这个问题。在实践中确定个人和国家的疆界、国家与地方的分野时，还需要利用辅助性原则。辅助性原则首先关注的是国家与个人的关系问题，因此我们可以将辅助性原则作为确定国家职能范围的基本标准。辅助性原则为国家与个人之间确定了一个界限，即国家作用的范围只限于个人没有能力解决的事情。凡是个人能够自行解决的事情，国家都不应该干预。国家只做个人做不到的事情。借助于辅助性原则，可以判断什么时候需要国家出面来履行经济调节、市场监管、社会管理和提供公共服务的职能。

3. 以辅助性原则作为划分中央与地方职能的基本标准

我国《宪法》第 3 条第 4 款规定了中央与地方的关系，即："中央和地方的国家机构职权的划分，遵循在中央的统一领导下，充分发挥地方的主动性、积极性的原则。"宪法的该条规定反映了我国单一制的国家结构模式下，中央的优越性和地方相对于中央的从属性。但是我们必须清醒地认识到，单一制表明的仅仅是中央对地方的领导，并不是中央包揽地方的事务。地方事务肯定还是地方最有积极性和能动性，应该给予地方充足的空间来发挥其处理地方事务的优势。虽然西方各国的地方自治制度在我国现行宪法架构内不可能实现，但是辅助性原则所确立的中央与地方的职能划分准则却可以为我所用。在将来的中央与地方职能配置改革中完全可以遵循辅助性原则的要求，把地方有能力做好的事情交给地方做，尽可能的下放权力给地方，充分发挥地方的主动性和积极性。

4. 非政府公共组织可以承担更多的公共职能

1978 年改革开放以来，虽然许多非政府公共组织陆续承担了一些公共职能,但是总体而言,中国非政府公共组织目前仍处在初步发展阶段,大量可以向非政府公共组织转移的公共职能还牢牢地控制在国家机关手中。按照辅助性原则,非政府公共组织有能力履行的公共职能可以考虑由非政府公共组织来履行,非政府公共组织不宜履行或者无力履行的公共职能才由国家来履行。所以,在新一轮的行政体制改革中,我们可能看到更多的公共职能从国家机关手中转移到非政府公共组织手中。

5. 行政组织的规模应当与国家职能状况相适应

当国家承担某些公共职能准备介入社会生活时,须首先设立相应的组织来履行这些公共职能。也就是说,先有公共职能,后有行政组织,公共职能决定了行政组织的存在和状况。其中,政府职能的多少将决定行政组织的规模,有多少政府职能就应当有多大的政府规模。

二十多年来,我们已经进行了五次政府机构改革。但是每次改革都无法摆脱"精简—膨胀—再精简—再膨胀"的怪圈。之所以如此,一个重要的原因是我们一直存在"小政府、大社会"这样一个误解。从根源上讲,"小政府、大社会"的观念是西方自由资本主义时期的产物。当时的政府愈小愈好,愈少干预愈好。以美国为例,建国之初,政府部门就三四个部,公务员只有五六千人,可以说是名副其实的小政府。但是,当代社会繁多的政府职能已经造就了今天美国政府庞大的规模。[①] 因此,小政府的观念已经不符合西方国家的现实。

根据辅助性原则,虽然个人享有优先于国家解决事务的权利,但是辅助性原则同时承认,对于个人无力解决的事务国家应担负不可推卸的责任,运用国家的力量来帮助个人解决。这就表明,只要是个人无力解决的事务,除了可由非政府公共组织来承担的一部分以外,其余的都应该由国家来承担。个人有多少不能解决的事务,国家就可能承担多少事务,国家的职能范围随着个人无力解决的事务的增加而扩大。在今日之中国,一方面国家确实承担了许多应当由个人来解决的事务,但是另一方面我们不能不看到,也确实有许多个人无力解决的事务需要国家来承担。当国家来承担这些事务时,必然要配备相应的行政组织。试图既想要国家管事情,又不让国家设置与其职能状况相

① 参见袁曙宏:《行政管理体制改革与建设法治政府》,载北大法律信息网。

适应的规模适度的行政组织,是完全不切实际的。这其实就是二十多年来机构改革只注重一味地裁减机构和人员而忽视政府职能的现实状况,导致一次又一次的失败结局的重要原因。一言以蔽之,按照辅助性原则,我们要建立的不是小政府,而是与国家的职能状况相适应的规模适度的政府。

行政法与相关行政相对人权益保护*

近现代意义上的行政法,其诞生和发展都与"法治国"的思想演进有关,因而与行政相对人权益保护紧密相连。无论是法国资产阶级革命过程中产生的行政法院,还是英国普通法上的自然公正原则、美国宪法所规定的正当法律程序,都已经成为有关国家行政法上最具特色、最重要的行政法律制度,并为世界上许多国家所仿效,成为现代行政法的一种标志。而这些制度的建立无不与控制政府权力、保护相对人合法权益有关,这一方面表明现代社会对国家管理存在巨大需求,另一方面,也反映了社会对行政权力滥用的极大恐惧。虽然我国的法治建设尚在初始阶段,但其发展速度和规模是世界上其他国家所不能比拟的。随着法治建设的发展,人们对行政法的认识,也已迅速转变,从认为行政法是管理相对人的法,转变为行政法首先是管理管理者的法。行政法对于相对人的保护而言,已经做了哪些事情,还需要做哪些事情?理论上对这些问题应该有哪些说法?这些问题无疑给行政法实务界、理论界提出了亟待解决的问题。

在探讨行政法与相对人保护这一问题之前,还须首先对"权益"这一概念做出界定。权益即权利和利益。权利,自原始社会即存在,只不过那时的权利尚非法律权利。[①] 何谓权利?为了回答这一问题,近代法学家、思想家从不同角度提出了"要求论"、"利益论"、"资格论"、"意志论"等其他学说,其中"利益论"认为权利就是受到法律保护的利益。[②] 可见,权利与利益是密切关联的,但权利与利益又是不同的,只有法律承认的利益,才能成为权利。在私法领域中,公民寻求司法救济是以其自身权利受侵害为基础的;但在公法领域中,特别是行政

---

* 本文系与李燕合作,载《广西师范大学学报》(哲学社会科学版)2005 年 4 月第 41 卷第 2 期,标题为《现代行政法与行政相对人权益的保护》。

① 参见夏勇:《人权概念起源》,中国政法大学出版社 1992 年版,第 14 页。

② 同上注,第 41 页。

法领域中,由于行政行为不仅仅针对其具体指向的相对人发生法律效果,而且会波及其他行政相对人,这种行政行为“复效性”[①]的存在,往往导致公民的利益受损,而权利却未受到侵犯的现象,这对于公民是非常不利的。美国法院认识到了这一问题的特殊性,遂于20世纪40年代起,变更了司法审查起诉资格标准。[②] 因此,在行政法学领域,我们应以“行政相对人权益” 的概念代替“行政相对人权利”的概念,以便更好地保护行政相对人。

一、近代行政法与相关行政相对人权益的保护

考察行政法应当从权力和权利的关系入手,即从行政法律关系的主体——行政主体和行政相对人的关系入手。行政主体是代表国家行使行政权力的机关,行政相对人是行使行政权力的对象。可见,行政主体拥有的权力与行政相对人享有的权利互相对应,成反比关系[③],行政权力的扩大意味着行政相对人权利的缩小,由此造成了行政主体与行政相对人之间的对立关系。

行政法的核心是调整行政主体的行政权力和行政相对人权利之间的关系,行政法的目的即在于寻找权力和权利的分界线,以使二者形成一种协调、互动的关系。基于行政权力固有的扩张性、侵略性和易被滥用性,权力与权利的不平等性,近代行政法从产生之初即充分贯彻了个人自由至上和有限政府原则,形成了控权模式的行政法。[④]因此,有人认为,“近代行政法的产生是以行政诉讼制度的建立为标志的”,而“行政诉讼制度的实质是通过法院司法权来控制行政权力从而保护公民权利”。[⑤]

近代行政法虽然是控权理念的行政法,但是这种控权理念对行政相对人权利的保护仍然是有限的:

---

① 张树义:《冲突与选择》,时事出版社1992年版,第137页。

② 参见王名扬:《美国行政法》,中国法制出版社1995年版,第621页。

③ 此处仅从具体的、单个行政相对人角度来讲,而非从行政相对人整体角度来讲。

④ 方世荣:《论行政相对人》,中国政法大学出版社2000年版,第118页。

⑤ 孙笑侠:《法律对行政的控制——现代行政法的法理解释》,山东人民出版社1999年版,第20页。

1．近代行政法与其说是“控权法”，不如说是“限权法”。控权与限权是不同的。“控”具有“驾驭、支配”的意思，而“限”具有“阻隔”、“指定范围、限度”、“限定”的意思。“控权”是指法律对行政权力的驾驭、支配，并不仅指限制行政权力；“限权”是指对行政权力进行消极限制，即尽可能少地授予行政权力，限制行政权力的范围（这正是近代行政法受自由主义思想影响的结果）。[①] 由此可知，控权是积极的，而限权是消极的。消极的控权模式显然是不足以保护行政相对人权利的。

2．近代行政法的限权理念在保护行政相对人权利的方式与手段方面也暴露出某种局限性。近代行政法对行政权力的控制，主要表现为“三权分立”下的立法权对行政权的控制，以及司法权对行政权力的控制；前者具体体现为法律保留、法律优先原则，后者体现为行政诉讼制度。但是，这两种方式仅限于对行政权力行使之前和行使之后的控制，对行政权力行使之中的控制却成了空白，而行政权力对行政相对人权利的侵害往往发生于行政权力的行使的过程中。可见，近代行政法理论对行政相对人权利的保护是有限的。

3．近代行政法对行政相对人权利的保护范围是有限的。如前所述，权利与权益不同，权益涵盖权利和利益。在近代“限权行政法”理论指导下，行政相对人提起行政诉讼的条件之一必须是自身的权利受到侵害，而对于同样直接受到行政权力影响的反射利益，即因为公法实施而享有的客观利益却无法受到司法保护。这不仅反映了近代行政法对行政相对人权利保护范围的有限性，同时也反映了限权模式的不足。

综上，近代行政法理论是以行政主体与行政相对人之间的对立关系为基础而建构起来的，因此近代行政法的各种制度也是围绕这种关系而设置的。在自由主义思想的影响之下，行政相对人对行政权力的恐惧感，害怕行政机关对自身自由和权利的侵占，当这种心理占主导时，人们便提出了有限政府原则，通过对行政权力的限制来抵抗其扩张性，从而形成了限权理念的行政法。但是，限权理念的行政法生即具有的消极性，对行政相对人权益的保护是有限的。

---

① 参见孙笑侠：《法律对行政的控制——现代行政法的法理解释》，山东人民出版社 1999 年版，第 2 页。

二、现代行政法与行政相对人权益保护

20 世纪 30 年代以来,人们开始改变“将行政限于无以复加的最小限度”[①]的倾向,大量担负着监管经济和社会生活各个领域的控制机构接连不断地涌现了出来。[②] 因此,“产生了这样一种趋势,即取消或削弱对这些机构的行动所施以的司法检查。19 世纪对行政权力的低估,在 20 世纪初已被人们对行政权力带来的诸方面好处的高度赞扬所替代”。[③] 行政机关拥有越来越多的干预经济和社会生活的权力,授权行政官员自由裁量的事项也日趋增多,行政权的范围已经从税收、警察等对行政相对人权益具有负面影响的权力,扩展到宏观经济调控、社会保障、资金支付、公用事业运营、科技开发等对行政相对人具有正值作用的权力,行政权也从消极、亦步亦趋、机械的行使方式转向积极主动的方式;政府发挥职能的手段也不再仅仅限于行政强制,行政计划、行政指导、行政合同等强制色彩淡化的行政手段被广泛运用,而这些变化也反映了行政相对人权利发展的特征——从古典自由主义时期“对立于”政府的权利,演化为现代福利国家中“通过”政府的权利。[④] 行政权力的扩大是不可避免的,但权力易被滥用也是一条亘古不变的经验,“政府权力的膨胀更需要法治”。[⑤] 在现代社会,为了更好地保护行政相对人的权益,我们必须实现行政法治,而行政法治是通过“控权”得以实施和实现的。

“现代行政法是综合控权法,即多元控权法”[⑥],这是现代社会变

---

① 〔美〕博登海默:《法理学——法律哲学与法律方法》,邓正来译,中国政法大学出版社 1999 年版,第 368 页。

② 参见王名扬:《美国行政法》,中国法制出版社 1995 年版,第 53 页。

③ 〔美〕博登海默:《法理学——法律哲学与法律方法》,邓正来译,中国政法大学出版社 1999 年版,第 369 页。

④ 沈岿:《平衡论:一种行政法认知模式》,北京大学出版社 1999 年版,第 176 页。

⑤ 〔英〕韦德:《行政法》,徐炳等译,中国大百科全书出版社 1997 年版,第 28 页。

⑥ 孙笑侠:《法律对行政的控制——现代行政法的法理解释》,山东人民出版社 1999 年版,第 38 页。

迁引起的行政法发展的产物,而这种多元控权行政法对于行政相对人权益的保护更为有利:

1. 在控权方式上,除传统的立法权、司法权对行政权的控制外,还增加了行政程序对行政权的控制。行政程序控制方式弥补了上文所讲的“限权”行政法的空白,这是行政相对人“民主参与”权利在行政法上的反映。我们必须正视行政权力越来越宽泛的事实,同时也必须谨记权力必须被控制的诫训。因此,在确保政府权威的同时仍然必须将其控制在保护公民合法权益的法律秩序范围内,而加强控制的一个重要举措就是行政相对人获得参与政府行政的权利。行政程序即是对这一权利的规定和保护。

行政机关在做出不利于行政相对人的行为之前,应告知行政相对人做出决定的事实、理由及依据[《中华人民共和国行政处罚法》(以下简称《行政处罚法》)第 31 条];当行政机关欲剥夺行政相对人的从事某项活动的资格或自由、责令停产停业,或者处以较大数额罚款时,应告知行政相对人有要求举行听证的权利,且听证不得由本案调查人员主持,行政相对人有权进行申辩和质证(《行政处罚法》第 42 条);“程序抗辩的实质在于:把诉讼程序中的抗辩机制移植到行政程序中来,以寻求行政的正当理由”。[①] 行政程序,通过行政相对人民主参与权利对行政机关权力的控制,可以保持行政权力与行政相对人权利的衡平,用权利监督、制约权力,缓和行政相对人与行政机关之间的对立关系,促使形式合理性与实质合理性的结合。通过行政相对人参与行政机关行政的过程,使行政机关合法的行为容易得到理解和执行;而对于行政机关违法、不当的行为,可在行政行为做出的过程中得到制止或补救,这对于行政相对人权益的保护,当然是至关重要的。

2. 增加了对行使行政权力方式的控制,如行政合同、行政指导的运用。行政合同是现代行政法中合意、协商等行政民主精神的具体体现,在一定场合、一定条件下借助于行政合同实现行政管理的目的,是

---

① 孙笑侠:《法律对行政的控制——现代行政法的法理解释》,山东人民出版社 1999 年版,第 40 页。

现代社会中行政主体不可不用的一项行政手段。[1] 行政合同被广泛运用,与"行政权经常使用法律规制相对缓和的、非权力行为形式即契约"有关。[2] 而"现代行政法上关于这些契约,也存在出自于确保行政的公正和保护民主权利的这一观点的各种规定"[3],这正是福利国家时期,权力与权利的关系重新配置的写照。行政合同是民事"意思自治"在行政管理领域的延伸,它要求行政机关"平等对待相对人"、"尊重相对人意志"、"重视相对人的权利"。从本质上讲,行政合同"既是政府用来加强经济干预的手段,又是公民对政府权力进行限制的方式"。[4] 因此,行政合同这种行使权力方式的运用,对行政相对人权益的保护是不言而喻的。

行政指导是"行政机关为实现一定的行政目的,通过向对方做工作,期待对方实施行政机关意图的行为(作为或不作为)方式"。[5] 这表明行政机关为实现行政目的,已不再局限于运用强制性的权力行使方式,而这一变化正是现代行政法中合作、协商的民主精神的发展结果[6],行政机关可以不通过命令或强制措施圆满且灵活地实现预期的行政目的,而较少甚至不引起行政相对人的抵抗情绪,从而保障行政相对人主张自己意见的权利。

3. 行政相对人权利的保护范围的增大。随着行政权力向社会各个角落的渗透,人们对行政权力的认识也逐步加深,认识到了其固有的复效性,为了更好地控制行政权力,防止行政权力的滥用,放宽了司法审查的条件,对行政相对人权利的保护扩至对行政相对人权益的保

---

① 参见马怀德主编:《行政法与行政诉讼法》,中国法制出版社 2000 年版,第 352 页。

② 姜明安:《外国行政法教程》, 法律出版社 1993 年版,第 117 页。

③ 〔日〕室井力:《日本现代行政法》,吴薇译,中国政法大学出版社 1995 年版,第 141 页。

④ 孙笑侠:《法律对行政的控制——现代行政法的法理解释》,山东人民出版社 1999 年版,第 272—273 页。

⑤ 〔日〕室井力:《日本现代行政法》,吴薇译,中国政法大学出版社 1995 年版,第 141 页。

⑥ 马怀德主编:《行政法与行政诉讼法》,中国法制出版社 2000 年版,第 345 页。

护。“任何利害关系人,哪怕只是同这种行为之间有一种道德性的、间接的关系,都可以向行政法院提出起诉。”而“这种诉讼方式使公民得以更广泛而又直接地参与到保障公共权力的良性运作的事业中来”。[①]

4. 加重对行政裁量的控制。“裁量,并非意味着行政机关可任意决定,而是同时应注意裁量行使法律所设定之界限以及注重当事人权益之保障”,因此,“自由裁量或拘束裁量这些名称已不再被使用”,而代之以“合义务裁量”,即行政机关在裁量时应注意法律所设定的裁量界限及对当事人权益的保障。[②]行政裁量的产生是立法与行政分工的结果,是社会发展的必然要求。但历史已证明“一个纯粹行政统治的国家不会对人格的尊严给予应有的尊重”[③],因此,必须对行政权尤其是行政裁量权予以控制。防止政府官员任意滥用权力的途径有三:

(1) 立法机关制定控制规则,如“法律保留”、“法律优先”原则的适用。“法律保留”使某些易于造成对相对人侵害的行为,其设定权保留在立法机关掌握之中;“法律优先”原则强调的是行政服从法律,在既有法律规定的前提下,行政不得超越法律,不得与之相抵触;

(2) 司法机关制定控制规则,即司法机关确定审查政府官员是否滥用裁量权的标准,下文详述之;

(3) 行政机关自己制定控制规则。控制裁量权的规则“有可能是执行机构和行政机构自己制定规则活动的产物”。[④] 在委任立法已成为必然的现代福利国家,委任立法虽“更加促进了行政权力的扩大与集中”[⑤],但委任立法同时也构成了行政机关对裁量权的控制。在立法机关的授权下,行政机关通过制定实施细则将裁量权逐渐细化,尽量减少政府官员可度量的余地,有利于行政相对人正确预料自己的行为后果,有利于司法机关依照较明确的衡量标准审查行政行为。可

---

① 〔法〕莱昂·狄冀:《公法的变迁——法律与国家》,冷静译,辽海出版社、春风文艺出版社 1999 年版,第 151 页。

② 参见蔡震荣:《行政法基本理论与基本人权之保障》,五南图书出版公司印行 1999 年二版二刷,第 369 页。

③ 〔美〕博登海默:《法理学——法律哲学与法律方法》,邓正来译,中国政法大学出版社 1999 年版,第 369 页。

④ 同上注,第 368 页。

⑤ 许崇德主编:《宪法学》,高等教育出版社 1996 年版,第 31 页。

见,“多元控制”理念下的行政法对行政裁量权不仅注重外部控制,也注重行政机关自身的控制,有利于行政相对人权益的保护。

综上,“多元控权”行政法在对行政权力控制的理论基础之上构建了行政法体系,弥补了近代行政法理论的不足。“多元控权”将使行政相对人权益的保护置于行政法首要地位,契合了行政相对人对民主权利的渴望,缓和了行政机关与行政相对人的对立关系,适应了社会的变迁。这种颇具活力的理论的实施,将在实践上推动行政机关和行政相对人的关系向良好的方向发展,实现行政法治的目标。

三、现代行政法制度对行政权的控制——比例原则

现代社会已步入福利社会。如同社会中的其他事务一样,公共福利也必须加以保护以使其免受反社会的破坏性行为的侵损,因此由政府直接采取行政活动进行管理势在必行;[①]另一方面,我们不能放松对行政权力的控制,否则会导致独裁和压迫。为使法治在社会中得到维护,行政权,特别是行政裁量权必须受到合理的限制。但如何限制、限制的方法何在?借鉴德国行政法上的“比例原则”,应当是最成功的“拿来主义”。

“比例原则”是德国行政法学 19 世纪提出的一个行政法基本原则。对德国行政法学产生了深刻影响的奥托·麦耶(Otto Mayer),在其著作《德国行政法》中,首次揭示了“比例原则”,至今这一原则仍被奉为行政法最重要的原则。[②] 正如学人所说,“‘比例原则’如同民法之‘诚信原则’一般,以帝王条款的姿态,君临公法学界,成为公法学上最重要的原则之一。”[③]许多国家法学界通过借鉴与吸收,将比例原则转化为适合本国的法律原则,如:日本将比例原则作为本国行政法上的一般法原则,进而推而广之,作为一般法原理成为行政法的渊源之

---

① 参见〔美〕博登海默:《法理学——法律哲学与法律方法》,邓正来译,中国政法大学出版社 1999 年版,第 369 页。

② 参见陈新民:《德国行政法的先驱者——谈德国 19 世纪行政法学的发展》,载《行政法学研究》1998 年第 1 期。

③ 阮文泉:《比例原则与量刑》,载《法律评论》(台)1991 年第 9 期。

一。[1] 而在德国的今天,比例原则已上升为宪法原则。[2]

"比例原则"是一个广义的概念,它包括了三个次概念:

1. 适当性原则,又称适合性原则、妥当性原则。要求行政机关执行职务时,面对多数可能选择之处置,仅得择取可达到所欲求之行政目的之方法而为之。[3] 这层含义强调的是,目的与手段的相当。同时这个原则要求行政机关所采用的方法只要不是客观上或根本上不适合便是可以允许的。[4]

2. 必要性原则,又称为最温和方式原则,也常被称为最小侵害原则。要求行政机关执行职务时,面对多数可以选择的处置方法,应尽可能选择最少不良作用者而为之。[5] "最少不良作用"既包括对公民个人也包括对社会造成的损害,要求损害应是最小的。如果以国家措施干预公民自由为实现公共利益所必需,那么这种干预应当是最低限度的,公共权力对公民一般自由权利的干预,只应当发生于维护公共利益所必需的程度性上。[6]

3. 狭义比例原则,要求行政机关执行职务时,面对多数可能选择之处置,应于方法与目的间优劣的结果斟酌更有利者而为之。[7] 该原则要求适当地平衡一种行政措施对个人造成的损害和对社会获得的利益之间的关系,也禁止那些对个人的损害超过了对社会利益之措施;要求行政机关不得任其所欲地行使行政裁量权,行政机关有义务在社会利益和个人利益之间做出平衡,同时,行政机关必须避免采取

---

① 参见〔日〕盐野宏:《行政法》,杨建顺译,法律出版社 1999 年版,第 45、59 页。

② 参见马怀德主编:《行政法与行政诉讼法》,中国法制出版社 2000 年版,第 73 页。

③ 城仲模:《行政法之基础理论》,三民书局 1980 年版,第 40 页。

④ 〔德〕罗尔夫·斯特博:《德国经济行政法》,苏颖霞、陈少康译,中国政法大学出版社 1999 年版,第 80 页。

⑤ 城仲模:《行政法之基础理论》,三民书局 1980 年版,第 40 页。

⑥ 于安:《德国行政法》,清华大学出版社 1999 年版,第 29 页。

⑦ 城仲模:《行政法之基础理论》,三民书局 1980 年版,第 40 页。

一种对某一个人生活方式产生实质性负担的行为。[①]

以“比例原则”作为行政相对人权益保护的利器，其具体功能表现在以下三个层面：

(1) 对委任立法的审查。行政机关在“法律优先”、“法律保留”的要件下，在立法机关的授权范围内，可以制定调整行政关系的法规、规章等规范性文件。如何审查行政机关在立法行为过程中为实现立法目的而行使的裁量权呢？因“比例原则”的主要功能在于求得“目的与手段”间的“合理比例”，对于这一问题，“比例原则”可为我们提供答案。根据比例原则之适当性原则，行政机关立法时，必须考虑这项行政立法是否可以达到欲求目的，其规定的手段是否是将产生最少不良作用的方式？根据必要性原则，是否有必要？而狭义比例原则强调在公共利益和私人利益之间的平衡，则直接关系到对行政相对人权益的特别保护。

(2) 对行政执法裁量权的审查。从法效果的角度来讲，行政裁量可以分为决定裁量和选择裁量两种。决定裁量指行政机关在可以或不可以两种选择中择一而为，例如，法条中的“可以”情形；选择裁量指行政机关有两种以上的选择性，从中择一而为之。另外，还有一种情形，即在事实符合构成要件时，行政机关只得依照法律的规定“为”或“不为”。例如，对于符合规定的失业金申请，行政机关必须发放失业金，而无选择余地，称为“裁量萎缩至零”。[②]

依据行政法治原则，行政权力的行使不得违反法律的规定，因此，“比例原则”在行政执法裁量权的适用限于裁量的法律限度内。人民法院在审查行政裁量权是否被合理使用时，适用“比例原则”可以在法律规定范围内找到一个较具体的标准。对于行政执法过程中行政官员行使的行政裁量权，人民法院可使用“适当性原则”、“必要性原则”和“狭义比例原则”对行政行为进行审查。对于一个具体的行政措施，在立法之时即已考虑过其“适当性”，因此一般不会违反“适当性原

---

① 〔印〕M. P. 赛夫：《德国行政法——普通法的分析》，周伟译，五南图书出版公司 1991 年版，第 225、226 页。

② 蔡震荣：《行政法基本理论与基本人权之保障》，五南图书出版公司印行 1999 年二版二刷，第 372 页。

则”。

但是,基于行政裁量之本质——利用行政专业知识追求个案正义[①],行政裁量成为“合义务裁量”;而对于其是否具有“必要性”或“比例性”,则必须由其他机关予以裁决。因为“我们很难想象,一个现行有效的行政法制度在未规定法院或某种其他公正机构及裁判庭对政府官员的行动至少做一种有限的审查的情况下,就能防阻政府官员任意滥用权力的现象”。[②] 人民法院适用较为直观的“必要性原则”和“狭义比例原则”,可较容易地判断出达成同样目的的手段是否“较温和”,行政权力对行政相对人权利的侵犯是否“过度”。人民法院运用这种较易掌握的标准对行政权力进行审查,对于行政相对人权益的保护是十分有利和及时的。同时,“比例原则”也易被行政相对人理解和掌握,在行政行为过程中即可对认为违反“比例原则”的行为提出异议,以减少自身权益的损害,及时保护自己的权益。

(3) 对行政司法行为的控制。行政司法是指行政机关作为争议双方之外的第三者,按照准司法程序审理特定的行政争议或民事争议案件,并做出裁决的行为。在行政裁决中,行政工作人员以准法官的身份出现,由于不是专职法官,正确适用比例原则可以弥补他们在这方面的欠缺,使他们在做出决定、裁决时有一个较客观、易把握的判断标准,并据此做出公正的决定或裁决,这有利于对行政相对人权益的保护。

现代行政法是“多元控权”模式的行政法,以此而构建的行政法体系更加注重对行政相对人权益的保护。对行政相对人权益的保护范围不再仅局限于权利范围,对行政权力的控制更加注重行政机关自身的控制和行政相对人权利的控制,对行政裁量权的控制采用更为直观的“比例原则”;而且所有制度设计都不是孤立的,而是紧密相联、互相配合的,构成了一个严密、封闭的行政法体系。在这种全新的行政法体系中,行政机关与行政相对人之间也形成了一种全新的良性互动关系,这正是行政法治的目的所在。

---

① 陈新民:《宪法基本权利之基本理论》(上),1991 年 1 月再版。

② 〔美〕博登海默:《法理学——法律哲学与法律方法》,邓正来译,中国政法大学出版社 1999 年版,第 368 页。

试析软法与非强制性行政行为*

引言

当前法学界对软法的研究刚刚起步,对软法概念本身都还未达成一致看法,而软法与其他法现象的关系也必须进行探讨。本文首先试图对软法概念加以界定,再介绍一些行政法上的非强制性行政行为,并对二者之间的关系提出粗浅看法。

一、软法

1. 软法概念的界定

我国国内学者对软法的研究刚刚起步,在我国法领域是一个新名词。研究一个新事物首先要从它的概念入手,软法到底是一个什么样的法?其范围上包含哪些现有的规范或规则?这些都必须要加以澄清。

目前对软法的定义有如下几种:① 软法是一个概括性的词语,被用于指称许多法现象,这些法现象有一个共同特征,就是作为一种事实上存在的有效约束人们行动的行为规则,它们的实施未必依赖于国家强制力的保障,并认为美国学者弗朗西斯·施尼德(Francis Snyder)对软法的定义"软法是原则上没有法律约束力但有实际效力的行为规则"是目前比较准确的定义[①];② "所谓软法律,是一种客观存在于当代中国社会之中的法律系统,大体上是一个与硬法律和民间习惯法两

---

* 本文系与邵兴平合作,载罗豪才主编:《软法与公共治理》,北京大学出版社 2006 年版。

① 罗豪才:《公域之治中的软法》,载中国宪政网,http://www.calaw.cn/include/shownews.asp? newsid = 6387,2005 年 12 月 18 日访问。

面对应的法律领域”[①];③“软法是法;软法是非典型意义的法”[②],等等。可见就软法的定义而言并没有一个准确的或大家都认可的提法。

软法是一种无需法院或公权力机构强行实施,但实际上在经济和社会中对国家和工业等都有约束力的规则。软法的颁布、认可主体包括国家、私人公司、市场本身等,还有的是在国际关系中建立起来。软法的概念虽然不是很明确,但是在现代商事法中有很重要的作用,而且对所有的经济活动都有广泛的影响力。界定软法概念要弄清楚两个问题:① 软法是否还属于法的范畴,即传统的法概念还能不能适用于软法? ② 软法的“软”是指其根本就无强制性约束力还是仅指不须国家强制力的支撑而其实还有其他的约束手段? 对这两个问题的回答直接影响到对软法的定义。

第一个问题回答的难度在于,所谓传统的法概念本身就没有通说,各种观点纷繁复杂,琳琅满目,有“规则说”、“命令说”、“判决说”、“行为说”、“正义工具论”、“社会控制论”、“事业论”等。[③] 基于我国一直以来的主流学说是马克思主义法学,故将传统法概念限于马克思主义法的概念,即“法是由一定物质生活条件决定的统治阶级意志的体现,它是由国家制定或认可并由国家强制力保证实施的规范体系,它通过对人们的权利和义务的规定,确认、保护和发展有利于统治阶级的社会关系和社会秩序”。[④] 从这个概念出发进行分析,很明显软法突破了传统法概念的范畴。既然软法这一提法本身就突破传统法的概念,我们不妨将软法的概念再进行突破,对法的传统概念进行反

---

① 梁剑兵:《“软法律”论纲》,载 http://www.chinalegaltheory.com/bbs/dispbbs.asp? BoardID=4&ID=212&replyID=548&skin=1,2005 年 12 月 18 日访问。

② 姜明安:《软法在构建和谐社会中的作用》,载 http://www.publiclaw.cn/article/Details.asp? NewsId=1090&Classid=2&ClassName=理论前沿,2005 年 12 月 18 日访问。

③ 参见张文显:《法哲学范畴研究》,中国政法大学出版社 2001 年第 1 版,第 26—30 页。

④ 参见孙国华主编:《法学基础理论》,法律出版社 1982 年版,第 62 页。

思、修正。[①]

软法对传统法概念的突破在于:(1) 传统法概念强调法是有强制力的,而软法不具有强制力。如何解释软法而使之与道德相区别是有困难的。那么,软法与道德的区别何在呢?在去除传统法概念与道德最大的不同点即是否由国家强制力保证实施这一点后,确实很难对软法与道德进行区分,但也是有迹可寻的。首先软法的价值判断性肯定低于道德,道德规范都是与长久形成的社会主流价值观特别是文化、伦理等相联系的,软法却只是一种行为规则,较少涉及此方面。其次道德是较低层次的要求,即违背软法规则肯定与一般道德相违,而反之则未必。(2) 国家制定或认可是传统法概念所强调的主体性或形式特点,而软法的制定或认可主体具有广泛性和多样性,这与几乎所有关于法的定义都是有区别的。与此相关的问题是,软法因此所体现的意志可能是不统一的,甚至可能是冲突的。这一问题几乎是软法规则所无法避免的。这存在两方面的冲突,一是在某一软法规则形成时的意志冲突,这时比较好解决,应由各方达成妥协后才能有所谓软法的出台;另一方面是不同软法规则之间的意志冲突问题,基于软法规则的非强制性,如果在软法适用时遇到类似问题,也只能由当事人协商解决。当然,无论软法的制定或认可主体有多少,也无论其体现的意志是谁的意志,有一点是不能变的,即不能与"硬法"规则相冲突,也不能违背法的根本价值。(3) 传统法概念强调"法"是国家意志,实际上是说"法"具有普遍的法效力,那么就软法而论,在多大范围适用或有效的规则才算软法?对软法适用范围作一个量化的定义肯定是不现实的,我们现在所研究的软法涵括的范畴非常广,软法规则适用范围肯定是有大有小,但作为一个规则,最低要求必须是在一个相对较大的范围内是有效的,这一范围应该类似于行政机关的抽象行政行为,即针对的不是某些特定主体,而是不特定的主体。

有一点必须肯定,无论怎么对传统法概念进行突破,软法的定义都不能将那些与法的根本价值如"公平"、"正义"、"自由"等相违背的规则包含在内,比如所谓官场潜规则等。这就避免了"可能将所有现

---

① 参见罗豪才、宋公德:《公域之治的转型——对公共治理与公法互动关系的一种透视》,载《中国法学》2005 年第 5 期。

行规则(正义的和非正义的显规则、潜规则)合法化,导致社会秩序混乱"。[①]

第二个问题不仅涉及软法的定义,还影响到软法这种概念是否有意义。如果一个规则没有任何实施的手段,或者说没有任何促使人们遵守的约束力,那么此种规则肯定很难起作用。利益主体的多元化和冲突性势必致使某些主体愿意适用而另一部分不愿适用该规则。这类规则多数来说存续时间是不会太长的[②],所以将所有完全无约束力的规则也归入软法的范畴似乎没有太大意义。除非博弈各方能找到利益的平衡点,否则这类软法注定是难有作为的,对此进行研究也无太大意义。因此,软法必定还是要有一定的手段促使相对方遵守,也即并非毫无约束力。

由此,笔者将软法界定为:软法是不依靠国家强制力执行、有实际效力且不违背法的根本价值的行为规则。

2. 软法的范围

软法的范围是指现实生活中哪些规则可归入软法之中。在现实生活中发挥作用的规则可谓浩若繁星,因此确定软法的范围也是非常困难的。一般只能先从大的类别上加以划分,对具体的规则可逐步加以补充。日本东京大学的 COE 项目将软法研究分为三个方面:公法部门、商事法部门、知识产权法部门。[③]

国内有学者归纳国内法中的软法包括:一是指作为硬法律的半成品的法律渊源中的有关种类;二是指法律意识与法律文化;三是指道德规范;四是指民间机构制定的法律;五是指中央办公厅和国务院办公厅联合发布的文件;六是指程序法;七是指仅有实体性的权利宣告而没有设定相应程序保障的法条或法律;八是指法律责任缺失的法条或法律;九是指法律责任难以追究的法律;十是将软法律等同于执政

---

① 姜明安:《软法在构建和谐社会中的作用》,http://www.publiclaw.cn/article/Details.asp? NewsId = 1090&Classid = 2&ClassName = 理论前沿,2005 年 12 月 18 日访问。

② 某些约定俗成的惯例可能除外,但惯例既已形成,则一般会有相应的制裁包含在内,当然这种制裁未必是强制性的。

③ http://www.u-tokyo.ac.jp/coe/list23_e.html,2005 年 12 月 18 日访问。

党政策等的柔性规范。笔者认为只有四、五、七、八、九、十项才属于软法的范围。[①]

姜明安教授认为,软法包括:① 法律、法规、规章中没有明确法律责任的条款;② 执政党和参政党规范本党组织和活动及党员行为的章程、规则、原则;③ 政协、社会团体规范其本身的组织和活动及组织成员行为的章程、规则、原则;④ 行业协会、高等学校等社会自治组织规范其本身的组织和活动及组织成员行为的章程、规则、原则;⑤ 基层群众自治组织规范其本身的组织和活动及组织成员行为的章程、规则、原则;⑥ 国际组织规范其本身的组织和活动及组织成员行为的章程、规则、原则。[②]

罗豪才教授认为,软法依据规则形成主体的分类。可以分为国家机关制定的规范、国家机关与社会公众共同制定的规范、社会团体自主制定的规范等。在我国,还包括党制定的政策性规范。[③]

在以上对软法范围的界定中值得注意的一个问题是软法和原则之间的异同。首先软法的范围肯定宽于原则,很多原则属于软法的一部分,但也有一些原则并不能归入到软法范畴之中。原则本身是指一些高度概括、抽象性的约束规范,任何一个原则一般来说都不能直接适用,而是通过其他具体化的规则来实现,所以软法的一个基本特征"无强制约束力"似与之类同。但在某些时候有些原则也是有强制约束力的,如民法中的诚实信用原则等,一旦具体条文规定缺失,这些原则即能直接适用,此时就不是软法能涵括的了。因此原则与软法的关系是一种重叠关系,即部分原则属于软法范畴,而能够通过强制力直接适用的原则除外。

综上所述,笔者基本同意姜明安教授的观点,但需补充的是应将

---

① 参见梁剑兵:《"软法律"论纲》,http://www.chinalegaltheory.com/bbs/dispbbs.asp? BoardID = 4&ID = 212&replyID = 548&skin = 1,2005 年 12 月 18 日访问。

② 参见姜明安:《软法在构建和谐社会中的作用》,http://www.publiclaw.cn/article/Details.asp? NewsId = 1090&Classid = 2&ClassName = 理论前沿,2005 年 12 月 18 日访问。

③ 参见罗豪才:《公域之治中的软法》,载中国宪政网,http://www.calaw.cn/include/shownews.asp? newsid = 6387,2005 年 12 月 18 日访问。

行政机关对相对人做出的无强制约束力的行政行为时的指导性意见纳入软法范围之类,如进行行政指导时提出的指导意见等。

3. 软法的提出背景

软法的出现和兴起有着深厚的社会经济背景。从20世纪70年代起,西方各主要资本主义国家相继陷入了一场空前的社会危机之中。一些学者认为,传统的统治式行政已不符合当今时代的要求,需要一种新型的行政理论来解决社会治理问题——"治理"式的行政理论便应运而生,而"治理理论"最突出的特征就是要求人们重新理解政府,并且认为政府与各个社会公共机构、个人之间存在着权力依赖和互动的合作伙伴关系。[①]

进入经济全球化、政治民主化和文化多样化的今天,国家管理模式已经按照"国家管理——公共管理——公共治理"[②]这样的模式向前发展。政府职能也在逐步转换,从传统的管理型政府向服务型政府过渡,善治已经成为人类政治发展的理想目标。所谓善治就是使公共利益最大化的社会管理过程和管理活动。

善治的本质特征,就在于它是政府与公民对公共生活的合作管理,是政治国家与公民社会的最佳关系。善治的基本要素有:① 合法性;② 法治性;③ 透明性;④ 责任性;⑤ 回应性;⑥ 有效性;⑦ 参与性;⑧ 稳定性;⑨ 廉洁性;⑩ 公正性。[③]在这样一个大的背景下,为了回应此种转变,正需要软法这样的新的治理规则。

软法相较于硬法而言有这样一些优势:① 低交易成本;② 低主权成本;③ 应对多样性;④ 灵活性(弹性);⑤ 简单性和高速性;⑥ 参与性;⑦ 渐进性。[④] 由于软法的这些优点,使其在现代国家的公共治理

---

① 参见马建川、翟校义:《公共行政原理》,河南人民出版社2002年第1版,第83页。

② 罗豪才、宋公德:《公域之治的转型——对公共治理与公法互动关系的一种透视》,载《中国法学》2005年第5期。

③ 参见俞可平:《论政府创新的若干基本问题》,载《文史哲》2005年第4期。

④ David M. Trubek, Patrick Cottrell, and Mark Nance: *Soft Law*, "*Hard Law*", *and European Integration*: *Toward a Theoryof Hybridity*, Univ. of Wisconsin Legal Studies Research Paper, No. 1002. November 2005.

活动中的重要性日益凸现,也越来越受到人们的重视。但是有一点必须提出来的,即尽管公共治理这一理论能够解决很多传统管理理论所无法解决的问题,在现阶段的社会现实中,治理还是无法取代管理。因此,软法的适用有很大局限性,只有将软法和硬法有机结合起来,才能对国家进行更好的治理。

二、非强制性行政行为

非强制性行政行为范围非常广泛,现择其主要几类加以阐述,以试图揭示其与软法之关系。

1. 行政指导

行政指导(administrative guidance),是指行政机关为谋求当事人做出或不做出一定行为以实现一定行政目的而在其职责范围内实施的指导、劝告、建议等不具有国家强制力且不直接产生法律效果的行为。①

行政指导的基本特征有:(1) 非强制性,从行为的法律关系和拘束力度看,行政指导是不具有强制性、无法律拘束力的行为;(2) 主动补充性,从行为动因和目的角度看,行政指导是适应社会管理需求的主动行为;(3) 主体优势性,从行为主体的角度看,行政指导主要是由具有综合优势和权威性的行政机关实施的行为;(4) 相对单方性,从行为本身的角度看,尽管行政指导追求相对人的同意和协力,但行政指导毕竟是由行政机关单方实施即可成立的行为;(5) 行为引导性,从行为品格的角度看,行政指导是具有利益诱导性或综合引导性、示范性的行为;(6) 方法多样性,从行为方式的角度看,行政指导是适用范围广泛、方法灵活多样的行为;(7) 实质合法性,从行为受约束的角度看,尽管某些行政指导行为可以没有行政作用法上的具体依据即可做出,但所有行政指导行为都是受到实质法治主义约束的行为;(8) 事实行为性,从行为过程来看,行政指导是不改变法律关系、不直

① 参见莫于川:《行政指导的法学理论背景简析》,载《云南大学学报(法学版)》2004 年第 2 期。

接产生法律效果的行为。[①]

行政指导最早出自日本战后时期，20世纪60年代开始学术界正式使用行政指导一词。学术上描述其特征为非权力性，行政指导被定义为非强制的行政行为。在石油危机之后行政指导成为一般的社会用语，但是至1993年行政指导并非法律用语。1993年日本国会通过《行政手续法》，该法在1994年10月正式实施。该法的目的在于提高行政的公正与透明度。规定了政府机关须制定和公布许可、认可等的审查基准、标准审查时间、听证的程序。该法律对行政指导进行了规定。这是日本政府第一次在法律条文中使用行政指导概念，行政指导自此从学术用语转化为一个法律术语。这也是法律第一次正式承认行政指导的作用和地位，同时为消除其弊端，对行政指导的方法做了明文规定，这是第一次以法律的形式对行政指导进行规定。该法对行政指导以程序界定进行规定。在行政程序法中，行政指导之定义继承了学术界的定义法，将行政指导规定为由对方的任意的协助而成立的行政行为。程序法规定此为非强制性的行为，不能因对方未服从行政指导而给予不当的处分。更有当对方明确表明不服从指导时，不可继续进行行政指导。如继续进行指导，即损害和限制了对方的权利。[②]

从历史角度考察，行政指导对日本国民经济的发展起到了十分重要的作用，其他国家如美国、德国等的行政指导制度虽没有日本发达，但也不同程度上存在并发挥其特有的作用。从以上对行政指导的介绍可看出，行政指导在很多方面与软法有共通之处，但也有很大不同。其最重要的共同点是"非强制性"，即通过人们自愿而非强行的方式得以实现目的。这一共同点决定了行政指导是软法形成的方式和实施手段之一。二者最大的不同在于本质上行政指导是一种行政行为而软法是一种规则。

2. 行政合同

行政合同又称行政契约，是以行政主体为一方当事人的发生、变

---

① 参见莫于川：《行政指导要论——以行政指导法治化为中心》，人民法院出版社2002年版，第26—32页。

② 参见毛桂荣：《行政指导在日本——新近变化的研究》，载《东南学术》2005年第1期。

更或消灭行政法律关系的合意。法国是行政合同最具理论化、制度化特征的国家。最高行政法院和权限争议法庭通过判例形成了以"公务理论"为中心的行政合同理论。行政合同是行政机关缔结的与私法合同关系不同的合同，即与执行公务有关。英国、美国的行政法中并没有行政合同的概念，对涉及政府为一方当事人的契约统称"政府合同"或"采购合同"。之所以将行政合同列入非强制性行政行为中，是因为行政合同的一个重要特性是双方合意性。行政机关不能采取单方性措施强迫相对人签订行政合同，这也恰恰与软法的最重要特征——"非强制性"相吻合。

3. 行政调解

行政调解是指国家行政机关依照法律规定，在其行使行政管理的职权范围内，对特定的民事纠纷及轻微刑事案件进行的调解。调解的范围包括民事纠纷、经济纠纷和轻微的刑事纠纷。我国行政调解大致有如下几种：① 基层人民政府的调解；② 国家合同管理机关的调解；③ 公安机关的调解；④ 婚姻登记机关的调解。行政调解在我国目前并无法定约束力，当事人对是否接受行政调解有完全选择权，因此行政调解也属于非强制性行政行为的一种。

4. 行政奖励

行政奖励是为了实现行政目标，通过赋予物质、精神及其他权益，引导、激励和支持行政相对人实施一定的符合政府施政意图的非强制性行政行为。行政奖励的性质有：① 行政奖励是具体行政行为；② 行政奖励是一种倡导性行政行为；③ 行政奖励行为是赋权性行政行为；④ 行政奖励是非强制性行政行为；⑤ 行政奖励既可以是内部具体行政行为，也可以是外部行政行为。[①] 行政奖励对于相对人而言是毫无强制性的，相对人可以接受也可以不接受，并不会因为不接受奖励而受任何处罚。因此，行政奖励特征也和软法的特征相符，可视为软法的实施手段之一。

5. 事实行为

事实行为，在《德国行政法》中是指以某种事实结果而不是法律后

---

① 参见应松年主编：《行政法与行政诉讼法学》，法律出版社 2005 年第 1 版，第 208—211 页。

果为目的的所有行政措施,例如公共警告和非正式行政活动。公共警告是事实行为的一种特殊形式,行政机关或者其他政府机构对居民公开发布的声明,提示居民注意特定的工商业或者农业产品,或者其他现象,如所谓的青少年性行为。非正式行政活动,主要是指行政决定做出时或者做出前,行政机关与公民之间进行协商或者其他形式的接触的行为。[①] 我国台湾地区的行政法研究认为"事实行为乃全不发生法律效果,或虽发生法律效果,然其效果之发生乃系于外界之事实状态,并非由于行政权心理作用之行为"。[②] 事实行为的类型有:① 日常实行活动的事实行为;② 执行的事实行为;③ 无拘束力的提供资讯与通报; ④ 行政上的非正式行政行为。[③] 行政法上的事实行为对公民无强制约束力,其依据的法律可归入软法之范畴。

三、软法与非强制性行政行为的关系

1. 软法是规则,非强制性行政行为是行为

软法首先应该是一种规则,行为则是规则的制定手段或实现方式,两者有着本质区别。规则与行为是互动的关系。规则制约着行为,行为也可形成规则。之所以要强调软法的"规则性"与非强制性行政行为的"行为性",是因为现实生活中二者区分有时非常困难。软法之所以容易与"软方法"相混淆,是因为其法的特性易被忽略,往往就被当成了"软方法",从而误解了其本质属性。区分软法与非强制性行政行为的关键在于牢牢把握软法的性质,只要明确了软法的"法"的特性,就不会被各种各样的非强制性行政行为所迷惑。这一点在研究软法的过程中也是相当重要的。

2. 非强制性行政行为是软法的产生方式之一

非强制性行政行为在实施过程中可能会产生一些新的软法规则。

---

① 参见〔德〕哈特穆特・毛雷尔:《行政法学总论》,高家伟译,法律出版社 2000 年第 1 版,第 391—399 页。

② 林纪东:《行政法》,转引自翁岳生编:《行政法》,中国法制出版社 2002 年第 1 版,第 894 页。

③ 参见翁岳生编:《行政法》,中国法制出版社 2002 年第 1 版,第 898—904 页。

例如,在行政指导案例中,行政机关为了实现自己的意图,必定要提出具体的指导意见,这些意见一旦被相对人普遍接受并自动实行,那么该指导意见就可成为一个新的软法规则。以此种方式形成的软法往往实行程度比一些硬法都要高。这一规则最初形式可能是政府部门的一个文件,内容也并非一成不变,在具体实施过程中因相对人的互动而补充、完善,最终的形式也可能成了人们约定俗成的规则而非书面条文,但这都不会影响其效力的实现。当然,并非所有的非强制性行政行为都能产生软法规则,如行政调解、行政奖励、事实行为等。即便如上例所说的行政指导,也并非每做出一个指导行为就产生一个软法。再者,通过前文对软法定义的界定也可看出,一个违背了法的根本价值的行政指导意见,虽然可能在某部分群体内得以实行,也不能视其为新的软法。

3. 非强制性行政行为是软法实现效力的途径之一

法律法规中无强制约束力的条文,是软法的重要组成部分。这部分无约束力的条文得以实行的重要途径之一就是行政机关的非强制性行政行为。非强制性行政行为中的行政调解、行政奖励、行政资助等依据的都是那些无强制约束力的条文,如果没有非强制性行政行为,则此类法律就可能变成“空头支票”,永远无法兑现。从另一角度看,正是因为此类法律没有可供强制实施的手段,行政机关又想达到自己的意图,才不得不通过非强制性行政行为加以推行。从某种意义上说,软法的非强制性决定了这些行政行为的非强制性特征。还有很大一部分的软法并不属于法律法规,但也可由行政机关通过非强制性行政行为加以实施。因此,软法得以实现必须通过各种可能的途径,其中很重要的一个途径就是非强制性行政行为。

现代行政法与和谐社会*

一、问题的提出

从2002年党的十六大报告提出全面建设小康社会战略目标，2003年党的十六届三中全会提出科学发展观，再到2004年9月19日，党的第十六届中央委员会第四次全体会议通过《中共中央关于加强党的执政能力建设的决定》，提出了建设和谐社会的思想，这是一个对于经济社会发展逐步深入认识的过程，体现出越来越明显的以人为本和全面的发展倾向。和谐社会更具有人文内涵，体现了经济增长、社会发展和价值体系的统一。

2005年2月19日在省部级主要领导干部专题研讨班上胡锦涛同志指出公平正义是社会主义和谐社会的特征之一。从法律的角度看，构建和谐社会的公平正义的关键所在是权利的配置、保障和救济问题，可以说，权利是和谐社会的阿基米德点。在配置、保障和救济权利的问题上，建立政府与公民的新型关系是提高构建社会主义和谐社会能力的关键。建立这一新型关系，除了宪法作为法律的根本依据，最重要、最有效的法律形式就是行政法。因为行政法的核心是调整行政主体的行政权力和行政相对人权利之间的关系，行政法的目的即在于寻找权力和权利的分界线，以使二者形成一种协调、互动的关系。而在这对关系中，分散、弱小的权利面对集中、强大的权力只能处于劣势地位，只有切实有效地保护权利，这一新型的关系才能得以建立。这就对行政法的发展提出了新的要求。

近现代意义上的行政法，其诞生和发展都与"法治国"的思想演进有关，因而与行政相对人权益保护紧密相连。无论是法国资产阶级革命过程中产生的行政法院，还是英国普通法上的自然公正原则，美国宪法所规定的正当法律程序，都已经成为行政法上最具特色、最重要

---

* 本文系与李燕合作，载《国家行政学院学报》2006年第6期。

的行政法律制度,并为世界上许多国家所仿效,成为现代行政法的一种标志。而这些制度的建立无不与控制政府权力、保护相对人合法权益有关。这一方面表明现代社会对国家管理存在着巨大需求,另一方面,也反映了社会对行政权力滥用的极大恐惧。随着法治建设的发展,人们对行政法的认识,也已迅速地转变,从认为行政法是管理相对人的法,转变为行政法首先是管理管理者的法,以更好地保护行政相对人的权利。

二、现代行政法理论的发展与和谐社会的契合

基于行政权力固有的扩张性、侵略性和易被滥用性,权力与权利的不平等性,近代行政法从产生之初即充分贯彻了个人自由至上和有限政府原则,形成了限权模式的行政法。[①] 这种行政法理论是以行政主体与行政相对人之间的对立关系而建构起来的,它是在自由主义思想的影响之下,以及行政相对人对行政权力的恐惧感心理占主导时形成的,因此其各种制度也是围绕这种关系而设置的。有人认为,“近代行政法的产生是以行政诉讼制度的建立为标志的”,而“行政诉讼制度的实质是通过法院司法权来控制行政权力从而保护公民权利”。[②] 近代行政法虽然是限权理念的行政法,但是从这一理论的实质、运用方式与手段以及保护范围等方面来看,它对行政相对人权利的保护仍然是有限的。

20 世纪,特别是 30 年代以来,人们开始改变“将行政限于无以复加的最小限度”[③]的倾向,大量担负着监管经济和社会生活各个领域的控制机构接连不断地涌现了出来。[④] 因此,“产生了这样一种趋势,即取消或削弱对这些机构的行动所施以的司法检查。19 世纪对行政权力的低估,在 20 世纪初已被人们对行政权力在诸方面带来的好处

---

① 参见方世荣:《论行政相对人》,中国政法大学出版社 2000 年版,第 118 页。

② 孙笑侠:《法律对行政的控制——现代行政法的法理解释》,山东人民出版社 1999 年版,第 20 页。

③ 〔美〕博登海默:《法理学——法律哲学与法律方法》,邓正来译,中国政法大学出版社 1999 年版,第 368 页。

④ 参见王名扬:《美国行政法》,中国法制出版社 1995 年版,第 53 页。

的高度赞扬所替代”。[1] 行政机关拥有越来越多的干预经济和社会生活的权力，授权行政官员自由裁量的事项也日趋增多，行政权的范围已经从税收、警察等对行政相对人权益具有负面影响的权力，扩展到宏观经济调控、社会保障、资金支付、公用事业运营、科技开发等对行政相对人具有正值作用的权力；行政权也从消极、亦步亦趋、机械的行使方式转向积极主动的方式；政府发挥职能的手段不再仅仅限于行政强制，行政计划、行政指导、行政合同等强制色彩淡化的行政手段也被广泛运用。而这些变化也反映了行政相对人权益发展的特征——从古典自由主义时期“对立于”政府的权利，演化为现代福利国家中“通过”政府的权利。[2] 行政权力的扩大是不可避免的，但权力易被滥用也是一条亘古不变的经验，“政府权力的膨胀更需要法治”。[3]

为实现和谐社会，我们必须实现行政法治，而行政法治是通过“控权”得以实施和实现的。“现代行政法是综合控权法，即多元控权法”[4]，这是现代社会变迁引起的行政法理论发展的产物，而这种多元控权行政法对于建立政府与公民的新型关系、建设和谐社会更为有利：

1. 在控权方式上，除传统的立法权、司法权对行政权的控制外，还增加了行政程序对行政权的控制。和谐社会的政府在行使权力的时候应当不仅关注实体权力本身，还应当关注行使权力的过程——行政程序。行政程序控制方式弥补了“限权”行政法的空白，这是行政相对人“民主参与”权利在行政法上的反映。我们必须正视行政权力越来越宽泛的事实，同时也必须谨记权力必须被控制的诫训。因此，在确保政府履行职责拥有足够权限的同时，赋予私人一方程序性权利以将其控制在保护公民合法权益的法律秩序范围内。行政程序即是对

---

① 〔美〕博登海默：《法理学——法律哲学与法律方法》，邓正来译，中国政法大学出版社 1999 年版，第 369 页。

② 参见沈岿：《平衡论：一种行政法认知模式》，北京大学出版社 1999 年版，第 176 页。

③ 〔英〕韦德：《行政法》，徐炳等译，中国大百科全书出版社 1997 年版，第 28 页。

④ 孙笑侠：《法律对行政的控制——现代行政法的法理解释》，山东人民出版社 1999 年版，第 38 页。

这一权利的规定和保护,也是行政法理论在发展的过程中逐渐认识到了程序的重大作用,从而改变了以往“重实体、轻程序”的理论。

2. 增加了对行使行政权力方式的控制,如行政合同、行政指导的运用。和谐社会的政府应当是充分体现民主精神的政府,行政合同和行政指导的运用正是民主精神的体现。行政合同是现代行政法中合意、协商等行政民主精神的具体体现,在一定场合、一定条件下借助于行政合同实现行政管理的目的,是现代社会中行政主体不可不用的一项行政手段。[①] 行政合同被广泛运用,与“行政权经常使用法律规制相对缓和的、非权力行为形式即契约”有关。[②] 而“现代行政法上关于这些契约,也存在出自于确保行政的公正和保护民主权利的这一观点的各种规定”。[③] 这正是福利国家时期,权力与权利的关系重新配置的写照。行政合同是民事“意思自治”在行政管理领域的延伸,它要求行政机关“平等对待相对人”、“尊重相对人意志”、“重视相对人的权利”,这也正是和谐社会对权利进行保护的要求。

行政指导是“行政机关为实现一定的行政目的,通过向对方做工作,期待对方实施行政机关意图的行为(作为或不作为)的方式”。[④] 这表明行政机关为实现行政目的,已不再局限于运用强制性的权力行使方式,而这一变化正是现代行政法中合作、协商的民主精神的发展结果。[⑤] 行政机关可以不通过命令或强制措施圆满且灵活地实现预期的行政目的,而较少甚至不引起行政相对人的抵抗情绪,从而缓和行政机关与行政相对人之间的对立关系,使之逐渐融洽,实现和谐社会下两者的融洽关系。

3. 行政相对人权利的保护范围的增大。在私法领域中,公民寻求司法救济是以其自身权利受侵害为基础的;但在公法领域中,特别

---

① 马怀德主编:《行政法与行政诉讼法》,中国法制出版社2000年版,第352页。

② 姜明安:《外国行政法教程》,法律出版社1993年版,第117页。

③ 〔日〕室井力:《日本现代行政法》,吴薇译,中国政法大学出版社1995年版,第141页。

④ 同上注。

⑤ 马怀德主编:《行政法与行政诉讼法》,中国法制出版社2000年版,第345页。

是行政法领域中,由于行政行为不仅仅针对其具体指向的相对人发生法律效果,而且会涉及其他行政相对人,这种行政行为"复效性"①的存在,往往导致公民的利益受损,而权利却未受到侵犯的现象,这对于公民是非常不利的。如前所述,构建和谐社会的公平正义的关键所在是权利的配置、保障和救济问题,为了更好地控制行政权力,防止行政权力的滥用,放宽司法审查的条件,对行政相对人权利的保护扩至对行政相对人权益的保护是必要的。"权利"与"权益"虽然仅一字之别,但保护范围由此扩张确是事实,这也使和谐社会的权利理论更加饱满。

4. 更加注重对行政裁量的控制。"裁量,并非意味着行政机关可任意决定,而是同时应注意裁量行使法律所设定之界限以及注重当事人权益之保障",因此,"自由裁量或拘束裁量这些名称已不再被使用",而代之以"合义务裁量",即行政机关在裁量时应注意法律所设定的裁量界限及对当事人权益的保障。②行政裁量的产生是立法与行政分工的结果,是社会发展的必然要求。但历史已证明"一个纯粹行政统治的国家不会对人格的尊严给予应有的尊重",③和谐社会不是要消灭行政裁量,而是寻求更好的控制行政裁量的方式。

综上,现代"多元控权"行政法在对行政权力控制的理论基础之上构建了行政法体系,弥补了近代行政法理论的不足。"多元控权"将使行政相对人权益的保护置于行政法的首要地位,契合了行政相对人对民主权利的渴望,缓和了行政机关与行政相对人的对立关系,适应了社会的变迁。这种颇具活力的理论的实施,将在实践上推动行政机关和行政相对人的关系向良好的方向发展,实现行政法治的目标,最终实现和谐社会。

三、和谐社会中对现代行政法理论的具体构建

理论指导实践,同时实践检验理论。随着人们对行政权力的认

---

① 张树义:《冲突与选择》,时事出版社 1992 年版,第 137 页。

② 蔡震荣:《行政法基本理论与基本人权之保障》,五南图书出版公司印行 1999 年二版二刷,第 369 页。

③ 〔美〕博登海默:《法理学——法律哲学与法律方法》,邓正来译,中国政法大学出版社 1999 年版,第 369 页。

识,现代行政法理论有了上述新的发展,但是理论变为实践尚需以下具体制度的支撑:

1. 建立和完善行政相对人参与行政程序的制度。和谐社会的政府是与行政相对人互动的政府,互动的必要途径便是行政相对人参与到行政程序之中,并有一系列的法律制度保障其参与权利的实现:

(1) 完善行政听证制度。和谐社会是公平正义的社会,辩论是实现公平正义的有限方式。"程序抗辩的实质在于:把诉讼程序中的抗辩机制移植到行政程序中来,以寻求行政的正当理由"。[①] 行政听证,通过行政相对人民主参与权利对行政机关权力的控制,可以保持行政权力与行政相对人权利的衡平,用权利监督、制约权力,缓和行政相对人与行政机关之间的对立关系,促使形式合理性与实质合理性的结合。随着《行政处罚法》、《物价法》和《行政许可法》的颁布及实施,我国已经确立了行政听证制度,但是这一制度仍需完善,应当明确区分正式听证和非正式听证,进而明确正式听证程序中的案卷排他原则。

(2) 建立行政信息公开制度。和谐社会的政府首先意味着它是信息开放的政府,要求政府的一切活动包括信息公开都必须受到法律的规制。在确保信息安全的前提下,打破政府信息的垄断状况,全面开放政府信息,才能建立行之有效的政府信息交流机制。政府信息的公开,重要的价值在于它尊重了公众的知情权,增强了现代行政的透明度,实现公共信息共享,使得公众可以根据公共政策的调整信息做出有利于自己的安排,从而使社会更加和谐、有序。政府信息在这种依法而治的模式下公开,信息资源得以充分利用、行政效率得以提高、公民的权利得以张扬,并最终会促进经济持续增长、社会和谐发展,增加公共福祉。

(3) 建立行政参与制度。和谐社会的政府是行政机关与行政相对人之间良性互动的新型服务型政府[②],将行政相对人的参与纳入行政程序之中,是实现建立服务型政府的必然要求。虽然我国现行的法

---

① 孙笑侠:《法律对行政的控制——现代行政法的法理解释》,山东人民出版社 1999 年版,第 40 页。

② 努力建设服务型政府。创新政府管理方式,寓管理于服务之中,更好地为基层、企业和社会公众服务。——摘自 2005 年政府工作报告

律,对行政参与做出了一些规定,例如《行政处罚法》第31条规定,行政机关在做出不利于行政相对人的行为之前,应告知行政相对人做出决定的事实、理由及依据,并告知当事人的权利,但是这些规定是分散的,是针对不同的行政行为的,因而不利于彰扬正当程序的理念、维护秩序的平衡。因此,应当尽快进行"行政程序法"的立法工作,在行政程序法中确立行政相对人的获得通知权、知情权、陈述权和抗辩权等程序性权利,并对这些权利的实现设计法律保障制度,以此一体性地保障行政相对人能够在所有行政程序中顺利行使其权利。

2. 建立和完善行政合同、行政指导等行政权力行使的新方式。目前行政合同和行政指导仅存在于行政实践中,由于没有法律的规制,行政合同和行政指导的负面性没有得到制约。在行政机关履行行政合同的过程中以及政府进行行政指导时,发生了侵害行政相对人权益的现象,破坏了和谐社会的进程。为了更好地体现和谐社会的民主精神,首先应当将行政合同和行政指导纳入立法进程,明确两者的适用范围、适用原则、双方的权力(利)义务以及法律责任;其次,应当将两者纳入行政诉讼的受案范围[①],亦即纳入司法审查的范围,以更有效地监督行政机关。

3. 在立法上明确保护行政相对人的权益。权利与利益是密切关联的,但权利与利益又是不同的,只有法律承认的利益,才能成为权利。随着行政权力向社会各个角落的渗透,人们对行政权力的认识也逐步加深,尤其是其复效性。如美国法院由于认识到了这一问题的特殊性,遂于20世纪40年代起,变更了司法审查起诉资格标准。[②] 因此,在行政法学领域,我们应以"行政相对人权益"的概念代替"行政相对人权利"的概念,以便更好地保护行政相对人。为此,应当尽快修订《行政诉讼法》,以行政相对人的权益受到侵害作为行政诉讼的受案范围标准;此外,还应当确立公益诉讼制度,"任何利害关系人,哪怕只是同这种行为之间有一种道德性的、间接的关系,都可以向行政法院

---

① 虽然《最高人民法院关于执行〈中华人民共和国行政诉讼法〉若干问题的解释》第1条规定了"不具有强制力的行政指导行为不属于行政诉讼的受案范围",但是这种规定存在很大的局限性。

② 参见王名扬:《美国行政法》,中国法制出版社1995年版,第621页。

提出起诉。”而“这种诉讼方式使公民得以更广泛而又直接地参与到保障公共权力的良性运作的事业中来”。[①]

4. 以立法的形式确立比例原则，并将之作为行政机关正确行使裁量权的度量衡，同时也作为人民法院对行政机关行使裁量权的行为进行司法审查的标准。和谐社会的政府不仅是依法行政的政府，还应当是“合理行政”的政府，“比例原则”的确立为政府合理行政提供了易掌握和易操作的标准，同时也易于人民法院对政府行政行为的监督，更好地促进政府工作达到和谐社会的要求。“比例原则”是19世纪提出的一个行政法基本原则，德国行政法学家奥托·麦耶(Otto Mayer)在其著作《德国行政法》中，首次揭示了“比例原则”，至今这一原则仍被奉为行政法最重要的原则。[②] 正如学人所说，“‘比例原则’如同民法之‘诚信原则’一般，以帝王条款的姿态，君临公法学界，成为公法学上最重要的原则之一。”[③]“比例原则”是一个广义的概念，它包括了三个次概念：适当性原则、必要性原则和狭义比例原则。和谐社会是公平正义的社会，确立并正确适用这一原则将会更好地实现公平正义：

首先，运用“比例原则”审查行政机关在立法行为过程中为实现立法目的而行使的裁量权。在“法律保留”、“法律优先”原则的前提下，根据比例原则之适当性原则，行政机关立法时，必须考虑这项行政立法是否可以达到欲求目的，其规定的手段是否是将产生最少不良作用的方式？根据必要性原则，是否有必要？而狭义比例原则强调在公共利益和私人利益之间的平衡，这也是和谐社会的一个内在要求。

其次，运用“比例原则”审查行政执法裁量权。政府在行使其权力之前，应当运用“比例原则”来审视将要采取的措施或者将要做出的决定，经过这一环节，可以减少滥用行政权力现象的发生；同时，“比例原则”也易被行政相对人理解和掌握，在行政行为过程中即可对认为违

---

① 〔法〕莱昂·狄冀：《公法的变迁——法律与国家》，冷静译，辽海出版社、春风文艺出版社1999年版，第151页。

② 参见陈新民：《德国行政法的先驱者——谈德国19世纪行政法学的发展》，载《行政法学研究》1998年第1期。

③ 阮文泉：《比例原则与量刑》，载《法律评论》1991年第9期。

反"比例原则"的行为提出异议,以减少自身权益的损害,及时保护自己的权益。这种事先预防的方式将减少社会资源的浪费,提高政府工作效率,促使政府向和谐社会的新型政府转变。另外,人民法院在审查行政裁量权是否被合理使用时,适用"比例原则"可以在法律规定内找到一个较具体的标准。对于一个具体的行政措施,在立法之时即已考虑过其"适当性",因此一般不会违反"适当性原则"。但是,基于行政裁量之本质——利用行政专业知识,追求个案正义[①],行政裁量成为"合义务裁量";而对于其是否具有"必要性"或"比例性",则必须由其他机关予以裁决。人民法院适用较为直观的"必要性原则"和"狭义比例原则",可较容易地判断出达成同样目的的手段是否"较温和",行政权力对行政相对人权利的侵犯是否"过度"。人民法院运用这种较易掌握的标准对行政权力进行事后审查,对行政相对人被侵害的权益进行及时的保护,从另一个方面促进了政府走向和谐社会的步伐。

3. 对行政司法行为的控制。行政司法是指行政机关作为争议双方之外的第三者,按照准司法程序审理特定的行政争议或民事争议案件,并做出裁决的行为。在行政裁决中,行政工作人员以准法官的身份出现,由于不是专职法官,正确适用比例原则可以弥补他们在这方面的欠缺,使他们在做出决定、裁决时有一个较客观、易把握的判断标准,并据此做出公正的决定或裁决,有利于对行政相对人权益的保护。行政相对人便会很好地履行行政裁决,这将有利于建立行政机关与行政相对人之间的互动关系,更加有利于社会的稳定,实现和谐社会。

四、结语

现代行政法是"多元控权"模式的行政法,以此而构建的行政法体系更加注重与社会的和谐。对权利的保护不再仅局限于权利范围,对行政权力的控制更加注重行政机关自身的控制和行政相对人权利的控制,对行政裁量权的控制采用更为直观的"比例原则"。由于所有制度都不是孤立的,而是紧密相连、互相配合的,在一个严密、封闭的行

---

① 参见陈新民:《宪法基本权利之基本理论》(上),三民书局 1991 年 1 月再版。

政法体系中,行政机关与行政相对人、社会之间也形成了一种全新的良性互动关系,这正是行政法治的目的所在,也正是和谐社会的目标所在。据此,行政法与和谐社会找到了契合点,在和谐社会中行政法将长足发展,在行政法的保驾护航中和谐社会将顺利前进!

第二篇　变迁时代的中国行政法

一般处分之探究*

2001年,北京发生了一件引起轰动的案件——乔占祥告铁道部的行政诉讼案件。这个案件是1990年10月1日《中华人民共和国行政诉讼法》实施以来,引起最广泛关注的案件,因其影响深远,被列为中国十大行政诉讼案件之一。

在这个案件中,笔者作为铁道部的诉讼代理人参加了两审的全部过程,对案件有深刻的体会。其中,关于本案所诉的铁道部通知究竟为何种性质的行政行为,尤其在一审过程中,曾经有过非常激烈的争论,涉及的理论问题主要是行政诉讼法关于人民法院受理行政案件的范围限于具体行政行为,那么具体行政行为如何认定?此通知是否为具体行政行为?

具体行政行为,作为中国行政诉讼法关于人民法院受理行政案件范围的界线,其概念来源于法国。早在20世纪80年代后期,中国起草制定行政诉讼法的时候,曾经留学法国获得法国公法博士学位的王名扬先生[①]出版了《法国行政法》[②]一书,此前中国政法大学有过王先生关于法国行政法的非正式出版物。在当时,是我国行政法学草

---

* 载《公法研究》(浙江大学法学院院刊)2008年第2期。

① 王名扬先生1917年出生于湖南,1947年留学法国,1958年获得博士学位后回国。但由于中国大陆后来取消了曾经短暂存在过的行政法课程,王先生调到北京经贸大学教授法语,曾经出版过当时最具权威的法语词典。20世纪80年代初,才回到曾经任教从事行政法教学的中国政法大学工作,一直到70岁退休。他是大陆当时极其罕见的精通法语和英语又获得法学博士学位的人。他出版过的包括《美国行政法》在内的三本外国行政法书籍,对中国大陆影响极其深远,培养了一代中国学者。这三本书都是在其已有研究基础上,针对体系中不解的问题,每写作一本书就到该国继续研究半年或一年,彻底弄清楚每个问题后写就的。最后在写《美国行政法》时,王先生已经71岁,仍然是在美国研修一年完成了《美国行政法》。

② 参见王名扬:《法国行政法》,中国政法大学出版社1989年版。

创时期,中国国门刚刚打开不久,非常缺乏出国留学归来的专业人士,对外国行政法几无了解,王名扬先生对外国行政法[1]的授课就像及时雨,马上被急于了解国外的学人所吸收,其书籍也立即成为最抢手的专业书籍。可以想见,中国当时制定行政诉讼法的时候接受了法国行政法学关于行政行为的理论分类,甚至将具体行政行为变成行政诉讼法的法律术语,成为人民法院受理行政案件的标志性界线,就不难理解了。

那么,在本案中,对具体行政行为是如何争论的?首先简单了解一下乔占祥告铁道部案件的经过:2000 年 12 月 21 日,铁道部向全国各铁路局发布了《关于 2001 年春运期间[2]部分旅客列车实行票价上浮的通知》。河北三和时代律师事务所律师乔占祥认为,此通知侵犯了其合法权益,做出时违反了法定程序。依照《中华人民共和国铁路法》(以下简称《铁路法》)、《中华人民共和国价格法》(以下简称《价格法》)有关规定,制定火车票价应报国务院批准,而铁道部未经该程序报批。同时,依照《价格法》有关规定,票价上浮应该召开价格听证会,而铁道部未召开听证会。2001 年 4 月,乔占祥把铁道部告上了法庭,请求判决撤销上述通知。北京市第一中级人民法院依法受理了该案,并对铁道部春运票价上浮的事实依据、法律依据和制定程序的合法性进行了审查。第一中级人民法院于 2001 年 11 月 5 日做出一审判决,以此次春运票价上浮行为没有侵犯原告合法权益为由驳回原告的诉讼请求。2002 年 2 月 27 日,北京市高级人民法院对此案做出终审判决,维持原判。

虽然在一审期间关于本案所争议的铁道部调价通知到底是不是具体行政行为,曾经有过十分激烈的争论,但是实际上,两审法院判决是以该通知是具体行政行为为前提做出的。一审法院虽然没有支持被告关于调价通知不是具体行政行为的说法而驳回原告的诉讼请求,但是判决维持了被告的调价通知,所以被告改变策略,二审期间不再

---

① 王名扬先生最先写就的是《英国行政法》,由中国政法大学出版社 1987 年出版。

② 每年铁道部都会按照自己的预测,规定一个春运期间。2001 年的春运期间为 2001 年春节前后共计 35 天。

就此进行辩论。但是,实际上,该案留下了一个理论话题:即这一通知是不是具体行政行为。

我国《行政诉讼法》第2条开宗明义地规定:“公民、法人或其他组织认为具体行政行为侵犯其合法权益的,可以向人民法院提起行政诉讼。”但是,行政诉讼法没有界定何谓具体行政行为。各级人民法院曾就此不断请示上级法院乃至最高人民法院。最高人民法院在行政诉讼法实施[①]后的1991年6月11日颁布(并于1个月之后实施)的司法解释[②]中,给出了一个具体行政行为的定义,即:“‘具体行政行为’是指国家行政机关和国家行政机关工作人员、法律法规授权的组织、行政机关委托的组织或者个人在行政管理活动中行使行政职权,针对特定的公民、法人或者其他组织,就特定的具体事项,做出的有关该公民、法人或者其他组织权利义务的单方行为”。[③] 由于学界和实务界对这个定义一直有争议,在最高人民法院1999年颁布新的司法解释[④]替代“115条”时,摈弃了直接下定义的方法,代之以描述特征的方法来区分两者。根据其第3条的规定,抽象行政行为“是指针对不特定对象发布的能反复适用的行政规范性文件”。抽象行政行为的特征由此是两个:一是不特定的对象;一是能够反复适用。“98条”的意图很明显,描述了抽象行政行为的特征,具体行政行为的特征向相反方向推断即是。也就是说,具体行政行为的特征是对象特定、不能反复适用。

在上述案件一审时,关于该通知是否为具体行政行为也是围绕着这两个特征展开激烈辩论的。关于通知是否是对象特定,原告提出两个主要理由支持其对象特定的说法,双方就这两个理由递进争论:

1. 铁道部的通知发给14个铁路局是否为对象特定?原告称对象

---

① 《中华人民共和国行政诉讼法》是1989年4月4日颁布,1990年10月1日生效实施的。

② 该司法解释全称为:最高人民法院《关于贯彻落实〈中华人民共和国行政诉讼法〉若干问题的意见(试行)》。因其条款有115条,又被业内人士简称为“115条”。

③ 是“115条”中的第1条规定。

④ 新的司法解释全称为:最高人民法院《关于执行〈中华人民共和国行政诉讼法〉若干问题的解释》,因其条文有98条,业内人士又称之为“98条”。

特定就是相对人特定，铁道部的通知发给 14 个铁路局，相对人是 14 个，自然是通知的对象特定。被告认为，对象特定指行为针对的人是特定的，即适用对象特定，14 个铁路局是发文对象，不是文件所针对的对象，即不是适用对象，这 14 个铁路局是执行该通知的单位，通知的适用对象是这些铁路局通过卖票发生法律关系的那些人。他们才是通知的适用对象。当然这时候的适用是通过民事行为而与对象发生法律关系的。

2. 原告认为即使买火车票的人才是"通知"的对象，该通知的对象也是特定的。因为春运结束后，铁道部公布乘坐调价火车的人有 3200 多万，3200 多万人虽多，但既然是可以算出来，就还是特定的。被告认为，"可得而知"应当是指做出通知的当时，而非事后统计出来。铁道部在制定"通知"的时候，究竟将有多少人乘坐火车是无法预知的，如果有的话，也是根据往年数字的大概估计。可见，这个乘车人数是"开放"的，因而对象不是特定的。另外，虽然"通知"调价部分涉及 7 个铁路局的部分线路，但是实际上，该通知不光是这 7 个铁路局执行，不调价的铁路局也在执行；而全国只有 14 个铁路局，所以是全国的铁路局都在执行这个通知，那么"通知"的对象就不能限于原告所说的 3200 多万，而是春运期间乘坐火车的全部乘客，也就是事后统计的大概 2 亿乘客。

关于能否"反复适用"，原告认为"通知"本身已经写得很清楚了，是"2001 年春运期间"的调价通知，此通知仅限于 2001 年春运执行，当然是一次性适用。被告则认为"春运期间"本身就是一个时间段，是 35 天，"通知"在 35 天内被全国的铁路局天天适用，执行此"通知"卖掉上亿张火车票，怎么能说一次性适用？

就这两个特征的争论而言，关于"反复适用"在当时已经看得出原告的说法过于牵强。所以"通知"是具体行政行为还是抽象行政行为，在本案中争论的要点在于对象是否特定。此案结束后有人曾经以德国的一般处分的观点对本案作过分析[①]，主要结论是按照德国对公物的使用的规定属于一般处分而言，本案中的"通知"应当视为具体行政

---

① 参见刘井玉：《"春运调价"的法律性质分析——以"一般处分"为工具》，载《行政法学研究》2002 年第 4 期，第 56—62 页。

行为,得为人民法院受理并审理。

这个案件结束后,我国各地都有类似案件发生,法院在受理与不受理之间做法不一。可见,既然法院并非全部行政案件都予以受理[①],而以具体行政行为作为受案界线,研究"一般处分"就是有意义的。

笔者早期曾对一般处分持怀疑态度[②],以为既然是对行政行为用"两分法"来切分,只要把数量较少的那部分用定义或特征框住,另一部分向相反方向推论就把两者区分开来。我们的司法解释"98 条"其实也正是这种思路。但是形式逻辑告诉我们,如果用单一标准或特征区分两者,绝对是可以周延无遗漏地分干净、但是如果是两个以上的标准或特征来区分,则出现一种可能,即在两者间出现一种似是而非、面目不清的某种决定,其两个特征各站一边,没有两个特征均属一边的截然分开的鲜明。它可能在特征上,一个像具体行政行为,一个像抽象行政行为,或者两个特征上都具有模糊性,像以上案例所表明的那样。所以,尽管有两分法,我们仍然需要研究其系属为何,因此我也否定了自己以前的态度。一般处分的理论并非把简单的问题复杂化,而是帮助我们把"两分法"下溢出的部分,界定清楚重归为"两分"——凡属一般处分归于行政处分(具体行政行为),具有可诉性。

一、一般处分的意义

(一) 用语

由于两岸用语的不同,为了叙述方便,本文以下将我国台湾地区的"行政处分"同大陆的"具体行政行为"作为同义词使用。

在我国台湾地区,教科书往往是将法规命令与行政规则明确区别使用的,但是却经常不见"职权命令"是否有无的说明或解释。其实台湾地区是有职权命令存在的,所以实际上,台湾地区的行政机关如果以"抽象行为"论,有三种即法规命令、职权命令、行政规则。只不过,

---

① 《德国行政法院法》规定:"除宪法案件以外的公法案件由行政法院依本法审理。"

② 无独有偶,笔者发现在德国,德国行政程序法出台前后,对一般处分持怀疑甚至反对态度的,也大有人在。参见吴逸玲:《一般处分之研究》,辅仁大学1995 级硕士论文,第 20—25 页。

行政规则是一种内部抽象行为(内部规范文件)。由于本文的重点在于把行政处分的补充即一般处分解说清楚,与抽象行政行为体系内部如何区分无关,同时也是为了方便叙述起见,本文以下还是用比较概括的名词即"抽象行政行为"来与行政处分(具体行政行为)对应着使用,这样有一个比较周延的对接。当然,行文中如用命令与处分,也是同样的意思表达。

以上两点务必请注意,以下不再说明。

(二)行政处分与抽象行政行为的区别

行政处分源于法文的"acte administrative",本指一切行政机关法律行为。经德国行政法学开山鼻祖奥托·麦耶引进并成为德国行政法学体系的重要概念后,剔除了行政机关的私法行为,"行政官署对于个别案件宣示何者为适法行为之公权力行为"。[①] 台湾地区承袭德国甚多,在研究积累多年后,台湾"行政程序法"第92条第1款规定:"本法所称行政处分,系指行政机关就公法上之个别事件所为之决定或其他公权力措施而对外发生法律效果之单方行政行为。""行政程序法"第150条第1项规定:"本法所称法规命令系指行政机关基于法律授权,对多数不特定人民就一般事项所作抽象之对外发生法律效果之规定。"两个定义对照,法律所使用的"个别事件"一词实际上成为区别行政处分与抽象行政行为的分界线。[②]而区分具体抽象行政行为的目的,在于行政诉讼案件可否受理。

这里的关键是何谓"个别事件"? 吴庚大法官的解释是:若行政行为之对象为特定人,其内容为具体事实关系者,乃典型的行政处分。[③]可见,个别事件指对象特定,且为具体事实关系者。吴庚大法官认为

---

① 参见陈新民:《行政法学总论》(修订八版),三民书局2005年,第299页。

② 如吴庚讲解行政处分的特性之一为"个别性",见其著:《行政法之理论与实用》(增订十版),三民书局2007年9月,第330—301页;许宗力:《行政处分》,载翁岳生编:《行政法(上)》(2002版,第497—498页)关于行政处分的特点分析中也指出行政处分是"针对特定具体事件的行为",台湾地区的其他行政法教科书说法上皆大同小异,不赘叙。

③ 参见吴庚:《行政法之理论与实用》(增订十版),三民书局2007年9月,第330页。

还可以从中延伸出行政处分的另一个特征,即行政处分是一次性完成,而抽象行政行为具有反复实施的长效性。

翁岳生大法官主编的《行政法(上)》,对此的解释是:特定具体事件,指的是相对人必须"特定",所涉及的事实关系必须"具体"。而对事实关系是否具体,该书认为判断标准在于效力是一次,还是反复适用的效力。①

陈新民教授在其书中的分析,则告诉我们,对象特定和事件具体,均以数量上是否明确具体为限。② 如其讲解对象与事件互相搭配的三种情形时,"抽象"与否均以数量特定与否来表示。

其实我国内地关于行政处分与抽象行政行为也是从两个方面区分的。《行政诉讼法》规定可对具体行政行为诉诸人民法院,同时规定对抽象行政行为不得诉诸人民法院。当时的排除性规定,并没有用"抽象行政行为"的概念与具体行政行为相对应,而是用的"具有普遍约束力的决定、命令"来排除人民法院的主管。其后最高人民法院用司法解释说明时,也是用两个特征来实际上与具体行政行为区分开:"是指行政机关针对不特定对象发布的能反复适用的行政规范性文件。"因此,区分两者的特征标准,一个是对象是否特定,一个是能否反复适用。

对象特定应该是指该行政处分针对的对象是非常明确的,如设定义务的处分,其义务主体是明确的;受益性处分如核发许可的决定,其许可对象是明确的。能否"反复适用"这一特征标准,好像与上述我国台湾学者的解说有些差异。但是与翁岳生教授主编的《行政法》关于行政处分两个特征的说法特别合拍。该书除了相对人特定外,行政处分的另一个特征即事实关系必须具体;"判断事实关系是否具体,原则上可以规范效力是一次性或反复性作为辅助判断标准。凡规范效力属一次性者,通常可认定事实关系具体。属反复性者(如规定只要 xx 就应 yy 定条件句的情形),则为抽象事实关系。"

---

① 许宗力:《行政处分》,载翁岳生编:《行政法(上)》,中国法制出版社 1990 年版,第 497 页。

② 参见陈新民:《行政法学总论》,修订八版,三民书局 2005 年,第 313 页下。

那么判断具体行政行为与抽象行政行为,到底是两个标准还是三个标准?因为这不仅仅是区分具体行政行为与抽象行政行为需要弄清楚的,也与我们下边讨论的一般处分有关。按照吴庚大法官的说法,是三个特征。而按照翁书的看法和内地司法解释的看法是两个特征,两个特征并没有少了什么,而是把反复适用性与具体事实关系对应起来,即反复适用的是抽象关系,而一次性适用(效力)的是具体事实关系。

那么,事实关系是否具体,与是否可以反复适用这个区分标准到底是二而一,还是一而二?以笔者的观察,有些时候,是二而一,有些时候是一而二。以行政处罚决定为例,对某位公民或者企业罚款5万元或者责令某个企业停产停业。这其中,某公民或某企业是对象明确;罚款5万元、责令其停产停业是事实关系具体。而对象明确特定、事实关系具体,其从效果上看,当然是一次性适用,若行政机关想对其他人课以处罚,则须再次做出处罚决定,不可能以同一份处罚决定书对其他人实施处罚。这种情形下,事实关系是否具体,与是否可以反复适用是一个问题。

同样是作为区分标准的两个特征,也许对规范的抽象性进行衡量更加困难一些。因为"抽象"本来就比"具体"在理解上更复杂些。我们再以特点非常鲜明的立法为例,对比一下"事实关系"与"反复适用"。如我国内地法律关于利息税的规定:利息均按照5%缴纳利息税。[①] 对象无疑是不特定的,而其所针对的事实关系是否不特定?如果我们仔细分析一下事实关系这部分,就会发现,所有利息按照5%缴纳利息税,是一件非常具体的事,只不过是重复重复再重复地发生而已。这种事实关系,如果将其引申为反复适用性,说明该法律文件是抽象的,是没有问题的。问题是,它所规定的事实关系是相当单一的,或者说是非常具体的。那么事实关系这部分的抽象性来源于哪里呢?恰恰来源于反复适用的特质。这种单一具体的事项因为不断针对不同的人而被适用,变得具有了抽象性。换句话说,具体的事项变成一类事项,获得抽象性,是因为适用对象抽象。而一旦抽象的法规适用条件恰恰与某人取存款或取存款利息的行为相对应时,这一规定就又

① 参见《中华人民共和国个人所得税法》。

一次被适用,所谓抽象的对象实际上是数量上不停叠加的适用对象。

如此看来,至少对某些抽象规范的情形而言,两个特征之一的事实关系往往是由反复适用体现出来的。因为,许多法律规定如义务性规定、禁止性规定,很少是真正抽象的,如果法律规范说所有公民必须遵纪守法,这一规定其实只是一个宣示性规定,行政机关、司法机关无法直接依据这一规定对人民课以义务或责任。而绝大多数情况下,法律规范关于义务或责任的规定都是具体的,如我国《反不正当竞争法》第5条规定:“经营者不得采用下列不正当手段从事市场交易,损害竞争对手:(一)假冒他人的注册商标;(二)擅自使用知名商品特有的名称、包装、装潢,或者使用与知名商品近似的名称、包装、装潢,造成和他人的知名商品相混淆,使购买者误认为是该知名商品;(三)擅自使用他人的企业名称或者姓名,引人误认为是他人的商品;(四)在商品上伪造或者冒用认证标志、名优标志等品质标志,伪造产地,对商品品质作引人误解的虚假表示。”除了对象不特定外,事实关系的抽象性,往往是由反复适用体现出来的。

还是以我国《反不正当竞争法》为例,第8条第1款规定:“经营者不得采用财物或者其他手段进行贿赂以销售或者购买商品。在账外暗中给予对方单位或者个人回扣的,以行贿论处;对方单位或者个人在账外暗中收受回扣的,以受贿论处。”事件方面是具体的,虽然其中“其他手段”的表述是抽象的、高度概括的,但是这只是赋予行政机关自由裁量权的规定,并非事实关系不具体。

综上分析,小结如下:

第一,虽然区分处分与命令是两个标准或三个标准,但是通过对比可以看出来,处分的部分是比较清晰的,因为对象特定与事实关系具体是可以非常明确地显现出来;命令的抽象性,对象抽象这一特征易于检视,而事实关系或者事件具体就不那么明显,甚至这种抽象性不是由事件的抽象性而是由反复适用性表现出来的。

第二,“反复适用”为什么是抽象的?许多论述并没有说明白,但是有一篇论文[①]在提到德国教授 Ulrich Triebel 于1978年针对联邦德国行政程序法发表的论文“Probleme der Begriffsbestimmung des

---

① 参见吴逸玲:《一般处分之研究》,辅仁大学1995级硕士论文,第21页。

Verwaltungsaktes bei der Aligemeinerfügung”中，论证他建议的以“特定的事实情况”区分处分与法规范时指出，特定事实情况是指规制完全特定的情况，而不是未来不特定的状况……这句话中，“未来不特定的状况”至关重要，笔者认为这句话道出了“反复适用”即为“抽象”之究竟。因为“反复适用”是多次适用，这种多次适用不仅仅是在平行时间里的同时适用，且有时间差即时间前后的多次适用。这就无意间道出了美国人区分规范和处分的一个标准，即：凡是文件内容所涉及的事实在做出文件时是将来或以后发生的，就是法规范；凡文件内容所涉及的事实是文件做出时已经发生了的，是处分。可见，将来发生的事实不是现实已经发生的事实，而是未来可能发生的事实，因而是“未来不特定的状况”。美国人似乎是用这一个标准就可以把处分与法规范区分开来。但是，我们稍加思索便会发现，这种标准虽然简便易行，但缺陷是把法规范的范围划大了。在美国这种司法审查制度的国家，也许把法规范的圈子划大些，无碍于司法审查，而以清楚的两分法划分开司法审查界线的制度下，扩大法规范的范围，与我们现在力图扩大处分的范围，从而达到扩大司法审查范围的想法就正好相反了。因此，我们宁可用反复适用的标准，而不用所涉事实已经发生还是尚未发生的标准，虽然分析起来，这是一个标准的两种说法。

第三，能否反复适用与是否对象特定，两相比较，笔者以为，对象特定与否这一标准更占据主导地位，原因是，对象的非特定性才决定了有关文件的可反复适用性。这似乎与陈新民教授的论述一样了，不过，陈新民教授没有那么明确指出这一点，好像不是很有意识地得出这样的结论，而本文则是有意识地顺藤摸瓜，把这一点说得更加明确罢了。

对象特定是以发布时作为时点衡量的，故翁书认为既然一般处分是依一般性特征可以确定相对人范围，所以发布的时点确定相对人或相对人范围就已经没有多大意义。因而，事实关系这一要素就凸显了重要性。[①] 但是，笔者以为，对象特定还是最好用的标准，只不过在它不好用时，我们需要分析一下是不是对象还可以进一步确定（可得而

---

① 许宗力：《行政处分》，载翁岳生编：《行政法（上）》，中国法制出版社 1998 年版，第 498 页。

确定),如果可以则仍是或视为行政处分而已。一般处分表面上冲破了处分对象特定的标准,但是实无妨碍。翁书也曾经说过,因为对象范围还是可以确定,所以即使没有对人的一般处分的规定,仅以行政处分的判断亦可将其归入行政处分之内。

(三)"一般处分"概念分析

台湾地区"行政程序法"第92条第2项规定:"前项决定或措施之相对人虽非特定,而依一般性特征可得确定其范围者,为一般处分,适用本法有关行政处分之规定。有关公物之设定、变更、废止或其一般使用者,亦同。"据此,台湾地区的一般处分包括两种:一是针对人的一般处分,即该决定的相对人不确定,具有所谓一般性特征,但是可以推导出其适用对象范围的,如拆除蓬户区的通知,表面上看没有指明相对人是哪些人,但是住在这一蓬户区的住户是一定的,即使人数较多,亦为一般处分;另一种是针对公物的一般处分,针对公物的设定、变更、废止或者公物使用的规定属于一般处分。

台湾地区法律制度、规定乃至理论多深受德国影响。《德国行政程序法》第35条规定:"一般处分系对由一般性特征而确定其范围之人所为,或有关物之公法性质以及其共同使用之行政处分。"两相比较,虽然台湾地区用语直接指明的是"公物"的设定、变更、废止和一般使用,而德国用语是"物之公法性质以及共同使用",但是在设想种种情形之后,可以得出结论,"公物"的设定、变更、废止与"物之公法性质"含义是一样的;而台湾地区的"一般使用" 与德国的"共同使用"是对应的,想要强调的是"公物是供给公众使用的",而关于使用的规则是一般处分。但细细品味,却略有些不同。由于一般处分含有"一般"两个字,而且某些一般处分是对物的具体使用提出要求,所以台湾地区用语,应当避免再用"一般(使用)"为宜。

一般处分的概念,在名词上可以看出是两种不同东西的混合物,即一般性与处分的混合。处分本应是具体的,对象是确定的,但却冠以"一般";一般意味着抽象,抽象可能发生在两个方面,事实关系抽象和对象抽象。但是从台湾地区和《德国行政程序法》的一般处分定义看,似乎都表明其对象不那么确定、具体。尽管吴庚大法官以及其他教科书多以抽象具体的两个区分特征相互搭配,表明四种状态的可能性。即对象特定、事件具体——行政处分；对象不特定、事件不具体——抽象规范；对象不特定、事件具体——一般处分；对象特定、事件不具体——一般处分。但是最后一种情形，正如诸多教科书多年来往往只能举出德国的一个案例外，几乎再找不出第二个案例，故笔者亦同意它“毕竟只是理论上的一种排列组合，不具实益”。[①] 如此，抽象和具体的两个标准相互搭配后只有三种情形：抽象、具体、一般处分（对象上具有抽象性）。为什么一般处分在两个区分标准上突然失其一角呢？笔者以为这正是上文所提到的，就事实关系而言，它是否具体抑或抽象，经常是由对象的特定与否决定的。也就是说，“反复适用”事实上取代了事件具体或事实关系具体。以上是对人之一般处分的部分。

对物之一般处分，仍为处分，处分的对象或对造当然仍然是人。称之为对物之一般处分，是因为在福利行政、给付行政下，提供某一特定物为公众使用，而凸显被公众使用之物的地位。而且，公众利用公物是完全均衡的使用，即以同样的方式使用，与行政许可当事人使用公物不同，所以虽均为使用公物，但行政许可是处分，而对公物使用的规定则称为一般处分。[②]

与物有关之一般处分，在内容上包括公物的设定、变更、废止、一般使用。四项内容中，前三项都是“形成”处分，除了变更在形态上稍微复杂一点外，设定和废止都是很单纯的内容。变更可能是公物用途的变更，如将已经废弃的火车站改变为博物馆，将退役的军舰改为供公众参观的展品；也可能是公物范围或面积大小的变更，如将公园的一部分切割出去建公路或建成绿化带。

“一般使用”的情况比较复杂，也最易混淆和误解。例如，和对人的一般处分混淆，将公路上施划的具有规范意义的交通标志认作是对物的一般处分。[③] 其实公路上的交通标志是针对人的，而非针对物之如何使用。虽然在实践上，只要是一般处分，不论是对物的，还是对人

---

① 吴逸玲：《一般处分之研究》，辅仁大学1995级硕士论文，第17页。

② 参见张永明：《行政法》，三民书局2001年版，第239—240页。

③ 参见李建良：《跳动的路面——“一般处分”之概念（三）》，载《月旦法学杂志》第24期（1997年4月）。

的,都是可以诉愿或诉讼的,但是从理论上还是要说清楚的。

针对物的“一般使用”其实指的是使用公物的规则。[①] 旨在确定公物使用者的权利义务关系。那么,如本文开头所提到的铁路票价的调整,算不算公物的一般使用,从而归入一般处分的范畴呢?如果仅以使用规则论,也许票价不能算在其内,因为票价是使用的对价,不是使用的规则。当然如果原来不收费的使用改变为收费的使用,那属于使用规则的变更,当然应当归入一般处分。同是金钱给付,从不收费到收费属于一般处分,而收费高低的调整就不算一般处分,是否失衡或在实践上造成操作的麻烦?笔者以为不然。使用对价是否公平,可以通过反垄断、反不正当竞争的行政或司法救济途经寻求法律的保护。收费高低主要是事实问题的核查,而免费变收费是明确的可以用规范衡量的法律问题。两相比较,优劣自现。如文章开头提到的案件,笔者接手案件后即发现,其实原告主张的火车票价涨得不合理,根本不在法院审理范围之内,因而铁道部对为什么要涨价的问题不必准备那么多应答的资料。但是,如果设想此案被诉的理由是垄断,那么铁道部对为什么调价的事实理由一定要做最充分的准备。因为那才是胜诉的根本。区分清楚了,诉讼的重点就明确了。

二、一般处分的特征

(一) 与人有关之一般处分的特征

行政机关单方决定或措施之相对人虽非特定,而依一般性特征可得确定其范围者,为与人有关之一般处分。经常见有学者[②]对行政程序法的规定不进行解释,或者用与行政程序法同样的语言进行解释的,即“依”或“通过”一般性特征[③]可以确定相对人的行政决定为一般

---

① 参见蔡志宏:《从一般处分分析都市计划之法律性质》,载《东吴法研论集》创刊号(2005 年 4 月),第 148—149、153 页。

② 参见林腾鹞:《行政法总论》,三民书局 1999 年版,第 377 页;张家洋:《行政法》,三民书局 2002 年版,第 485—486 页;李惠宗:《行政法要义》,五南图书出版公司 2000 年版,第 297—300 页;李震山:《行政法导论》,三民书局(修订七版),第 346 页。当然,林腾鹞教授在 2006 年发表在《台湾本土法学》上的论文把这一问题说清楚了。

③ 吴庚:《行政法之理论与实用》,增订第十版,第 333 页。

处分。在这里,首先肯定该种处分具有一般性特征,但是何谓"通过一般性特征"确定相对人呢?"依"或"通过"一般性特征,到底是怎样"依"和"通过"呢?

李建良教授有一个示范,李教授在"变异的气象"[1]一文中是这样分析的:"就本案而言,'污染物排放量管制'可否视为一般处分,端视其所规律之对象是否具有一般性特征而可得确定?按系争措施管制之对象为'排放硫氧化物之污染源',其应具有一般性特征,且管制之范围仅限于'工业区'内之工厂,加上管制期间仅有三天,综此言之,吾人似可视其为一种'一般处分'。"

从李教授这段分析看出,要先确定某文件的一般性特征,然后可以确定其相对人范围,此即可得结论是一般处分。但是,如果不先确定一般性特征,而直接可以确定相对人范围怎样?笔者以为是一样的,仍然可以结论此为处分,所以可得而知的相对人范围就已经可以将此文件直接纳入处分范围了。所以当有人争辩此文件是命令时,只要直指相对人范围可得而确定即可。至于是一般处分还是处分,在学理上有分析的意义,但在实践上已无意义。正如陈敏教授所言:一般处分乃一种并非对于"单一之个人",而系对于"特定范围之多数人"或"可得而确定其范围之多数人"所为之行政处分。[2] 对"依一般性特征可得确定其范围者"作这种通俗解释的,更早还有吴庚大法官:与人有关之一般处分"其相对人为确定或可得确定之多数人,作为行政处分内容之事实关系具体而明确"[3]。

吴庚大法官的解释,可谓切中要害。因为从实践言,直指对象可得确定范围,是最简便的方法,反之先去分析是不是具有一般性,有的时候反而困难。道理非常明白,一般处分也是处分,只要对象确定或可得而确定,在实践层面已经足够,不过是进行学理分析时,将其区分为处分和一般处分而已。

因此,与人有关之一般处分的特征,不是因其具有一般性,进而寻

---

① 参见李建良:《变异的气象——"一般处分"之概念(一)》,载《月旦法学教室》2000 年,第 116—117 页。

② 参见陈敏:《行政法总论》,三民书局 2003 年第 3 版,第 313 页。

③ 吴庚:《行政法之理论与实用》,增订第十版,第 333 页。

找到可以确定其对象范围的办法,相反,是因为其对象初看不能确定,但是可得而确定,才说它具有一般性。对象可得而确定才是与人有关之一般处分的特征。其实,也正因为对人之一般处分特征只是相对人范围可得而确定,才有人要么认为可以取消一般处分,而直接将其归入处分[①],要么认为只需把如都市计划变更之类的决定(被认作一般处分),放到法规命令里即可,至于法规命令的监督审查可另谋制度构建之出路。[②] 当然,从制度建构上,有的国家行政法教科书根本没提一般处分,如瑞士。而奥地利学者则称:"所谓一般处分非属一特殊现象,视之为命令即可"[③]。

对人的一般处分由于对象是可得而确定,因而在行政程序法上,具有"不必书面作成,不必送达,不必记明理由及听取受处分之人陈述意见[④]的特征"[⑤]。

还要注意,对人之一般处分与大量行政处分或大众行政处分[⑥]的区别,一般处分具有一般性或抽象性,而大量行政处分或大众行政处分仍然是行政处分,只不过相对人的数量多而已。大量行政处分或大众行政处分相对人数量虽多,但因为相对人非常明确,与一般处分并

① 参见许宗力:《行政处分》,翁岳生编:《行政法(上)》,中国法制出版社1998年版,第498页。

② 东吴大学法律学系蔡志宏硕士论文(2004)《论都市计划之法律性质》以及其后来的论文《从一般处分分析都市计划之法律性质》,载《东吴法研论集》创刊号(2005年4月),均坚持此观点。

③ 吴庚:《行政法之理论与实用》(增订第十版),三民书局2007年9月,第334页。

④ 不必听取被处分人意见,是《德国行政程序法》第28条第2款第4项的规定,台湾地区"行政程序法"没有这一规定,有学者认为是疏漏,应当在解释时予以补充。

⑤ 林腾鹞:《有毒菠菜一律下架、回收、销毁——对人的一般处分》,载《台湾本土法学》第88期2006年11月,第145页。

⑥ 按照蔡志方教授结合德文原意的分析,这两个词汇是数量上的区别,大众处分凸显处分相对人之数量极其多,而大量处分是相对人比较多。见其论文《论大量行政处分与大众程序》,载《成大法学》第7期,2004年7月,第12—13页。

不相同。[1]另外,一般处分与聚合处分也不同,一个处分涉及多个相对人,如警察要求在一个屋子里开会的12个人马上离开,即属聚合处分。[2] 从此例可以看出,聚合处分显然是行政处分,而非一般处分。

(二)与物有关之一般处分的特征

有关公物之设定、变更、废止或其一般使用的行政机关单方决定,为"与物有关的一般处分"。[3] 如台北市政府将中正纪念堂暂定为古迹[4],开放公共设施供公众使用等决定或措施即属之。与物有关之一般处分的特征在于:它不是针对人的决定或措施,而是建立、撤销、变更或确认物的公法性质。[5] "'对物之一般处分'之概念是以物为规范对象,其特征在于不强调处分之相对人,故其事实上已经放弃寻找可得特定的相对人,转而依附的是具体特定之物,以满足其作为一种行政处分之具体性格。"[6]

与物有关的一般处分,既然是针对物的,规定物的公法性质和在公法上的状态,其法律效力间接影响相对人。对人与物在这种状态下的关系,有学者如许宗力先生,在批判地认识台湾地区已有判例的前提下,认为"严格来说尚未逸脱出一般对相对人之特征的理解范围,也就是说即便不引进一般处分概念,也无碍于我们对其作行政处分的定

---

① 参见蔡志方:《论行政诉讼法上各类诉讼之关系》,第76页,《行政救济 行政处罚 地方立法》(台湾行政法学会学术研讨会论文集〈1999〉),元照出版有限公司2000年初版第一刷。

② 参见吴逸玲:《一般处分之研究》,辅仁大学1995级硕士论文,第116页。

③ 许多作者又将其称为对物之一般处分,与前边"与人有关之一般处分"被称为对人之一般处分相互对应。

④ 参见林腾鹞:《"国立"中正纪念堂之改名与暂定古迹》,载《台湾本土法学》第96期,2007年第2期,第193—197页。

⑤ 参见许宗力:《行政处分》,载翁岳生编:《行政法(上)》,中国法制出版社2002年版,第498页。

⑥ 蔡志宏:《从一般处分分析都市计划之法律性质》,载《东吴法研论集》创刊号(2005年4月),第153页。

性。”[①]蔡志宏先生[②]后来在此基础上,进一步分析认为,对物之一般处分因为就相对人而言,是可得而确定的,只有设定公有公物一项,才可能是对物之一般处分存在的意义。因此,蔡文亦认为“对物之处分”也没必要存在。

笔者认为,这里的关键在于如何理解“物”。从台湾地区学者的诸多论述来看,讲到对物之一般处分时,除了设定公物,可能会讲到私有物被指定为公物的情形,而其他情形,大家都用的是狭义公物的概念。其实既然这一处分是物的公法性质或者一般使用的决定,对“物”的理解应当超出狭义公物的概念。举例来说,行政机关的给付行政或服务行政所动用的并非仅限于狭义的公物,如财政财产亦经常成为分配使用的“物”,如我国教育部为了扶持好的学校更加具有竞争力,除了按照一般规定的拨款外,可能拨付给某一特定学校。当然拨款的相对人是非常明确特定的,但是如果没有对物之一般处分的理论,恐怕不服此决定的学校提起行政诉讼将遇到诸多争议乃至诉讼不成。再如公物的废止,以广义理解,包括国有资产的变卖,将其解释为对物之一般处分,亦颇为有益。总之,现实生活的情形一定比我们坐在屋子里的想象丰富得多,与其建议取消“与物有关之一般处分”,不如留之,像蓄水池那样起到调节的作用,不一定常用,但是有用。

三、实务观察

(一)德国制度确定“一般处分”之前后情形

一般处分的概念既然创立于德国,德国的情形不能不考察。德国在行政程序法对一般处分做出规定的前后,有过关于一般处分是否多余的争论。如学者 Ulrich Triebel 认为,这种被定位在行政处分与法规范之间的“新的法制度”,不但未能解决前述涉及多数人之行政处分与命令形态的法规范区分的困难,反而使问题更为扩大,增加了行政处分与一般处分、一般处分与法规范之间区分的困难,因此,他反对引进

---

① 许宗力:《行政处分》,载翁岳生编:《行政法(上)》,中国法制出版社 1998 年版,第 497—498 页。

② 蔡志宏:《从一般处分分析都市计划之法律性质》,载《东吴法研论集》创刊号(2005 年 4 月),第 149—150 页。

一般处分的概念。主张修改行政处分的概念即可。[1] 但是 Ulrich Triebel 主张的以"特定事实情况"[2]来界定行政处分,如本文前边所述,实际上扩大的是法规范的范围,对以行政处分为界决定行政诉讼范围的国家和地区来说,反而不利于扩大行政诉讼受案范围。当然,这与吴逸玲论文的看法有些不同。吴文认为 Triebel 的主张"实际上也是放宽行政处分概念的认定,与通说将一般处分之概念定义为行政处分之一的用意,并无二致。"但吴文也认为,"依 Triebel 所建议的'特定事实情况',同样面临解释上的困扰,在适用时是否能解决行政处分与一般性规制之间区分的难题,也是有疑问的"。[3]

德国另一位学者 Obermayer 则坚持,行政处分就是应当规制"个别"、"特定"的相对人,尽管他也承认有些时候要适当地扩展相对人的范围到其他第三人,因此,道路开始公用,废止公用或变更公用,表示命令与禁止的交通讯号等都是针对每个人的,其相对人范围既不确定也无法确定,且随时可能扩张,因此应当属于规范性质规制,而非个别事件的规制。[4] 这种意见,现在看来,无疑对建立严谨的理论体系有好处,但是对约束行政权力、保护或维护公民的利益的实践不一定有利。

德国 1973 年的行政程序法草案中,联邦参议院曾有删除对物之一般处分的提议,但联邦政府反对删除,认为有关物的公法性质之行政处分,有必要在法律中明文定义。因为此类无特定相对人之行政处分,与对人之一般处分并不相同,借此法律发展之机会,明确地将之纳入一般处分定义中,还不至于造成理论上的困扰,亦足供参考。[5] 最终,《德国行政程序法》还是规定了一般处分:"一般处分系对由一般

---

① Probleme der Begriffsbestimmung des Verwaltungsaktes bei der Aligemeinerfügung。转引自吴逸玲:《一般处分之研究》,辅仁大学 1995 级硕士论文,第 20 页。

② 他认为用"特定事实情况"(bestimmten Sachlage)取代"个别事件"(Einzelfalles),就可以把所谓的一般处分纳入到处分之中。见上注,第 21 页。

③ 吴逸玲:《一般处分之研究》,辅仁大学 1995 级硕士论文,第 24 页。

④ 同上注,第 22—24 页。

⑤ 详参转注自吴逸玲:《一般处分之研究》,辅仁大学 1995 级硕士论文,第 28 页。

性特征而确定其范围之人所为,或有关物之公法性质以及其共同使用之行政处分。"一般处分是作为行政处分的补充而出现的,除了扩大行政诉讼受案范围的功能外,一般处分的特殊性决定了,在行政过程中,其与行政处分的程序方式的不同。例如,送达方式的不同,行政处分通常是通知送达,但是一般处分可以公告送达;行政处分需要说明理由,而一般处分无需说明理由;行政处分的听证程序在一般处分时亦可免除等。因此,一般处分与行政处分相区分,还是有意义的。

(二)台湾地区一般处分之立法、司法确认

在台湾地区,一般处分早于行政程序法规定已经出现,如1979年"司法院"大法官'释字第156号'解释文说:"主管机关变更都市计划,系公法上之单方行政行为,如直接限制一定区域内人民之权利、利益或增加其负担,即具有行政处分之性质,其因而致特定人或可得确定之多数人之权益遭受不当或违法之损害者,自应许其提起诉愿或行政诉讼以资救济,本院释字第一四八号解释应予补充释明。"解释文里提及的"可得确定之多数人"的都市计划[①]之个别变更,即是一般处分,借此,对之可以提起诉愿或行政诉讼。

有趣的是,其实更早的时候,1937年台湾地区"司法院"之院字1647号解释认为:"行政官署对于工商业为一般的处分,致工商业各店之权利或利益均受有损害时,则其损害之主体,明系工商业各店,并非同业公会之本身,依诉愿法第一条规定之趣旨,如对于该处分提起诉愿,自应由受有损害之工商业各店为之。"台湾地区行政法院较早的判决如1978年度判字第352号,再度引证过"司法院"1647号解释文。[②] 1938年院字1824号解释亦认为:"行政官署对于不特定人所为之处分,不适用送达程序,一经张贴布告,即应生效,如对于该处分有所不服,其诉愿期间,应自布告之次日起算。"

行政法院的裁判,表现出的对一般处分的认识曲线也很有意思。如1964年度判字39号,认为:"都市计划所关涉之台北市华阴街,系

---

① 按照该号大法官解释文,都市计划的个别变更是一般处分,而都市计划的制定仍然是法规范性质的活动。

② 参见吴庚:《行政之理论与实用》(增订第十版),三民书局2007年9月,第334页;李惠宗:《行政法要义》,五南图书出版公司2000年版,第298页。

属公用道路,原告之利用通行,仅属反射利益,并非就该项道路有何种权利存在,纵令修订都市计划内关于将华阴街旧路原十公尺宽度修缩为四公尺,妨碍车辆通行,确有不合之处,亦难谓该项修订都市计划系有损害原告之权利,即与提起行政诉讼之要件不合。"将道路由十公尺修为四公尺,是典型的对物之一般处分,但是该判决以原告仅有反射利益为由,不受理此案,在论述上未得根据。[①] 反射利益还是直接利益是原告资格的问题,而本案首先应当回答的是,此决定是否为处分或一般处分,属于法院受案范围的之后,才是确定原告是否有资格的问题。此判决直接把二线的问题推到一线,从而把这个案件推出去的。

吴庚大法官认为"真正以一般处分理论为基础者,当推行政法院1970年判字第一九二号判例"。[②] 该判决:"原告以此项变更计划,将使其所有土地降低其价值,损害其权益,对被告官署此项变更都市计划之行为,提起诉愿,自非法所不许。"判决虽未指明此变更都市计划为一般处分,但已准其行政诉讼,意义在此。

2001年1月1日生效实施的台湾地区"行政程序法"第92条第1款规定了何谓行政处分,接着第2款规定:"前项决定或措施之相对人虽非特定,而依一般性特征可得确定其范围者,为一般处分,适用本法有关行政处分之规定。有关公物之设定、变更、废止或其一般使用者,亦同。"

一般处分的概念,功用在于确定案件可否诉愿或行政诉讼,按照"行政程序法"的规定,一般处分既然归入行政处分,当然是可以诉愿或诉讼了。审视一下两个相关法律的规定。"诉愿法"最后一次修改后的实施日期是2000年7月1日,比"行政程序法"实施早五个月,此前这五个月,一般处分可否诉愿?按照"诉愿法"第1条的规定,认为行政机关的行政处分违法或不当,损害其权益者,可以提起诉愿。虽

---

① 参见李惠宗:《行政法要义》,五南图书出版公司2000年版,第298页。李教授认为将有没有利益受损作为衡量行政处分的准据,颇有斟酌余地。其实判决只是说了反射利益,并没有提及行政处分。其下文(第299页)批判释字156号时,也是同样的推断,笔者认为理解上有偏颇。

② 吴庚:《行政之理论与实用》(增订第十版),三民书局2007年9月,第334页。

然诉愿法未明确一般处分如何,但其亦未限制行政处分限于个别事件之决定,所以已经颁布的行政程序法规定势必引导可对之诉愿,应无异议。"行政诉讼法"是1998年全面修订,1999年7月1日生效实施的。[①] 也就是说,早于"行政程序法"实施一年零五个月。奇怪的是,"行政诉讼法"第2条的规定是:"公法上之争议,除法律另有规定外,得依本法提起行政诉讼。"如果所有公法争议都可以行政诉讼,在后生效的"行政程序法"关于一般处分的规定岂不是有点画蛇添足?当然,一般处分在行政程序上,有两个例外,一个是"行政程序法"第97条第4项规定的:"一般处分经公告或刊登政府公报或新闻纸者得不记明理由";另一个是,第100条第2项:"一般处分之送达,得以公告或刊登政府公报或新闻纸代替之。"也就是说,一般处分可以不直接送达当事人,而以公告方式替代。如此,一般处分的规定,只有"行政程序法"上的意义,而无救济法上的意义了?从实际情形看,不是。"人民对于行政处分不服者,得提起撤销诉愿及撤销诉讼;对法规命令不服者,除于提起撤销行政处分之诉时,附带请求审查其所依据之法规命令外,能否直接以法规命令为程序标的,提起行政争讼,尚无定说,学说及实务似采否定见解。"[②]

(三)台湾地区一般处分案例展观

一般处分的去留在理论上都曾有过一番争议,实践上有无案例就颇显重要。进一步言之,案例可以帮助我们检验一般处分这一理论工具,在实务上有无用处以及好用不好用。

笔者检视了一下台湾地区"最高行政法院"最近几年的案例,发现用到"一般处分"的判决确实有一些。笔者以关键词提选出来的头十个案例为限,归纳一下。十个案件中,土地案件居多,包括土地的征收补偿两件、土地登记、土地公告现值、都市计划变更影响土地使用、区段征收领回抵价地、地价税案件各一件。另外三件分别为工商登记、门牌编订、都市计划变更案件。下边分析其中几个案例,这几个案例

---

① 当然台湾地区"行政诉讼法"最后一次修订是在2007年7月。但这已是行政程序法之后的修订了,故不作分析。

② 李建良:《"交通标志、标线、号志"之福利性质及救济途经》,台北市政府诉愿审议委员会编:《诉愿专论选辑——诉愿新制专论系列之六》,第88页。

是“一般处分”占的分量比较重的案件。

如2005年度裁字第01569号，是很典型的“一般处分”案件。该案系争对象是都市计划变更。都市计划变更是否为行政处分则是法院审理要优先予以考量的问题。再审申请人认为，行政程序法施行后，行政行为是否构成行政处分应以“行政程序法”第92条规定之要件定之，“司法院”释字第156号解释以行政行为是否限制人民权利或增加其负担作为行政处分之要件，与现行之“行政程序法”第92条规定不符，不宜再予援用，且该号解释并未指称通盘检讨之行政处分为法规性质，原裁定仍适用过时解释，并逾越该解释意旨而谓都市计划之通盘检讨变更为抽象性质之法规，显有适用法规错误之情事。另外，“都市计划法”第26、27条，皆属都市计划之变更，却有能否提起行政救济之别，有侵害宪法所保障之诉讼权及平等权之虞。再审申请人认为，“最高行政法院”1993年判字第190号及同年判字第2413号判决，暨大部分学者均认为都市计划无论为通盘检讨或个案变更，皆属行政处分。本件都市计划变更内容明确影响三百多位地主之权益，显属一般处分，如认该变更计划非属行政处分将属受害人民无司法救济之管道，原裁定之见解，显然逾越“都市计划法”第26条之立法意旨，适用法规亦显有错误。

再审申请人上述理由可以归纳为两个争点：一是关于“司法院”释字第156号的解释是否宜于援用？二是行政处分为何？本件都市计划变更是否属于一般处分？

就第一个争点而言，台湾地区“最高行政法院”的判决认为，行政处分乃系行政机关就公法上具体事件，所为之决定而对外直接发生法律效果之单方行政行为；此定义以对公法上之具体事件所为之决定为其要件，此要件在“行政程序法”施行前后均同。“司法院”释字第156号解释，与现行“行政程序法”所规定之行政处分定义，并无不合。关于156号解释也没说都市计划通盘检讨是法规命令的问题。台湾地区“最高行政法院”认为，都市计划的个案变更与都市计划的通案检讨变更不同。5年定期通盘检讨都市计划所作必要之变更（参照“都市计划法”第26条），并非直接限制一定区域内人民之权益或增加其负担者；是依该号解释意旨，依“都市计划法”第26条规定之变更尚未达到具体损害之阶段，而认为其非属行政处分。申请意指该号解释意旨与现行之“行政程序法”第92条规定不符，不宜再予援用，似有误解。“最高行政法院”声明：“司法院”大法官解释有拘束所有机关或个人之效力，在大法官未为变更解释前，本院自应均受其拘束。

第二个争点，即行政处分与法规命令的区分，以及本案中之都市计划变更归于哪类的问题。最高行政法院认为，法规命令系行政机关对多数不特定之人就一般事项所作抽象之对外发生法律效果之规定，其与行政处分之区别在于是否对具体事件或系就一般抽象事项而为。而原裁定对本案是否属于行政处分已详加论述。即，由于都市计划，系指在一定地区内有关都市生活之经济、交通、卫生、保安、国防、文教、康乐等重要设施，预计25年内之发展情形，作有计划之发展，并对土地使用作合理之规划（参照“都市计划法”第3、4条），因此都市计划本规定有行政机关就其执掌事务，依其专业知识所为之决定，此即非司法机关所能干涉。亦即都市计划经公布实施，虽然对于人民及各级政府均有一定之拘束效力，然而由于都市计划并非系就个别具体事件之处理，而系对于一定地区内各项重要设施以及土地使用所为之整体规划，尚难指为直接限制一定区域内人民之权利、利益或增加其负担，依前述“司法院”释字第156号解释意旨，其并非行政处分而系属“法规”性质，是都市计划之对象实质上虽亦为可得确定，亦不能自此认为其属具体事件之行政处分等情况。“最高行政法院”认为这足见原处分已论及行政处分与法规命令之分际，并阐释“司法院”释字第156号解释之意旨，核属法院适用“司法院”解释所表示之意见。申请人以原裁定未说明本案为何以与法规命令之要件相符，并逾越该号解释意旨迳认本案为法规命令之性质，显有适用法规不当的说法，系其一己之法律见解。尚难谓原裁定有适用法规错误之再审事由。

关于本案的定性，“最高行政法院”认为，都市计划之定期通案检讨与公布后之个案变更，二者目的不同，前者系在一定地区内有关都市生活之经济、交通、卫生、保安、国防、文教、康乐等重要设施，预计长期之发展情形，作有计划之发展；而后者仅对特殊事由而必须作具体范围之使用变更，前述解释予以区分而作不同认定，亦难谓有侵害宪法所保障之诉讼权及平等权之虞。至本院1993年判字第190号及同年判字第2413号判决，并未采为判例，所以仅为个案之见解，尚无拘束本案之效力；学者的见解因与前述有效之“司法院”解释不符，难采为依据。综上,“最高行政法院”判决:本件再审之申请显无再审理由,应予驳回。

此案件中所争执的都市计划,究竟如何定性是本案的关键。都市计划的制定和通盘检讨后的变更,定性为法规命令,都市计划的个别变更,按照判例是一般处分。同为都市计划,一种情形为法规命令,一种情形为一般处分,一个可诉,一个不可诉,其间的说辞凸显重要。否则倒像申请人所言,可能造成对当事人的诉讼权或平等权的侵害。本案判决的说理不错,但是若在具体、抽象的区分上再下点工夫就更好了!因为从现在的判决情形看,申请人提出的三百多业主权益受到影响的问题并未得到回答。判决如果有说服力地解释了为何如此仍然是抽象命令而非具体行为,则为点睛之笔,以后类似案件判决不必重复劳动。当然,这种论证颇为不易,此判决因此避而不谈也是可能的。它的困难之处在于,通盘检讨后的变更不一定就是通盘性的变更,很可能是细部变更,如果是细微调整则与都市计划个别变更无异。这一变更影响的范围很可能很有限,只以两者的性质区别这种大而化之的说法,就很难服人了。说到底,是法规命令还是一般处分,还是要视针对的人是否抽象而论。如果是整体变更、整体调整,则对象不确定,是抽象的命令;如果变更范围有限,则对象特定或可得而知,是一般处分。仅仅以通盘检讨后的变更划界线,不足以说明对象的特定与否。

另一个都市计划变更的案例为 2007 年度裁字第 00743 号。该案是抗告案件,系争标的也是都市计划通盘检讨后的变更,变更计划的主体是屏东县政府。高雄高等行政法院于 2006 年 6 月 30 日以 2005 年度诉字第 1110 号裁定驳回诉讼,原告不服提起抗告。此案的中心议题也是系争都市计划变更性质为何。如果该变更为命令性质,则抗告无理,如果该变更为一般处分,则抗告成立,并因此可以引起另一场对变更合法与否的实体审查。抗告人称:1992 年 5 月 12 日 81 屏府建都字第 61085 号公告变更屏东市都市计划(第一次通盘检讨暨第一期公共设施保留地专案通盘检讨)案(下称系争变更都市计划案),实质上已影响、限制上诉人系争土地之使用,为两造所不争执之事实,依“行政程序法”第 92 条第 2 项之规定,应为对特定多数人之一般处分。既然抗告人认为此系争都市计划变更是一般处分,行政法院得为审查判决,故抗告人罗列了该都市计划变更的诸多不是。

高雄行政法院的裁判对此“变更”的性质论述得比较充分。裁定指出都市计划变更之所以在“都市计划法”中以第26、27条分别规定了通盘检讨之后的变更和个别变更就已经考量了两种变更的性质区别。可贵的是,裁定法官非常仔细地注意到立法的原意,即个别变更的发生条件是在来不及进行通盘变更时候方可能:“‘都市计划法’第27条既为针对定期通盘检讨之变更所设计之例外变更情况,且法条复规定变更时应迅行变更,故本条之个别变更,当系于变更有时间上之要求而不及于定期通盘检讨中加以检讨变更之情况下,始有适用之余地。而本件之都市计划变更,乃因原有计划于1971年9月18日发布实施后,已历经20余年未再行通盘检讨,故此计划乃因综观客观情况之演变,将原本之都市计划为前瞻性之变更,其本质上并无何迫切之时间性要求,足见此变更案并无因时间性之要求,而有于一定期间内迅行变更之必要;故此一变更案当非‘都市计划法’第27条第1项所称,视实际情况迅行所为之都市计划变更。”

高雄行政法院对系争都市计划变更的性质还有其他说明和论理,其中关于变更虽不一定是全面的变更却仍为法规性质的论说最为重要。“……乃有此定期通盘检讨制度之设计,是经通盘检讨后如有变更之必要,亦系针对有变更必要者始进行该部分计划之变更,故其变更并非须就原都市计划之全部为之。是本件之都市计划变更其范围虽非原都市计划范围之全部,亦不得因此即谓本件变更非属都市计划之通盘检讨;故本次之计划变更,实质上即为原都市计划内容之检讨,并非一‘具体事件之处理’,且此计划之变更本身亦非直接限制一定区域内人民之权益或增加其负担。本件之都市计划变更案性质上既为都市计划之拟定机关依据‘都市计划法’第26条所为定期通盘检讨,其既非就一具体事件为处理,亦未直接限制一定区域内人民之权益或增加其负担,其当属法规性质,而非行政处分。”裁定中的这个说法,即通盘检讨是通盘审视,对需要修改的地方进行修改,并不因修改是局部而改变通盘检讨修订的法规性质,是很思辨的说法,但是此种说法能否经受时间考验尚需时日。理由,笔者在上一个案例已讲过了。

“最高行政法院”在裁定中的“本院按”中,引述了156号司法解释后还引述了该解释的理由:“……主管机关变更都市计划,系公法上之单方行政行为,如直接限制一定区域内人民之权利、利益或增加其负担,即具有行政处分之性质,其因而致使特定人或可得确定之多数人之权益遭受不当或违法之损害者,依照'诉愿法'第1条、第2条第1项及'行政诉讼法'第1条之规定,自应许其提起诉愿或行政诉讼,以资救济。始符合宪法保障人民诉愿权或行政诉讼权之本旨。此项都市计划之个别变更,与都市计划之拟定、发布及拟定计划机关依规定5年定期通盘检讨所作必要之变更(参照'都市计划法'第26条),并非直接限制一定区域内人民之权益或增加其负担者,有所不同。"随后"最高行政法院"给出自己的理由:"依据'都市计划法'第26条所为5年定期通盘检讨所作之必要变更计划,并非就个别具体事件之处理,而系对于一定地区内各项重要设施以及土地使用所为之整体规划,故其并未直接限制一定区域内人民之权利、利益或增加其负担,依前述'司法院'释字第156号解释意旨,其并非行政处分而系属法规性质,都市计划之对象实质上虽亦为可得确定,亦不能自此观点认其为属具体事件之行政处分,而许其就据法规性质之都市计划寻求行政救济程序,人民即不得对之以提起行政争讼方式寻求救济。至于主管机关依据'都市计划法'第24条或第27条规定所作都市计划之个别变更,如直接限制一定区域内人民之权利或法律上利益或增加其负担,即具有行政处分之性质[内政部1980年12月8日台诉字第14143号函参照],附此叙明。"最高行政法院肯认高雄行政法院对于本件变更的性质已作详细说明,因此最后裁定驳回抗告。本案判决的"理"讲得比较透彻,但是5年通盘检讨后的变更是可能与个别变更比较的,如果只是以通盘检讨作为一般性的理由,有可能把实际上的个别变更推出司法救济大门之外。

第三个案例是2006年度判字第00965号。该案是地价税案件,上诉人认为其高尔夫球场属于应当适用地价税中特别(优惠)税的事项,而被上诉人行政机关认为,特别优惠须依当事人申请,而当事人提出时已超过申请期限,所以特别税率应当适用于第二年即2002年。[1]在双方的争执中,上诉人认为:位于台北县境内之高尔夫球场仅13

---

[1] "土地税法"第41条、"土地税减免规则"第24条,关于土地税减免优惠规定,均以纳税义务人之申请为必要,且未在期限前申请者,仅能于申请之次年适用特别税率……。

家,该13家业者绝非“行政程序法”第92条所谓“非特定”之相对人,被上诉人应以特定处分之方式,逐一公文书告知所有管辖之高尔夫球场经营者;但被上诉人却以一般处分方式,不论张贴公告或以不生对外效力之2000年函释规范纳税义务人,不能合法产生上诉人得以特别税率于特定期间申请之行政处分效力,故原判决因系争公告或2000年函释认为上诉人有可归责之事由,其适用法令均显有不当,请求撤销原判决。被上诉人则认为:关于2001年地价税适用特别税率课征之有关规定及其申请手续,被上诉人已于2001年7月31日以2001北税财字第000000-0号公告在案,有该公告影本可证;又该公告并经被上诉人函请县辖各乡镇市公所、各地政事务所或所属各分处等机关张贴于公告牌,足堪肯认被上诉人确已践行公告之程序。

至此,我们可以看出,本案中2001北税财字第000000-0号公告究为何种性质是问题的关键。如果是一般处分,则行政机关认为自己已经按照一般处分的程序要求履行了公告义务;如果不是一般处分,而是普通的行政处分,则行政机关应当按照行政处分的通知程序送达当事人。对此,“最高行政法院”承认了被上诉人的观点,除确认上述事实外,判决还详细说明经被上诉人函请县辖各乡镇市公所、各地政事务所或所属各分处等机关张贴于公告牌的该公告,明确记载有“适用特别税率土地,请于2001年9月22日(因适逢周休二日延至9月24日)前向被上诉人或管辖分处提出申请,逾期申请者,自申请之次年期开始适用”。判决认为,上诉人系高尔夫球场经营者,对于土地税法及关系着高尔夫球场地价税所应适用税率函释之认识并非期待不可能时,不得主张其欠缺法令或租税行政实务认识,而免除其迟延特别税率之法定申请期间之责。最后,“最高行政法院”认上诉为无理由,依“行政诉讼法”判决驳回上诉。

此判决最为遗憾的是,未详细说明该公告是不是一般处分。因为如果不是一般处分,只能按照普通行政处分送达当事人,被上诉人公告以及转请其他行政机关张贴均不合格,如果是一般处分,则上诉人的主张不能成立。笔者以为关于税率的公告定性为一般处分是恰当的,纵使上诉人所言台北县只有13家高尔夫球场是确切的,但是课征特别税的规定和手续规定并非仅仅这一年适用,以后诸年只要没有新的规定亦可以同样适用,如前所述,具有反复适用性,当是一般处分。

但一般处分毕竟是在论证基础上方可显现其特点，因此应当予以论证，而本判决恰恰缺少的是一般处分定性的说理。

第四个案例是“最高行政法院”2007 年度判字第 01429 号，门牌编钉案件。这个案件也是两个问题，一是门牌编钉属何种行为，这关系到是否可将系争行为诉诸行政法院的问题；第二是该门牌编钉行为本身是否违法的问题。本案原审被告即门牌编钉机关认为门牌编钉是事实行为，认为行政法院应当驳回原告的起诉。但台北高等行政法院的一审判决[①]认为门牌编钉是行政处分，且为一般处分，因而对其进行了合法性审查并做出认定该行政处分并不违法之判决。但原审原告不服驳回其起诉的判决，向“最高行政法院”上诉。与本文有关的是门牌编钉这一行为的性质探讨。这一问题的说明其实主要在一审判决中：“查门牌于其性质上为特定处所之表彰，因与日常生活息息相关，故为使用该处所之人之基本资料之一，如为个人住所或法人主事务所之所在，则又与法律事务悉相关联。故门牌改编使被改编之特定处所之表征发生变化，对于利用该特定处所作为对外联系据点之人，使其基本资料有所改变，自产生一定之拘束力，难谓非属行政处分。又该整编行为系就地上建筑物而为，本件系争改编范围为永吉路 30 巷 168 弄及 178 弄，可得据以确定该处分之相对人为该范围内之住户，故系争门牌改编之处分，应归属于‘行政程序法’第 92 条第 2 项之一般处分。又本件门牌改编于 2004 年 4 月 1 日以纸质门牌张贴于各住户大门，当日完成改编处分，核其内容含有被上诉人作成行政处分及对外宣示之事实，是该处分虽未以书面方式作成，参照‘行政程序法’第 95 条规定及‘司法院’释字第 423 号解释意旨，并无碍其具有行政处分之性质。”一审判决认门牌编钉为对人之一般处分，对之说理清楚，表明法官对一般处分理论良好的把握。

第五个运用“一般处分”概念比较典型的案例，是“最高行政法院”2007 年度判字第 01926 号。该案为公告土地现值案。本案中的公告土地现值引起相对人不满，因为相对人认为公告的土地现值过低，而过低的原因是因为行政主管机关没有正确参考毗邻土地的地价；其毗邻地有公路和非公共设施保留地，本应按毗邻非保留地的地价计

---

① 台北高等行政法院 2005 年度诉字第 406 号判决。

算,行政机关却照毗邻公路的地价计算,造成地价过低。相对人诉愿、一审均未如愿撤销该土地现值公告,因而上诉到“最高行政法院”。上诉人坚持:“地政机关公告之土地现值系属一般处分,并详附理由说明系争土地现值公告违法侵害上诉人之财产权,求予撤销。然原审除于2006年4月12日言词辩论期日陈明土地现值公告非一般处分外,其判决就系争土地现值公告得否提起撤销诉讼、有否理由均未置论,迳于主文驳回上诉人全部之诉……”。

就一般处分而言,上诉审法院的认定与一审是不一样的:“按土地现值经公告后,即成为课税与核定征收补偿地价之依据,将直接影响人民财产利益之负担以及损失之填补,可认为其属于发生具体法律效果之行政行为。就此行政行为作用之对象而言,虽非针对人民拥有之个别土地现值有所决定,而系就各该地价区段之土地现值决定之,但各该地价区段内个别地号土地归属何人所有,均可透过登记簿册查得,是以其发生效力之范围系由一般性特征可得确定其范围者,依‘行政程序法’第92条第2项前段规定,土地现值公告之法律性质应为行政处分中之一般处分。”两审法院的不同认定相比较,笔者认同二审法院的判决。某一区域的地价公告,虽未直接指明适用对象是谁,但是该区域之内的各个不同地块的土地所有人是可以通过土地登记簿得知的,所以适用对象可得而知,当为一般处分无疑。

第六个涉及一般处分概念的案例是“最高行政法院”判决2007年度判字第01960号。其案情是行政机关做土地功能登记时误将不应当属于工业区的土地登记为工业区用地,十几年后,行政机关发现错误将其更改为本来应当的性质即一般农业区农牧用地。一个相对人在变更登记前购买了一块恰巧在此范围内的土地,但是变更后,该人称无法建厂,故卖掉土地,损失了1500多万新台币。此后,经过诉愿和诉讼一审要求确认对错误登记有信赖利益,以得到行政机关的补偿。一审判决认为,由于公共利益大于本案当事人的利益,所以将系争土地更正为一般农业区农牧用地是对的,但是只要受益人没有“行政程序法”第119条所列信赖不值得保护之情形[1]，其因信赖该处分，致遭受财产上之损害者，为撤销之机关，应给予合理之补偿。一审法院认真核对并讲清楚理由后判决，原告真正损害应为9 485 233元，因而判决命被告给付原告9 485 233元，及自起诉状缮本送达翌日即2002年8月3日起至清偿之日按周年利率5%计算利息。

二审法院认为，“内政部”依“区域计划法”第15条规定之授权，规定非都市土地使用管制规则，就非都市土地使用分区划定及使用地编定相关事项予以规范。主管机关依前述规定所为划定、编定，实乃为达成“区域计划法”所欲促成之公众利益而作之一般处分，虽在事实上可使特定人获得利益，但此乃法律上之反射作用，尚不能据此认为非都市土地使用分区划定及使用地编定之处分，系属授益处分。苟主管机关依“行政程序法”第117条规定，就违法之非都市土地使用分区划定及使用地编定处分予以撤销，其因信赖划定、编定处分而遭受财产上损失者，不得依“行政程序法”第120条第1项规定，请求主管机关补偿其损失。二审法院还有诸多理由说明，但是此说最为重要，最终导致判决撤销了一审关于补偿900多万新台币的判决，并令一审原告就撤销部分，承担第一审及上诉审诉讼费用。

面对此案两审判决的不同，笔者赞同二审法院关于主管机关依“内政部”规定所为划定、编定区域性质是一般处分的说法。但是对二审法院认为此一般处分只是事实上使特定人获有利益，此乃法律上之反射作用，并非授益处分的说法，笔者不能苟同。本案就是按照“行政程序法”关于授益处分适用信赖保护的前提条件，认为既然此处分不是授益处分，“被上诉人原不得就其信赖前述处分所受损失，向被上诉人请求补偿”。反射利益的讨论将超出本论文的题目范围，故不议。但是，笔者想指出的是，一般处分的许多情形都是所谓针对公共利益，那么其个人授益岂不是都是反射利益了？那样，一般处分何以得诉？又何以得到法院判决？

其余的四起案件，一般处分的概念被提及过，但不是案件的焦点。

---

[1] “行政程序法”第119条第1款、第2款所列：“一、以诈欺、胁迫或贿赂方法，使行政机关作成行政处分者。二、对重要事项提供不正确资料或为不完全陈述而作成行政处分，致使行政机关依该资料或陈述而作成行政处分者。”

总之,“最高行政法院”的案例说明,一般处分的理论是有用的。法官普遍已对一般处分有相当的理解和把握。下面不妨再看看诉愿案件,检视一下诉愿委员会能否像行政法院一样使用一般处分的概念。我们以台北市政府诉愿委员会的六个案例[①]作为分析对象。

案例 1

台北市政府 2000 年 1 月 27 日府诉字第 8901235600 号诉愿决定书

案由:因划设禁止临时停车线事件,不服原处分机关之处分,提起诉愿。

决定:撤销原处分,由原处分机关另为处分。

理由:

(一)本案原处分机关划设禁止临时停车线,系属划设交通标志之行为,而划设交通标志之法律性质,参酌 1999 年 2 月 3 日公布(定于 2001 年 1 月 1 日施行)之“行政程序法”第 92 条第 2 项后段之规定及行政法院 1983 年度判字第 327 号判决(认为依“道路交通管理处罚条例”第 5 条所为之划定单行道之处分,属于行政处分,且非专门对一人所为之处分)之意旨,核属一般处分,该处分如有违法或不当,致损害诉愿人权益,应得提起诉愿救济。

(二)依原处分机关卷附通化街 200 巷及其道路简图观之,被划设禁止临时停车线之路段,系属通化街 200 巷之间路段(即该路段并非位于通化街 200 巷之始端或末端)。如为维护该巷道之行车顺畅与交通秩序,并为维护公共道路车辆通行权益及消防救灾、救护之需等公共利益,系争路段确有划设禁止临时停车线之必要,则何以同为通化街 200 巷之其余路段(如系争通安大厦 31 号至 35 号之前后路段)毋庸划设禁止临时停车线?系争路段禁止临时停车线之划设是否有特殊之考量?未见原处分机关叙明。又诉愿人主张因本案禁止临时停车线之划设,致其所经营之托育中心学童无法于门口上下车,较不

① 参见台北市政府诉愿审议委员会编:《诉愿专论——诉愿新制专论系列之六》,第 92—97 页。

安全一节，则原处分机关于行使划设标线之裁量处分前，除应当斟酌系争地段之交通及消防等实际情况外，亦应并予考量在不妨害公共利益之前提下，有无选择划设禁止临时停车线以外方式（如划设禁止停车之黄实线或其他标志标线）之可能，以兼顾系争托育中心学童之安全问题，原处分机关未审及此，遂为系争路段禁止临时停车线之划设，即难谓妥适。故将原处分撤销，由原处分机关详研后，另为处分。

案例 2

台北市政府 2000 年 7 月 6 日府诉字第 89055002200 号诉愿决定书

案由：因划设禁止临时停车线事件，不服原处分机关所为之处分，提起诉愿。

决定：诉愿驳回。

理由：

（一）本案原处分机关划设禁止临时停车线，系属划设交通标线之行为，而划设交通标线之法律性质，参酌 1999 年 2 月 3 日公布（定于 2001 年 1 月 1 日施行）之"行政程序法"第 92 条第 2 项后段之规定及行政法院 1983 年度判字第 327 号判决（认为依"道路交通管理处罚条例"第 5 条所为之划定单行道之处分，属于行政处分，且非专门对一人所为之处分）之意旨，核属一般处分，该处分如有违法或不当，致损害诉愿人权益，应得提起诉愿救济。

（二）经查，本市永吉路 278 巷一弄为西向东之六米单行道，现况系开放路边停车，该巷道如雨侧皆停放车辆，以该六米宽之巷道扣除双向路边停车空间后，该路段实际可行驶之路宽不及三米，如此则上开永吉路 280 号大楼停车场出入之车辆，将因车辆回转半径不足及安全视距不足，而影响行车安全，并易与该大楼停车场车道两侧停放之车辆擦撞，原处分机关以如系争路段停放车辆，显有妨害其他车辆通行之情形，为维护该路段之行车安全，有必要限制并禁止车辆停放于该路段，乃依职权由其所属交通管制工程处于永吉路 278 巷 1 弄 3 号至 7 号前划设禁止临时停车之标线，经核并无违法不当，应预维持。

案例 3

台北市政府 2001 年 11 月 15 日府诉字第 9017779900 号诉愿决定书

案由:因公用停车位改设装卸货专用停车位事件,不服本府交通局 2001 年 6 月 7 日台北市北投区石牌路二段 97 巷内公用停车位改设装卸货专用停车位之行为,提起诉愿。

决定:诉愿不受理。

理由:经查,本市北投区石牌路二段 97 巷原经本府于巷道内划设大楼公用停车格位,供公众停放车辆使用,嗣本府交通局依本市议会之前开决议,于 2001 年 6 月 7 日将石牌路二段 93 号前之公用停车位改设为乙格装卸货专用停车位。核其所为,系变更或限制原公用停车位之使用方式,且未直接设定法律效果,其性质应属规范不特定多数人之法规命令,而非规制个别事件之行政处分,自不得对之提起行政争讼。

案例 4

台北市政府 2002 年 4 月 2 日府诉字第 09105824000 号诉愿决定书

案由:因交通标线设置事件,不服台北市交通管制工程处不于本市大安区和平东路二段 53 巷划设禁止临时停车线之处置,提起诉愿。

决定:诉愿不受理。

理由:本件台北市交通管制工程处认系争道路不宜绘设双边禁止临时停车线,系考量当地停车之需求,核其系争,尚非现规制个别事件而对特定或可得特定之人直接发生法律效果之行政处分,自不得对之提起行政争讼。

案例 5 和案例 6

台北市政府 2005 年 7 月 28 日府诉字第 09419429300、第 09419429400 号诉愿决定书

案由:因违反道路交通管理处罚条例事件,不服原处分机关违反

道路交通管理事件裁决书，提起诉愿。

决定：诉愿不受理。

理由：本件诉愿人因违反“道路交通管理处罚条例”第40条第1项规定致遭处分，如有不服，依同条例第87条第1项规定，得于接到裁决书之翌日起20日内，向管辖地方法院声明异议，尚不得循诉愿程序谋求解决。诉愿人遂向本府提起诉愿，自非法之所许。

在上述六个案例中，案例1和案例2，诉愿委员会认为划设交通标线的行为“为一般处分”，因而对之进行了实质审查，第1个案例中诉愿委员会判该一般处分违法，予以撤销；第2个案例中，诉愿委员会判该一般处分合法，驳回诉愿人之诉愿。另外两个案例，诉愿委员会认定系争交通标线非属行政处分，而为诉愿不受理的程序决定。最后两个案例，因为“交通管理处罚条例”规定，交通处罚案件须先向地方法院声明异议，故诉愿委员会做出不受理的程序决定。

就此六个案例观察[1]，与一般处分议题有关者，乃此三类案件的法律定性问题。第1个和第2个案例是划设禁止临时停车线，诉愿委员会认定“属于行政处分，且非专门对一人所为之处分”，“核属一般处分”。可见，诉愿委员会是认定划设禁止临时停车线为对人之一般处分。笔者深以为然。[2] 理由如前所述，这里不赘述。

案例3将已有的停车位按照市议会决议变更为装卸货专用停车位。具体情形是，在台北市北投区石牌路二段道路沿线实施禁止临时停车管制后，沿街商户有实际卸货需求，故向市议会请求划设货车卸货专用停车位。台北市议会邀集相关行政部门绘勘后，决议将石牌路二段93号前之公用停车位改设为装卸货专用停车位。20天后，台北市政府交通局遂前往此处施划装卸货专用停车位，诉愿人不服提起诉

---

① 参见李建良之分析，载台北市政府诉愿审议委员会编：《诉愿专论——诉愿新制专论系列之六》，第98—103页。

② 陈敏教授倾向于认为交通标志线定性为法规命令。见陈敏：《行政法总论》（第四版），神州图书出版公司2004年版，第333页。而李建良教授认为是一般处分。林素凤教授也认为是一般处分，见其《关于交通标志标线救济问题之探讨》，载台北市诉愿审议委员会编：《诉愿专论选辑——诉愿新制专论系列之八》，第163页。

愿。诉愿委员会认为“系变更或限制原公用停车位之使用方式,且未直接设定法律效果,其性质应属规范不特定多数之法规命令,而非规制个别事件之行政处分,自不得对之提起行政争讼。”究竟将公用停车位变更为装卸货停车位是不是诉愿委员会所称之“法规命令”?确实值得推敲。道路上施划停车位,具有可供公众停车使用的法律效果,将其变更为装卸货停车位,其实是对公用停车位作了一种使用上的限缩,当然还是具有法律效果的行为。诉愿委员会认为未直接设定法律效果,笔者以为是指市议会的决议未直接发生法律效果,是一种抽象规范即“法规命令”,所以不可对之诉愿。而笔者以为,若市议会可以归类为行政机关,则此议会决议为一般处分,确切说是对人之一般处分;若市议会不属于行政机关,则对此决议确实“不得对之提起行政争讼。”[①]道理很简单,市诉愿委员会不能针对非行政机关组织体为诉愿决定。

第 4 个案例是诉愿人不服台北市交通管制工程对处于本市大安区和平东路二段 53 巷划设禁止临时停车线之处置,提起的诉愿。这个案件表面上看,与第 1 个和第 2 个案例讲的是一件事,同为施划禁止临时停车线,但是第 1 个和第 2 个案例是“作为”引起的,此案则是不作为引起的。从有关具体案情来看,此巷子原来规划是双侧禁止停车,后应居民请求在巷内西侧划设停车线,另一侧则是禁止临时停车线;但居民意见纷纷,有的居民还是要求双侧均划设为禁止停车线,后来行政机关的问卷调查表明,“当地仍有大多数居民有强烈停车要求,其意愿应予尊重,本处始…维持现状管制方式…”,即一侧可以停车,一侧禁止停车。其实,无论是双侧禁止停车线,还是一侧禁止停车线,以及因为没有将一侧禁止停车线重新更改为双侧禁止停车线,笔者以为均是一般处分。唯最后“未”将单侧禁止停车改变为双侧禁止停车,虽属“没作”,但从作为的同类行为观之,当属一般处分无疑。那么诉愿委员会对此案的程序决定是不妥的。

第 5 个和第 6 个案例是针对道路交通方面的行政处罚。如将处

---

① 在组织体性质上,笔者认为李建良教授有所忽略,其论述中未提及此问题,他肯定了此为一般处分。载台北市政府诉愿审议委员会编:《诉愿专论——诉愿新制专论系列之六》,第 102—104 页。

罚本身合法与否的问题诉诸地方法院,按照道路交通管理处罚条例的规定自无问题。诉愿委员会的决定亦无可指责之处。但是就一般处分而言,如果当事人对交通处罚不服是由对交通限速标志合法与否存在异议引起的,由于交通标志的性质属一般处分,则应许当事人就此提起诉愿或行政诉讼。

在前后分析了各六个诉讼和诉愿案件后,我们应当承认,一般处分的工具作用是可以肯定的。行政法院的法官和诉愿委员会均能够很顺畅地使用这一工具做出判断,比较而言,似乎"最高行政法院"运用一般处分理论,用得更为娴熟、准确。但从这些案例来看,对一般处分的运用,还有在实务部门大力宣传的空间,一般处分真的走出书斋成为行政法的普及性常识还要努力方可;另外"诉愿法"和"行政诉讼法"将来修法时是否也考虑概括规定一般处分的可诉愿及可诉性,以便涉及一般处分的案件可以穿透其他单行法的限制性程序规定,得以受到诉愿机关或行政法院的合法性审查监督。

四、与内地的比较

我国现行《行政复议法》和《行政诉讼法》均以具体行政行为作为受理案件的界线。虽然"具体"这个词极易让人觉得应有例外一个相对应的概念存在,但是这两部法律中却未出现相对的抽象行政行为的概念。抽象行政行为在《行政诉讼法》上的表述为:具有普遍约束力的决定、命令;实施行政诉讼法的司法解释("98 条")又解释说:《行政诉讼法》第 12 条第(2)项规定的"具有普遍约束力的决定、命令",是指行政机关针对不特定对象发布的能反复适用的行政规范性文件。用对象是否特定,能否反复适用作为区分命令与处分的两个特征标志。如同本文开始所叙述的铁道部的案件,用这两个特征来衡量,应当得出的结论是:原告诉的铁道部通知是一个抽象行政行为。

因为铁道部调整火车票价的通知,发文给全国 14 个铁路局,由这 14 个铁路局再转发给各下属火车站及售票点,由这些火车站或售票点通过卖票的活动执行此通知;而通知制定发布之时,铁道部对于按照所调整的票价购买火车票的人数有多少无法客观确定,所谓通知的适用对象,在数量上是开放性的。开放性,在数量上是指不特定。因为我国内地法律中没有一般处分的概念,所以即使有人提及"可得而知"

这一方法,它的使用也是有限的,我们不能像德国人解释一般处分那样使用“可得而确定”。如对象在行政行为作成时大致确定,未来则可以完全确定的情形,就属于一般处分,如红灯亮时通过路口的人群即是如此。[①] 原因很简单,我们没有一般处分的法律概念。

再如“反复适用”这个特征。这个特征是行政处分个案性质的体现,但是以铁道部的春运期间35天上亿次的适用该通知的情形而论,若不引入一般处分的概念,恐怕也很难将其归入行政处分,从而进入行政诉讼。遗憾的是,我国法院在判决书中经常是不写理由的,或者写得极其简单。铁道部的案件,一审法庭上对可否将该通知认定为行政处分争论如此激烈,判决尤其是一审判决应当将其属于行政诉讼案件的理由论证给公众看,但是判决并没有直接面对这一问题,好像这不是一个前提性问题,不需要最先解决一样。当然,这也许与我国对一般处分理论颇为生疏有关。

如果用一般处分中关于与物有关之一般处分的要件来审视铁道部案件的话,如前所述,对物之一般处分是指物的公法性质或公物的使用规则之行政决定。铁路票价的调整可否算做使用规则?以笔者前边的分析,也很难将其纳入一般处分。如此观之,本文以此案为由头探讨一般处分,最后却说,连一般处分也很难将调价通知归入其内,岂不是可笑?笔者认为,本文探讨的意义并不是一定要把引起这场官司的这个通知界定为一般处分,而是把此案中浮现出来的一个问题做一番比较透彻的观察和研究,得出结论。也就是说,本文不是预设一个主观目标,而是由问题引出一番理论探讨,结论只要是符合探讨的理论工具框架即可。这样的结论才是有意义的。更何况,一般处分对于其他案件,如许多城市规划变更,如若以行政处分衡量,很难对之提起行政诉讼,我们研究了台湾地区一般处分的理论和实务之后,也许我们可以有一个比较容易下的结论了。

结语

一般处分,在台湾地区的讨论似乎是“过去时”了,内地虽然晚于台湾地区接触这一理论,却也有后学之好处,即可以飞跃或“跳栏”。

---

① 参见黄异:《行政法总论》,三民书局1996年版,第96—97页。

对台湾地区以及间接对德国的一般处分的理论及实务的梳理，可以从中看出，关键是行政诉讼的受案范围为何，如果只要是宪法诉讼除外的公法争议，不论具体、抽象均可以诉诸法院审查，行政处分与行政命令的区分就没有诉讼法门槛的意义了，当然一般处分的这一意义也就随之不存在了。[①] 反之，一般处分在此之一点上是有意义的。

退一步说，即使行政诉讼完全是概括性受案范围，一般处分的工具意义也许在其他方面仍会存在，如诉讼类型。另外，行政程序上的意义也是值得考虑的。

---

① 参见蔡志宏：《从一般处分分析都市计划之法律性质》，载《东吴法研论集》创刊号(2005 年 4 月)。作者认为抽象行政行为不可以被起诉，正当性本可质疑，台湾地区“行政诉讼法”(1999 年 7 月 1 日实施)修法后，可以将规范审查纳入其内，所以认为一般处分在概念上亦无必要。

抽象行政行为的区分与司法审查

一、两种行政行为的界限

《中华人民共和国行政诉讼法》(以下简称《行政诉讼法》)[①]出台前,具体行政行为与抽象行政行为只是学理上的分类。由于行政法学是非常年轻的学科,在20世纪80年代初恢复这一学科建设、编写有关教材[②]时,主要引进了大陆法系国家尤其是法国的理论,提出了关于行政行为分类的标准,其中有在当时非常陌生的具体行为与抽象行为的分类。其后,在起草、制定《行政诉讼法》的过程中产生了两本关于行政诉讼的著作。其一认为具体行政行为是行政机关针对特定人或特定事件所采取的能直接产生法律效果的单方面的行为,即行政机关采取行政措施的行为;抽象行政行为是行政机关制定行政法规、规章等具有普遍约束力的规范性文件的行为。[③] 其一对具体行政行为和抽象行政行为是这样定义的:具体行政行为系指有关行政机关对特定人或特定事项采取的能直接产生法律效果的单方面的行为;抽象行政行为是指行政机关制定法规、规章等具有普遍约束力的规范性文件的行为。[④] 由于这两本书的主要撰写者参与了行政诉讼法的起草、制定,对具体行政行为和抽象行政行为的上述描述,大体上代表了当时对这一问题的主流认识,与后来颁布的《行政诉讼法》的规定相比,这也是左右《行政诉讼法》的规定的观点。而且这种定义也影响到《关于贯彻

---

① 《中华人民共和国行政诉讼法》于1989年4月颁布,1990年10月1日实施。

② 参见王珉灿主编:《行政法概要》,法律出版社1983年版。这是新中国成立以后第一本高等学校法学试用教材。

③ 参见熊先觉主编:《中国行政诉讼法教程》,中国政法大学出版社1988年版,第78页。

④ 参见柴发邦主编:《当代行政诉讼基本问题》,中国人民公安大学出版社1989年版,第76页。

执行〈中华人民共和国行政诉讼法〉若干问题的意见（试行）》（通常被称为“115 条”），观点的缺点也就变成了该司法解释的不足。

由于没有实践的需求和拉动，可以说，在《行政诉讼法》颁布之前，对这一问题的论述只是描述方式的不同；但在《行政诉讼法》颁布实施后，具体行政行为与抽象行政行为的区分事关受案范围或老百姓的诉权，引起人们的广泛注意，并成为学者争论不休的话题。

《行政诉讼法》颁布之后的 1990 年，高等学校第一本《行政诉讼法学》试用教材认为：具体行政行为是行政机关采取具体措施，实施法律规范，涉及公民、法人或其他组织人身权、财产权的行为；抽象行政行为是各级行政机关制定行政法规、行政规章以及其他具有普遍约束力的决定、命令的行为。[①] 同年出版的另外一本书[②]的认识与这本试用教材基本一样。但是这种定义，无法有效地在实践中将具体行政行为与抽象行政行为区分开来，因为抽象行政行为有时也是行政机关采取的一种措施，也影响相对人的人身权、财产权；在许多情况下，具体行政行为与抽象行政行为所采用的形式都是一样的，如都使用通知、决定、命令等形式做出。当然，从学理上，这种定义可以大致上将二者区分开，可见《行政诉讼法》尚未实施前，实践对区分两者的迫切需要还没有充分显示出来，因此对这一对概念的理解还没有具体化，还没有从其各自的特征上去把握。

之后，1991 年出版的《走出低谷的中国行政法学》指出：以往诸说将抽象行政行为与具体行政行为的划分标准认定为，是否针对特定的人，是否针对特定的事项，这是不够的，应当增加一个划分标准即以行为是否可以反复适用作为划分二者的标准。[③] 可以看出，学者开始注意到这种分类对实践的重要性并试图从外观上增加对两种行为的描述。

---

① 参见罗豪才、应松年主编：《行政诉讼法学》，中国政法大学出版社 1990 年版，第 114 页。

② 参见柴发邦：《行政诉讼法教程》，中国人民公安大学出版社 1990 年版，第 122—130 页。

③ 参见张尚族、张树义主编：《走出低谷的中国行政法学》，中国政法大学出版社 1991 年版，第 142—144 页。

与我国相比,其他国家的法律中并没有“具体行政行为”的概念,但有其他与之相近的概念,如法国的“行政处理”、日本和我国台湾地区的“行政处分”[①]、德国的“行政行为”[②],这些概念大致相当于我国的具体行政行为概念。这些概念的共同特征是针对具体事件,能直接产生法律效果。这也是中国学者关于具体行政行为可以普遍接受的认识,1991 年 5 月 29 日最高人民法院颁布实施的《关于贯彻执行〈中华人民共和国行政诉讼法〉若干问题的意见(试行)》(通常被称为“115 条”),吸收了大家公认的具体行政行为的特征,开宗明义,对具体行政行为做出界定:“具体行政行为是指国家行政机关和行政机关工作人员、法律法规授权的组织、行政机关委托的组织或者个人在行政管理活动中行使行政职权,针对特定的公民、法人或者其他组织,就特定的具体事项,做出的有关该公民、法人或者其他组织权利义务的单方行为。”

由于司法解释是要给行政审判实践中出现的种种问题一个准确的答案,立足点是满足审判实践的需要,而非理论上的周延性,所以是按照当时人民法院某些决策者所设想的行政诉讼范围[③]来界定具体行政行为的。这样做虽然可以理解,但正如有学者所指出的:这一解释只是从行政审判出发,将“可诉的”具体行政行为定义为具体行政行为,因而有许多的遗漏:如将内部具体行政行为划出了具体行政行为的范围,忽视了“不作为”也是一种具体行政行为,将具体行政行为界

---

① 日本的行政处分指行政机关为了认定具体事实,对外部采取的直接法律效果的行使公权力的行为。——见日本《行政不服审查法》第 1 条。相当于我国的具体行政行为,与我国的“行政处分”含义不同。台湾地区亦用“行政处分”来表示我们具体行政行为所表达的同样含义。

② 德国《行政程序法》第 35 条对行政行为的界定,使这一概念相当于我国的具体行政行为,其规定:“在公法范围内,为调整具体事件由行政机关所采取的能直接产生法律效果的命令、决定和其他主权措施。”“针对据一般特征被确定或可被确定的人提出的或有关公法意义的财产及一般公众对其使用的一项普遍命令也是行政行为。”

③ 这种设想后来被决策者本身所否认,这也是为什么最高人民法院通过新的司法解释并废止“115 条”的原因所在。新司法解释与“115 条”相比,如果说“115 条”对受理行政案件的范围作了限制性的解释,那么新的司法解释则恢复了行政诉讼法关于人民法院受理行政案件范围的规定。

定为“单方行为”从而将行政合同排除在具体行政行为之外，等等。[①]因此，关于具体行政行为与抽象行政行为的区分，并没有因为“115条”的司法解释而大功告成。

“115条”之后，学界关于两种行为的区分基本上围绕着这一司法解释展开，或者无谓地重复以往的界定，没有太大进展。举例言之，就连对行政法学界有重要影响的《行政行为法》一书，对两种行政行为的定义仍然是十分浅表的老样子：“抽象行政行为是指行政机关针对不确定对象做出的具有普遍约束力的决定命令的行为”；“具体行政行为是行政机关针对特定公民法人做出影响对方权益的具体决定和措施的行为”。其他诸种论著或教科书，虽然给两种行为所下定义多少有些区别，但大同小异。

值得一提的是稍后的两本书。一是姜明安教授所著的《行政诉讼法学》[②]，该书虽然也是围绕着司法解释的定义展开，但其对何谓“特定人”、“特定事”有归纳和结论。关于“特定人”，该书作者注意到，说指有名有姓的人或组织的有之，说指一定范围的人或组织的也有之，还有的说可数之人或组织是特定人。关于“特定的事”，作者注意到，有人认为是指一次性事件，有人认为是指已发生的过去性事件，有人认为是指发生在特定人身上的事，即特定事取决于特定人，反过来也可以认为，特定人是指特定事所涉及的人，如果是这样，特定人、特定事两项标准只要取其一即可。该书对诸说的概括罗列是非常必要，但遗憾的是作者并没有明确指出这些观点的持有人是谁。对上述观点，该作者认为，各有道理，很难说谁对谁错；在实践中遇到难以区分的情况时，还是应当由法官享有一定的裁量权决定是否为“特定人”、“特定事”，以便决定是否受理有关案件。可见，该作者亦难脱司法解释的窠臼，因为学理概念是理论上的说法，是不能等法官说了算的。

分析具体行政行为与抽象行政行为比较好的另一本书是方世荣

---

① 参见方世荣：《论具体行政行为》，武汉大学出版社 1996 年版，第 6—12 页。

② 参见姜明安：《行政诉讼法学》，北京大学出版社 1993 年版，第 114—116 页。

著的《论具体行政行为》。[1] 该书对学界区分具体行政行为与抽象行政行为的通说提出批评,认为以行为针对的特定还是不特定的对象、行为是一次性还是反复适用、行为主体有无行政立法权等来区分两种行为,并未揭示两种行为的本质差异。两种行为的本质差异在于:① 抽象行政行为之抽象性是指从"每天重复着的生产、分配和交换产品的行为"中抽象出的人们的行为规则模式[2],因此,它是设置法律关系模式的行为,而具体行政行为是将行为模式在现实生活中加以具体适用的行为;② 抽象行政行为只为行政法律关系的产生、变更和消灭提供法律前提和可能性,而具体行政行为是使行政法律关系的产生、变更和消灭成为现实;③ 抽象行政行为对其对象权利义务仅在法律条文上设置一般的模式,这是一种可能性,而非现实性,但具体行政行为对相对人的权利义务的影响是实际存在的,是已经造成现实后果的;④ 抽象行政行为与相对人并无直接、现实的利害关系,而具体行政行为才与相对人有直接、现实的利害关系。[3]

笔者认为该书作者的上述分析是相当中肯、深刻的,而这些分析无论对司法实践和行政法理论来说,都已期待太久了。按照方教授的说法,我们区分两种行为,只要一个标准就够了,即看这一行政行为是否能直接产生法律效果。对这一标准,回答是的,就是具体行政行为;回答不是的,就是抽象行政行为。

无论是具体行政行为,还是抽象行政行为,从需要执行方面言之,都不是直接对相对人产生法律效果的,是相应的执行行为使之产生法律效果。这是因为在法治社会,行政机关的执法行为(具体行政行为)基本上都是要式行为,也就是说,只要其采取法律行为,一般都是书面的,书面决定变为一个实施了的行为,当然会有一个执行行为在其中。这就与抽象行政行为的适用或实施非常近似。因此需要指出,方教授所说"直接的法律效果"指的是法律上的效果,而非事实上的结果。举一个例子,一个确定了某人负有交纳罚款义务的处罚决定书,一经送达就已经发生了法律上的效力,至于当事人是否真的交纳了罚款是另

---

① 参见方世荣:《论具体行政行为》,武汉大学出版社 1996 年版。

② 同上注,第 91 页。

③ 同上注,第 92 页。

一回事,如果其交纳了罚款,就在事实上实现了这一决定的法律效力。如果不分清这一点,就难以区分抽象行政行为与具体行政行为在法律效力上的不同特点。

但是,只有方教授的这一"唯一"标准是不够的,这一标准中还隐含着另一个标准——特定对象,仍举例说明。如某市发布了取缔某一服装市场的通知,该市场的若干摊主对这一取缔通知不服,诉诸人民法院;又如某市政府文件要求新的出租汽车司机每人交纳一万元风险抵押金,有上千名司机不服向人民法院起诉。那么这两个案件中所涉及的行政行为到底是不是具体行政行为?

如果按照方教授的标准,我们仍然无法做出判断。因为这里涉及的两个行政行为,内容上并没有直截了当地指明适用于谁,而是笼统地讲适用于该市场的摊贩、新出租司机,如果我们说这是具体行政行为,它是否直接发生了法律效果?还是笼统地(抽象地)发生了法律效果?可见"直接"的意思应该针对特定人而言。笔者将这两个案件中的通知作具体行政行为看待,但不只用方教授的"唯一"标准,还要加上"特定对象"这一标准,否则具体行政行为与抽象行政行为就很难区分。这说明我们在实践上还需要其他标准,尽管方教授一书批评这些标准都是非本质的,但本质的东西总要外在地表现出来,因此外在特征是将两者区分开来的好办法。对此还有国外的旁证,国外法律中没有"具体行政行为"的概念,但有其他与之相近的概念,如法国的"行政处理"、德国的"行政行为"[①]和日本、韩国、我国台湾地区的"行政处分"[②],这些概念大致相当于我们的具体行政行为概念。这些概念的共同特征是:① 针对具体事件;② 能直接产生法律效果。而非"唯一"

---

① 《德国行政程序法》第35条对行政行为的界定,使这一概念相当于我国的具体行政行为:"在公法范围内,为调整具体事件由行政机关所采取的能直接产生法律效果的命令、决定和其他主权措施。""针对据一般特征被确定或可被确定的人提出的或有关公法意义的财产及一般公众对其使用的一项普遍命令也是行政行为。"

② 日本的行政处分指行政机关为了认定具体事实,对外部采取的直接法律效果的行使公权力的行为。——参见《日本行政不服审查法》第1条。相当于我国的具体行政行为,与我国的"行政处分"含义不同。韩国和我国台湾地区亦用"行政处分"来表示我国具体行政行为所表达的同样含义。

区分标准。

1999年3月生效的新司法解释(又被称作“98条”),取消了对具体行政行为的定义,而是运用排除法,通过描述抽象行政行为的特征,将抽象行政行为从行政法律行为中摘出来,从而使不属于《行政诉讼法》第12条规定四种情形的行政行为都可以归入“具体行政行为”。这种规定方法从逻辑上更周延,从思路上体现了更为宽松的受案范围的倾向。这样,按照新的司法解释,只要是不属于《行政诉讼法》第12条的排除性规定的,人民法院都可以受理。新司法解释不但给理论界以启示,而且因其在实践中的重要地位,我们区分具体行政行为与抽象行政行为时,需首先考虑司法解释这一区分办法和所描述的抽象行政行为特征。

“98条”第3条规定:“行政诉讼法第12条第(二)项规定的‘具有普遍约束力的决定、命令’,是指行政机关针对不特定对象发布的能反复适用的行政规范性文件。”《行政诉讼法》第12条从反面规定人民法院不予受理的案件有四类,其中一类是针对“具有普遍约束力的决定、命令”而提起行政诉讼的案件,人民法院不予受理。由于司法解释用“行政规范性文件”解释“具有普遍约束力的决定、命令”,可见“具有普遍约束力的决定、命令”与“行政规范性文件”是等同的。而抽象行政行为是上述法律概念在学理上的说法,因此,“具有普遍约束力的决定、命令”与“行政规范性文件”、“抽象行政行为”应该是一样的意思。抽象行政行为这一概念的好处是简化、上口;另外也与法律规定的“具体行政行为”相对应,从逻辑上更合理。

在其他国家,行政机关的抽象行政行为有不同的称谓。在大陆法系国家,由于宪法本身即规定了行政机关享有“立法权”,其名称按照宪法规定直呼为“条例”、“紧急条例”、“规章”等。[①] 行政立法是一种概括的称呼。英美法系行政机关专司行政之职,议会专司立法议事之职,原则上立法都是立法机关的事,如果行政机关要制定某种规则,就要由议会的制定法授权。因此,行政立法均可统称作“委任立法”。当然,其具体名称是另一回事。

司法解释对抽象行政行为的特征概括有两点,一是针对不特定的

---

① 如法国总统制定的条例、紧急条例,总理制定的规章等。

对象,一是反复适用。针对"不特定"的对象,与具体行政行为针对特定的对象是对应的。

何谓"针对不特定的对象"?是适用范围上的不特定还是它不发给特定的对象?笔者以为含义应是前者。举例说明,如一个行政机关的通知,可能是有发布对象的,是发给某部门或某些部门的,但其属于具体行政行为还是抽象行政行为,要视其内容在适用时是否特定而定。如1999年8月23日人事部、劳动部发布了《关于解除国家公务员行政处分有关问题的通知》,其抬头上是:各省、自治区、直辖市人事(人事劳动)厅(局)、监察厅(局);国务院各部委、各直属机构人事(干部)部门、监察局(室)。应该说发布对象是特定的。但是,这并不是一个具体行政行为,因为其适用对象是不特定的。也就是说,上述各机关接到此通知后,要将其适用到解除行政处分的有关人员,其所涉及的对象是不特定的,因而是一个抽象行政行为。值得一提的是,有些抽象行政行为如行政法规、规章等,并不发给执行机关,而是直接公布,其执行机关出现在这一法规或规章的规定中。因此,行政法规、规章这类抽象行政行为易于与具体行政行为区分,而行政法规、规章之外的抽象行政行为更容易与具体行政行为混淆。

何谓"反复适用"?反复适用是指毫无期限限制的反复适用,还是包括一定时间范围内的反复适用?笔者认为应当是后者。理由非常简单:在一定时间范围内(如一个月)的反复适用也非一次性适用;如果将其解释为一次性适用,就不能说明:为什么对一个对象适用了此文件后,对其他人仍然能适用这一文件。

除了司法解释确定的两个特征外,笔者认为,抽象行政行为实际上还有两个特征:第一,该文件是否具有直接的强制执行效力;第二,该文件针对的事件是否发生在过去。就第一个特征来说,如果有关当事人不执行这一文件,对这一文件是否可以申请人民法院强制执行或依法自行强制执行?如果可以,是一个具体行政行为,如果不可以,就是一个抽象行政行为。因为规范性文件,一定需要执行者的执行——将其适用到特定对象,正所谓"徒法不足以自行";而具体行政行为是适用法律规范的结果,是对一个既定事实是否适用某一法律规范的裁断,所以具有可强制执行性。就第二个特征而言,行为针对的事实是否已经发生,是我们以往不太重视的一个区分标准。但这一标准在区分两种行政行为时,也是十分有用的。具体行政行为已经是在适用法律规范了,所以它一定是针对已经发生的事实,例如,行政处罚是针对已经发生或正在发生的违法事实,是对已经发生的事实做出一个结论;又如行政许可的核发与否,是针对申请人提出许可申请时的事实是否符合法定条件。而抽象行政行为因其规范性,所针对的事实是规范发布以后的事实,所以抽象行政行为还需要具体的适用,才能发生效果。可见,具体行政行为是在已有事实的基础上直接适用法律规范,而抽象行政行为是对未来之事做出"假定"、"处理"、"制裁"的规定。

二、区分行政机关两种行为的意义

行政行为按不同的标准可以有不同的分类,而这些分类一般都是学理上的,但其中最主要和最重要的分类,也是唯一的法律上的分类,是"具体行政行为"与"抽象行政行为"的分类。从其他国家的情形看,虽然具体行政行为与抽象行政行为,可能只是其学理上的称谓,但这种分类也是最具法律意义的,原因与我国相似,就是最初这种区分都是与**可诉**与否相联系的。

在我国,正是由于行政诉讼法,区分具体行政行为与抽象行政行为,才不再仅仅具有学理价值,而且具有了法律上的意义。具体说,区分两种行政行为的法律意义主要体现在两方面:对人民法院而言,具体行政行为与抽象行政行为的区分,决定了其受理行政案件的范围;对老百姓而言,具体行政行为与抽象行政行为的区分,决定了其提起的诉讼能否被人民法院接受。

而关于具体行政行为与抽象行政行为的争论,与我国行政诉讼法规定人民法院受理行政案件的方式有关,更进一步说,这种规定方式与我国的法治传统有关。我国属大陆法系国家,是一种制定法的制度,法官不能以判例作为审案依据。因此,原则上说,人民法院都是依法受理案件、依法审理案件的。当然,民事诉讼、刑事诉讼与行政诉讼是有区别的,虽然也要依法受理案件,但人民法院对民事案件、刑事案件的主管是普遍的。但是行政诉讼从无到有的发展,是植根于民事诉讼法的规定,逐步发展起来的。1982 年实施的《民事诉讼法》第 3 条第 2 款规定:法律规定由人民法院审理的行政案件,适用该法规定。

从此,开了一个人民法院受理行政案件的口子,但这种受理限于单行法具体、明确的规定,因此行政诉讼的受案范围一直是有限的。虽然行政诉讼法的实施大大扩展了人民法院受理行政案件的范围,但受理案件的范围仍然是受限制的。

《行政诉讼法》规定人民法院受理行政案件范围的方式,是"概括"加"列举",即第2条概括规定:认为具体行政行为侵犯其合法权益的人可以提起行政诉讼;第11条又对这一概括性规定进行具体说明,列举了可以诉诸人民法院的九种情形;第12条则从反面列举了人民法院不予受理的四种情形。可以推断,如果只有第2条规定和第12条规定,问题就简单得多。因为从逻辑上言之,将某种对象区分为两类时,明确一类然后指出除了此类外的其他所有属于另一类,是可以在分类时分得彻底、干净的。比如规定对**具体行政行为**可以提起行政诉讼,再排除性地规定人民法院不予受理的某些行政案件,人民法院受理行政案件的范围就非常明确了,即除了这些人民法院不予受理的行政行为外,其他所有不服行政行为的案件,都可以视为具体行政行为,而收归人民法院受案范围。但是《行政诉讼法》在做出了这样两条规定外,又规定了第11条即具体列举了各种可诉具体行政行为。这样一来,反而使区分变得困难起来。因为既列举规定可诉的,又列举规定不可诉的,就可能出现既不属于前者列举范围,也不属于后者列举范围的灰色地带或中间地带,这一灰色地带不断地释放出立法解释或司法解释的需求,使问题复杂化。

在种种有着大大小小不同的说法彼此交锋的过程中,有一点我们可以肯定,就是大多数人都希望对我国的行政诉讼范围有一个较宽泛的解释,从而达到尽可能多地给予相对人司法救济的目的。但囿于一般的思维方式,将《行政诉讼法》第11条的列举当作对第2条概括性规定的限定,所以大多数的解释,不论是学理解释还是权威解释,恰恰实际上缩小了行政诉讼受案范围。在实践的冲击下,到了1999年,有学者[①]对过去的种种议论进行反思,指出这些议论的上述弊端并提出,除非属于第12条排除性规定的情况,行政诉讼的范围应是《行政诉讼

① 参见杨小君:《正确认识我国行政诉讼受案范围的基本模式》,载《中国法学》1999年第6期。

法》第2条规定的范围，而第11条列举式的规定是一种“举例与细化”，“而不是界定范围”。即人民法院是否受理某一行政案件，取决于该案件是否具备两个条件：第一，该案件是由具体行政行为所引起的；第二，该案件不属于第12条排除人民法院主管行政案件的范围。虽然严格说来，该作者的看法未免有点牵强，是以理性的说明来弥补立法当时的不周。但在现阶段，在行政诉讼法未作修改之前，笔者认为这样解释也未尝不可。巧的是，最高人民法院新的司法解释[①]取消了原来关于具体行政行为的界定，大概正是暗喻着同样的认识。[②]

其实这类问题在国外也存在，正如英国20世纪30年代的部长权力委员会所说：在立法职能与行政职能之间划出清楚的界限，在“理论上是困难的，在实践上是不可能的”[③]；在美国，由于联邦行政程序法规定了两种行政活动的程序，一是规章制定的程序，一是裁决的程序，实际上也是将行政活动分为两大类。但是不同的是美国的法院对所有的行政行为原则上都可以审查，不因为是制定规章就不许法院插手。英国与美国的不同之处在于，英国是议会主权或议会至上的国家，其议会的立法是不允许法院审查的。但是经司法判例确认，委任立法不同于议会立法，是议会授权给行政机关，所以允许法院以是否越权作为标准对其进行审查。[④]

法国曾经有一个时期认为法院不能审查法律，而法令、条例的效力与法律相等，因而行政法院不能受理针对这类行政立法的案件，也就是说行政法院也是将行政行为区分为具体行为与抽象行为，而将抽

---

① 最高人民法院《关于执行〈中华人民共和国行政诉讼法〉若干问题的解释》，1999年11月24日最高人民法院审判委员会第1088次会议通过，2000年3月8日公布，2000年3月10日起施行。这个司法解释有98条条文，所以又称为“98条”。该司法解释取代了1990年5月最高人民法院《关于贯彻执行〈中华人民共和国行政诉讼法〉若干问题的意见（试行）》。

② 正如该司法解释的主要起草者所强调的：这是对行政诉讼法关于人民法院受理行政案件范围的恢复。

③ 〔英〕韦德：《行政法》，徐炳等译，中国大百科全书出版社1997年版，第52页。

④ 参见王名扬：《英国行政法》，中国政法大学出版社1989年版，第120—121页。

象行为排除在受案范围之外。但是现在的法国,凡对行政立法的合法性有争议时,原则上都可以向行政法院提起越权之诉,由行政法院确认该行政立法是否有效。原因是,人们现在认为,行政立法不论其效力如何,仍然是行政行为,除了部分紧急情况条例外,所有针对行政立法的案件都可以由行政法院受理。①

德国从 19 世纪末奥托 · 梅耶开始,通说是将行政行为理解为:行政对外具有约束力的、单方、公法性质的具体决定。② 可见,我国的具体行政行为即德国的行政行为,但这并不意味着,在德国没有行政立法活动。在德国同样存在行政立法活动,只不过德国行政法学是将其视为立法活动而已。就两者的区别而言,德国学者也认为"界定作为具体决定的行政行为与法规和其他概括性决定的区别,是普通行政法中最困难的部分"。③ 但是这种区分很重要,因为在德国允许对行政行为即我国概念上的具体行政行为提起行政诉讼,而不允许针对行政立法提起行政诉讼。但如果行政机关以法规形式做出行政行为,相对人在受到其侵害时又不能诉诸法院,显然是不公平的。在德国,允许针对抽象行政行为提起诉讼的地方是宪法法院。因此,如果在一般的诉讼过程中,法官发现抽象行政行为与上位法相抵触的话,应当中止审判程序,同时向联邦宪法法院提出审查该法规或其他抽象行政行为的申请。当然,有权向宪法法院提出审查申请的还有一般诉讼中的当事人、联邦总统、联邦议院、联邦参议院、联邦政府及这些机关授权的机关。④ 所以,尽管德国的行政法院及其他普通法院并不受理直接针对抽象行政行为的案件,但其宪法法院的存在、向宪法法院提出审查申请人的广泛性,使得法网恢恢、疏而不漏,行政立法也不可避免地要接受法定监督。

日本实际也将行政行为区分为两类,对具体行政行为可以提起行

---

① 参见王名扬:《法国行政法》,中国政法大学出版社 1996 年版,第 145 页。

② 参见平纳特:《德国普通行政法》,朱林译,中国政法大学出版社 1999 年版,第 105 页,于安编:《德国行政法》,清华大学出版社 1999 年版,第 21—24 页。

③ 平纳特:《德国普通行政法》,朱林译,中国政法大学出版社 1999 年版,第 112 页。

④ 参见刘兆兴:《德国联邦宪法法院总论》,法律出版社 1998 年版,第 69、91—96 页。

政诉讼,对抽象行政行为则不可以提起行政诉讼。后来渐渐地有一些下级法院将行政机关所制定的接近于具体行政行为的某个抽象行为也按照具体行政行为一样受理、审查。[①] 在日本有一种行政通知类似于内部规则,规定核发许可的标准,虽然称为内部规则,有时却会影响到许可申请人的利益。但法院不允许对内部规则提起行政诉讼,只允许相对人对根据通知做出的具体行为提起行政诉讼,一直到了20世纪70年代,才出现了允许对这种通知直接起诉的案例。[②] 可见,在日本,现在的情形也与以前有一定的区别,原来是严格将抽象行政行为排除在行政诉讼受理案件的范围之外,现在有所缓和,但两种行政行为的区别仍然存在。

综上所述,笔者以为,理论上是应当将具体行政行为与抽象行政行为区分开的。因为不同种类的行政行为追求的目标是不一样的。虽然具体行政行为与抽象行政行为的共同之处是二者都要求公正、有效,但由于行为性质不同,侧重点也不同。具体行政行为追求的是效率目标,即有效、高效的管理;行政立法或抽象行政行为所追求的是公正、公平,也就是说,虽然是行政机关制定规则、规范,但行政机关不能站在自身利益上看问题和解决问题,而要超出自身,站在有利于社会管理,有利于社会发展的立场上,力求平衡各种社会利益并做出相应的规定。就两者而言,做出抽象行政行为比做出具体行政行为,要求的眼界更高:从事具体行政行为,要求公务员注意具体行为的合法性,因此要注意法律、法规、规章等对具体执法的要求;而做出抽象行政行为,要求的首先是超然,要跳出本机关的管理视野,从有利于整个社会管理的角度考虑问题,公正、有效的解决问题。只有区分开二者,才能按照不同的要求对待。所以在行政程序领域,区别对待两种行为是毫无疑问的。

但是,从救济角度而言,所有行政行为引起的质疑,都应当有一定

---

① 日本最高法院1982年的案例表明,最高法院对此持消极的否认态度,参见张正钊、韩大元主编:《比较行政法》,中国人民大学出版社1998年版,第386页。

② 参见张正钊、韩大元主编:《比较行政法》,中国人民大学出版社1998年版,第382—386页。

的渠道对之提出异议。其基本思想或理由是具体行政行为可以得到救济,因为抽象行政行为同具体行政行为一样都有可能违法或不合理,具体行政行为可以得到救济,抽象行政行为为什么就不能得到救济?当然从上述关于国外的介绍,可以看出,虽然各国在制度上的设计不一样,但基本潮流是对抽象行政行为建有审查机制,因而区别是次要的,建立疏而不漏的法网是共同的,这给予我们以深刻的启示。

《行政诉讼法》已经实施18年了,在1999年10月1日《行政复议法》、2000年7月1日《立法法》开始实施以后,在制度上对抽象行政行为的监督和审查的情形已经与以前有了很大不同。如《行政复议法》第6条规定:复议申请人在申请对具体行政行为进行复议时可以对规章以下的行政规范性文件一并申请复议;《立法法》则进行了一系列的制度设计,使原先宪法已有的概括性规定变得具有可操作性。其中最关键的变化是将"备案"明确变成"备案审查",并设计了启动撤销或改变抽象行政行为程序的机制:主要国家机关可以向全国人大常委会提出"审查要求",普通百姓或企事业单位可以向之提出"审查建议",而且启动与审查是动态地结合在一起的。这就使得不论是备案审查之前或之中,还是备案审查之后,在发现了抽象行政行为违法甚至违宪以后,任何单位和个人都有可能和渠道引起审查程序。尽管有了如此长足的进步,仍然需要指出的是,由于《行政复议法》规定了对抽象行政行为的一并审查,而《行政诉讼法》规定的是人民法院只审查具体行政行为,使得行政复议的受案范围比行政诉讼受案范围大,造成本应很好衔接的两项法律制度,在某方面不能衔接,因此,在《行政诉讼法》修改时,将规章以下的行政规范性文件纳入行政诉讼的受案范围,似乎是必要和可行的。

外部性与辅助性原则*

——经济学给行政法学认识行政许可的两个视角

行政许可作为一种行政管理制度在世界各国被广泛采用，它通过行政权力对个人权利的干预在经济和社会发展的过程中扮演越来越重要的角色。传统上的行政许可被解释为“禁止的解除”，如禁止持有枪支，解除这种禁止就是持枪许可。而现代意义上的行政许可早已超出了这一范围，不仅仅是禁止的解除，还可能是某种限制的解除。也就是说，许可的活动不一定是被禁止的，也可能只是受到限制而已，如准生证准许的活动是生育，生育是一种权利而且是不可剥夺的权利，国家不是禁止生育，而只是对生育这种权利有所限制。可见，许可首先是对权利的限制，解除这种限制就构成行政许可。

既然许可是行政权力对个人权利范围的介入、干预，个人权利在许可制度面前势必要受到一定的限制。为什么人类在不断努力争取自由和权利的同时又要对权利进行一定的限制呢？过去不少论著探讨过许可制度的必要性或存在的正当性、合理性，大多从公共安全、人民生命健康、社会秩序、经济秩序等社会需要来证明许可制度存在的理由，但没有进一步的探究：构成许可制度存在的这些理由之间有什么共同之处？为什么许可制度可以限制私人权利？我们不能简单地用“公共利益需要”来解释许可限制私人权利，因为公共利益需要是整个政府存在的理由，虽然也可以用它解释不同的行政法制度，但是这种解释是不充足的。因为公共利益只是说明许可正当性理由之前的理由，也就是说它只表明公共利益需要，却没有说明公共利益为什么需要限制私人权利。另外一个重要的问题是，在确定行政权力对私权利干预的正当性之后，是否意味着个人自由毫无保留地对政府予以开放？本文试从经济学的角度即人行为的外部性和国家辅助性原则对

---

* 本文系与张玉卿合作，载中国法学会行政法学研究会编：《中国行政法之回顾与展望》，中国政法大学出版社 2006 年第 1 版。

行政许可限制权利的原因和界定许可的范围作一初步考察。

一、行政许可存在的正当性

（一）人行为的外部性

1. 外部性的含义。“外部性”这一概念最早源于经济学。所谓外部性，是指当一个人从事一种活动却产生影响旁观者福利的对外结果，而该人对这种影响既不付报酬又得不到报酬。如果对旁观者的影响是不利的，就称为“负外部性”；反之，就称为“正外部性”。[①]“正外部性”对交易双方及旁观者都是有利的，因此不需要管制，如新技术的发明；而“负外部性”使交易产生的社会成本大于交易双方本身的生产或消费成本，所以使市场配置资源的作用失效即市场失灵。如汽车排放废气造成环境污染。

私人解决负外部性的方法有道德约束或利益各方签订合约。道德约束需要个人的自律，签订合约需要利益各方达成一致，这是所谓的“科斯”定律，即如果私人各方可以无成本地就资源配置进行协商，那么他们就可以自己解决外部性问题。但社会现实表明，自律往往不能奏效，当存在多方利益时，协商也并不总是有效的，因而私人解决外部性的作用还是有限的。这样，就需要政府对外部性做出回应，政府通过命令、控制手段进行严格管制或者采取以市场为基础的激励政策来控制或限制人行为的外部性。前者如制定污染排放标准、核发许可，后者如提供补贴或增加税赋。

2. 外部性产生的问题。经济学中关于“外部性”的话语同样适用于人的行为。世界是由许多个人组成的一个群体，在这个群体中，人与人肯定存在着交往，其交往的行为不可避免地对他人产生影响即外部性。一个孤立生活的人无需顾及他的行为是否会给其他人造成损害，尽可以去做那些对他本人有利的事情，因此，“若是人生活在自然的统治之下，就无所谓罪恶。”[②]问题在于，人不可能孤立地存在，而总

---

① 参见〔美〕曼昆：《经济学原理》，梁小民译，北京大学出版社 2001 年版，第 210 页。

② 〔荷〕斯宾诺莎：《神学政治论》，温锡增译，商务印书馆 1963 年版，第 213 页。

是生活在社会之中，且和别人发生联系，又由于“好利恶害”是人的天性，因此，人的行为产生负外部性就成了必然。假如没有相应的约束来限制个人的行为，那么整个社会将处在无序状态，每个人的安全、自由也不会得到保障，这是所有人都不愿看到的，这种限制个人行为、维持秩序的约束就是规范（道德、纪律、教义、法律等）。规范把个体变成人格体，人格体必须在他的自由空间之外为群体完成某项当为的任务。如果人格体不满足规范性期待，规范就受到侵蚀；当规范不再成为人们行动的标准，也就是说，人们完全不可能期待规范提供保障时，社会的秩序性就被破坏了。①

3. 对外部性的约束。解决负外部性当然也可以用道德约束，但当这种自律形式不足以防止有害行为时，就需要外在的力量来控制。实际上，自从有了人类以后，就出现了约束人的外在力量。在原始社会，虽然没有现代意义上的法律，但氏族内部的习惯同样约束人们的行为，如有违反，氏族长老便行使惩戒的权力。在中世纪的欧洲，宗教占据统治社会的地位，因此教义成了约束人的行为的主要力量。而封建社会的中国，受儒家思想的影响，礼是调节人与人交往的主要规则。不管是习惯、教义还是礼，它们都是控制人的行为的外在力量，之所以存在这种外部力量，是因为人的行为会对外产生影响即外部性。

密尔的《论自由》一书有两条格言：第一，个人的行为只要不涉及自身以外的人的利害，个人就不必向社会交代。他人若为自己的好处而认为有必要时，可以对他忠告、指教、劝说以至远而避之，这些就是社会要对他的行为表示不喜或非难时所仅能采取的正当步骤。第二，关于对他人利益有害的行为，个人则应当负责交代，并且还应当承受社会的或是法律的惩罚，假如社会的意见认为需要用这种惩罚来保护它自己的话。② 这段话实际上也说明了当人的行为对他人有害即产生负外部性时，需要外在的力量进行约束。

法律作为控制人们行为的外在力量，规范着人们在公共社会生活中一些最基本、最重要关系领域中的涉及他人的行为，并以公共权力

---

① 这里所说的人格体是指个体作为社会成员和其他成员发生联系时所负有的不侵害他人权利之义务的状态。——此为作者对人格体的见解。

② 参见〔英〕密尔：《论自由》，程崇华译，商务印书馆 1959 年版，第 102 页。

机关对违法者的惩处、制裁来要求人们遵守该规范体系。法律在规制人的负外部性时有两种方式：一是事后惩罚，如行政处罚；二是事前防止，如行政许可。

（二）自由或权利的界限

从以上论述可以看出，人作为社会中的人，其行为肯定会产生外部性，人“好利恶害”的本性又决定了人的行为产生负外部性的必然。但他人权利的行使、公共利益的保障和社会公平的需求又需要对这种负外部性进行约束，因此，个人的行为要受到一定的控制，即自由不是任何条件下的自由，而是具有一定界限的自由。

1. 个人自由权利的行使受内心道德和他人行使权利的制约

基于对社会、他人和自我的认识，每个人在内心都有一套自己做事的行为准则，依靠这种准则，他独立判断哪些事是应该做的，哪些事是不应该做的。此时，个人行为的自由不受外在力量的约束，全凭内在良心、道德的自我控制。如有些人一辈子不知道刑法的存在，但他们并没有实施违背刑法的行为，这是良心的约束；有些人在公共场所不随地吐痰不是害怕罚款，而是出于保护环境的责任心。

另外，个人自由还要受到他人行使权利的制约。确立个人自由是国家和社会发展的最终目标之一，但这并不意味着个人可以任意行使自由而不必顾忌他人的利益。如果允许个人行使自由时可以任意侵犯他人的利益，那么每个人就不会再有自由。因此，法国《人权宣言》第4条称：“自由就是指有权从事一切无害于他人的行为”。可见，即使在资产阶级追求自由平等权利之初亦没忘记个人自由和他人自由的关系。美国著名法官勒涅德·翰德在其《自由的精神》一书中也指出“自由的精神不是冷酷无情、不受约束的意志；不是随心所欲的自由。那种自由是对自由的否定，只能造成自由的颠覆。一个不承认其成员的自由应受限制的生活很快就会变为少数蛮横者才能享受自由的社会。”所以，个人行使自由不得损害他人同样的自由，这样自己的自由也因此将得到他人同样的尊重。

2. 个人自由权利受到公共利益的制约

个人行使自由除了不得侵犯他人自由外，是不是可以为所欲为呢？当然不是，比如，吸毒并不影响他人的身体，滥采资源也不会损害他人的财产,但这种行为仍受到限制,原因在于公共利益需要社会每一个成员去尊重,即个人自由的行使不得违背公共利益。法律必须对个人自由和公共利益进行必要的权衡,从而防止在某些情况下个人自由损害了更值得法律保护的公共利益。

在对待个人自由和公共利益关系时,有两种看似截然不同的观点,即自由主义主张个人利益大于公共利益,而社群主义主张公共利益大于个人利益。依照自由主义观点,个人行使自由时可以不顾公共利益,因为公共利益是由个人利益组成的,个人利益大于公共利益,因此保护个人利益就等于保护公共利益。[①] 而社群主义则主张个人行使自由时不得违背公共利益,因为公共利益代表整个社会的、大多数人的长远利益。[②] 这两种观点是否真的针锋相对呢?其实不然。

自由主义认为个人利益构成公共利益,因而个人利益大于公共利益,此时的个人利益应是不对公共利益和他人利益产生损害的个人利益。但人的行为有对社会产生有利和有害的两种可能,因此当个人利益损害社会时,个人利益就不能构成公共利益,个人利益也不会大于公共利益,如果允许有害于社会的个人利益大于公共利益,那么就会导致上述所说的社会无序状态。

社群主义主张个人利益应服从公共利益,实际上此时的个人利益不同于自由主义所主张的不损害社会公共利益的个人利益,而是和公共利益发生冲突、影响公共利益的个人利益,因此这样的个人利益必须服从公共利益,否则也会出现社会无序状态。但如果个人利益并不影响公共利益,那么就无须服从公共利益。所以两种看似相反的观点实际上都昭示了同样的一个道理,即当个人利益不影响公共利益时,个人利益应该受到尊重;相反,个人利益危及公共利益时,前者应该服从后者。

密尔在《论自由》一书中探讨了“社会所能合法施于个人的权力的性质和限度”,也就是“群己权界”问题,他把整个社会的事务划分

---

① 参见李强:《自由主义》,中国社会科学出版社 1998 版,参照第二章“自由的概念”。

② 参见俞可平:《社群主义》,中国社会科学出版社 1998 版,参照第三部分中的“国家”和“公益”。

为两大部分，一是私人领域，应该由个人自由处理；二是公共领域，在此领域内，社会和国家可以干预个人危害他人权利的自由。[1] 密尔区分私人和公共领域对自由的不同处理也证明了上述公共利益和个人利益的关系。

按照社会契约学说，国家是为了保护个人自由和财产而产生，因此国家成了公共利益的当然代表者，国家通过制定法律限制个人自由的任意行使来保护公共利益。[2] 比如，为了防止有限资源的任意开发而导致资源枯竭和浪费，法律对有限资源开采设定了严格的条件，申请人必须具备相应的技术、资格才能获得许可。从事涉及国家安全、经济安全、基于高度社会信用的行业也需要许可，这都说明了国家通过法律来限制个人行使自由时对公共利益造成损害的可能。

3. 个人自由权利受社会公平、正义的制约

人们在行使自由和权利时除了如前所述直接侵犯他人或社会公共利益的两种情形外，还有另外一种情况，即个人自由并不直接侵犯他人和社会公共利益，但从长期来看，处在社会弱势地位的个人或组织的利益将受到损害。比如，由于个人能力的差别，大多数财富愈来愈集中在少数人手中，而另外一部分人由于种种原因甚至连生存都无法得到保障；一些企业由于技术和资金优势在同类产品中占有绝对控制地位，而另外一些企业可能很快就被淘汰出局或根本无法进入市场，因此导致垄断的产生。聚集财富和占有垄断地位的个人和组织，并没有在损害他人和社会公共利益的基础上，行使自己追逐财富和经营企业的自由，按传统自由主义观点，国家不能干预这样的自由，但这

---

① 参照〔英〕密尔：《论自由》，程崇华译，商务印书馆 1959 年版，第四章“论社会驾于个人的权威的限度”。

② 政府是否是公共利益的当然代表者，有很多争论。很多学者反对把政府作为公共利益的代表者，理由是政府被假设为一个经济人，其有寻租的可能，即有自己的利益。但笔者认为政府作为经济人且寻租并不能否认其是公共利益的代表，因为从应然角度看，国家的产生就是为了维护大多数人的利益，也只有政府能成为公益的代表（没有任何一个组织有这样的广泛代表性）。其寻租的可能只是说明了限制政府权力的必要性，但不影响其真正的目的。从实然角度看，历史上各种形式的政府（部落国家、封建国家、专制国家、法治国家、福利国家）也都实际履行着维护公共安全、社会秩序等公共利益的职能。

种自由的发展现实让大多数人认识到这种自由从长期来看显然不利于社会的进步,这种自由同样需要限制。

在自由和平等、人权之间,人们最终选择了平衡,现代西方国家普遍确立的社会(福利)和法治原则就说明了这一点。比如,社会最低保障制度让处在生活最底层的申请人可以得到政府批准而享有补贴,而这些补贴中的相当一部分来自于对大量财富所有者的税收,特别是累进税率在一定程度上抑制了财富的过分集中。为了保护平等竞争,国家可能对垄断组织采取一些限制性措施,如拆分。因此自由的发展尽管是社会追求的目标,但自由的发展也必须最低限度地保障平等和人权,否则自由最终将会遭到破坏,在这种意义上,自由也受到一定的限制。

(三) 自由或权利的限制

他人权利、公共利益和公平正义的存在都说明了自由、权利是有一定限度的,自由不是"人人爱怎样就可怎样的那种自由",而是受一定条件限制的自由。从历史发展的角度看,限制自由、权利的手段主要有以下几个方面:

1. 内在的自我约束。即社会通过各种影响在其成员内心建立起来的一种控制机制,这种机制是靠个人内心的自我反思而不是外在力量的强制来规范自己的行为。在前工业化的土著社会及宗教意识浓厚的社会中,常可见到自我控制发挥着巨大的功能。例如,对超自然力量的信仰在人们心中有牢固地位的社会中,成员的一举一动都要考虑神灵的反应。我国民间流传"善有善报,恶有恶报"的报应观也说明了此种机制的作用。一个人不偷别人的东西不是因为惧怕被捕或者入狱,而是相信偷盗是错误的,是他们的良心充当了社会控制的机制。

2. 社会规范的制约。这些规范主要有宗教、习惯、组织纪律、社会公德[①]等。宗教在历史上曾经作为最重要的规范控制着人们的行为,教义在中世纪的欧洲和政教合一的国家被认为和法律有同样的效

---

① 之所以把社会公德排除在内在约束机制之外,因为社会公德是由社会大多数人共同认可的一些观念组成,因此个人越轨行为要受到别人的谴责,从这个角度看,道德是一种外在的力量,这种力量在某种程度上抑制了个人的恣意行为。这和前面所说的内心道德不一样。

力。习惯是大多数人长期形成的稳定的行为准则，如果一个人违背了社会业已存在的习惯，就可能被视为异类，多数人从众的心理促成习惯发挥社会控制的作用。社会结构的日益复杂促使各种组织的产生，其中的成员不可避免地要受组织纪律的约束，否则成员资格将受到威胁，由此而产生的利益也可能随之消失。尽管这些规范不是靠国家强制力来保障实施，但在控制人们行为方面却起到不可替代的作用。

3. 法律的控制。庞德在其巨著《通过法律的社会控制、法律任务》中，把宗教、道德和法律作为社会控制的三大手段。在规范人们行为方面，宗教和道德在历史上曾经占据过统治地位，但近代国家产生之后，由于社会关系的日益复杂和法律作为规范的稳定性、准确性、强制性等优点，法律逐渐成为控制人们行为的一种最重要的手段。“人生存于外在世界之中；对人来说，这个生存环境中最重要的因素便是与那些和他在天性及归宿方面相同的人之间的接触和交往。如果要让自由的人能在这种接触和交往中共存并互相促进，而不是互相阻碍对方的发展，那么只有通过接受一个看不见的界限方能实现。在这个限度中，每一个体的存在和作用都能获得一个安全、自由的空间。决定这个界限和由这个界限所确定的空间的规则就是法律。”①

孟德斯鸠在其巨著《论法的精神》中也指出，“自由就是可以做法律允许的一切事情的权利。这是因为，如果某一公民可以随意违法，他就不再自由，因为他人也会有随意违法的自由”。② 为此，法律对自由设定了一些条件，这在许多国家的法律中可以看到。《德国基本法》第 11 条规定：“迁徙自由在因缺乏充分生存基础而致公众遭受特别负担时，或者为防止联邦或各邦之存在或自由民主基本原则所构成之危险，或为防止疫疾、天然灾害或重大不幸事件，或为保护少年免受遗弃，或为预防犯罪有必要时，得依法律限制之。”另外第 13 条和 14 条也分别对住宅不可侵犯权及财产权规定了一些限制。我国《宪法》第 51 条规定：中华人民共和国公民在行使自由和权利时，不得损害国家

---

① F. C. von Savigny, System des heutigen romischen rechts (Berlin, 1840), I, 331—332.

② 〔法〕孟德斯鸠：《论法的精神》，剑桥大学出版社 1989 年版，第 2 卷第 11 篇第 3 章第 155 页。

的、社会的、集体的利益和其他公民的合法的自由和权利。

法律主要通过两种途径来控制人们的行为或者限制人们的自由：一是私法，二是公法。私法控制主要通过契约来实现，私法上的契约作为当事人的合意，每一方都有义务去维护契约的神圣性。契约的订立也为各方当事人之间规定了彼此所负有的法律义务，如果违背这种义务，将会受到法律制裁。另外，由于契约自愿协商的特点，也有助于当事人的自觉履行。公法主要通过行政管制来限制人们的自由，管制是为了保护他人权利的正常行使、公共利益的存在和社会公平而对个人自由的控制，是对个人、市场无法解决的问题的救济，管制的手段有税收、补贴、许可等。许可作为管制手段之一，是通过事前限制自由来防止个人自由对他人权利和公共利益的侵害，主要涉及安全、秩序等一些领域。

二、行政许可范围的界定

从以上论述可以看出，人行为的外部性决定了行政许可限制自由、权利的正当性，即国家为了他人利益、公共利益和社会公平可以对个人自由进行一定程度的限制。但这是否意味着公权力可以借保护他人利益和公共利益之目的任意侵犯私权利呢？如何才能在国家和个人之间划出一条界限呢？实际上这涉及了国家作用的问题，即在这个社会中，国家到底应该承担什么样的责任，其角色应该怎样定位？也就是说，在哪些领域需要许可这样的管制手段通过限制个人自由的方式来保护公共利益。

（一）国家辅助性原则

在国家和个人之间存在一界限，界限的一侧属于个人领域范围的事务，国家不能干预，只有对个人无法解决的事务，国家才能予以介入，这个原则源于资产阶级启蒙思想中关于国家职能定位的思想即夜警国家，经过20世纪30年代凯恩斯主义的影响，发展为著名的“国家辅助性”原则。“辅助性”原则（principle of subsidiary）最早由德国学者福尔斯托霍夫在1959年提出，主要内容包括以下三点：第一，凡是个人能够独立承担的事物，政府任由个人自己承担。如果个人无法独立承担，则由政府提供辅助。第二，如果下级政府能够独立承担的事物，政府任由下级政府承担。如果下级政府无法独立承担,则由上级政府提供辅助。第三,国家对个人或上级对下级政府的辅助不能代替个人或下级政府的自助。德国著名宪法学者彼得斯在20世纪70年代发展了这个原则,他指出实现公益是国家责无旁贷的义务,但国家追求、实现公益的行为,必须是个人无法获得私益、从而也致公益无法获取时方可为之。

(二)国家干预、辅助的缘由

辅助性原则有两方面的含义,一是国家应该处于辅助角色,二是国家在某些领域有存在的必要性。那么为什么国家被界定为这样一个位置呢?

首先,国家为什么处于辅助角色,即为什么个人、市场能够解决的国家尽可能不要去干预?管制需要对未来的事物进行大致准确的预测,但人的行为具有很大程度的不可预测性,这就增加了管制的难度,而由市场、个人来解决则具有灵活、适应的优越性。再者,市场秩序是一种自发的秩序,在很大程度上是靠内在规则来维护和调节的,这种秩序和规则不是出自任何人的设计,而是源自千百万人在长期的市场交易过程中逐渐演化而成的,国家制定外在规则有可能和内在规则背道而驰。"人类智识远不足以领会复杂人类社会的所有细节,我们没有充分的理由来细致入微地安排这样一种迫使我们满足于抽象规则的秩序。"[①]也就是说,人的知识的局限性使得市场交易不得不更多地依赖内在规则。另外,政府也是一个利益共同体,正如制度经济学把政府看作一个经济人,随时都有寻租的可能,过多的管制必然会导致对个人自由更大的侵害。

那么,为什么国家在某些领域还有存在的必要性呢?我们认为,减少国家干预并不意味着完全排斥国家的介入,在一些个人、市场无法解决的领域还需要政府的存在。经济的外部性造成的市场失灵需要政府干预才能在一定程度上得到解决,个人不能或者不愿承担但又是社会所必需的公共物品也需要政府的提供,比如,管制汽车废气污

---

① Hayek, A. Friedrich, *Studies in Philosophy*, *Politics and Economics*. London: Routledge & Kegan Paul 1967, p. 88.

染、建设基础设施、保障公共安全等。市场有效但非万能,有它难以发挥作用和不能发挥作用的领域,这一点并不因为市场带来了经济繁荣和物质富裕而变得无足轻重。

(三) 国家干预的范围

1. 安全、秩序领域。关于国家的作用,中外很多学者从不同角度均有诸多论述,尽管在作用范围界定上有很大的差别(如古典自由主义经济学派主张维护安全是国家的唯一目的,而福利经济学派认为除此之外又增加了提供社会福利),但维护安全、秩序是所有不同观点者共同认可的国家职责。人们享受自由、追求幸福、积累财富需要稳定、安全的社会秩序,无序的社会状态会中止所有这些目的,但任何个人和所有非国家社团都没有能力来保障安全,因为安全的保障需要强大的物质力量和暴力工具,只有国家才有这个资格和能力履行这种职能。“既防范外敌,又防范内部冲突,维护安全,必须是国家的目的,必须是它发挥作用的领域。”①

2. 社会、经济领域。在安全、秩序之外,国家是否以及在多大程度上对其他方面施加影响,这是很多学者争论最多的问题,争论的焦点是国家与市场在促进社会、经济发展中的相互关系。我们不妨先回顾一下这两者在不同历史时期的角色定位。在重商主义时期,政府管制处于鼎盛阶段,因为重商主义者认为财富的形成来自于贸易,所以要求君主对贸易进行管制以保证财富的积累。在这个时期,竞争受到很大的限制,全面的保护和管制政策是该时代最大的特点。早期资本主义发展到成熟的工业资本主义之后,管制在很大程度上被市场竞争所取代,亚当·斯密在其《国富论》中描述的“看不见的手”起到基本作用的论述就是此段时期最真实的写照。20 世纪 30 年代的经济危机使政府角色发生了很大的变化,国家开始积极干预经济发展,凯恩斯理论受到很多学者的追捧,政府的实际运作也是如此。国家职能渗透到了社会的各个角落,“夜警国家”的定位让位于“福利国家”。然而,国家的全面干预并没有促进经济的持续发展,相反出现了“滞胀”现

---

① 〔德〕冯·洪堡:《论国家的作用》,林荣远、冯兴元译,中国社会科学出版社 1998 版,第 60 页。

象。20世纪70年代以后,理论界和实务部门开始对管制方式进行反思,如政府决策能力、管制方式的低效率、管制体制的代价等,这些思考推动了以私有化和竞争为导向的管制改革。西方资本主义国家一百多年的发展实际上经历了管制—放松管制—管制改革三个阶段,国家职能的变化说明国家在社会中的作用应该只限定在个人、市场无法解决的问题,国家不能逾越这个界限,否则就有可能对个人自由造成危害。

亚当·斯密在其《国富论》一书中,认为国家职能有三个方面:一是保护国家安全,使其不受外来侵犯;二是保护个人安全,使其不受他人侵害和压迫;三是建设、维护某些私人无力办或不愿办的公共事业和公共设施。这一切都说明了国家职能的定位应该遵循辅助性原则,即对个人、市场无法做到但又需要保护的领域,国家应当予以介入和干预,比如许多涉及公共安全、生命健康等特殊行业的准入。

三、两种认识视角对行政许可的意义

人行为的外部性和国家辅助性原则对认识行政许可提供了一个很好的视角,有其重大的理论价值、实践意义和思想意识的功能。

(一)理论价值

人行为的外部性和国家辅助性原则一方面论证许可限制自由、进行管制的必要性,另一方面也为许可界定了一个范围,即许可只限于个人、市场无法解决但对社会发展又必不可少的问题。人行为的外部性决定了个人行使权利时有可能对他人、公共利益造成损害,这种损害可以通过内心道德、签订契约等非外在强制力量加以解决,但这种方法只依靠个人的自律,当自律不足以防止损害发生时就需要一些外在强制力量的介入,作为社会控制手段的法律无疑是最重要的,因此个人自由受到国家干预有其存在的必要性。

许可作为一种行政控制手段,其设立的目的在于防止个人自由对他人利益、公共利益和社会公平的侵害,如涉及公共安全、环境保护、有限资源开发、特种行业准入等一些领域要对个人自由进行一定的限制,即某种程度上的许可。国家辅助性原则为国家和个人、市场之间确定了一个界限,即国家作用的范围只限于个人、市场没有能力解决的事情。这项原则界定了许可的范围,许可不是对出现的所有问题进行管制,而只是限定在必须有政府出面才能维护公共利益的领域。国家辅助性原则要求政府应该只有在个人、市场需要政府出现时,政府才能发挥其不可替代的作用,而且应当遵循一定的界限,其职能是维护安全、秩序等公共职能。我国《行政许可法》第 13 条的规定也说明了这一点。[①]

(二) 实践意义

人不可能孤立地生存在社会之外,个人的行为必然对社会产生一定的影响即外部性。外部性分为正外部性和负外部性。当人的行为没有负外部性,即对他人、社会没有任何不利的影响时,就不需要限制其行为的自由,作为管制手段之一的许可也因此没有必要存在。比如农民种什么庄稼,这种行为不会对他人产生有害的结果,所以无需经过政府的许可。当人的行为产生负外部性时,是否就一定需要政府的管制呢?从前面的论述中,可以得知对负外部性的控制可以通过个人之间的协商、契约的签订和内在的自我约束这些非政府管制途径来实现。

国家辅助性原则要求国家只有在必需时才对社会进行一定的干预,超过了这个界限就可能对个人合理的自由和社会的发展造成某种程度的侵害。所有这一切都说明了许可只能限定在一定的范围内,即个人、市场无法解决但又必须予以保护的领域。这对立法者制定行政许可制度、执法者实施行政许可具有重要的指导作用。

(三) 思想意识的功能

我国长期的封建集权制限制了个人的自由,新中国成立以来的计划经济体制又过多地干预社会经济的发展,因此,政府的管制在人们的心里已形成了习惯,甚至有时候没有政府管制的存在好像缺少了什么,政府也习惯于对个人自由、社会经济发展给予某种程度上的"指

---

① 《行政许可法》第 13 条规定:本法第 12 条所列事项,通过下列方式能够予以规范的,可以不设限制许可:(一) 公民、法人或其他组织能够自主决定的;(二) 市场竞争机制能够有效调节的;(三) 行业组织或者中介机构能够自律管理的;(四) 行政机关采用事后监督等其他行政管理方式能够解决的。

导”,前些年政府多如牛毛的审批项目就说明了这一点。政府过多的管制不利于公民社会的建立,对社会经济的发展也是一种阻碍。政府要破除家长意识和父爱意识,没有必要管制的就不要去管制,比如一些公益性的非政府组织,政府就没有必要规定它必须找到一个挂靠单位。还有,政府在某些经济领域应该让更多的私有经济介入,这样更能促进经济的发展和繁荣。

总之,人行为的外部性和国家辅助性原则划分了国家和个人、市场之间边界,也就是界定了行政许可要管制的范围,布坎南对此方面的认识也许会给我们有意义的启发,他在论述国家和个人、市场界分时有这样一个基本思路:在维持秩序(保护性国家)方面,政府的行动是合法的;在规定和控制纯私人的行为和私人选择方面,政府的行动是不合法的;而介于二者之间的活动,由于市场的作用不能理想地处理他们,政府必须介入,但这方面的政府行动必须根据其预期成本和预期效益来加以慎重选择。①

---

① 参见〔美〕布坎南:《自由、市场和国家》,平新桥、莫扶民译,北京经济学院出版社 1989 年版。

行政许可法扩充了依法行政的内涵*

依法行政是法治社会对政府、行政机关最根本的要求。依法行政作为理念、学理或学说，有不同的解说。但是依法行政在有些国家已经成为制定法的原则，并在实践中发展出若干具体含义（构成部分），为人们所认可和接受。如法律优先、法律保留原则作为依法行政的主要内容，在德国、日本、韩国以及我国台湾地区已被普遍接受；在我国不但在行政法学界渐成通说，而且立法上已有明确反映，如1996年10月1日生效的《行政处罚法》关于行政法规、地方性法规、规章创设行政处罚的规定，2001年7月1日生效实施的《立法法》，多处规定也都体现了法律优先、法律保留的精神，第8条、第9条关于法律保留的规定更是在文字上直接标示出法律保留的字样。

法律优先意味着行政机关对已有"法律"，有义务服从和遵守；法律保留，则指某些重要事项只能由法律做出规定后行政机关方可行为，行政机关不能自己赋予自己权力。《行政许可法》继续了《行政处罚法》以来的立法路线，在具体规定中体现了依法行政这两个原则，如第12、14、15、16条关于许可设定权的规定，体现了法律优先原则；而《行政许可法》第22条和第23条规定：行政机关和法律、法规授权的组织，在法定职权（授权）范围内实施行政许可，均表明行政主体只具有组织法上的合法性还不行，必须有法定职权或法律专门授权，方可实施行政许可，这无疑是法律保留的意思。

《行政许可法》除了明确体现了法律优先和法律保留原则外，还有一些规定进一步扩展了依法行政的内容，这些规定要么使得合法性原则更为饱满，是依法行政的补充性规定，要么是一种合理性要求，但总的来说这些规定使得依法行政的内容更加丰富，法治社会以民为本的人文色彩更为显著。概括起来，《行政许可法》对依法行政原则进一步发展和扩充超越了对行政机关合法性要求，有以下几方面：

---

* 载《行政法学研究》2004年第2期。

一、制约行政机关，控制行政许可的规模，放松行政管制，增强行政许可的合理性

许可是对禁止或限制的解除，所以它首先是要对私人某些活动进行限制或禁止，然后再决定对哪些人解除禁止或限制，因此行政许可是一种政府管制。许可设得越多，对私人主体的社会、经济活动限制就越多。控制行政许可规模，是放松对社会、经济管制的一条重要途径。在已经强调许可法定的前提下，设定许可的立法，也必须具有合理性，为此许可法具体规定了可以设定许可的事项。如直接涉及国家安全、公共安全、经济宏观调控、生态环境保护以及直接关系人身健康、生命财产安全等特定活动的事项，有限的自然资源开发利用、公共资源配置以及直接关系公共利益的特定行业的市场准入等共六项，方为可以设定许可的事项。从这六个事项来看，应该说，均属于不得不进行管制的事项。尽管如此，为了使得行政许可的规模尽可能的得到控制或缩小，许可法又在可以设定许可的范围上要求，凡是属于：公民、法人或者其他组织能够自主决定的；市场竞争机制能够有效调节的；行业组织或者中介机构能够自律管理的；行政机关采用事后监督等其他行政管理方式能够解决的，就可以不设定行政许可。

另外，借鉴以往的经验教训，《行政许可法》规定，地方性法规和省、自治区、直辖市人民政府规章，不得设定应当由国家统一确定的公民、法人或者其他组织的资格、资质的行政许可；不得设定企业或者其他组织的设立登记及其前置性行政许可。其设定的行政许可，不得限制其他地区的个人或者企业到本地区从事生产经营和提供服务，不得限制其他地区的商品进入本地区市场。从而达到整体上控制许可规模的目的。

为使失去必要性的过时许可能够得到及时清理，《行政许可法》从许可设定机关、执行机关及行政相对人三方面设计了启动“装置”：行政许可的设定机关应当定期对其设定的许可进行评价；对已设定的行政许可，认为通过本法第13条所列方式能够解决的，应当对设定该行政许可的规定及时予以修改或者废止。行政许可的实施机关可以对已设定的许可实施情况及存在的必要性适时进行评价，并将意见报告该行政许可的设定机关。公民、法人或者其他组织则可以向行政许可

的设定机关和实施机关就行政许可的设定和实施提出意见和建议。鉴于我国各地方发展不平衡的现状,《行政许可法》第 21 条规定:省、自治区、直辖市人民政府对行政法规设定的有关经济事务的行政许可,根据本行政区域经济和社会发展情况,认为通过公民自主决定、行业组织自律管理或行政机关事后监督等方式能够解决的,报国务院批准后,可以在本行政区域内停止实施该行政许可。

二、信赖保护原则第一次写入法律

信赖保护原则近年来一直是学者不断宣传的一个法律原则,但写入法律这是第一次。信赖保护原则的基本内涵是要求行政机关保护相对人对行政机关法律行为效力的信赖,从而应当维持自身行为的稳定性。尽管有时维持自身行为的稳定性有影响公共利益之虞,亦应顾及当事人的私人利益,改变或撤销有关行政行为时,应当给予当事人一定的补偿。《行政许可法》第 8 条和第 69 条的规定体现了这一原则。第 8 条规定:"公民、法人或者其他组织依法取得的行政许可受法律保护,行政机关不得擅自改变已经生效的行政许可。""行政许可所依据的法律、法规、规章修改或者废止,或者准予行政许可所依据的客观情况发生重大变化的,为了公共利益的需要,行政机关可以依法变更或者撤回已经生效的行政许可。由此给公民、法人或者其他组织造成财产损失的,行政机关应当依法给予补偿。"第 69 条则是对违法许可区分不同情况,凡属行政机关违法核发许可,而许可持有人无过错的,撤销该许可致使被许可人的合法权益受到损害的,行政机关应当依法给予赔偿。反之,撤销许可,许可持有人基于行政许可取得的利益不受保护。

为了维护公众对行政行为的信赖,即使是违法许可,不论是由于许可持有人还是行政机关何方过错引起,撤销该许可可能对公共利益造成重大损害的,《行政许可法》第 69 条第 3 款规定该许可不予撤销。

三、"公开"原则在许可程序中有多处体现

行政公开既是行政程序的一项重要内容,亦因其具有独立的价值而可自成为一种制度。行政公开是公民知情权在行政程序上的体现。没有公开,就无法杜绝行政机关在暗箱操作情形下所产生的腐败和不

公平；没有公开，相对人对行政许可机关的监督也无从谈起。

《行政许可法》关于行政公开的规定较多，如第5条是关于作为许可依据的文件规范公开的规定：有关行政许可的规定应当公布；未经公布的，不得作为实施行政许可的依据。行政许可的实施和结果，除涉及国家秘密、商业秘密或者个人隐私的外，应当公开。第24条对行政机关委托其他行政机关实施行政许可做出规定，其中要求"委托机关应当将受委托行政机关和受委托实施行政许可的内容予以公告"。第30条的规定是另外一种内容的公开："行政机关应当将法律、法规、规章规定的有关行政许可的事项、依据、条件、数量、程序、期限以及需要提交的全部材料的目录和申请书示范文本等在办公场所公示。""申请人要求行政机关对公示内容予以说明、解释的，行政机关应当说明、解释，提供准确、可靠的信息。"第54条规定的则是赋予公民特定资格的许可，依法应当举行国家考试的，"由行政机关或者行业组织实施，公开举行"。第59条关于实施许可收取费用的，除了规定要按照法律、行政法规规定予以收取外，还规定"应当按照公布的法定项目和标准收费"。

"告知"作为行政公开的一种形式在许可程序中亦有多处体现。如《行政许可法》第32条关于行政机关对申请人提出的行政许可申请，分别情况做出处理的规定中有几个"告知"："即时告知申请人不受理"，"告知申请人向有关行政机关申请"，"当场或者在五日内一次告知申请人需要补正的全部内容"。[①] 又如该法第45条规定：行政机关需要经过听证、招标、拍卖、检验、检测、检疫、鉴定和专家评审做出行政许可决定的，所需时间不计算20日或45日（集中办理）内，但"行政机关应当将所需时间书面告知申请人"。再如该法第38条第2款规定："行政机关依法做出不予行政许可的书面决定的，应当说明理由，并告知申请人享有依法申请行政复议或者提起行政诉讼的权利。"

允许公众查阅官方文件，亦是行政公开的一项重要内容，《行政许可法》在第40条和第61条分别规定：行政机关做出的准予行政许可决定，应当予以公开，公众有权查阅；行政机关依法对被许可人从事行

① 《行政许可法》为了防止行政机关在这方面的不作为，紧接其后规定："逾期不告知的，自收到申请材料之日起即为受理"（第32条）。

政许可事项的活动进行监督检查时,应当将监督检查的情况和处理结果予以记录,由监督检查人员签字后归档。公众有权查阅行政机关监督检查记录。

四、正当程序再一次被重申

正当程序是对行政机关滥用权力的一种限制,也是保护相对人权益的一道屏障。在现有情况下,社会需要使得在实体上无法剥夺行政机关的许多权力,但是却可以通过设定程序义务的办法,防止行政机关滥用权力并保障行政机关按照行政程序的要求做出正确的决定。在正当程序的规定方面,行政处罚法已经率先做出诸多尝试,许可法再一次重申了正当程序的重要性。许可法除了关于许可程序的一般性规定外,如关于许可核发步骤、方式的规定、听证程序的步骤等之外,关于正当程序的规定,概括起来体现在如下几个方面:

1. 不但对实施许可有正当程序方面的要求,还对立法机关有要求。如《行政许可法》第 4 条规定:“设定和实施行政许可,应当依照法定的权限、范围、条件和程序。”不仅仅是实施许可要求按照程序,就是设定许可的立法活动亦要求按照法定程序——其中最重要的法定程序是许可法所规定的程序,比如进行许可立法时要按照《行政许可法》第 19 条的规定,起草拟设定许可的法律草案、法规草案和省、自治区、直辖市人民政府规章草案的,起草单位应当采取听证会、论证会等形式听取意见,并向制定机关说明设定该行政许可的必要性、对经济和社会可能产生的影响以及听取和采纳意见的情况。又如《行政许可法》第 18 条规定:设定行政许可时,应当规定行政许可的实施机关、条件、程序、期限,这也是约束立法机关的规定,它要求立法机关在赋予行政机关许可实施权限时,要同时规定实施许可的程序,从而在源头解决程序不足的问题。

2. 强调相对人享有程序性权利。权利、义务的统一性表现在一方享有权利,另一方就要履行义务,相对人如果享有程序性权利,有关行政机关就要履行相应的程序性义务。《行政许可法》第 7 条规定了相对人在行政机关实施行政许可的过程中享有的陈述权、申辩权、申请行政复议的权力或提起行政诉讼的权利,以及依法要求赔偿的权利。该条规定相对人享有的五种权利均为程序性权利,这样的规定没有否定行政许可机关的实体权力，但要求许可机关履行相应的程序义务，以保障相对人的这些程序性权利得以实现，同时也就用程序性义务约束行政机关做出正确的许可与否的决定。

3. 规定了不同阶段的听取意见程序。在我国由于《立法法》的实施，听取意见的程序要求早已不限于具体执法行为，也是对立法活动的要求。许可法则将听取意见程序安排在许可的不同阶段。一是对涉及许可的立法活动要求听取意见，如《行政许可法》第19条的规定，要求"起草单位应当采取听证会、论证会等形式听取意见"，并向制定机关说明听取和采纳意见的情况。二是要求在许可申请的审查阶段听取意见。如该法第36条是关于听取申请人、利害关系人的意见的规定[①]；该法第46条则是关于"其他涉及公共利益的重大行政许可事项"，行政机关应当依照法律、法规、规章的规定举行听证，或自行决定予以听证。三是对某类已经实施的许可，事后听取意见。如《行政许可法》第20条关于许可设定机关、实施机关对已设定的行政许可进行评价、修正的规定，也同时规定"公民、法人或者其他组织可以向行政许可的设定机关和实施机关就行政许可的设定和实施提出意见和建议"。

4. 重视时限规定。许可的核发应当有一定的时间限制，否则导致拖延却又无法追究有关行政机关及其公务员责任，损害相对人的合法权益，也损害政府形象。许可法多处规定了行政机关应当遵守的时限，如第42条第1款规定：除当场做出许可决定的外，"行政机关应当自受理许可申请之日起二十日内做出许可决定"；第2款规定采取统一办理许可或者联合办理许可的，"办理的时间不得超过四十五日"。下级行政机关审查后报上级行政机关决定的行政许可，按照第43条的规定"应当自其受理行政许可申请之日起二十日内审查完毕"。对直接关系公共安全、人身健康、生命财产安全的重要设备、设施、产品、

---

① 《行政许可法》第47条："行政许可直接涉及申请人与他人之间重大利益关系的，行政机关在做出行政许可决定前，应当告知申请人、利害关系人享有要求听证的权利；申请人、利害关系人在被告知听证权利之日起五日内提出听证申请的，行政机关应当在二十日内组织听证。""申请人、利害关系人不承担行政机关组织听证的费用。"

物品，需要按照技术标准、技术规范，通过检验、检测、检疫等方式进行审定的事项，第 55 条规定行政机关应当自受理申请之日起 5 日内指派两名以上工作人员按照技术标准、技术规范进行检验、检测、检疫。不需要对检验、检测、检疫结果作进一步技术分析即可认定设备、设施、产品、物品是否符合技术标准、技术规范的，行政机关应当当场做出行政许可决定。即使行政机关已经决定核发许可的，许可法亦规定了核发的时限为 10 天(第 44 条)。

行政刑罚*

——行政法与刑法的衔接

一、问题的提出

行政刑罚并不意味着行政机关把握着刑罚的大权，而是指某种刑罚施予的根据来源于行政法的规定。也就是说，行政法律针对违法者危害行政法所保护的社会关系，达到比较严重程度的情形，规定了刑罚。国家对违反行政法规范所规定的义务的人，由法院适用刑法总则的规定，依刑事诉讼程序所实施的制裁。[①] 这样，行政法与刑法就直接挂上了钩：课处刑罚，除了按照刑法外，还要根据行政法。在人们期望一部刑法典包揽一切定罪量刑所需要的规定时，行政刑罚在实践和理论上还有没有必要存在，这里不妨从改革开放所带给国家任务的变化谈起。

改革开放以来，我国的经济违法或经济犯罪现象明显增多。为了维护市场经济健康有序地发展，20 世纪 90 年代以来全国人大常委会已先后制定了《关于惩治偷税、抗税犯罪的补充规定》、《关于惩治假冒注册商标的犯罪的决定》、《关于惩治生产、销售伪劣商品的犯罪的决定》、《关于惩治违反公司法犯罪的决定》以及《关于惩治破坏金融秩序犯罪的决定》等。这些决定增设了刑法典原来所没有的新罪名，如《关于惩治偷税、抗税犯罪的补充规定》增设了“欠税罪”；《关于惩治违反公司法犯罪的决定》增设了“虚报注册资本罪”、“虚假出资、抽逃出资罪”、“虚假发行股票、公司债券罪”、“谎报财务会计报告罪”、“非法清算公司财产罪”、“提供虚假资产证明文件罪”、“擅自发行股票、公司债券罪”以及“侵占罪”等多种新罪名。

但立法仍赶不上社会发展的实际需要，因此一些设立新罪名的建

---

* 载中评网，“学者社区”，http://www.china-review.com/sao.asp? id = 3561。

① 张载宇：《行政法要论》第七章“行政罚”，翰林出版社 1997 年版。

议常常见诸报端。如以 1995 年的《法制日报》为例,有 4 月 20 日“建议设立非法侵犯电脑网络罪”一文,6 月 1 日的“增设证券欺诈罪刍议”一文,6 月 22 日的“谈设立拒不偿还债务罪”一文,7 月 27 日的“应设立见危不救罪”一文,以及 8 月 10 日的“给恐吓一个‘恐吓’——增设‘恐吓罪’的建议”一文等。

笔者罗列上述事实只是想说明:尽管我国立法机关为适应形势的需要,已大大加快了立法速度,但在满足打击犯罪的社会需要方面,仍然有一定距离,表现出某种滞后性。在法治国家“罪刑法定”的前提下,要维护社会经济秩序,打击不断出现的新的危害社会的行为,当然首推修订刑法典的方法。但修订刑法典不是一朝一夕的事,刑法典更应体现法律稳定性的特征;而且刑法典的修改,仍然不可能将现有的一切罪行都包罗进去,更何况还会有新的危害社会的行为出现,仅靠修改补充刑法典是不够的。

还有一种方法就是全国人大常委会通过“决定”来修改、补充刑法典。但这仍然不是非常令人满意的方法。

第三种办法即通过附属刑法解决追究刑事责任的法律依据的办法。附属刑法,从立法理论而言又称为“散在型刑事立法方式”,指在行政法中规定刑罚。这种立法方式又可分为依附性与独立性两种。

我国许多行政法律、法规都在法律责任中规定了刑事责任,但这些刑法规范必须依附于刑法典才有意义,所以属于**依附性**的散在立法方式。① 虽然它们在一定程度上对刑法典起到了补充作用,缓解了修改刑法典的压力,但仍有弊端。其一是行政法中刑法规范与刑法典的规定不协调,无法在刑法典中找到相应条款,造成附属刑事规范形同虚设;其二是行政法援引刑法条文不确切或不充足,使得有法难依;其三是行政法中的比照性刑事规范不合理,例如,《中华人民共和国野生动物保护法》第 37 条第 2 款规定:“伪造、倒卖特许猎捕证或者允许进出口证明书,情节严重、构成犯罪的,比照刑法第一百六十七条的规定,追究刑事责任。”同样是倒卖许可证,《中华人民共和国烟草专卖法》第 39 条第 2 款规定:“买卖本法规定的烟草专卖生产企业许可证、

① 参见陈兴良:《论行政处罚与刑罚处罚的关系》,载《中国法学》1992 年第 4 期。

烟草专卖经营许可证等许可证件和准运证的，比照刑法第一百一十七条的规定追究刑事责任。”

二、新的行政刑罚立法方式

那么，在上述三种途径都不能充分满足社会打击犯罪需要的情况下，有没有更好的方法来解决这一问题呢？出路就在于建立行政刑罚制度，即在刑事立法方式上采用**独立性**的散在型立法方式。“独立性的散在型立法方式”即“在经济行政法规中设置具有独立罪名和法定刑的刑法规范”①的方法。这里，我们须对与此有关的一些概念如空白刑法、空白犯罪构成、空白罪状、行政刑罚等做概括性的说明。

所谓空白刑法，是相对于完备刑法而言的。两者更确切的说法应分别是“空白刑法规范”和“完备刑法规范”。完备刑法规范是指对罪名、犯罪的构成要件、罪状、刑罚等均予以明确规定的刑法规范。除了大多数的完备刑法规范外，还有少部分空白刑法规范。空白刑法具体表现形式有“空白犯罪构成”和“空白罪状”。

“空白犯罪构成”指刑法条文中只规定罪名及其刑罚，而没有规定构成要件或构成要件不完整，有待刑法的其他条款或刑法以外的其他法律——主要是行政法规定的补充来确定犯罪构成要件，所以又称为“有待补充的犯罪构成”或“援引的犯罪构成”。如全国人大常委会通过的关于惩治犯罪的补充规定中，有些就是补充刑法犯罪构成要件的情形。行政法中也有一些法律法规属之，如《中华人民共和国文物保护法》第31条第2款规定：“全民所有制博物馆、图书馆等单位将文物藏品出售或者私自赠送给非全民所有制单位或者个人的，对主管人员和直接责任人员比照刑法第一百八十七条的规定追究刑事责任”；第3款规定：“国家工作人员利用职权，非法占有国家保护的文物的，以贪污论处；造成珍贵文物损毁的，比照刑法第一百八十七条的规定追究刑事责任”；第4款规定：“任何组织或者个人将收藏的国家禁止出口的珍贵文物私自出售或者私自赠与给外国人的，以走私论处”；第5款规定：“文物工作人员对所管理文物监守自盗的，依法从重处罚。”

① 陈兴良：《论行政处罚与刑罚处罚的关系》，载《中国法学》1992年第4期。

空白罪状即刑法条文对犯罪的罪名或犯罪构成特征难以描述,而需参照其他法律法规的规定确定该罪的罪状。所以空白罪状又称为“参见”罪状。“空白罪状”这一概念比“空白犯罪构成”概念范围广,它实际上涵盖犯罪构成和罪名。我国刑法上也存在空白罪状,如1979年《刑法》第116条规定:违反海关法规,进行走私,情节严重的……处三年以下有期徒刑或者拘役,可以并处罚金或没收财产。该条指明了罪名为“走私罪”,但犯罪构成特征没有具体规定,如若确定犯罪构成特征,需参照海关管理方面的法律法规。还有一种空白罪状,是对犯罪的行为特征作了部分描述,如1979年《刑法》第129条规定:“违反保护水产资源法规,在禁渔区、禁渔期或者使用禁用的工具、方法捕捞水产品,情节严重的,处两年以下有期徒刑、拘役或者罚金。”该规定虽然描述了非法捕捞水产品罪的一些特征,但何谓禁渔区、禁渔期、禁用工具或方法,要参照保护水产资源方面的法律、法规。

总之,我国的空白刑法在立法上均属于依附性散在型立法方式,行政法中的刑事法律规范均须依附于刑法典才有实际意义。因而在弥补刑法典之不足、满足社会秩序需要方面还有一定的局限性。那么采用独立性、散在型立法方式,直接在行政法的刑事法律规范中规定罪名、法定刑,是否可取,是否可弥补现行作法的不足呢?笔者以为是完全可以的。

三、新立法方式的可行性

(一)从立法主体看,无论是通过决定来补充刑法,还是通过行政法律直接规定罪名和法定刑,主体均是全国人大及其常委会。“补充决定”与行政法律并无位阶孰高孰低的问题。

(二)刑法与行政法的衔接具有内在性质的基础。行政处罚与刑罚都是行为人因违法行为而对国家承担的法律责任,都是公法上的制裁方法。因此产生二者以下的共同之处:

1. 责任的基础相同

任何违法行为,不论是直接针对自然人和法人,还是针对社会或其正式代表——国家的,都是对统治阶级根本利益和国家所确认、保护和发展的社会关系和社会秩序的侵犯,是不能容许的。因此,“法律责任的实质是统治阶级国家对违反法定义务、超越法定权利界限或滥用权利的违法行为所作的法律上的否定评价和谴责。”[1]法律责任是对违法行为包括犯罪行为所作的法律上的否定性评价和谴责，其存在的基础以法律明文规定为限。刑罚是“罪刑法定”，行政处罚亦恪守类似的原则：处罚法定。

2. 施罚主体均为国家权力的拥有者

人类社会曾有过漫长的原始社会，那时一切社会冲突和纠纷都是由当事人自行解决，不存在法律责任。而当国家这个凌驾于社会之上的特殊公共权力产生后，法律责任就出现了。而法律责任的认定和归结是国家权力运行的具体体现。行政处罚与刑罚的适用过程，正是法律责任认定和归结的过程，无疑应由行使国家权力的国家机关实施。正所谓“国家追究主义”。

3. 行政处罚与刑罚都不产生责任转移

在刑法上，“行为只有作为意志的过错才能归责于我”[2]，所以刑罚只能针对其行为构成犯罪的人，而不能将这种责任转移给他人。行政处罚，不强调违法者的主观过错状态，行为后果与责任是连在一起的，与刑罚一样不产生责任转移。这与民事责任不同。

4. 行政处罚与刑罚在制止和预防违法行为方面的功用相同

有人认为行政处罚有预防违法的作用，着眼于未来，而刑罚是对犯罪行为的报应，一般着眼于过去。[3] 笔者则以为，行政处罚的本质也包括制裁，只是与刑罚在制裁的程度上有区别，二者也都具有预防违法的教育性功用。

关于两者的区别，早有学者论及，认为刑事处罚是对杀人越货、强奸等被认为其自身带有反社会、反道德的行为课处的，也就是说刑罚针对的是“自然犯”；而行政处罚则是针对“行政犯或法定犯”。[4] 当然这种区分是按照西方自然法理论而做出的。在解释传统刑法未规定

---

① 张文显：《法学基本范畴研究》，中国政法大学出版社 1993 年版，第 192 页。

② 〔德〕黑格尔：《法哲学原理》，范扬、张企泰译，商务印书馆 1979 年版，第 119 页。

③ 汪永清：《行政处罚》，中国政法大学出版社 1994 年版，第 14 页。

④ 〔日〕南博方：《日本行政法》，杨建顺、周作彩译，中国人民大学出版社 1988 年版，第 86 页。

行政刑罚所针对的犯罪行为方面,仅有部分合理性。实际上,行政刑罚与刑罚的区别,主要在于行政刑罚是顺应社会、经济发展的需要,为弥补刑法不可避免的滞后性而出现的。

行政法和刑法作为部门法,具有不同的功用和目的;但作为公法,它们又有着相同的一面:都是保护国家利益的法,也都由国家机关作为执法主体。因此,两者不仅可以并行不悖地存在和发展,而且可以某种互相衔接的关系存在和发展。

(三)从国外情况来看,独立性的散在型立法方式是各国广泛采用的一种刑事立法方式,它能很好地衔接行政处罚和刑罚[①],并能弥补依附性散在型立法方式的上述不足。

如法国,"在许多情况下,当事人不履行行政法上义务时,法律规定刑罚作为制裁,依靠当事人对刑罚的恐惧而自动履行义务。这种制裁以违反行政法义务的行为为对象,而不是一般的犯罪行为,称为行政刑罚,由刑事法院判决"。[②] 在日本,行政处罚分为行政刑罚和秩序罚,因而公法责任的追究分成了三部分:一是刑罚,二是行政处罚,三是处于前述两者之间的行政刑罚。当然日本的行政刑罚同样在程序上适用刑事诉讼程序,刑罚也适用刑法中的死刑、徒刑、监禁、罚金等刑名。美国虽然在理论上并无行政刑罚之名,但是实际作法早已有之。如美国1890年的《谢尔曼反托拉斯法案》、《普查法》等,《普查法》明显的是行政性的法律,但是其中规定有,对官员蓄意和故意提供任何虚假的陈述或报告的,应处以2000元以下的罚金和5年以下的监禁,对此由法院按诉讼程序追诉。德国等大陆法系国家亦有此类行政刑罚制度。

四、新立法方式的益处

我国采取这一刑事立法方式的好处是显而易见的:

1. 配合刑法典的修改,刑法分则中的罪名将尽量采用"叙明罪状",不用或少用"简单罪状"、笼统的词汇,甚至"口袋罪"。非"叙明

---

① 参见赵长青、高一飞:《论我国刑法分则条文立法模式的改革》,载《法制日报》1995年5月25日第7版。

② 王名扬:《法国行政法》,中国政法大学出版社1996年版,第168页。

罪状"是期望包罗尽可能大范围的罪行在刑罚制裁的范围之内。如果采用在行政法中直接规定罪名、法定刑的方法,则刑法典的精当才有可能。

2. 在行政法中直接规定罪名、法定刑,比起另行通过"补充决定"更及时、更直观、更明确。因而更便于"预警"、遵守和操作。

3. 更有利于行政法与刑罚的衔接。因为"刑法在根本上与其说是一种特别法,还不如说是其他一切法律的制裁力量"。一般的违法行为与犯罪行为,在社会危害性上是有差别的,但违法行为达到某种严重程度,则可能转为犯罪行为。刑法中有适当的罪名、罪状,行政法当然可以援引;但如刑法无适当罪名、罪状,行政法直接规定罪名、罪状、法定刑,比等到问题成堆再通过"补充决定"要好? 行政机关不会再因为无相应刑法规范或者相应的刑法规范无法落实,而不得不"以罚代刑"或束手无策。也有利于解决行政处罚中的"软"与"滥"的问题。解决行政处罚中的"软"与"滥"的问题不可能一蹴而就,但建立行政刑罚制度,确实有利于克服这两个问题。因为"软"的问题有些是由于"以罚代刑"造成的,而"滥"的问题有些是因为缺乏程序制约而引起的。建立行政刑罚制度后,当罚则罚、当刑则刑,而当刑的部分适用严格的司法程序,杜绝其间产生的腐败和不公正。

提出建立我国的行政刑罚制度,可能会有人产生疑问:国际上有"非犯罪化"主张及刑事政策,这样做是否与国际流行作法背道而驰?[①]"非犯罪化"是一种刑事政策思想,其主张是"将某些被认为对社会危害不大的犯罪行为排除出犯罪范畴不予刑罚处理"。[②] 这种思想有其先进之处,例如提出了,刑法经济观念,强调刑罚的使用应限制在最低限度;提出了刑法手段最后性的观念,强调刑罚的严厉性、强制性,非到万不得已不动用刑法等。因而,西方一些国家对这一刑事政策思想在不同程度上有所采用,将某些轻罪划出犯罪范畴,如有必要则适用行政制裁或民事制裁。那么,这种国际潮流与建立我国行政刑罚制度的建议,在走向上是否呈两极分化趋势? 笔者认为不是。

---

① 黎宏、王龙:《论非犯罪法》,载《中南政法学院学报》1991年第2期。

② 杨春洗、高铭暄、马克昌、余叔通主编:《刑事法学大辞书》,南京大学出版社1990年版,第162页。

首先,中国和西方目前的情况不同。西方的行政处罚从来没有发达到我国的程度,刑罚是西方国家制止违法、犯罪的主要手段。所以19世纪末以来,西方工业国家每一项新的国家管理活动都伴随着新的刑事内容。"非犯罪化"正是针对刑罚膨胀而提出的。而我国目前正处在新经济体制的建立过程中,各种新型犯罪"乘虚"而出,刑法典中没有规定,而仅靠行政处罚力度又不够,建立行政刑罚制度,绝非对刑法的盲目崇拜,而是根据我国具体情况提出的有针对性建议。

其次,制止违法、犯罪,从国家角度讲,由法院实施和由行政机关实施并无大的不同。惩戒违法不仅是法院的事,也是行政机关的事,反之亦然。关键是何种违法行为归法院管,何种违法行为归行政机关惩戒。在"非犯罪化"思想影响下,许多国家将堕胎、同性恋等排除在犯罪之外,将违警罪非犯罪化,某些原来刑法中既可以判刑又可判罚金的行为,改由行政机关罚款处理。[①] 而我国建立行政刑罚制度,将原属行政处罚的较严重的违法行为归由人民法院审判,使限制人身自由的期限甚至长于刑罚的行政处罚措施、数十万元甚至上百万、上千万元的行政罚没,最终溶于行政刑罚制度中。怎能说我国与国际趋势背道而驰呢?

当然我国要建立行政刑罚制度仍可从"非犯罪化"思想中吸取所需要、值得借鉴的养分。例如,实施"非犯罪化"的标准之一是"无被害人"说。诸如赌博、同性恋、吸食毒品、传播色情书画等行为属无被害人的犯罪或自愿被害人犯罪,由于不涉及他人,可适用"非犯罪化"。我国设定行政刑罚也可借鉴这一标准。具体内容可以根据我国国情有所不同,如对许多经济活动,像违章占地、设摊等行为,虽然对公共利益有所侵害,但由于没有被害人,可考虑仅以行政处罚,而不纳入行政刑罚范围。"非犯罪化"的其他观念,如已提到的刑法经济观念和刑法手段最后性的观念,都可以在设定行政刑罚时,作为划分行政处罚与行政刑罚的标准加以借鉴。

---

① 参见《行政立法考察团赴意大利、瑞士考察被告》,载《行政法学研究》1993年第4期。

行政强制执行体制探析*

引言

行政强制执行，指行政相对人不履行行政处理决定中设定的义务，有关国家机关依法强制其履行义务或采取一定措施达到与履行义务相同的状态。[①] 由于它不直接为相对人设定权利、义务关系，目的是实现行政处理决定的内容，因此，就本质而言，强制执行行为是事实行为。[②] 目前，与相应的宪政体制、法律传统等相适应，各国建立了各具特色的执行主体体制。但总体上说，没有一个国家把强制执行权完全赋予法院或者行政机关，而是形成了法院和行政机关平分秋色的局面。只是在权力配置上，根据执行手段、执行对象的不同而有所侧重。

---

* 本文系与张江红合作，载《法商研究》2001 年第 2 期。

① 对于行政强制执行，学术界有不同的见解：有人认为，行政强制执行是指个人、组织不履行法律规定的义务，行政机关依法强制其履行义务的行政行为。参见罗豪才主编：《行政法学》，中国政法大学出版社 1996 年版，第 198 页。这种说法认为行政强制执行的前提是义务人不履行行政法上的义务，但后文谈到当代强制执行的立法趋势倾向于以行政处理决定为根据。有人明确指出行政强制执行是指公民、法人或者其他组织不履行行政机关依法做出的行政处理决定中规定的义务，有关国家机关依法强制其履行义务或达到与履行义务相同的状态。参见应松年：《论行政强制执行》，载《中国法学》1998 年第 3 期。这反映了时代的进步和理论研究的深入。我国台湾地区有的行政法学者则强调执行主体，认为行政指行政机关对于不履行义务的相对人，以强制手段使其履行义务，或产生与履行义务相同的事实状态。参见吴庚：《行政法之理论与实用》，三民书局 1998 年增订四版，第 441 页。本文采通说。

② 法国行政法认为，以原有的行政决定为基础而必然产生的执行行为，对行政处理决定的内容没有增加，没有创造新的法律关系，因此不是行政处理。参见王名扬：《法国行政法》，中国政法大学出版社 1988 年版，第 153 页。亦有台湾地区行政法学者认为对行政处分实施的执行行为是行政上的事实行为。参见吴庚：《行政法之理论与实用》，三民书局 1998 年增订四版，第 404 页。

我国的执行体制,根据《行政诉讼法》第 66 条和法律、法规[1]的规定,呈现出以法院执行为主、行政机关执行为辅的局面。[2] 对于现行的执行体制,部分学者颇有微词,认为行政强制执行的主体只应是行政机关,行政管理权、行政命令权当然包括行政强制执行权。[3] 因此,多主张行政强制执行权应赋予行政机关。行政机关要求享有行政强制执行权的呼声也日益高涨,认为行政机关申请法院执行,影响了行政效率,削弱了行政执法的权威性;行政权失去了独立性和完整性。[4]

笔者认为,行政强制执行制度的形成,包括行政强制执行权在法院和行政机关之间如何分配,虽具有一定的偶然性,不完全是理性化的设计,但是,宪政体制、法治程度和法律传统是其必要条件和决定性因素。分析大陆法系和英美法系主要国家的行政强制执行的基础及相关的执行体制,试图把握普遍规律和一般特征,对解决困扰我国行

---

① 《最高人民法院关于贯彻执行〈中华人民共和国行政诉讼法〉若干问题的意见》(下文简称《意见》,人们习惯称之为"115 条")第 84 条规定,公民、法人或者其他组织对具体行政行为在法定期限内不提起诉讼又不履行,法律、法规规定应当由行政机关依法强制执行的,行政机关申请人民法院强制执行,人民法院不予执行。这就在司法解释的层面间接地确认了法规授予行政机关强制执行权的合法性。2000 年发布的《最高人民法院关于执行〈中华人民共和国行政诉讼法〉若干问题的解释》(以下简称《解释》)继续肯定了法规对行政机关强制执行权的设定权。然而,笔者认为,行政强制执行权容易直接侵害相对人的人身、财产权利,根据法治国家的法律保留原则,应只能由法律设定。在起草行政强制执行法的过程中,行政法立法小组中的多数专家亦持相同见解。

② 《行政诉讼法》第 66 条规定,公民、法人或者其他组织对具体行政行为在法定期限内不提起诉讼又不履行的,行政机关可以申请人民法院强制执行,或者依法强制执行。行政机关根据法律、法规的授权,亦可不申请法院而迳行强制执行。但仅限于公安、海关、税收征管等涉及社会治安、财政收入的领域。参见《海关法》、《税收征收管理法》等。

③ 自《行政诉讼法》颁布实施以来,即有学者主张应赋予行政机关以行政强制执行权,行政强制执行权是行政管理实践必须的权力,呼吁行政机关应享有更多的强制执行权。有关文章见张树义:《行政强制执行研究》,载《政法论坛》1989 年第 2 期;柏卓林:《行政强制执行的主体只能是行政机关》,载《法学与实践》1993 年第 1 期,等等。

④ 参见李季:《重构行政执行制度之思考》,载《行政法学研究》1999 年第 3 期。

政强制执行体制理论上和实务上的难题,十分有益。

一、行政强制执行的理论沿革及相应的执行体制分析

我国的法律体制,在体系上与大陆法系最接近,所以不妨首先对大陆法系国家(主要是德国和日本)的相关理论和执行体制进行分析。

在德国、日本,行政强制执行理论,是与行政行为效力尤其是公定力和执行力理论的嬗变息息相关的。第二次世界大战前和战后初期,德国和日本的行政法学家在论及行政行为的效力时,认为行政行为具有公定力、拘束力、确定力和执行力。[①] 奥托·梅耶提出"行政行为的自我确信说",仿照司法判决的效力论述行政行为的效力。日本"公定力"的概念和理论的嚆矢,由深受其影响的美浓部达吉最先提出。而对于公定力的理解是"实体法的公定力说",指除了特别对该行政行为提起诉讼由法院或具有撤销权的行政机关加以撤销外,任何人不得否认其效力。[②] 行政行为的公定力具有确定当事人之间法律关系是否存在的权限。在此基础上的执行力,是行政行为内在、本质的属性。行政行为的义务人不履行义务的,行政机关能够基于行政权而直接予以强制执行。这一时期的学者一般认为行政决定权当然包括强制执行权,行政强制执行无需根据法律的特别规定。[③]

这种理论植根于当时德国的政治体制。德国自1848年资产阶级革命以后,1849年的制宪运动和护宪运动在一定程度上冲击了封建专制制度,促进了资本主义的发展,但封建势力仍然很强大。1871年通过的德意志帝国宪法,使德意志成为"一个以议会形式粉饰门面、混杂着封建残余、已经受到资产阶级影响、按官僚制度组织起来、并以警察

① 目前我国行政法学在探讨行政行为效力时,仍沿用这一概念,并且在实质含义上没有进展。随着行政法治的进步和理论研究的深入,德国、日本行政法学界对行政行为效力有全新的诠释。在受德日法制影响甚巨的我国台湾地区,近年来,行政行为效力理论亦有长足的进步。有关内容参见陈敏:《行政法总论》,三民书局1998年版;吴庚:《行政法之理论与实用》,三民书局1998年增订四版;翁岳生:《法治国家之行政法与司法》,月旦出版股份有限公司1994年版,等等。

② 参见程明修:《论行政处分之公定力——日本法上公定力理论之演进》,载《军法专刊》第41卷第1期。

③ 参见城仲模:《行政法之基础理论》,三民书局1988年版,第193页。

来保卫的、军事专制制度的国家”。[①] 资产阶级权力分立和制衡的宪政体制没有真正、完全的建立起来，行政权是政治生活的核心，司法权尚未分化，行政机关的活动不受司法审查。

与德国比较，日本的发展要晚一步。明治宪法确立了“天皇主权”的基本原则，形成了天皇总揽政治权，内阁辅弼天皇、议会协赞天皇、法院以天皇名义司法、军部直属天皇为特征的二元制君主立宪制。[②] 具有浓厚的封建、军国主义色彩，不是真正意义上的权力分立与制衡的资产阶级宪政体制。司法权力不能有效地制约行政权力，“臣民”的基本权利得不到有力的司法保护。在这种政治体制下，日本理论界承袭德国的理论和行政强制执行制度，多数学者认为在法治行政的原则下，如果法律规定行政机关有行政决定权，在规定行政决定的法律之内，很显然地已包括对不履行义务的人的强制执行权。[③] 与此相适应，日本的行政执行法规定，行政机关享有代执行、执行罚、直接强制和强制征收等广泛的强制执行权力。而且法律上并没有明确区分直接强制与即时强制。直接强制通常以警察为主体。庞大、无限制的强制权力，又缺乏有效的司法监督，导致行政机关滥用强制执行权力，严重侵害了人民的基本权利。[④]

第二次世界大战后，德国颁布了新宪法——《联邦德国基本法》，新宪法强调保障人的尊严和人身权、财产权等基本人权，对限制公民基本权利的法律，以及对公共权力行为，提供诉讼权的保护[⑤]，并且规

---

① 《马克思恩格斯全集》第19卷，人民出版社1963年版，第32页，转引自赵宝云：《西方五国宪法通论》，中国人民公安大学出版社1994年版，第345页。

② 参见赵宝云：《西方五国宪法通论》，中国人民公安大学出版社1994年版，第345页。

③ 参见城仲模：《行政法之基础理论》，三民书局1988年版，第196页。

④ 参见贾苑生等：《行政强制执行概论》，人民出版社1991年版，第25页。

⑤ 见《联邦德国基本法》第1、2、3条；第19条规定：(1)依据本基本法规定，某项基本权利可通过法律或依据法律予以限制的，该法律须具有普遍适用效力，不得只适用个别情况。此外，该法律需指明引用有关基本权利的具体条款。(2)任何情况下均不得侵害公民基本权利的实质内容……(4)无论何人，其权利受到公共权力侵害的，均可提起诉讼。如无其他主管法院的，可向普通法院提起诉讼……

定,剥夺公民人身自由的裁判只能由法官做出。对警察限制人身自由的权力,予以严格的时间限制并须有法律明确授权。[①] 这样,在宪政体制上,独立的司法权力和司法机关开始有效地制约行政权力。相应的,1953 年 4 月颁布的《联邦德国行政执行法》(1997 年 12 月 27 日最后一次修改)规定,限制人身自由的拘留:在给予义务人听证后,由地方行政法院依行政机关的申请做出拘留裁定,再依行政机关的申请,司法机关根据民事诉讼法的规定执行有关拘留决定。也就是说,基本法所保障的人身自由如受限制,须由司法机关做出裁判并执行。行政机关不能染指。而对于金钱债权、行为、容忍和不作为的行政执行,分别由可主张债权的行政机关和该具体行政行为的做出机关予以执行。[②] 在法律授予行政机关行使替代行为、强制执行罚款、直接强制等手段的同时,给予义务人以完整、实在的诉权保障。义务人可对欲强制执行的具体行政行为提起诉讼,同时也可针对行政机关采取强制手段之前发出的警告,寻求诉讼救济。[③] 行政法院对行政强制的采用是否合法进行审查,通过撤销违法的强制行为,保障义务人的合法权益,监督行政机关依法行政。

在新宪法理念的倡导下,德国行政法学者对战前的强制执行理论作了深刻的检讨,以佛尔斯托霍夫教授为主导的行政法学界,把行政命令权和为实现行政命令的强制执行权视为各自独立、互不牵连的行政行为,两者各须有法律上的根据,才能享有发动命令权或强制执行权。也只能依此见解,才符合依法行政的原理。[④]

第二次世界大战后,美国对日本军事占领,进而进行全面控制。在推行"民主改革"的过程中,对其政治制度、法律制度进行了外科手术似的大修大改,包括在以美国为首的盟军的主持下制定日本国宪

---

① 该基本法第 104 条剥夺自由的规定:(1)只有依据正式法律,并按法律中规定的方式,方可限制人身自由。不得在精神上或身体上虐待被拘禁的人员。(2)只有法官才能就是否准许剥夺自由和剥夺自由的期限做出裁判。剥夺自由未根据法官命令的,应立即取得法官的一项裁判。警察依据自己的绝对权力予以拘留的,拘留时间不得超过逮捕后次日的结束。具体由法律予以规定。(3)……

② 分别见于《联邦德国行政执行法》第 16、4、7 条。

③ 同上注,第 18 条。

④ 参见城仲模:《行政法之基础理论》,三民书局 1988 年版,第 198 页。

法。新宪法否定了明治宪法“天皇主权”的原则,明定了“国民主权”的理念,废除了天皇总揽政治权的集权制度,建立了立法、行政、司法分权制衡的宪政体制。独立的司法对国会制定的法律是否合宪享有违宪审查权,通过行政审判审查内阁制定、颁布的法令、法规和行政行为。司法权力能够有效地制约和监督行政权力。并且,新宪法以保障基本人权不可侵犯,并排除国家权力对人权的侵害为主要目的之一;还规定任何人因公务员的不法行为而受到侵害时,均得根据法律的规定,享有向国家或公共团体要求赔偿的权利。[①] 在执行制度上,借鉴了英美以法院为主的司法执行体制。1948 年废止《行政执行法》,取而代之以《行政代执行法》,该法第 1 条规定:“有关确保行政上义务之履行,除法律另有规定外,依本法之规定。”明确了强制执行须有法律根据。此外,《行政代执行法》取消了行政机关享有的直接强制的执行方法,行政机关仅能使用代执行、执行罚进行执行。不服代执行的义务人,有权提起诉愿,或对该行政机关声明异议,还享有向法院提起诉讼的权利。在行政行为的效力理论上,第二次世界大战后,日本学者逐步否认行政行为具有实体法上公定力的学说,演变成程序法上公定力的学说。公定力是行政行为的内容、效果在程序法上实在化的效力。

深受德、日法律学说影响的台湾地区学者,在此问题上大多认同:公定力的意义在于撤销诉讼的专属管辖,即经过法院的撤销诉讼才能否认行政行为的效力。从而认为公定力是程序法上的效力,未必是行政行为的固有效力。[②] 有的学者认为,行政行为的公定力,仅是一种权利主张的法律行为,并无确定法律关系存否的权限,只是行政行为继续有效存在,并且为配合强制执行的行使,在行政主体和行政相对人之间创设一种暂定的权利、义务关系而已。行政行为虽具有公定力,但仍须另有强制执行的法律依据,才能解释为行政行为也具有执行力。[③] 在公定力与执行力的关系上,保守学者以“行政命令权当然伴随强制执行权”的见解,认为执行力是行政行为的固有本质或内在属

---

① 日本《宪法》第 11 条、第 17 条、第 29 条。

② 参见程明修:《论行政处分之公定力》,载《军法专刊》第 41 卷(1995)第 1 期。

③ 参见城仲模:《行政法之基础理论》,三民书局 1988 年版,第 205 页。

性;另一些学者则认为行政行为的执行力,并非行政行为的内在本质,而须另有法律的明确规定,通过法律规定预先确认行政行为内容存在,使行政权根据法律的规定实现该行政行为的内容。前说被称为"自我确认说",后说被称为"预先特权理论"。

"自我确认说"建立在"行政行为的效力于司法判决同质"的认识基础上。而在现代的诉讼体制和行政法治的背景下,行政行为的效力同司法判决的效力在本质上有很大不同。司法权相对于行政权有最终性,法定的上诉期限经过后,对于既决事项,司法判决具有对世的确定力和拘束力,法院、当事人和其他国家机关都应服从,不得再为争执,即具有了"不可争力";而行政决定相对于司法判决具有相对的确定力和拘束力,受诉法院在法定期间任何时间点上都享有审查权,并且在法定的情形下有权撤销或变更。由于"行政命令权当然伴随行政执行权"的种种不妥之处已如前文所述,多数学者主张,行政行为公定力与执行力的关系,应以"预先特权理论"说为妥当。行政主体根据行政行为的公定力的作用,暂时创设行政相对人的服从义务,再基于实体法的规定,承认行政行为的执行力,使行政机关能够使用强制手段实现其权利内容。[①] 可见,行政强制的理论基础,并非在于行政行为内在、本质具有执行力,而需另有法律根据,作为行政强制的依据。

英美法系国家虽然没有建立大陆法系国家这样精巧严密的强制执行的理论体系,但是,实用主义的思维和法律传统使得它们构筑了与自己国情和体制相适应的、高效的"强制执行"[②]体制,这种体制的特征是法院和行政机关管辖"履行争议"的合理分工以及法院对行政机关有效的监督和制衡。在英国,行政机关的决定如果当事人不执行,行政机关只能向法院申请执行令,由法院通过司法审查程序决定该项行政决定是否应当执行。美国承继了英国剥夺和限制公民人身

---

① 参见郑昆山:《论行政处分执行力之法律基础》,载《法学丛刊》第127期。

② 美国法院取得这类案件的管辖权是因为当事人不履行行政决定而引发的履行争议,这与法院取得一般案件的管辖权基本相同;而我国法院对强制执行的管辖权,是基于行政机关的申请,属于非诉案件。所以实际上,美国法院并没有我国这种意义上的依一方(行政机关一方)的申请强制执行的案件类型。

权、财产权的决定只能由普通法院做出的普通法传统;并且,美国权利法案规定,人民有人身、住所、文件和财物不受无理搜查和扣押的不可侵犯的权利[①];非经正当法律程序不得剥夺任何人的生命、自由和财产。[②] 因此,在当事人不自动执行行政决定,最后只能以剥夺当事人的自由和财产权作为强制手段时,这种权力原则上只能由法院掌握,经过司法程序确定。[③] 行政机关、检察官或由于当事人不执行行政决定而利益受到损害的第三人,都有权申请法院审查该履行争议,这种审查的理由,在于防止行政机关行使专横的执行权力。[④] 但是,在权力分配上值得注意的是,美国的法院如果裁定应当执行某一行政决定时,其具体执行的任务是由司法部下设的一个专门部门来完成的。

虽然总体上说,英国、美国的强制执行权,在很大程度上由法院行使,但行政机关根据法律的授权亦拥有多种执行手段[⑤],如发布行政命令,中止或终结违法行为;处以行政罚款;和义务人个别协商解决;直接强制执行[⑥],如对当事人的人身或财产直接施加强制力量,以达成执行的目的;此外,行政机关通常可以向法院寻求民事救济,由法院发布禁止令或执行令,以解决执行争议;当义务人故意违法可能构成犯罪时,法律规定刑事处罚作为执行的保障。对于刑事指控,被告受一系列宪法权利的保障,使得这种程序缓慢且昂贵。但是,美国联邦环境总署的官员仍然认为,刑事制裁是确保对环境法全面服从的有效手段。

在执行方式上,行政机关可适用行政执行程序或者司法程序,还有权同时发动行政机构的执行程序和司法执行程序。行政罚款、个别协商、直接强制等都通过行政程序进行,这是执行行政决定最常用的

---

① 美国宪法第四修正案。

② 美国宪法第五修正案。

③ 王名扬:《美国行政法》,中国法制出版社 1995 年版,第 531 页。

④ 同上注。

⑤ 此部分内容参见〔美〕Willam C. Banks, Richard Gold Smith,薛刚凌:《中美行政执行制度比较》,2000 年中美行政执行研讨会论文;王名扬:《美国行政法》,中国法制出版社 1995 年版,第 528—533 页。

⑥ 美国法律称这种权力为“summary power”。在王名扬的《美国行政法》一书中,作者翻译成“简易权力”,笔者认为,译为“即时权力”为宜。

程序。但这并不是最终的执行方式。当事人不履行行政执行决定设定的义务时,行政机关没有法律授予的即时强制的权利,则只能诉诸法院解决执行争议,这样,司法程序是最终的执行方式,法院成为行政执行的最终主体。

在行政机关提起诉讼请求法院裁决是否执行行政决定时,法院须审查行政决定是否合法,除非法律明确规定某一行政决定的合法性审查只能在单独的司法审查程序中进行。[①] 如果法院认为行政决定违法,则不予裁判执行。这是法院在执行诉讼中间接享有的司法审查权。另外,在调查当事人是否违法的过程中,行政机关经常为执行而进行必要的检查或搜查。当通过检查的手段确定当事人是否未履行行政规则或行政决定时,美国宪法要求行政机关进入居所和商业场所进行检查或搜查时,必须得到法院的批准。可见,即使在行政程序的过程中,法院也有介入的权力。

二、我国现行行政强制执行体制分析

改革开放前,由于实行高度集中的计划经济体制和高度集权的政治体制,行政行为的实施主要靠组织力量和政府指令进行,不存在也没有必要存在人民法院对行政决定的执行制度。此后,在改革开放之初到《行政诉讼法》颁布实施这段时期内,除少数法律、法规规定特定行政机关享有强制执行权之外,法律、法规多将强制执行权授予人民法院,由法院按《民事诉讼法》规定的民事强制执行程序执行。《行政诉讼法》颁布实施以后,除法律、法规明确授予行政机关以强制执行权的以外[②],没有强制执行权的行政机关可以依据《行政诉讼法》第66条的规定,申请人民法院强制执行。在法院内部行政庭和执行庭的分工问题上,行政机关申请人民法院强制执行的案件由行政审判庭负责审查。经教育,行政行为相对人自动履行的,即可结案。需要强制执

---

① 参见王名扬:《美国行政法》,中国法制出版社1995年版,第581页。

② 如《治安管理处罚法》、《税收征收管理法》、《海关法》、《城市房屋拆迁管理条例》、《外汇管理条例》等。

行的，由行政审判庭移送执行庭办理。[①]

那么，我国建立这种以法院执行为主的执行体制的历史背景是什么呢？20 世纪 80 年代初，行政诉讼案件依照民事诉讼法审理，相应的，法院在审理法律规定可以向人民法院起诉的行政案件，也就适用民事强制执行体制。[②] 行政机关对不履行行政决定义务的相对人，可以申请人民法院强制执行；而人民法院接到申请后，将行政决定视同法院的裁判书、调解书等其他生效的法律文书，由法院的执行庭强制执行。行政决定的法律效力可与法院裁判文书的法律效力相“媲美”，法院对行政决定的合法性并不享有审查权。可见，这个时期的执行体制脱胎于早期的民事执行制度，是法院统一行使执行权，这一传统观念的产物。它既非出于保护公民权益免受行政执行权侵害的初衷，也不是基于对行政权加以控制的考虑，而只是一种权宜之计而已。

《行政诉讼法》第 66 条仅规定了行政机关可以申请人民法院强制执行，并没有明确规定法院对申请执行的具体行政行为的合法性进行审查以及如何审查。而后，《最高人民法院关于贯彻执行〈中华人民共和国行政诉讼法〉若干问题的意见》（试行）第 85 条规定，行政机关依法申请人民法院强制执行时，如果人民法院发现据以执行的法律文书确有错误，经院长批准，不予执行，并将申请材料退回行政机关。进行审查的机构和法院与执行民事诉讼的裁判或其他法律文书一样，都是执行庭。这使非诉行政案件的执行带有强烈的民事诉讼执行的色彩。

1996 年施行的《最高人民法院关于处理行政机关申请人民法院强制执行案件分工问题的通知》第一次明确规定，行政机关申请人民法院强制执行案件由行政审判庭负责审查；需要强制执行的，由行政审判庭移送执行庭办理。这就强化了法院对具体行政行为合法性审查，初具目前非诉执行体制的雏形。1998 年通过的《最高人民法院关于办理行政机关申请强制执行案件有关问题的通知》重申了行政审判

① 《最高人民法院关于处理行政机关申请人民法院强制执行案件分工问题的通知》。

② 《民事诉讼法（试行）》第 3 条。

庭负责审查行政机关申请人民法院强制执行案件,还明确了审查的标准和做出决定的形式,即人民法院确认申请执行的具体行政行为有明显违法问题,侵犯相对人实体合法权益的,裁定不予执行,并向申请机关提出司法建议。2000 年发布的《最高人民法院关于执行〈中华人民共和国行政诉讼法〉若干问题的解释》,在总结以往司法实践的经验教训的基础上,在以下几方面巩固和发展了司法强制执行体制:

1. 进一步明确了法院或更具体地说是行政审判庭对申请执行的具体行政行为享有审查权。将原来确定的由执行庭负责审查和执行的非诉行政案件,明确为由行政审判庭机关审查和执行。

2. 明确了审查的期限、机构和裁判形式。人民法院在受理行政机关申请其具体行政行为的案件后,在 30 日内由行政审判庭组成合议庭对具体行政行为的合法性进行审查,并就是否准予强制执行做出裁定。

3. 进一步明确了不予执行的标准。原来的规定是"申请执行的具体行政行为有明显违法问题,侵犯相对人实体合法权益";该解释第 95 条规定,被申请执行的具体行政行为有明显缺乏事实根据、明显缺乏法律依据、其他明显违法并损害被执行人合法权益情形之一的,人民法院裁定不予执行。这就使非诉行政执行制度更加完善、可操作性更强。

正如一位学人所说,制度形成的逻辑并不如同后来学者所构建的那样是共时性的,而更多是历时性的;制度的发生、形成和确立都是在时间的流逝中完成的,是在无数人的历史活动中形成的。[①] 我国的非诉行政执行制度也是在我国法律传统、法治状况等多种社会因素的合力下经摸索而逐步形成的,并随着社会的进步而逐步完善。那么,自这种体制建立以来,人民法院审查非诉执行案件的业务数额和审查结果如何呢?

有关资料显示,自 1989 年到 1999 年年底 10 年间,人民法院接受行政机关申请执行其具体行政行为的案件和一审受案数相比,处于直线上升的趋势。具体数据见下表:[②]

---

① 参见苏力:《制度是如何形成的》,载《比较法研究》1998 年第 1 期。

② 资料来源:最高人民法院研究室统计处。

1989—1999 年法院一审受案与非诉执行案数量关系

年度	一审受案	非诉执行案	年度	一审受案	非诉执行案
1989	9 934	7 455	1994	35 083	136 795
1990	13 006	9 919	1995	52 596	191 258
1991	25 667	15 687	1996	79 966	256 897
1992	27 125	65 156	1997	90 557	270 133
1993	27 911	88 971	1998	98 463	326 783

以上资料表明,法院受理非诉执行案件数自 1992 年起远远多于行政一审受案数。如以 1998 年为例,全国一审受案数为 98 463 件,非诉执行案件数为其 3.32 倍。

通过分析以上数据,我们似乎可以得出以下结论:第一,申请执行具体行政行为的案件数量大幅度增长,这说明实践中行政相对人不履行行政决定的现象与日俱增,行政机关面临执行的任务日益繁重;第二,法院审查被申请执行的具体行政行为后,裁定不予执行的所占的比率最低(仅占 1.66%)。由此表明,申请人民法院执行的具体行政行为,绝大多数都没有重大、明显违法情形。当然从这些数据看,最终裁定强制执行占的比率也很低,仅占 12.25%;相反,自动履行和执行和解占 73.98%,近 3/4①。既然因具体行政行为有重大、明显违法情形,法院裁定不予执行的情况是“百里挑一”,可能会有人怀疑法院对申请执行的具体行政行为的合法性进行审查的必要性。笔者认为,事情并非如此简单。首先,就法院裁定不予执行的情况来看,原因是多方面的。重要因素之一,是根据有关司法解释,只有申请执行的具体行政行为有重大、明显的违法情形(绝对无效情形),且影响了相对人的实体权益的,法院才裁定不予执行;有一般违法情形的具体行政行

---

① 当然,由此不能直接得出法院形象公正,当事人易于接受抑或慑于强制执行的压力而自动履行、达成和解等结论。但是,出于维系国家和市民社会和谐关系的考虑,宜尽量避免直接触犯公民的人身、财产等权利。因此,笔者认为,强制执行应似达摩斯之剑,悬而慎用。从国际经验看,在日本,当相对人不履行行政决定时,在行政机关强制执行前,要苦口婆心施以数十次的行政指导(作相对人的思想教育工作,直到履行为止);在美国,行政机关和当事人谈判,协商解决履行义务的条件,而无须司法官员的介入,这逐渐成为趋势而取代行政机关发动各种各样的执行程序。

为,法院通常均予以执行。因此,从法院裁定不予执行的所占比例相对较小来看,并不能得出具体行政行为一般都合法,行政法制状况较好的结论。相反,在法院办理非诉执行案件的司法实践中,相当数量的具体行政行为因存在较大的违法情况而被法院裁定不予执行,如滥用职权、程序违法、事实不清、适用法律错误等。[①] 其次,我国幅员辽阔,各地情况很不相同,最高人民法院的统计只显示了最粗略的情况。有些地方法院裁定不予执行的比例较高。如北京市顺义区人民法院1999年受理的非诉执行案件共103件,经审查后,裁定不予执行的达43件,占受案总数的42%,另有5件行政机关撤回了申请,裁定执行的具体行政行为仅占申请执行的具体行政行为的55%。这还是在我国行政法制环境较好的地方。可见,目前我国行政机关依法行政的状况,仍然令人忧虑。

众所周知,我国目前的非诉讼强制执行制度的核心是法院对申请执行的具体行政行为是否有重大、明显违法情形具有审查权。对这种制度的存或废的争论,也可集中在一点,即具体行政行为被强制执行前,法院有无必要对其进行审查。如果执行后的行政监督和救济制度运行良好、行之有效,当事人依靠这些制度足以获得救济或相应的赔偿,那么,执行前的审查无异于画蛇添足,多此一举。况且,事后的审查较严格,是“合法性”审查,而事前的审查是“有无重大、明显违法情形”的审查,线条粗。相对来说,不利于保护被执行人的合法权益。大陆法系国家以行政机关强制执行为主,被执行人可对作为执行依据的具体行政行为提起诉讼,也可对强制执行行为本身提起诉讼,这是典型事后、消极的司法行为的表现形式。英美法系国家如美国,行政机关虽拥有多种间接的执行手段,但当事人不执行行政决定,须强制剥夺当事人的自由和财产时,有关行政机关、检察官等须提起诉讼,由法院审理该履行争议,裁判是否应予执行。当事人基于行政决定违法以抗辩时,法院才审查行政决定的合法性。这就是所谓的执行诉讼中的司法审查。因此,这种合法性审查和一般司法行为一样,都具有事后性和消极性的特点。从这个角度说,我国诉前审查制独具特色。

---

① 参见赵贵龙:《论行政强制执行的司法控制》,2000年行政法学年会论文。

从审查程序、当事人参与的程度、审查力度等各方面来看,我国非诉执行中的审查与行政诉讼相比,无疑,行政诉讼优于非诉执行案件的审查,这是一个浅显的道理。因此,有的学者提出,行政诉讼制度、行政复议制度和国家赔偿制度建立后,对行政机关行使权力的事后监督制约机制已基本健全了,足以弥补和抵消滥用行政权造成的危害。[1]

然而,行政诉讼制度、行政复议制度和国家赔偿制度的健全在于其运行效果如何。由于种种原因,我国行政诉讼制度不能很好地发挥作用已是不争的事实,存在很多相对人不敢告、不愿告的情形。目前,行政诉讼制度面临的首要问题不是发展,而是生存。在这种情况下,法院还无法起到有效的监督和制约行政机关的作用,赋予行政机关以广泛的行政强制执行权,缺乏强大的救济作为后盾。

因此,目前不宜概括性地赋予行政机关强制执行权,而应当在保有行政机关较广泛的强制执行权和较多的执行手段的基础上,保留现行的非诉讼行政强制执行制度即仍然以法院执行为原则,而行政机关若享有强制执行的权力须有法律的具体授权。而且在强制手段上,借鉴日本和美国的经验,严格限制行政机关的直接强制手段,更多地采用间接强制完成执行任务。这样,既能使行政机关有效地实施社会管理,又能防止行政机关轻而易举地侵害相对人的合法权益。

---

① 参见金国坤:《论行政机关依法强制执行的范围和程序》,2000 年行政法学年会论文。

试论行政合同的存在意义

取代了经济合同法、技术合同法和涉外经济合同法的《中华人民共和国合同法》(下称《合同法》)于1999年10月1日开始施行。在商品经济社会,合同关系是最普遍、最重要的经济关系之一,因此合同法的出台当然值得庆贺。但是在我们为这部法律大声欢呼的时候,作为行政法学者,我们却比民法学者多了一层忧虑。因为行政合同并不在这部法律规定范围之中。事情是否真像行政法学者所说的那样,没有行政合同不行吗?笔者的回答是肯定的,但这并非像有人误解的那样,是研究行政法的人喜欢鼓吹行政合同,而是行政合同的存在顺应了社会经济发展的需要和行政机关转变管理方式的需要,它应该存在。

一、行政合同的存在是现实需要

不妨设想一下,所有合同包括行政机关签订的合同都适用民事合同规则可不可以?众所周知,英国是典型的公私法不分的国家,因此原则上英国行政机关的合同也像公民之间的合同一样适用私法契约规则。可实际上,行政机关的合同完全适用私法契约的原则很困难,但由于英国的法官有权对法律问题做出最终解释,且奉行“遵守先例”的原则,实际上具有“造法”功能,他们在具体案件中承认公法合同与私法合同不同。认为公法合同是为公共利益、履行公务而签订的,因而不能妨碍行政机关履行职责,也不能限制行政机关行使自由裁量权。① 英国这种所有合同原则上统统适用民事合同规则的方法能否适用于我国?答案是否定的。因为我国与英国的法律体制存在根本不同,我国的法院或法官只能依照制定法判案,没有造法、创制实体权利义务的功能,只有最高人民法院才享有解释法律的权力,而且它所做

---

① 参见王名扬:《英国行政法》,中国政法大学出版社1987年版,第224—227页。

出的法律解释不具有最终性,立法解释才是最高的法律解释。[①] 因此,如果没有法律规定,我国的法官就不能声称行政合同与民事合同是不同的。所以,如果行政合同在我国存在,就必须有相应的法律规定。

大陆法系国家大多区分普通合同与行政合同,如"行政法母国"——法国区分一般合同与行政合同,行政机关签订私法合同,产生纠纷由普通法院按民法原则处理;行政机关签订的公法合同引起的纠纷则由行政法院按行政法原则解决。[②]《德国行政程序法》[③]设有专章规定"公法契约";《葡萄牙行政程序法》(1996 年)第三章"行政合同"共用 13 条做出专门规定;《澳门行政程序法》(1994 年)也专章规定了行政合同;台湾地区"行政程序法"于 2000 年 1 月 1 日施行,其第三章共 15 条都是规定行政合同的。上述列举说明,不少国家和地区的法律明确区分了行政合同和民事合同,区分的意义在于行政合同适用不同于民事合同的原则。

那么,我国到底有没有与民事合同不同的合同,需要不同的法律原则区别对待?对此,我们不妨举例作答。

1988 年宪法的修改使我国国有土地可以有偿出让,随后国务院颁布了《中华人民共和国城镇国有土地使用权出让和转让暂行条例》,1994 年又颁布了《中华人民共和国城市房地产管理法》(已被 2007 年修订后的新法所取代),分别对国有土地出让合同作了具体规定。"条例"和"法"规定由市、县人民政府的土地管理部门与土地使用者签订土地出让合同。土地使用者需要改变土地使用权合同约定的土地用途的,必须取得出让方和市、县人民政府城市规划部门的同意,签订变更协议或重新签订新的土地出让合同;土地管理部门依法对土地使用

---

① 全国人民代表大会常务委员会 1981 年《关于加强法律解释工作的决议》规定:凡属于法院审判工作中具体应用法律、法令的问题,由最高人民法院进行解释。凡属于检察工作中具体应用法律、法令的问题,由最高人民检察院进行解释。最高人民法院与最高人民检察院的解释如果有原则性的分歧,报请全国人民代表大会常务委员会解释或决定。

② 参见王名扬:《法国行政法》,中国政法大学出版社 1989 年版,第 179 页。

③ 德国 1976 年《联邦行政程序法》第四章,1992 年《德国行政程序法》第四章,中译本见应松年主编:《外国行政程序法汇编》,中国法制出版社 1998 年版。

权的出让、转让、出租、抵押、终止进行监督[①];对以出让土地从事房地产开发的,超过合同约定动工日期满一年未开发动工的,可以征收相当于土地使用权出让金的20%以下的闲置费;满两年未动工开发的,可以无偿收回土地使用权。[②] 如果按民事合同"平等"、"合意"的原则,土地管理部门就不享有上述权利,试想可行?

又如公共工程承包合同,假如承包人不严格按合同履行,政府部门又无权监督检查,一旦发现质量问题,不能立即终止合同而需要得到对方同意方能停止合同的履行,使损失不必要地扩大,试想可行?

面对这些合同,我们怎么能置公共利益于不顾,坚持对其适用民事合同的规则?此外,还有全民所有制工业企业承包合同、全民所有制工业企业租赁合同、国家订货合同、粮食订购合同以及以乡政府为一方当事人的土地承包合同等,这些合同与土地出让合同一样,在具有合同的"合意性"的同时,也具有某种类似于其他行政行为的"单方性"[③];同样,我们亦可从中分析出"不得不"适用不同于民事合同原则的原因。这一原因就是公共利益。可能有人说现在是市场经济,各种权利主体的利益都应受到法律保护,不能仅仅因为是个体利益,就认为它不重要,可以忽略不计。但是也不能因此就反过来说,公共利益永远要服从个人利益,在许多情况下,个人利益确实要服从公共利益。当然,现在与过去不同的是不能让公共利益虚拟化,使它成为某些行政机关及其工作人员随意侵犯个人利益甚至公共利益的幌子,我们需要有界定公共利益的标准。

二、行政合同的发展是历史必然

行政合同的真正发展,是在近现代。[④] 而早在西方古罗马时期,就已将国际协议、公法协议与私法协议区分开来。但公法合同或行政合同

① 《中华人民共和国城镇国有土地使用权出让和转让暂行条例》第6条。

② 《中华人民共和国城市房地产管理法》(2007年修订)第26条。

③ 单方性指行政行为无须对方同意即可做出,大部分的行政行为都具有单方性。

④ 如宋代曾出现过私人向官府承包经营酒坊、河渡、官税场、盐井的"买扑"等,参见《中国历史大词典·宋史卷》,上海辞书出版社1984年版。

在那时只是一种历史的偶然现象，政府尚未也不可能达到自觉运用公法合同或行政合同完成行政任务的程度，还不足以称之为制度。[①]

即使在资本主义早期发展阶段，行政合同也不是很重要的行政手段。因为那时政府是“值更人”的角色，所以“管的最少的政府是最好的政府”。职能简单，手段也简单。行政命令在“管”的领域，似乎是足够了。资本主义完成工业革命后，经济的社会化程度大大提高，人们的社会经济联系也日益广泛，但社会经济发展所提出的问题，则是个人无力或不愿解决的，如失业、周期性发生的经济危机、城市发展带来的环境污染或生态平衡等问题，非得政府出面解决不可。这些问题是需要整个社会协调解决的，没有一种凌驾于社会之上的权威，难以达到目的；而且，由于人们总是在追逐最大的经济利益，所以某些社会需要但投入大产出慢或产出少的行业，就成为私人不愿染指的行业，需要政府代表国家投身于这些行业，或采取措施刺激他人投身于这些行业。

因此，政府职能迅速扩展，政府由不干预经济到越来越多地干预经济，尤其是到了 20 世纪 40 年代，从 1942 年英国著名社会学家贝弗里奇发表了一篇影响深远的关于社会福利的报告后，建立福利社会、福利国家，就成了西方国家政府的承诺和目标。相应的，政府职能便以空前的规模扩张。面对如此庞大的管理系统，单一的行政命令手段就显得不足了。而行政合同的特点是：行政机关须得到相对人的同意，合同所设立的权利义务才有约束力。这样既淡化了行政的命令色彩，为相对人所乐于接受，又利用合同推行了国家政策或政府政策。政府启用行政合同作为进行行政管理的另一种手段，就是自然的了。“起初还没有职业公务，政府合同在经济中只占很小部分，政府福利还不存在……现在的情形就不一样了”。[②] 据有关资料表明，美国政府每年的采购量达到了国民生产总值的 1/3[③]，这其中当然有很大比例

---

① 参见应松年主编：《行政行为法》，人民出版社 1992 年版，第 592—593 页。

② 〔美〕伯纳德·施瓦茨：《行政法》，徐炳译，群众出版社 1986 年版，第 201 页。

③ 参见《中国行政管理》1994 年第 2 期。

是以政府合同的形式采购的。又如由于美国的犯罪率居高不下，监狱过分拥挤，政府预算紧张，有的州政府便以“私人监狱”的方式解决这一问题，即私人监狱由州政府建造并归州政府所有，然后以合同方式将监狱委托给私人经营，由政府支付管理费用，据说仅路易斯安那州瓦刚赫公司管理的一家监狱，每年可使州政府减少近八十万美元的开支。笔者以为，这种合同显然也属于行政合同。

在法国，行政合同广泛应用于许多领域：经济发展、资源开发、科学研究、教育等。特别是政府在与企业打交道时，有意避免行政命令，通过行政合同的方式向另一方当事人提供一定援助，由后者承担政府所期望完成的任务。有时，法国的法律规定行政机关对某些事项要签订行政合同，这些事项包括如公共工程承包合同、公共工程捐助合同、公务特许合同、独占使用共有公产合同、出卖国有不动产合同等。而大多数行政事项，由行政机关根据需要和情况，自行决定签订行政合同还是签订民事合同。另外，在教育方面和科研方面，政府也乐于签订行政合同，以此规定另一方当事人的有关任务，从而完成行政管理目标。[①]

日本的行政合同没有法律明确规定。但按照日本的传统学说以及法院的判例，某些行政机关签订的合同，全部或部分地排除私法规定的适用。大体说来，日本行政合同适用的范围还是比较广泛的：在行政机关取得行政活动所必需的财产方面，公共设施、公共企业利用方面，行政机关可以签订行政合同；在社会保障领域中，行政机关为某些资金支付、资金借贷、信用保险，以及为国有公有财产的买卖、租赁而签订的行政合同。另外，日本的行政合同还用于专门为某些相对人设定义务，如要求开发企业向居民提供补偿或向公共团体提供合作资金，又如公害防止协定等。[②]

在英国，由于行政机关签订的合同数量多、金额大，政府利用行政合同作为推行社会政策、工资政策和社会经济发展计划的手段已是常

---

① 参见王名扬：《法国行政法》，中国政法大学出版社 1989 年版，第 178—181 页。

② 参见〔日〕室井力：《现代行政法入门》，（日）法律文化社 1991 年版，第 142—145 页。

见现象。[1] 在德国,除非法律另有规定,行政机关可以行政合同代替其他行政行为。这实际上是给行政机关最大限度地利用行政合同以法律空间。[2]

我国行政合同的出现,始于1978年底党的十一届三中全会以后所进行的经济体制改革。体制改革前,政府对经济的管理,主要以指令性计划或行政命令的方式进行。而这种方式无须征得另一方——企事业单位的同意或认可,是一种单方面命令的关系。党的十一届三中全会,做出了把工作重点转移到社会主义现代化建设上来的战略决策,制定了关于加快农业发展的决定,提出了农业联产承包责任制。农业联产承包责任制,是以行政合同代替行政命令或指令性计划的开端。农民通过行政合同获得了土地的使用权,在承包期内可以有一定的经营自主权,从而使农民的收益直接与自身劳动成果挂钩,极大地调动了农民的生产积极性。因此,在不长的时间里,农村经济发生了举世瞩目的变化。在1985年1月1日,中共中央国务院发布了《关于进一步活跃农村经济的十项政策》,该"政策"规定:粮食、棉花取消统购,改为合同定购。粮食、棉花订购合同在农村的出现,与土地承包合同一起,标志着"在农业领域国家管理的方式上行政合同已占据了主导地位"。[3]

1988年2月27日国务院发布了《全民所有制工业企业承包经营责任制暂行条例》,同年5月国务院又发布了《全民所有制小型工业企业租赁经营暂行条例》, 由此,行政合同开始运用于国有企业,而范围及于工业、商业、外贸、交通运输、城乡建设等各个领域。1990年5月19日国务院发布了《城镇国有土地使用权出让和转让暂行条例》,次日国务院又发布了《外商投资开发经营成片土地暂行管理办法》(已失效),国家对土地使用的管理开始从"三无"即无期限、无偿、无流动

---

① 王名杨:《英国行政法》,中国政法大学出版社1987年版,第225页。

② 参见《德国行政程序法》第54条。

③ 张树义:《行政合同》,中国政法大学出版社1994年版,第3页;我国土地承包合同在1992年已有3亿份,是行政合同中数量最大的一类,见国务院1992年9月12日批转农业部"关于加强农业承包合同管理的意见"。

的行政划拨，部分地转变为有期限、有偿、有流动的行政合同管理方式。[①]

在我国除了上述行政合同外，还有一种重要的行政合同，就是国家订货合同。显然，它也是国家与企业调整关系后的产物：即国家不能像从前那样以行政命令的方式，调拨企业物资来满足国家的需要。从上述各国情况以及我国情况看，行政合同是一种客观存在，那么，行政合同为什么存在，它的社会作用又是什么？

1. 社会经济发展导致国家职能扩张，相应的，简单的行政命令手段不够用了，行政合同作为一种管理方式应运而生。如果说，在资本主义早期发展阶段，政府职能表现为消极行政，即主要是维持社会、经济、生活的正常秩序，起保境安民的警察作用。那么，在资本主义进入垄断阶段后，政府职能转而表现为积极行政，但政府不可能全部采取命令手段来达到这一目的，采用相对缓和的行政合同手段就成为各国政府的共同选择。而在我国，情况恰好相反。政府对经济生活、企业从无所不管，到走向市场经济后，让法律与价值规律共同调节社会经济。相反的变化、共同的选择，说明在社会经济发展的压力下，各国政府都不得不重新调整国家与经济、国家与企业的关系。作为构造新关系的手段，行政合同有了用武之地。

2. 行政合同的出现迎合了民主、国家观念变化的社会思潮。民主观念，在某一阶级夺取政权时，往往意味着国家权力的归属；而在其后的发展过程中，人们认识到，民主更重要的意义在于参与的过程，否则，就可能会流于形式。国家观念，在传统认识中，强调的是国家权力的行使，而相对一方的服从，似乎就没有协商的余地。但到了近现代，人们越来越认识到，国家管理的高效率不仅像通常所认为的那样来自于权力的作用，而且更“重要的是来自于公众的认同”。[②] 因为权力本身并不是目的，公众利益才是目的，不追求公众的认同，国家就成

---

① 根据2007年修订后的《中华人民共和国城市房地产管理法》第24条规定，国家机关用地、军事用地、城市基础设施用地和公益事业用地，国家重点扶持的能源、交通、水利等项目用地，可由县级以上人民政府无偿划拨。可见，有偿转让国有土地仍只占使用国有土地的一部分。

② 张树义：《行政合同》，中国政法大学出版社1994年版，第14页。

了沙滩上的建筑物,随时有倒塌的危险。行政合同顺应了上述观念的变化,成为国家乐于采取、人们乐于接受的行政管理方式。

3. 政府运用行政合同而不是一般的合同达到行政目的,是由行政合同的特性所决定的。这意味着在行政领域,行政合同较一般合同具有某种优势。

行政合同不同于一般合同,首先在于行政优益权,行政机关在行政合同中享有优益权的必要性前已论述。其次,行政合同的签订方法受到法律的限制,以保障国家在最大限度范围内受益,也有利于防止私人侵吞国有资财或公共财产,防止政治腐败。如法国行政合同的主要缔结方式是邀请发价,又如日本的指名竞争合同。这种方式的具体步骤是:发包方提出要约,在要约中提出一定条件邀请对方发价,然后由行政主体对不同的发价进行综合考虑,选择其认为最恰当的人选或企业签订合同。邀请发价的特点是行政主体不必与出价最高或要价最低的个人或企业签订合同,因此为行政主体保留了较大的自由裁量权,以确保国家的最大利益。法国 1964 年的《公法合同法》及以后的补充规定,将适用直接协商方式的范围限于下列事项:研究和实验合同、招标和邀请发价没有取得结果的合同、情况紧急的合同、需要保密的合同、只能在某一地方履行的合同、需要利用专利权的合同、需要利用特殊和高度技术的合同。① 法国的作法值得我国借鉴,立法可以针对不同种类的行政合同规定不同的缔约方式,如土地出让合同的缔约方式应该是招标投标;承包合同的缔结,可以采用招标、邀请发价、直接协商的方式。当然,为了防止滥权的发生,法律还可以规定听证程序。行政合同的这些特性,是行政合同比一般合同更适用于行政管理领域的重要原因。

4. 行政合同与行政命令相比,更有利于相对人。首先,合同是一种合意,双方当事人可在签订合同的过程中,反复协商或讨价还价,相对人的利益无疑会得到更充分的考虑;而且相对人相信自己的利益已得到了充分考虑,所以其精神需要也得到满足。其次,由于行政合同与一般合同相比,具有行政优益权的特点,作为补偿,行政主体往往会在合同中给予相对人以一定的优惠条件,例如在粮食定购合同中可能

---

① 参见王名扬:《法国行政法》,中国政法大学出版社 1989 年版,第 184 页。

有这样的条款,政府将为另一方当事人提供若干平价柴油、农膜、化肥等。实际上,有些行政合同如国家定货合同、公共工程承包合同,本身比同类内容的一般合同规模大得多,通常来说,这意味着其中的可期待利益也大得多。这也是相对方往往乐于接受行政合同的主要原因。因此当然也就要求有关行政主体受一定的限制,如只能为公共利益而向另一方当事人提供优惠,以及客观、实际地提供优惠等,以防止行政主体的工作人员以权谋私,收受贿赂廉价出卖行政权。

如上所述,不是学者在杜撰行政合同的存在,而是行政合同应该存在也必然存在。不管在未来的"行政程序法"中立专章规定,还是专门制定行政合同法,总之,法律调整是必要的。

民主、善治与公众参与*

——湖南行政程序法在中国的意义

2008年4月9日，湖南省政府第四次常务会议审议通过了《湖南省行政程序规定》（以下简称《规定》），并于2008年10月1日起正式实施。作为首部地方性行政程序规定，《规定》涵盖了行政程序的原则、行政主体、行政决策、行政执法、行政合同等一系列行政程序制度，对于促进湖南省责任型、法治型和服务型政府建设具有重要意义。在全国的"行政程序法""千呼万唤出不来"之际，作为地方政府能够深刻认识到行政程序的重要作用，率先通过制定地方政府规章的形式进行自我约束和规范，彰显了地方官员的远见和魄力。《规定》体现了浓厚的民主色彩、善治和公众参与的精神，为中国行政法治的发展打开了另一扇窗户。

一、民主的扩展

无论是从《规定》的制定过程而言，还是从《规定》本身的内容而言都体现了浓厚的民主色彩。就其制定过程来看，2008年2月18日，湖南省政府法制办全文公布《湖南省行政程序规定（草案）》，面向社会各界公开征求意见；同年2月23日，召开《湖南省行政程序规定（草案）》专家咨询论证会。通过广泛听取社会公众和专家的意见，有利于集思广益，防止专断草率、疏忽遗漏，尽量考虑周全，体现立法的科学化、民主化。就其内容来看，《规定》本身有很多体现民主的闪光点，如第35条规定：除依法不得公开的事项外，决策承办单位应当向社会公布重大行政决策方案草案，征求公众意见。这体现了行政决策的民主化，符合市场经济发展的内在要求，是社会各阶层利益多元化的必然

---

* 本文系与李辉合作，载《湖南社会科学》2008年第5期。李辉系全国人大常委会法工委干部、中国法学会会员。

要求，是实现人民当家作主民主权利的现实需要。[①]

民主历史悠久、源远流长。古代雅典城邦政治为其雏形。由于直接民主只能在小国寡民的范围内适用，近代以来间接民主逐渐取代了直接民主。间接民主主要通过代议制得以实现。作为“议会之母”，英国议会源于中世纪封建专制的等级代表会议，最早可追溯到盎格鲁·萨克逊时代的“贤人会议”和诺曼底时期的“大会议”。在法国，三级会议是国王为了自身利益做出妥协和让步的产物，通过1791年、1793年和1795年的立宪活动，建立起法国资产阶级议会制。最近两百年以来，政治民主在全球范围内如星星之火持续蔓延，民主化浪潮风起云涌，政治民主成为历史趋势，不断走向民主是世界各国的必然趋势。俞可平在《民主是个好东西》一文中指出：“在人类迄今发明和推行的所有政治制度中，民主是弊端最少的一种。也就是说，相对而言，民主是人类迄今最好的政治制度。”美籍日裔学者福山在《历史的终结及最后的人》一书中也认为，民主是一种普世价值。三百多年来，世界一直在朝着民主的方向发展，现代社会视民主为唯一合法制度，很难想象一种与之根本不同而又更优越的制度。[②]

尽管在有的学者看来，民主仅指政治民主[③]，但是从民主的现实发展来看，民主由政治领域不断向行政领域、社会领域渗透、扩张已经是一个不争的事实。民主正逐渐由公民的选举权领域、代议民主向其他领域，如立法、决策、规划、具体行政程序等拓展。因为“民主是一种政治方法，即为达到政治——立法与行政的——决定而做出的某种形式的制度安排。”[④]即民主的政治作用是作为一种政治社会的管理体制体现出来的，而这种民主社会的管理体制需要通过民主治理的形式来表现。“现代国家为行政权力的运作设置了种种民主参与机制，包括

---

① 参见刘莘主编：《法治政府与行政决策、行政立法》，北京大学出版社2006年版，第148—150页。

② 参见〔美〕福山：《历史的终结及最后的人》，黄胜强、许铭原译，中国社会科学出版社2003年版，第2页以下。

③ 参见〔美〕乔·萨托利：《民主新论》，冯克利、阎克文译，东方出版社1997年版，第9页以下。

④ 〔美〕约瑟夫·熊彼特：《资本主义、社会主义与民主》，吴良健译，商务印书馆1999年版，第359页。

行政政策形成过程的参与机制、行政计划编制过程中的参与机制、行政立法过程的参与机制、行政执法过程的参与机制、行政监督和救济过程的参与机制乃至整个行政过程的参与机制。于是,行政公开、行政听证、专家论证、征求意见等各种各样的制度得以确立,不断得以推进,人民在行政立法乃至一般的行政政策形成过程中的作用受到空前的重视。"①

在立法领域,科学立法、民主立法已经成为共识。美国 1946 年《联邦行政程序法》规定了两种制定法规的程序,即非正式程序和正式程序,都含有公众参与的内容,确保立法的民主性。其后美国《协商制定规章法》又规定了协商程序,作为对非正式程序的补充,其基本内容是行政机关在公布规章草案前,设立一个受管制的企业商业行会,公民团体及其他受影响的组织的代表和行政机关公务人员组成一个协商委员会,该委员会举行公开会议为形成规章草案进行商议;如达成协议,行政机关就采纳此协议作为规章草案,然后再进入法规制定的非正式程序。

我国《立法法》第 5 条规定:"立法应当体现人民意志,发扬社会主义民主,保障人民通过多种途径参与立法活动。"《规章制定程序条例》第 15 条规定:起草的规章直接涉及公民、法人或者其他组织切身利益,有关机关、组织或者公民对其有重大意见分歧的,应当向社会公布,征求社会各界的意见;起草单位也可以举行听证会。听取意见的形式多种多样,如立法座谈会、书面征求意见、调查研究、列席与旁听、公民讨论、专家咨询和论证、社会舆论载体讨论等。2005 年 9 月 27 日,全国人大法律委员会、财政经济委员会和全国人大常委会法工委就个人所得税法修正案草案在北京举行立法听证会,广泛听取包括工薪收入者在内的社会各方面的意见和建议。听证人认真考虑听证陈述人的人员构成等因素,力求使陈述人具有更

---

① 杨建顺:《行政立法过程的民主参与和利益表达》,载《法商研究》2004 年第 3 期。

广泛的代表性。[1] 2006 年 3 月,劳动合同法草案向社会全文公布,短短一个月时间收到近 20 万条意见。立法坚持走民主路线,注意倾听社会各阶层的意见,逐渐成为一种立法制度固定下来,如全国人大常委会委员长会议在 2008 年 4 月 22 日公布的立法工作计划中指出,今后全国人大常委会审议的法律草案,一般都公开向社会广泛征求意见。[2]

行政决策的制定和执行是否具有合法性(正当性)和有效性,关键在于行政决策是否能够为社会公众中的大多数所认同和接受。近年来,政府部门在行政决策时,或主动或被动,普遍采用了听证会形式来实现决策的可接受性。圆明园铺设防渗膜、厦门 PX 项目、北京地铁票价听证会等,通过社会公众的广泛参与,不断论证、质疑、说服,真理越辩越明,使得最终出台的决策更加接近人民群众大多数的意愿。除此之外,在城乡规划领域、具体行政行为诸如行政处罚、行政许可等领域,听取意见或者听证会作为民主的一种方式、手段,正日益发挥越来越重要的作用。

二、善治之路

自 20 世纪 70 年代以来,治理理论在全球范围内蓬勃发展。它强调"协调合作、伙伴关系、对话协商",彰显公民和公民社会的作用。上文所述的民主与这里所谈到的治理理论,二者并非风马牛不相及,它们之间存在着逻辑上的密切关系,紧密联系。治理理论的实质和核心,是管理的民主化,没有民主,就没有现代意义上的治理。治理理论的产生,可以视为在代议制民主框架内增加直接民主的含量,以弥补

---

① 听证会将安排听证陈述人,包括年满 18 周岁,有工资、薪金收入的公民 15 人至 20 人(听证人按照东、中、西部地区都有适当名额,工薪收入较高、较低的行业、职业都有适当名额,代表不同观点的各方都有适当名额的原则,在申请报名的人员中选择确定);草案起草部门财政部、国家税务总局和国务院法制办公室的代表各 1 人;全国总工会的代表 1 人;东、中、西部省、自治区财政或者税务部门的代表共 3 人;直辖市财政或者税务部门的代表 1 人。参见《人大常委会首次就个税法修正案草案立法听证》,新华网,2005 年 8 月 28 日报道。

② 参见毛磊:《全国人大常委会公布 2008 年工作要点和立法、监督工作计划》,载《人民日报》2008 年 4 月 23 日。

代议制的不足。[①]

治理理论出现后,从理论层面到实践层面,都出现了对传统管理理念的深刻批判和反思,带来了巨大的观念冲击和现实影响。治理理念对传统管理理念的颠覆可谓是革命性的。

首先,治理理念要求重新调整国家与公民社会之间的关系。传统管理模式强调国家与公民的二元划分,二者截然对立。治理理念认为政府应放松对社会的过度管制,授权给公民,大力发展公民自治组织,不断增强公民的参与意识,鼓励公民参与社会公共事务,倡导培育和提升公民自主管理能力。

其次,治理理念要求构建政府与公民间的合作关系,互动合作。与传统管理模式中垂直命令、单一向度模式不同,治理有赖于政府、公民、社会组织间的相互信任与合作,通过对话、协商、谈判、妥协来达成治理目标,形成共治。

最后,治理追求的价值是善治。俞可平认为,善治具备六个特征,即合法性、透明性、责任性、法治性、回应性、有效性。[②] 治理强调还权于民,重视政府与公民社会的合作。

由管理到治理的演变过程中,人的尊严、价值被置于更高的层次,人不再仅仅是行政管理中单方面地消极接受管理的被管理者,而是能够发表自己意见、在一定程度上影响行政决定的相对人,更加体现了"以人为本"。以行政程序为例,在传统管理理念下,行政程序是管理者实现行政管理目标的工具和手段,至于行政目标以何种形式实现则在所不问。在这种状态下,行政相对人仅被看作是行政管理的客体,其权益受到损害时往往只能通过事后救济加以补救。现代社会中,行政程序被赋予了更多的功能期许,凸显相对人的主体价值;通过规定行政公开、告知、听证等一系列制度,相对人作为受行政决定影响的主体同样可以有效参与行政程序的运行,体现了行政程序的交涉化。如此做出的行政决定具有合法性。

---

① 参见高小平:《实现良好治理的三大基础》,载《中国行政管理》2001年第9期。转引自罗豪才、宋功德:《公域之治的转型》,载《中国法学》2005年第5期。

② 参见俞可平:《治理与善治》,社会科学文献出版社2000年版,第8—15页。

善治是治理的最佳状态，是公共利益最大化的管理过程，它强调公共物品供给主体的多元化、强调公共管理过程的法治化、强调公共管理的责任性、透明性、有效性与合法性。[①] 为了实现善治这一目标，行政机关应最大限度地协调各种公民、利益团体之间以及公民与政府之间的利益矛盾，以便使公共管理活动取得公民最大限度的同意和认可。[②] 这一过程必需公众参与，“善治是政府和公民之间积极而有成效的合作，只有当公民能够广泛参与选举、决策、管理和监督时，才能和政府一道形成公共权威和公共秩序。”[③]

三、把公众参与做大做实

随着我国社会主义市场经济体制的不断发展和民主政治的不断推进，公众参与在社会生活中的空间不断拓展，出现了多种多样的参与形式，如职工代表大会制度、干部公示制度、听证会、公民监督等形式，为公众参与提供了制度保障。从实际效果看，公众参与对于提高决策的科学化、民主化有一定作用。但是，如果对我国目前的公众参与进行评估的话，结果可能并不让人满意，具体表现在：

1. 公众参与的适用领域在扩大，但参与深度和效果尚有局限。2006 年北京市出租车涨价听证会召开之前，各种媒体的随机采访都表明大约 70% 的公众和出租车司机都不赞成涨价，而听证的结果是参与听证的代表有 56% 赞成涨价，政府据此提高了价格。由此引发了参加听证会的出租车司机应当如何选择、选择多少可以代表他们的利益的争论。

2. 公众参与行为呈现出参与热情与参与冷漠的双重性。由于参与环境、个人的能力、兴趣等因素各异，通过参与对自身利益及其实现

---

① 参见俞可平:《治理与善治引论》，载《马克思主义与现实》1999 年第 5 期。

② 合法性本来在法学和政治学具有不同含义，政治学所谓的合法性说的是社会秩序和权威被自觉认可和服从的性质和状态。而行政程序法关于公众参与的规定，无疑是努力将政治学上的合法性化为法律学上的合法性，使得这种合法性不仅仅是外在的，更是本质上的。

③ 俞可平:《治理和善治:一种新的政治分析框架》，载《南京社会科学》2001 年第 9 期。

的可能性和实现渠道不同,不同的民众表现出不同的参与态度。

3. 公众参与的制度框架相对完整,但制度化水平较低,有的缺少必要的制度安排。随着有关制度体系的完善,公民行使权利的行为有了相对完备的保障,但是在相关制度的配套程序、程序的可操作性以及利益渠道的可选择性等方面还存在欠缺。

4. 参与的社会基础有所增强,但仍较弱。[①] 我国公众参与虽蓬勃发展,但无奈先天失调、掣肘颇多,任重道远。但是,随着公民意识的觉醒、公民社会的肇兴、经济实力的增强,越来越多的人热心于公众参与,如近一年来沸沸扬扬、日前终于盖棺定论的“周老虎”事件,很难想象,如果没有自然科学领域专业人士的科学分析,没有法律界人士的“穷追猛打”不懈追问、要求信息公开,没有公众的持续关注、不断质疑,“老虎”怎能现出原形?如果人们继续秉持“事不关己、高高挂起”、“自家各扫门前雪、哪管他人瓦上霜”的漠视态度,认为既然政府有关部门已经对外宣布虎照为真就没有必要再继续追问了,那么“老虎”的盖子就可能永远不会被揭开,就真的成为一种悲哀了。

《湖南省行政程序规定》在公众参与的制度规定上注意针对现实中的上述问题做出相应规定,为这项极具意义的制度发展建立了一座里程碑。《规定》的制定实践和内容,已经证明了这一点。在《规定》制定过程中,政府有关部门充分发扬民主,拓宽征求意见的渠道,认真听取各方面的意见。湖南省人民政府法制办公室于 2008 年 2 月 18 日在《湖南日报》、省政府法制网、红网、省政府门户网上全文公布了《规定(草案)》,同时刊登了征求意见的公告,向社会公开征求意见。在 2 月 23 日的专家咨询论证会上,参会专家进行了一整天的讨论,发表了许多很好的意见和建议。通过征求意见,共收到意见七百多条,有关部门认真加以研究。更为难得的是,征求意见过程结束后,湖南省人民政府法制办公室发布了《关于〈湖南省行政程序规定(草案)〉公众意见采纳情况的说明》,及时加以回应,对征求意见过程中的重大问题进行说明,还介绍了对这些问题的调研情况和修改思路,保障了

---

① 参见褚松燕:《权利发展与公民参与》,中国法制出版社 2007 年版,第 242—248 页。

社会公众的知情权和参与热情,防止“你说你的,我定我的”。[①]

就正式颁布的《规定》而言,同样对公众参与进行了重点规定,如设立了公开征求意见制度、听证制度、陈述申辩制度以及投诉举报制度等;将对人民群众影响较大的行政决策行为纳入行政程序规定规范的范围,并筛选出十类重大行政决策事项,规定必须经过调查研究、专家论证、公众参与、合法性审查和集体研究等必经程序。《规定》从多个方面扩大公众参与,保障群众的合法利益,让人民群众通过多种途径和形式参与行政管理。例如,第136条关于听证会参加人通过自愿报名的方式产生,并具有广泛的代表性;报名参加听证会的公众人数较多,需要选择听证会代表的,行政机关应当随机选择公众代表参加听证会;报名参加听证会的人数不多的,行政机关应当让所有报名者参加听证会的规定。第138条关于听证会参加人在规定的时间内未能详尽发表的意见,可以以书面形式提交给决策承办单位的规定。第139条规定行政机关应当充分考虑、采纳听证参加人的合理意见;不予采纳的,应当说明理由;意见采纳情况应当向社会公布的规定等。从这些看似不起眼的技术层面的变革来推进和扩大民主,相对于有些宏大叙事的政治民主建构而言,未必那么振奋人心,但实际上却有滴水穿石、潜移默化的功效,不失为一种理性明智、现实稳妥的路径选择。

通过行政程序规定的实施,依法行政、依程序行政的理念将不断深入人心,并内化为政府官员的行为准则[②],成为相对人“讨个说法”的利器,而不是花瓶般的摆设;政府在此过程中自身也经历一场自我革命,在不断试错、与相对人的博弈中进行观念更新,寻找自己的恰当位置。行政领域中的公众参与对于培养公民精神、构建责任政府具有

---

① 参见湖南省人民政府法制办公室:《关于〈湖南省行政程序规定(草案)〉公众意见采纳情况的说明》,http://www.hnsfzb.gov.cn/Item/1543.aspx,最后访问于2008年7月21日。

② 湖南省的有关行政机关已经开始按照《规定》的要求,在行政决策中适用听证会等形式。2008年7月21日,湖南省食品药品监督管理局对于湖南省县以上城区零售药店合理布局问题召开了听证会,最后决定不将距离限制作为零售药店开办的前置条件。参见汤红辉等:《湖南省食品药品监督管理局召开听证行政决策结果通报会》,http://hn.rednet.cn/c/2008/07/21/1556420.htm,最后访问于2008年7月21日。

重要意义,而这些恰恰又是政治民主的重要构成元素。当行政领域中的公众参与蔚然成风、遍地开花时,相信政治民主也就离水到渠成不远了。这未尝不是中国行政法治发展的一条可能路径,或民主政治发展的中国模式。正是在这个意义上,《湖南省行政程序规定》作为我国首部系统性的地方性行政程序规定,对于打造“阳光下的政府”、积累地方经验、扩大公众参与等都具有重大深远的意义。

四、结语

人生而自由,却无往不在枷锁之中。枷锁对于自由的达致,是一种必要。政府应自觉地“作茧自缚”,防止自己的手伸得过长;即使必须伸手,也应按规则出牌,防止肆意妄为。这是由政府观念上的更新解放带来的制度上的重大突破。《湖南省行政程序规定》的出台,是一种法治框架内的有益探索,昭示了中国行政法治发展的一种可能路径。

政府信息公开研究*

信息是现代社会中个人、组织进行活动的基础与原动力，是决定其发展与进步的举足轻重的因素；而信息化的程度则是衡量一个国家发展程度与文明程度的重要标志。正是随着信息在社会中的重要性的凸现，“信息公开”[①]一词才逐渐出现。信息公开在社会生活中，不同场合有不同指称，如对上市公司而言，法律规定其有义务定期公开与公司经营有关的事项，我们称之为“信息披露”。但在行政法领域，“信息公开”一般是指政府对所能控制使用的资料的公开。

最广义的信息公开包括立法机关、行政机关以及司法机关在内的所有国家机关的信息公开，许多国家也正是在这一范围内制定信息公开法的。另外，信息公开还可以区分为不依请求的公开与依请求的公开，前者指政府机关基于法律规定无需公民的请求即应公开有关政府信息，比如按照我国《立法法》的要求，立法机关公布法律、地方性法规，国务院公布行政法规等。WTO“透明度”的规则[②]要求我国：在合理的时间内以官方公报的形式公布所有与贸易有关的法律文件和行政措施；并在合理的时间内向 WTO 成员国提供这些文件和措施信息，而且要经常将政策法规改变的情况通知 WTO 等属之。“依请求的”信息公开指公民有权就公开事项予以请求，包括依利害关系人请求所作的公开，和不论有无利害关系而应任何公民的请求予以信息公开。如行政处罚中，行政机关应受处罚人请求公开做出处罚的依据，即属于“利害关系人”请求的公开；而公民请求行政机关公布其经费使用情况

---

* 本文系与吕艳滨合作，载《政法论坛》（中国政法大学学报）2003 年 4 月第 21 卷第 2 期。

① 旧译为“情报公开”，其中的“情报”两字即英文的“information”，如早期翻译的美国“情报自由法”。

② 在中国加入 WTO 的《议定书》和《工作组报告》中，中国政府承诺了有关透明度的要求。

等则属于“任何公民”请求的公开。我国加入世贸组织的法律文件中关于透明度的承诺中,也有不区分请求人的信息公开要求:中国将设立与贸易有关的法律文件和行政措施“咨询点”,当有人向咨询点申请提供这些信息之后30天内(特殊情况不超过45天),咨询点应当提供相应文件。本文所议论的信息公开是指依任何公民请求而公开政府信息。

一、公民的知情权是信息公开的基础

知情权(the right to know),广义上是指寻求、接受和传递信息情报的自由,是从官方或非官方获知有关情况的权利,又称为了解权或知悉权;就狭义而言,则仅指知悉官方有关情况的权利。[①]

知情权这一概念有两个层次:一为作为报道活动前提的知情权,这是为保障信息传递者的自由,与“采访自由”几乎是同义的;一为信息接受者的自由,即收集、选择信息的自由。[②] 应当说,这两个层次有着密切的联系,但又有着很大的差别,前者可以认为是由表现自由引申而来,是表现自由的另一方面,或说是其题中之意;而后者更具保障民主社会人民主权、民主参与的意味。

知情权这一概念的产生、发展已经历了数百年的时间。在美国1878费城立宪会议上,就已经出现了知情权的观念。当时宾夕法尼亚州的詹姆斯·威尔逊(James Wilson)在会上强调:“国民有权知道其代理人(agents)正在做或已经做的事,对此绝不可任由秘密进行议事程序的立法机关随意妄为。”[③]杰弗逊、麦迪生等人亦有相关论述。知情权作为概念正式出现则是1945年,针对当时广大新闻业者慑于战时的新闻管制而致报导失实的现状,美联社编辑肯特·库珀(Kent

---

① 参见杜钢建:《知情权制度比较研究——当代国外权利立法的新动向》,载《中国法学》1993年第2期;宋小卫:《略论我国公民的知情权》,载《法律科学》1994年第5期;谢鹏程:《公民的基本权利》,中国社会科学出版社1999年第1版。

② 参见〔日〕久田荣亚、水岛朝穗、岛居喜代和:《宪法·人权论》,(日)法律文化社1984年第1版,第53页。

③ 〔日〕芦部信喜:《现代人权论——违宪判断与基准》,有斐阁1983年第1版,第397页。

Cooper)正式提出了“知情权”这一概念。[1] 将这一概念首次规定在法律之中的则是西德,1949 年实施的该国基本法第 5 条中规定,人人享有以语言、文字和图画自由发表、传播其言论的权利并无阻碍地依通常途径了解信息的权利。[2] 这是世界范围内第一次在宪法中明确认可知情权。但立法上产生影响最为深远的是美国,其《信息自由法》(Freedom of Information Act)中规定任何公民平等地享有得到政府信息的权利,并对该权利所涉及的主体、客体(包括其范围)、救济等均作了明文规定,成为各国仿效的典范。其后,澳大利亚《信息自由法》、韩国《信息公开法》等亦明确认可了知情权。

对于知情权这一公民基本的政治权利,德国、北欧各国在宪法性文件中有明文规定。许多国家虽无明文规定,但一般认可知情权是宪法中有关规定的题中之意。首先,知情权是从言论、出版等表现自由得出的必然结论。过去,人们一般仅仅将“表现自由”理解为排除国家对于表达思想意见等行为的限制[3],或将其解释为“令说出其欲说之事的自由”。但是,表现的真正目的却是保障“自由并且充分的信息交流”,一直以来,人们注重的仅是被拿到“思想交换的市场”上的信息的传递,但更为重要的应是将对受众而言有意义的重要信息有效地拿到“市场”上来,否则,这样一种“思想交换的市场”就是发育不良。可以说,对表现自由的保障,从受众的角度看便是对知情权的认可。[4] 它对于确保表现自由的体系富有实效并且必不可少。

保障知情权也是国民主权理念的必然要素。国民作为主权者通过自身选出的代表管理国家,就必须充分获知与国家管理有关的各种情况,否则国民便无法监督国家机关及其公务人员的管理活动,无法对国家事务发表意见进而对其施加影响,国民主权的原则也就无异于

---

① 参见谢鹏程:《公民的基本权利》,中国社会科学出版社 1999 年第 1 版,第 261 页;宋小卫:《略论我国公民的知情权》,载《法律科学》1994 年第 5 期,第 14 页。

② 参见德国技术合作公司与中国国家行政学院合做出版的《联邦德国的宪法和行政法》,第 57 页。

③ 参见〔日〕井出嘉宪、兼子仁、右崎正博、多贺谷一照编著:《讲座情报公开——构造与动态》,行政 1998 年第 1 版,第 143 页。

④ 参见〔日〕佐藤功:《宪法》(新版),有斐阁 1983 年第 1 版,第 192 页。

空中楼阁,可以说,国民享有知情权是国民主权原则的当然前提。"公民享有知情权的另外一层法律意义是通过政府提供的信息,公民可以更好地实现宪法法律所规定的权利。"[1]

另外,知情权还在一些有关人权的国际条约,如《世界人权宣言》、《公民权利和政治权利国际公约》、《国际更正权公约》之中得到了肯认。[2]

在我国,国家的一切权力属于人民,人民依法通过各种途径和形式管理国家事务、经济文化事务、社会事务[3],同时一切国家机关及国家机关工作人员必须倾听人民的意见和建议,接受人民的监督,努力为人民服务[4],而广大公民还拥有批评、建议、申诉、控告、检举等权利[5],同时,我国公民还享有言论、出版、集会、结社、游行、示威的自由[6]。所以,虽然迄今为止,我国尚未明确对知情权做出规定,但从宪法的已有规定中足以认定该项权利在我国是有其宪法性基础的。另外,我国还是《国际人权宣言》、《公民权利和政治权利国际公约》等的缔约国之一,知情权在我国理应得到承认和保护。虽然有人以没有明示性法律规定提及知情权为由,用一副得意洋洋的表情论述说没有这项权利,但这是否定宪法基础的谬论。

知情权是发展和实现公民个人人格的重要的个人权利,并且具有

---

① 《加快政府信息公开步伐,促进中国社会信息化进程——国民经济信息化与政府信息公开研讨会纪实》,载《法制日报》2000 年 8 月 20 日第 3 版。

② 《世界人权宣言》第 19 条规定:"人人有权享有主张和发表意见的自由,此项权利包括持有主张而不受干涉的自由,和通过任何媒介和不论国界寻求、接受和传递消息和思想的自由"(全文见《世界人权约法总览》,四川人民出版社 1990 年第 1 版,第 960—964 页)。《公民权利和政治权利国际公约》第 19 条第 1 款规定:"人人有自由发表意见的权利,此项权利包括寻求、接受和传递各种消息和思想的自由"(全文见前书,第 972—985 页)。《国际更正权公约》序言称,"力望实施其全国人民获享充分及翔实报道之权利。"(全文见前书,第 1171—1174 页。)

③ 《中华人民共和国宪法》第 2 条。

④ 《中华人民共和国宪法》第 27 条。

⑤ 《中华人民共和国宪法》第 41 条。

⑥ 《中华人民共和国宪法》第 35 条。

确保公民参与政治过程的法律性质,扮演着参政权的重要角色。[①] 同时,知情权不仅是一种被动性地接受信息情报的权利,更是主动地对政府信息情报进行请求的权利,具有请求权的特点。[②] 也就是说,依据知情权,公民有权要求国家保障其行使请求权而不受妨碍,从另一方面讲,对国家课以了公开信息情报的义务。但这项权利如果仅止于对宪法的解释或一般性、原则性的规定,而没有上升为具体化的制度,则仍然是一种抽象性的权利。真正使这一权利得以实现,就必须使其具体化,明确公开化的原则,明确知情权的对象、公民行使知情权(或说国家履行告知义务)的程序等。这就需要制定信息公开法等法律。

信息公开的目的在于保障公民的知情权,而不是为了公开而公开,公开是方式、手段、途径,而绝不是目的。信息公开的制度得以确立,公民的知情权才有了现实的保障,公民对政治的充分参与、对权力的有效监督才能得到有力的保障。

二、信息公开法律制度的发展概况及趋势

世界上最早确立信息公开法制的国家是瑞典。瑞典曾经也是以保密为原则的国家,议会的所有活动均对外保密,而且 1648 年的一部法令对出版活动规定了严格的审查程序,极大地限制了人们获取政府文件。1766 年瑞典制定了《关于著述与出版自由的 1766 年 12 月 2 日之宪法法律》,在世界上开"信息公开法"之先河。该法废止了以往对出版物的事前审查,允许自由印刷并传播政府文件。其后,这一制度时断时续,最终得以保持至今。其中,1937 年通过修正明确规定对拒绝公开的行为,公民可以主张行政上的不服。第二次世界大战后,该国于 1949 年重新制定新的关于出版自由的宪法性法律,更加明确地对

---

① 参见〔日〕芦部信喜:《现代人权论——违宪判断与基准》,有斐阁 1983 年第 1 版,第 408 页;谢鹏程:《公民的基本权利》,中国社会科学出版社 1999 年第 1 版,第 258 页。

② 参见《世界人权宣言》第 19 条;〔日〕芦部信喜:《现代人权论——违宪判断与基准》,有斐阁 1983 年第 1 版,第 409 页;〔日〕井出嘉宪、兼子仁、右崎正博、多贺谷一照编著:《讲座情报公开——构造与动态》,行政 1998 年第 1 版,第 146 页。

公民的这项权利作了规定。后又经过20世纪七八十年代的几次修正,规定愈发详细,依据该法,任何人都有权查阅并公开政府文件,包括行政机关、法院在内的一切国家机关均成为公开的对象,法律还以限定性的、列举的方式规定了不公开文件的种类。其列举的不公开文件的法律,同时构成秘密保护法。

北欧其他国家中,芬兰于1951年、丹麦于1970年、挪威于1976年也分别制定了《信息公开法》。

继瑞典、芬兰等国之后,较早制定信息公开法,并且在世界上影响较为深远的国家是美国,该国的《信息自由法》(FOIA)[①]规定极为完备,已成为世界各国模仿的典范。1946年的美国联邦行政程序法对政府文件的公开有若干规定。但由于该法对应保密事项规定得不十分明确,往往被政府机关用来拒绝公开或隐匿资料;且法律对于拒绝公开,没有规定可资救济的手段。但是,美国社会有普遍反对行政保密的传统,律师、行政改良人士、新闻人士强烈要求修改1946年《联邦行政程序法》。1954年,民主党占据下院多数,莫斯(Moss)议员提出以信息公开控制政府的主张。其后,美国开始研究、制定信息公开法以及对广大公民的启蒙,最终于1966年制定了《信息自由法》。该法一改《联邦行政程序法》中只有正当且有直接利害关系的当事人才可请求查阅政府文件的作法,以任何人皆可请求公开为原则,在这方面大大削减了行政程序法给予政府机关的自由裁量权;而且将不公开的事项用列举的方式限定为九项,并明确规定"除有特别规定之外,本条并非认可对情报的非公开措施或者限制公众得到记录。本条并非联邦议会采取情报的非公开措施的依据"。[②] 同时该法还规定了司法审查措施,法院有权对不公开决定是否违法进行审查。其后,经过1974年、1976年、1986年等几次大的修改,经过了30多年的适用与完善,已形成了一套较为完备、可行的信息公开制度。

另外,法国于1978年7月制定《行政文书公开法》,澳大利亚于1982年3月制定了《信息自由法》,加拿大则于1982年7月制定《信

① 该法于1966年制定,并成为1946年德国《联邦行政程序法》的组成部分。

② 美国《信息自由法》(d)条。

息公开法》等等。

在亚洲,韩国率先制定了《信息公开法》(全称为《关于公共机关信息公开的法律》)。该国的信息公开法制首先在地方公共团体中推行。自1991年清州市率先制定信息公开条例,各地相继导入信息公开制度。至1996年5月末,245个地方自治团体中,有171个拥有了信息公开条例。1992年的当选总统金泳三履行其在竞选中的诺言,积极推进信息公开法的制定,1994年发表《行政信息公开运营指针》,提出制定信息公开法的方针并着手进行准备工作。最终,该法案于1996年11月得以通过,于1998年1月1日起施行。韩国的信息公开法中,不仅将行政机关,还将法院、国会以及特殊法人、地方自治体等列为信息公开的对象。并且最值得推崇的是,该法在第1条中明确将"保障国民的知情权"规定为制定该法的目的之一。

紧随其后,日本也制定了《信息公开法》。日本一直是秘密主义严重的国家,行政机关及其公务员总是想方设法隐匿政府文件,国民对此反映强烈。1971年的美国越南秘密电文泄露事件、1972年日本外务省的机密泄露事件、1972年田中首相的金库问题、1976洛克希德飞机公司行贿事件等,使得制定信息公开法的呼声日益高涨。从20世纪70年代起,日本学界开始了关于制定信息公开法的研究、讨论,日本政府也在社会舆论的压力下,开始研讨信息公开法的制定,最终于1998年3月27日将《信息公开法案》提交国会审议。国会于1999年5月7日通过了《关于行政机关所保有之信息公开的法律》(一般简称为《信息公开法》)。在日本,地方公共团体的"信息公开条例"一直走在国家立法的前列,至1997年4月,绝大部分都道府县都制定了各自的信息公开条例,在《信息公开法》公布之前,是广大公民请求公开、获取政府资料的重要依据。日本的信息公开法由于自民党的反对,未能明确确认公民的"知情权",而是规定政府具有"说明责任",受到日本各界的批判。而公开的对象也仅限于行政机关,不含国会、法院、特殊法人等。虽然日本的信息公开法由于种种原因未能达到人们预期的程度,但该法规定了信息公开请求权,相对严格地限定了不公开信息的类型以及确立了司法救济手段,所以仍被认为对于促进公民参与政事、监督政府、促进日本的行政改革等具有重大意义[①]，被认为是对日本政治而言极为重要的试金石。

观察上述各国制定信息公开法的情况，可以发现当前信息公开立法呈现出以下趋势：

1. 保障公民的知情权，增强政府活动的透明性。各国制定的信息公开法，囿于各自国情，在具体规定上是有差别的，但其出发点却是一致的，那就是要保障公民的知情权。各国法例都规定了公民的知情权，或规定了政府机关的"告知"义务或是"说明"义务。大大促进了政府活动的透明度，使得公众更容易监督自己的政府，更能保障公众对政治活动的参与。虽然各国信息公开法中均有关于公开之"例外"的规定，即准许不公开信息的情形规定，并且可以想见这种规定极可能成为政府机关隐匿信息、拒绝公开的口实，但是"信息公开请求权"的确立，以及将司法审查作为对不公开决定的监督手段，已使知情权由抽象走向了具体。知情权的确立，必然使"以公开为原则，不公开为例外"的信息公开制度，变得更加实在、具体，使得政府与公众的沟通、公民的参政以及对政府的监督更具实效。

2. 公开范围日益扩大，对不公开信息定有极为严格的限制条件。确认了公民一般意义上的知情权，确认了公开的原则，公开的范围也必然趋于扩大。首先，公开的请求权人不再限于直接的利害关系人，而是扩大至"任何人"；其次，公开的对象遍及所有的行政机关，甚至包括立法机关、司法机关以及行使一定行政职能的社会团体；再次，公开的内容涉及几乎所有的公共事务，而且仍有不断扩大的趋势，而不公开的内容则越来越少，日渐萎缩。不公开信息受到极严格的限制，各国均对不公开信息以明文列举的方式加以限定，除此之外的均是应当公开的，这一改过去由政府机关自由决定是否公开、公开什么的做法，政府机关对不公开的裁量权被限制到非常有限的范围之内。并且，"不公开"并非"绝对不公开"或者"不得公开"，而是"可以不公开"，因为信息公开法不是保密法，其对不公开的规定仅仅是在考虑公共利益与其他利益相权衡之基础上，允许免除行政机关的公开义务而已。而

---

① 参见〔日〕堀部政男：《制定情报公开法的意义与今后的课题》，载《法学家》1999年6月号。

且,不公开的决定最终还须接受司法机关的最终审查。

3. 注意协调信息公开与个人隐私、商业秘密、国家秘密等的关系。虽然信息公开法以公开为原则,但很多事项由于其特殊性,如果不适当地公开反而会产生负面影响,妨碍公共行政的顺利实施,甚至侵害到其他个人或者团体的利益。所以,信息公开更需要研究如何协调公开与保守国家秘密、维护国家安全、保护个人隐私以及维护企业秘密等的关系。从各国立法例看,对不公开信息的限定均是从协调公开与不公开的矛盾入手的,也都无一例外地采取明确规定不公开信息以界定公开与不公开范围的做法。应该看到,不公开信息的范围,决定着信息公开的程度,所以,这一部分是争论的焦点,也是立法中的难点,当然也是衡量立法是否成功的重要标准。

4. 司法审查被导入信息公开法。没有制度保障的权利只能是印在纸面上的文字,知情权也不例外。虽然"信息公开请求权"使得知情权得以具体化,但如果没有有效的制度保障和救济手段,这一权利仍将是无法实现的。所以,各国均规定不公开决定应受司法审查。美国就规定,法院可依其自身的判断重新审查不公开决定,并且拒绝公开的政府机关对不公开承担举证责任,法院还可进行秘密审查(in camera review)。

三、信息公开法的内容

(一)信息公开请求权

信息公开请求权是公民知情权的内容之一,它使得宪法上的这一抽象性的权利得以具体化。对于这一权利可从以下几个方面加以认识:

1. 任何人均可成为请求权人。制定情报公开法的目的是为了保障与实现公民的"知情权",而一切权力属于人民,政府有义务向人民说明其各项行为,人民有权监督政府,应努力寻求政府与人民之间有效的沟通等的理念,恰是公民"知情权"得以产生并存在的基础。基于此,可行使信息公开请求权的主体应当是任何公民,而不应问其请求公开的原因是什么,更不应当限定其与请求公开的事项之间必须有利害关系,请求权人只需明确指出请求公开的文件即可。而且,就各国立法而言,请求权人的范围呈现逐步扩大的趋势,许多国家均认可外国人也同样享有请求权。[1] 当然，这里的“任何人”不仅限于自然人，还应包括法人以及无行为能力的社会团体。

2. 国家行政机关是被请求人。[2] 所有依法取得行政职权，能够以自己的名义代表国家进行行政管理活动，并能依法承担由此产生的法律后果的行政组织均应成为信息公开请求的对象机关。在接到相对人公开的请求后，除法定免除公开义务的事项以外，有关行政机关应依照法定程序予以审查，并应当在法律规定的期限之内实施公开。行政机关与公民分别居于信息请求权的两端，一为义务承担者，一为权利享有者。

3. 请求权的客体是与行政机关实施行政管理有关的资料。具体而言，是指行政机关及公务员在执行职务过程中形成或取得的，由行政机关管理的，记录于文件、图画、磁盘、磁带等载体之上的信息情报。就内容而言，除法定免除公开义务的资料以外，不仅包括与行政机关对外做出行政行为有关的资料，而且也包括其在内部管理中形成的一部分资料，如与财政经费的使用情况有关的资料等。

公民享有信息公开请求权表明，行政机关的公开行为将受到来自行政相对人的实质性制约，行政机关过去那种想公开什么就公开什么、不想公开就不公开的做法再也不是可以任意妄为的了，它首先就要接受公民的监督和制约。应否公开、公开什么，已不再是行政机关单方说了算，处于相对一方的公民拥有了更多的选择权。可以说，只有这样，信息公开法才具有了真正的价值。

（二）不公开信息的界限

信息公开法追求最大限度的公开，尽量严格限制应当予以保密的事项，它的使命之一就在于明确界定不公开信息的内容、范围，不给行

---

① 有的学者称美国信息自由法认可在美国境内的外国人享有请求权，亦有的称不仅如此，该法还认可在国外的外国人亦享有请求权，参见〔日〕礒野弥生：《情报公开》，载《法学家（增刊）——行政法的争点》（新版），而该法采用了“公众”这一字眼，具体范围有待印证。

② 最理想的状态或者说广义的“信息公开”应是包括立法机关、司法机关、行政机关在内的公开，但是，限于篇幅，本文已将“信息公开”限定为行政机关的文件公开。

政机关留有过多的自由裁量的空间,以免其借此妨碍公开。所以,信息公开法中,与不公开信息有关的部分具有举足轻重的作用,说它是信息公开法的核心与灵魂也许并不过分。所谓"不公开信息",是指在信息公开制度之中,基于一定理由和一定的利益权衡而免除行政机关公开义务的信息。这里的"不公开"并非是禁止公开、不可公开,而是"可以不公开"。

1. 个人隐私

隐私是"一种与公共利益、群体利益无关的,当事人不愿令他人知道或他人不便知道的个人信息、当事人不愿他人干涉或他人不便干涉的个人私事以及当事人不愿他人侵入或他人不便侵入的个人领域"。[①] 它包括:个人的一切信息,其范围极其广泛;个人的私事,包括一切与公共利益无关的、个人的活动;个人领域,包括从个人的身体隐私到个人住宅、日记、通信等方方面面的内容。随着人类社会的不断发展,隐私的范围呈现出逐步扩大的趋势,这主要是人权观念与人权保护不断发展和演进的结果,也是法律加强人身权保护这种世界性趋势的必然要求。隐私权是"自然人享有的对其个人的、与公共利益无关的个人信息、私人活动和私有领域进行支配的一种人格权"[②],其客体即隐私事项。

隐私权的概念和理论最早产生于美国。1840 年,美国的路易斯·布兰蒂斯(Louis D. Brandeis)和萨莫尔·华伦(Samuel D. Warren)在哈佛大学的《法学评论》杂志上,发表了题为《隐私权》的论文,指出"在任何情况下,一个人都被赋予决定自己所有的是否公之于众的权利"。[③] 这被视作隐私权理论的基础。其后,法学界对此给予了积极响应,许多学者参与到这项研究之中,许多国家从法律上对隐私权加

---

① 王利明主编:《人格权法新论》,吉林人民出版社 1994 年第 1 版,第 482 页。

② 同上注,第 487 页。

③ 王利明、杨立新主编:《人格权与新闻侵权》,中国方正出版社 2000 年第 2 版,第 440 页。

以承认并予以保护。[①] 国际社会也对此给予了广泛的重视,数次将其纳入国际条约之中。[②]

信息公开法追求公开的最大化,但绝不可以此为理由而无视他人的隐私,否则,会使这部法律反而成为侵犯人权的工具。同时,在某些情况下,公开的利益较之隐私的利益更值得维护时,隐私权就必须让位于知情权。早在19世纪,恩格斯即已谈及这一问题,他指出:“个人隐私应受法律的保护,但个人隐私甚至阴私与重要的公共利益——政治生活发生联系的时候,个人隐私就不是一般意义上的私事,而是属于政治的一部分,它不再受隐私权的保护,而应成为历史记载和新闻报道不可回避的内容。”[③]所以,当个人私事可能会对公共利益、他人的切身利益产生影响时,个人隐私必须在一定程度上让位。

个人一旦加入公务员的行列,便成为社会公共利益的代表者和社会公共事务的主持者与参与者,其品德、能力、健康、经历等便不可避免地对执行公共事务产生影响,当然这些事项也就不受隐私权的保护了。而且,与执行公共事务有关的非公务人员的资料有时也将不受保护。日本迄今,已有相当多的判例依据各地方的“信息公开条例”判定行政机关利用行政经费招待的对方当事人的个人情况不属于应免除公开的范围。如1999年东京高级法院,判定新泻县东京事务所举行的聚会、互赠礼品等活动中涉及的对方当事人的姓名、经历、职位等应当公开[④];当然,某些公民的个人私事如患有某种严重传染病的人的病情,在特定的情况下也有可能不再受隐私权的保护。又如个人的前科、在原单位的工作情况等在特定情况下(如工作调动中),招聘单位

---

① 比如美国有《隐私保护法案》(the Privacy Protection Act)、《家庭教育权和隐私法案》(the Family Education Rights and Privacy Act)等大量法律对隐私权加以保护,瑞典、德国、法国、丹麦等国家也都在有关法律中确认了隐私权。

② 参见《世界人权宣言》第12条、《公民权利和政治权利国际公约》第17条等。

③ 参见《马克思恩格斯全集》第18卷,人民出版社1964年第1版,第591页;转引自陈力丹:《马克思恩格斯的“隐私权”观念》,载《新闻法通讯》1986年第1期。

④ 参见〔日〕《判例时报》2000年8月21日号。

也有权知悉。①

世界上确立信息公开制度的各国，均无一例外地将个人隐私作为除外事项而免除行政机关公开的义务。但在具体的规定方式上，各国立法略有不同，大致可分为个人隐私型和个人识别型。

个人隐私型明确将可能侵害个人隐私的资料排除在应公开的内容之外，如美国的《信息自由法》、荷兰的《信息获取法》等。

但是，个人隐私的概念具有不确定性，其范围往往因人而异，鉴于此，有的国家即采用了“个人识别型”的立法手段，即规定依据公开的资料中的相关内容（如姓名、出生年月等）可以识别出特定的个人，或者虽然不能识别出特定的个人，但是因公开而有可能损害他人的权益的信息情报，可以免除行政机关的公开义务。比如日本、韩国的《信息公开法》即属于这一类型。但是采用个人识别型立法手段必然导致不公开的个人资料无限扩大，以至于许多不属于个人隐私或虽属于个人隐私但具有公开必要性的资料被列入不公开信息之列，更易成为行政机关限制公开的借口，于是，凡采取此立法手段的国家均采用但书形式列举该不公开情报之中的例外事项。比如，日本《信息公开法》第5条第1项但书规定：依据法律规定或者依据习惯应当公开或预定公开的信息，为保护他人的生命、健康、生活或财产而需公开之信息，以及与公务员职务及执行职务有关的内容必须公开。韩国《信息公开法》第6条第1款第6项但书部分亦有类似规定。在一些隐私权观念尚不发达，隐私权概念尚不确定的国家中，采取这一方式在一定程度上达成了隐私权与知情权的妥协，避免了将一种不明确的规定交由执法者自由裁量，未尝不具有可资借鉴的价值。

在我国，有关隐私权的法律保护起步较晚，无系统立法，有关部门法中的规定较零乱、琐碎，缺乏衔接性、统一性，法律尚未明确确认隐

---

① 据报载，近日有一家自称专门为企业提供员工黑材料的“中国黑档.com”网战开通，引来众多争议（参见《中国黑档.com 招惹争议》，载《中国贸易报》2001年2月16日第1版）。至于该网站是否有权从事该业务，以及其行为是否侵犯他人隐私权本文在此不做评论，但笔者认为用人单位了解应聘者的经历恰是其行使自身知情权、维护自身利益的表现。当然，用人单位在依法获得应聘者的资料后，负有对其保密的义务。

私权，司法实践中则将其与名誉权混为一谈。[①] 这极不利于对隐私权的保护。

2. 商业秘密

行政机关在进行行政管理时往往会掌握大量的商业秘密，有时工商企业也会主动向其披露商业秘密，所以在信息公开法制中，如何协调商业秘密的公开与不公开之间的关系也是一个重要课题。

关于商业秘密的概念及其保护，各国几乎都有相应的规定，如美国将其定义为：因并不为众所周知，无法由他人通过正当方法轻易获知，其泄露或使用能够使人获取经济利益而具有现实的或潜在的独立价值，并已尽合理努力维持其秘密性的特定信息，包括配方、样式、编辑产品、程序、设计、方法、技术或工艺等；[②]美国《信息自由法》(b)4规定，公开不适用于贸易秘密和从个人以及特权机构和保密机构获得的商业或金融信息。并且，该国判例将是否削弱政府机关以后取得必要信息的能力、并且严重损害信息提供者的竞争地位作为判定私人提供的商业、金融信息是否具有秘密性质的标准。[③] 在德国，联邦法院及学说一般认为商业秘密是指其所有人有保密的意思、具有正当经济利益的一切与经营有关并尚未公开的信息。[④] 日本则将其界定为不为公众知晓的，作为秘密而加以管理的生产方法、销售方法及其他对事业

---

① 《最高人民法院关于贯彻执行〈中华人民共和国民法通则〉若干问题的意见(试行)》第140条以及《最高人民法院关于审理名誉权案件若干问题的解答》第7条中规定，擅自公布、宣扬他人隐私的按照侵害他人名誉权处理，但是隐私权与名誉权在内容、受侵害的形式等方面都有着极大的不同，这样的规定并不利于对于隐私权的有效保护。而2001年2月26日出台的《最高人民法院关于确定民事侵权精神损害赔偿责任若干问题的解释》第2条第2款规定：违反社会公共利益、社会公德侵害他人隐私的，受害人诉求精神损害赔偿的，人民法院应当受理。这显然又对侵害隐私权的行为要件增加了不应有的限制。

② 参见美国《统一商业秘密法》(1985年)第1条第4款，载唐海滨主编：《美国是如何保护商业秘密的》，法律出版社1999年第1版。

③ 哥伦比亚特区上诉法院做出的1974年国家公园和自然保护协会诉莫顿案件的判决，参见王名扬：《美国行政法》，中国法制出版社1995年版，第987—988页。

④ 参见孔祥俊：《商业秘密保护法原理》，中国法制出版社1999年第1版，第117页。

活动有用的技术上或者营业上的信息。[①] 日本的《信息公开法》第5条第2项除了规定公开将有害于当事人权利、竞争地位及其他正当利益的资料可免除公开外，还规定当事人以不公开为条件而向行政机关提供的资料可免除公开。而我国则在借鉴国外立法的基础上，将其定义为"不为公众所知悉，能为权利人带来经济利益，具有实用性并经权利人采取保密措施的技术信息和经营信息"。[②]

但无论如何，这种不公开都只是裁量的、相对的，一旦不公开的利益与其他利益（诸公共利益、他人利益）相抵触时，也即对商业秘密不公开的利益小于对公共利益、他人利益进行保护的利益时，公开将是绝对的。比如，日本《信息公开法》第5条第2项但书部分规定，为保护他人的生命、健康、生活或财产而需公开的资料必须公开。原因在于，即便是原则上不公开的信息，若因公开而具有优越的公共利益，则不公开的合理性理由将不被认可。[③]

3．国家秘密

对于国家秘密的概念，各国立法中存在概括定义型、列举规定型和概括定义加列举规定型。[④] 综合比较有关国家的定义，似乎可作如下界定，即国家秘密是指由特定机关依照法定程序确定的，在一定时间内只限一定范围的人员知悉，并由国家依法采取保密措施的，涉及国家安全与利益的事项，包括涉及国家安全和利益的国防、外交等国家政务事项信息、军事技术和其他尖端技术信息、重大政治经济决策信息等。

在计划经济体制下，国家是经济活动的管理者同时也是经济活动的参与者，直接参与国家宏观与微观的经济活动，日常的经济活动直接关系到国家的安全与利益，因此，在这种体制之下，许多重要的经济信息被作为国家秘密加以特殊保护。这一点由我国现行《保密法》可

---

① 参见《日本不正当竞争防止法》第2条第4款。

② 《中华人民共和国反不正当竞争法》第10条第3款。

③ 参见〔日〕行政改革委员会行政情报公开部会：《情报公开法要纲案的考虑方法》（1996年11月1日）。

④ 参见课题组编著：《保密法比较研究》，金城出版社2001年第1版，"第四章　国家秘密的概念及其特征"。

窥其一斑,该法将国家事务重大决策中的秘密事项、国民经济和社会发展中的秘密事项以及科学技术中的秘密事项等作为国家秘密加以保护[①],这其中就包括许多重要的经济信息。而即便是20世纪90年代中后期的有关著作,亦有将经济计划(包括工农业总产值、国民生产总值、重要物资储备计划、财政、金融信息、固定资产投资、大型工程、招标计划等)、经济决策、经营管理、对外贸易等的许多事项解释为应属于国家经济秘密。[②] 而在市场经济条件下,国家的经济职能相对淡化,对经济的管制较为宽松,许多经济信息不再被作为国家秘密对待。

国家秘密事关国家安全与利益,信息公开法在坚持公开原则的前提下,各国皆将国家秘密列入不公开事项,例如美国规定为"国防外交政策"[③],韩国规定为"公开后,有可能损害国家安全保障、国防、统一、外交关系等国家重大利益"的信息[④],日本规定为"因公开而可能危害国家安全、损害与其他国家或国际机构间信赖关系抑或对于与其他国家或国际机构间的交涉带来不利益"的信息。[⑤]

另外,在请求公开的政府文件中,往往存在应公开信息与不公开信息相混杂、仅一部分属于不公开信息而其他内容则应当公开并具有公开价值的情形,这时行政机关仍应将除去该不公开信息部分的文件公开,而不应以部分内容属于不公开信息为由而拒绝全部文件的公开。另外,在特定情况下,仅有特定当事人有权知悉某一文件,比如,某人是否患有严重传染性疾病仅其配偶、亲属或者招聘单位等有应知悉的利益,而对于其他人员,当事人的隐私权将限制其知悉。此时,这部分特定的信息公开请求权人还负有保密的义务以及对已获取的资料加以合理利用的义务。

另外,信息公开的请求往往会涉及第三人的利益,比如涉及第三人的隐私、商业秘密等,此时,行政机关如果认为被请求的文件不应受

---

① 参见《中华人民共和国保守国家秘密法》第8条。

② 参见张殿清:《窃密与反窃密》,世界知识出版社1997年第11版,第323—363页。

③ 参见《美国信息自由法》(b)(1)(A)。

④ 参见《韩国信息公开法》第7条第1款第2项。

⑤ 参见《日本信息公开法》第5条第3项。

隐私权或商业秘密的保护而决定公开，有时难免对该第三人的利益造成难以恢复的损害。所以第三人的利益亦应得到程序上的相应保护，即相关行政机关在接到请求公开的申请后，应及时通知所涉及的第三人，并给予其提出异议、进行充分反驳的机会。

（三）救济

若要使法律规定的权利成为现实，必须对其附以行之有效的救济手段，尤其是要坚持“司法最终审查”的原则，当当事人的合法权益受到侵害时，必须允许其以有效的救济途径尤其是诉讼方式维护其权益。在信息公开法制中，亦是如此，如果没有相应的救济手段，信息公开请求权以及作为其基础的知情权则仅能流于形式，而信息公开法制也必然难逃被束之高阁的命运。因为任何一个国家的行政机关及其公务人员都难免会仅从本部门或者自身的利益出发，利用不公开信息在法律规定上的相对不确定性以及其自由裁量权，以“公共利益”等借口阻止信息公开请求权人得到对行政机关或者有关公务人员不利或其不愿公开的政府文件。美国1946年的《行政程序法》因为没有规定相应的救济手段，致使该法中已规定的知情权空有虚名，最终促使美国又制定了《信息自由法》，是一个较为典型的例子。而我国现有层面上的“政务公开”最大的不足也正是在这一点上。总之，没有救济，就没有权利，而没有救济途径的信息公开法制则无疑是一种冠冕堂皇的摆设。

迄今，世界上已建立信息公开法制的国家无不利用司法审查的手段来对行政机关的不公开决定或怠于公开的行为加以监督，即信息公开请求权人可依法请求法院审查行政机关的决定，或撤销其不公开决定，或判令其决定违法。这也成为了信息公开法制的世界性立法趋势之一。其中，较典型的是美国《信息自由法》中的规定，该法（a）（4）（B）中规定，行政机关拒绝公众的公开请求的，公众可直接向法院起诉，在诉讼中作为被告的行政机关对拒绝公开的正当理由负有举证责任，而法院完全可以不顾其对事实的认定，以自己的判断做出结论，并且法院对政府文件可以进行不公开的审查，即在当事人不在场的情况下审查文件是否应当不公开。其他国家，诸如荷兰、韩国、日本等也都有相似规定。

可以说，信息公开请求权令知情权从抽象走向了具体，而司法审查的导入则令知情权有了切实的保障,两者的结合最终才能使信息公开法制不会空有其名。

同时,信息公开法制中的救济还不应仅限于此,还应包括对相关第三人的保护,即当行政机关未给予该第三人陈述异议、进行反驳的机会或者无视其异议而决定公开之时,该第三人有权向法院起诉,请求确认其行为违法或撤销其公开决定。

在我国,对公开请求的最终审查权应在法院,也就是说法院应当拥有对是否公开的最终决定权。行政机关对公开请求权人的公开请求行使最初的审查,根据法律对不公开信息的有关规定做出公开与否的决定。但是,由于不公开信息无论如何都不可能规定得极为明确并完全排除自由裁量权,所以由行政机关自己决断就仍然存在着一定的危险。因此,当公开请求权人对不公开决定不服时,将由法院根据法律规定,以自身判断决定是否公开。行政复议由于其制度本身的先天不足无力担当这一重任,所以在我国将司法最终审查导入信息公开领域将是不可回避的。

起草和制定信息公开法,在我国有非常重要的意义。它是保障公民知情权、实现政府信息资源共享、促进行政机关依法行政、有效遏制腐败的需要;同时也是世贸组织规则的要求。WTO 为防止成员国之间进行不公平贸易,造成歧视,扭曲国际贸易,要求各成员国实施的有关贸易的政策、法令及各成员国之间有关贸易的现行协定必须予以公布,增强其透明性,这也是实现最惠国待遇和国民待遇原则的重要保障。《关税与贸易总协定》(GATT)第 10 条规定缔约国应迅速公布有关的法律、司法判决及行政决定,而且对此负有向 GATT 秘书处通知的义务;而《服务贸易协定》(GATS)、《与贸易有关的知识产权协定》(TRIPS)等均无一例外地规定缔约国应当及时公布有关法律、法规、判决、裁定。同时,世贸组织还实行贸易政策审议的机制,该机制要求各成员国在各自体系内鼓励和促进更大的透明度,其审议范围日渐扩大,但主要集中在各成员国各自的贸易政策和做法上。根据世贸组织多边贸易总协定、各专门协定和中国议定书的规定,我国实行透明度的范围应是有关影响货物贸易、服务贸易、知识产权保护、外汇管制的一切政府措施,包括法律、法规、规章、法令、指令、行政指导、政策及其他措施。可以说,我国在“透明度”方面的现有状况是无法适应世贸规则的要求的。因此,起草、制定信息公开法,是保障实现法治政府、适应入世需要的重要措施。

行政复议制度近期可能的改革*

我国的行政复议制度是由1990年《行政复议条例》正式建立起来的。按照学理上的通论,行政复议应该在三方面发挥作用:一是减轻法院的负担,二是减轻当事人的负担,三是留给行政机关一次自我纠正错误的机会。但十几年来的实践却未尽如人意。举例来说,2001年全国的行政复议案件有83 487件,但2002年这一数字变成了76 456件,2003年又略有减少,变成75 918件。可以说,行政复议案件的数量集中反映了行政复议制度的种种问题,直接影响到行政复议制度发挥作用:复议案件过少,行政复议对行政诉讼就起不到过滤器的作用,就谈不上减轻法院负担;行政复议案件过少,表明当事人并不信任行政复议制度,行政复议制度对当事人而言的简便、经济、快捷的效果就无从谈起;行政复议案件过少也表明行政机关在大多数的情形下,是被动地在诉讼过程中复查自己的工作,即已经动用了更为复杂、成本更高的程序。又如2000—2003年已经受理的复议案件中分别有10 813件、11 700件、11 049件、11 905件是以申请人撤回申请结束的。撤回申请占全部受理案件的1/8到之后的1/7还多,这样的比例说明了行政复议制度本身的设计妨碍了其达到目标。

行政复议是上级行政机关复查引起相对人争议的下级机关已经做出的行政行为的活动,这种活动如果能够顺利展开的话,在制度设计上,就应该力避"官官相护"的嫌疑,也就是说,这种活动应当具有公正性,审理者应当具有独立性和超然地位,程序是司法化的。但由于行政复议法仅仅把行政复议活动看作是行政机关的层级监督,强调的是其行政性的一面,而忽略了其"准司法"性质的一面,在这样的指导思想下的制度安排,无法打消当事人的顾虑,无助于激发他们申请行政复议,在投入与收效的衡量之间,当事人也许就会避而不用行政复

---

* 载《行政法学研究》2005年第2期。

议,行政复议案件数量不多,这当是主要原因。

行政复议制度效用不理想,激发了完善、改良的动议。但是行政复议制度如何改,还需进行摸索,因而修改行政复议法的时机尚不成熟。那么,现行行政复议制度既需要有所变动,又只能在现有法律框架内完成,鉴于此,笔者有如下想法:

一、在不抵触行政复议法的前提下,可以制定新的行政法规弥补不足

《行政复议法》只有43条,对构建行政复议制度而言,不是所有规定都很细致,这就给制定补充性的行政法规留下了空间。虽然新的行政法规不能与现行行政复议法相抵触,但在现有制度框架内进行改革还是有余地的。例如关于行政复议书面审查的原则规定在复议法第22条,其中关于申请人提出要求或者行政复议机构"认为必要时,可以向有关组织和人员调查情况,听取申请人、被申请人和第三人的意见"的规定,并没有排除行政复议机关进行这种调查时,以近似于诉讼庭审的方式进行。如果有了这种新规定,就可以避免现在行政复议机关单方面地向不同当事人调查的弊端。"禁止单方面接触"是司法程序保障裁判者独立、公正的一个禁令,对行政复议这个准司法程序来说亦是必要的。

当然,有的新规定可能突破了现行复议法的规定,但其基本界线在于,只要这些新规定是赋予相对人程序权利,或者反过来说,是赋予行政机关程序义务的,就属于在法律限度内行政机关的自我约束,在实质上没有违反法律优先原则。

二、制定新的行政法规,增强行政复议制度的准司法性是重点

行政机关系统内部的层级监督关系,是行政复议制度建立的前提,但并不代表这种制度的全部性质。由于行政复议是为解决纷争而设立的,要使解决纷争的这种途径被人们所信任从而乐于利用,建立一套保障公正的机制是必要的。效率是行政管理追求的目标,而公正是司法活动追求的目标。行政复议制度的首要目标是公正,因此行政复议机构的独立性,复议程序、复议裁决的做出是制定新法规需要特

别关注的地方。

法制办(处)是各级行政复议机关承办复议事项的机构,复议决定是复议机关首长做出的,复议机构只是调查事实情况、承办具体复议事项的机构,没有独立性,也不能做出具有法律意义的决定。为了在现有制度框架内增加其做出公正裁决的可能性,可以学习台湾地区的作法,吸收专家参加复议机构的工作,让他们以专家的身份公开对事实、法律问题做出判断,这可以在相当程度上矫正首长负责制在复议裁决上的弊端,增加行政复议裁决的公正性。另外,可以学习美国的行政法官制度,在行政法官做出初裁后的一定期间内,当事人没有向该行政机关的首长申请复查的,行政法官的初裁便可以作为该行政机关的最终决定发生法律效力。[①] 复议机构的初裁与复议机关的终裁就变成一种灵活的关系,而这种灵活关系取决于当事人的意志和选择,显然是公正的,也更经济有效。而这样一个小小的调整,无疑也会增加复议机构的独立性。

现行复议以书面审为原则,即使必须调查事实情况进行口头调查,行政复议法也没有规定"庭审"方式。因而行政复议在与相对人打交道的环节上缺乏基本的程序规定。为增强复议程序的司法性,重点在于规定"禁止单方面接触"的庭审方式。"禁止单方面接触"意味着复议机关或复议机构人员不能向申请人、被申请人、第三人单方面调查事实、了解情况,以避免先入为主、成竹在胸。如果需要查证事实,一定要双方或三方均通知到场,让当事人之间有机会进行面对面的陈述、辩论和质证,彰显复议程序的公正性。虽然在我国真正的"禁止单方面接触"在司法领域还没有普及,但是我们对行政复议制度却必须提出这样的要求;也许行政复议领域会像司法领域推行这一制度一样步履蹒跚,但蹒跚之中的前行是可以期许的。

另外与程序有关的实体问题是,听取来的意见对复议裁决有无约束力?即可否采信听取意见之外的其他意见做出复议裁决?笔者认为,既然增加听取意见程序是为了公正,就不应该让这种公正徒具形式,听取来的意见就应该对复议裁决有约束力。否则,"听"与"不听"

---

① 这里的"终裁"指行政机关发生法律效力的裁决,并非排除诉权的"最终裁决",当事人仍然可以对此提起行政诉讼。

有何区别？“意见”对裁决的约束力，是说复议裁决中认定的事实是听取意见或听证过程中质证和认证的事实，而非采纳这一构成之外的其他事实。因此，专家意见到底以何种形式介入复议程序需通盘考虑。专家如果被纳入行政复议机构，是其成员，专家意见应该体现在复议机构的初裁或复议机关的终裁中；而如果专家不被纳入行政复议机构，其意见与“听”来的意见是何关系，哪个应当在前出现，这些均需要新行政法规做出规定。

三、行政复议制度趋势远眺

我们在为现行制度弥补缺陷的同时，不得不考虑的另一个问题是这一制度到底会有什么样的发展趋势，以便改革具有一定的前瞻性，避免不断的完善之间的大起大落。对这一问题已有不少议论，归纳起来大致有这样几种意见：第一种意见是保持行政复议制度在现行法律中的状态，那么未来的完善无非是小修小补。这种意见是极少数。第二种意见是对行政复议进行大的调整，甚至可以与行政诉讼制度一起考虑，建立行政法院，将复议范围缩小为那些事实简单容易认定的纠纷，余者统归行政法院。第三种意见是一种折中方案，既保留行政复议的范围并增加行政复议制度的司法性。

笔者认为，第一种方案基于将行政复议定位为行政机关系统内部层级监督制度的认识，其不正确性从复议制度的现行效果来看无须多论。第二种方案，姑且不论将来可否建立行政法院作为行政诉讼的专门法院，只就行政复议独立存在的必要性来说，有考虑不周之处。因为从现在人民法院审判制度包括行政审判制度改革的趋势看，越来越倾向于在证据上让当事人发挥自身的主动性和积极性，所以虽然法院的司法审查仍然是“以事实为依据，以法律为准绳”的全面审查，但却因此渐渐有一种“法律审”的味道。行政复议虽不一定是行政诉讼的必经程序，但如当事人诉诸行政复议，行政复议机关就有义务把好“事实审”这一关。可见，行政诉讼、行政复议可以在功用上各有侧重，简单地说，大大压缩行政复议范围，把绝大多数行政案件归到人民法院“名下”，并不是一个解决现存问题的好办法，也不利于法院对行政案件的（法律）审查。第三种方案，是笔者赞成的方案，因为无论从人民法院受理案件的承受力，还是从经济、便捷地解决纷争的角度言之，行政复议都有其独立存在的价值,问题是如何完善使其发挥应有的作用。

完善行政复议制度的重点在于赋予它一种司法性,已如上述。与之相关的另一个考虑是,现实中许多复议机关怕麻烦、怕当被告,因而尽量维持原来的具体行政行为,也有人提出,可不可以不让行政复议机关当被告,从而使复议机关无顾虑地工作。笔者以为,这种建议不是不可以,关键是复议首先需要司法化,只有司法化的复议才可以作为法院诉讼之前的"初审",不然是不可以这样改变的。没有"司法化"这一前提,贸然进行那样的改变,行政复议制度只能会雪上加霜!可见,不仅是从复议制度的目标,其他很多方面要调整得更为合理,司法化都是行政复议制度改革的出路。我们有了这样的趋势预测,对行政复议制度的改革完善才会代价小、成果大。

析行政判例*

随着我国改革开放的实行和不断深入,我国面临着日益展开的全球化、信息化的各种新问题,行政法领域立法滞后、执法不到位的问题突出的现状,已逐步给我国的行政法制建设提出了严峻的挑战。行政判例在我国一直以来没有得到广泛认可,在理论界也缺乏较为系统的研究。由此,本文从行政判例这一角度展开讨论。

一、基本内涵的阐释

1. 判例与案例

"判例"一词,严格意义上讲,是指英美法中的"judicial precedant"一词,即判决上的先例。一般所说的判例,是指可以作为其他判决的先例,其中最有意义的是判例中判决理由所示的法律性判断。[1] 台湾地区学者王泽鉴将判例定义为:法院就具体案件所作的判断,对外发生一定的效力,成为以后判决的先例。[2]

判例与案例不同,在形式、效力范围方面都有区别。判例是经过一定程序产生的具有特定形式的个案,其判决结果及运用的规则都对以后其他案件具有严格的约束力。而案例则是普通的个案,是正常司法判决的结果,对以后案件不具有拘束力。

2. 判例法

判例经国家认可具有法律效力即成为判例法。判例法通常是指法院在处理某一事实时应该遵循已经确立的法律原则。其基本原则是"遵循先例",即法院审理案件时,必须将先前法院的判例作为审理和裁决的法律依据;对于本级法院和上级法院已经生效的判决处理过的问题,在遇到同样或类似的案件而没有新的情况时,就不得做出与

---

* 本文系与石德莲合作,2006 年 4 月中欧行政管理研讨会论文。

① 参见〔日〕中野次雄:《判例及其学习方法》,有斐阁,1997 年 3 月。

② 参见王泽鉴:《民法总则》,中国政法大学出版社 2001 年版。

原来判决不同的判决。

判例法最初是英美法系国家法律的主要渊源。以英国为例,判例法的产生有其历史原因。在1066年诺曼底公爵征服英国之前,英国大部分地区施行的是盎格鲁——萨克逊的习惯法;东北部实行入侵的丹麦人的北欧条顿人习惯法;教会内部还有教会法,各地执法不一。诺曼人在英国建立封建制度、形成专制国家后,为削弱地方封建领主势力、加强王权、统一法度,设立了王国法院,授权他们以"正义"的标准开庭审理案件或者到各地巡回审判,并到各地宣讲这些审判案例。[①]由于缺乏统一的成文法作为标准,加之王国法院的特殊地位,使这些判例可以普遍适用于全国,判例作为法源的习惯和制度就逐渐形成了。可见,判例法是在统一法律的过程中产生的,是统一法律的工具。

我国是制定法国家,从整体上无判例法的传统,并不承认判例法,行政领域也是如此。行政判决是否可以作为判例目前没有定论,因而不具有法源地位,也无约束作用。

二、我国行政法领域的现状呼唤行政判例

我国行政法领域的现状首先反映在整体法制现状上,即我国目前社会主义初级阶段的法制现状。基本特点是社会主义法制建设不够完善。这种不完善是指,法律制度相对于当前社会主义市场经济条件下社会调整的需求还不能完全适应。具体而言, 是存在一些立法上的缺位,立法的步伐跟不上社会生活的发展,如在物业管理方面、亲子鉴定方面、电子政务方面等;二是现行立法在某些方面与市场经济实践脱节,或超前或滞后,使其难以发挥应有的作用,如公正制度的立法滞后等。

具体到我国的行政法领域,现状则更为堪忧。由于行政法调整领域的广泛性、易变性的特点,导致制定一个普适性的行政法典几乎不可能。同时,行政法各部门专业性、技术性很强,各方面的专业事项差别很大,某一领域的行政立法往往不能适用于其他领域。目前不但没有统一的法典,而且一些基本的问题也无法可依,如行政组织法、行政

---

① 参见张友渔:《中国大百科全书(法学卷)》,中国大百科全书出版社1984年版,第283页。

程序法等。目前,我国在行政立法上只能迫于现实的需求和压力零打碎敲的制定某些方面的法规,但这一行政立法模式无疑缺乏科学性和前瞻性,不能对行政关系进行系统、综合的调整,很难适应现实的要求。在我国加入 WTO 以后,行政立法与我国所面临的国内国际形势之间的矛盾更加突出,这都要求我国行政法去积极地应对。

就目前的行政法制现状来看,行政立法虽然也在不断做出努力,但与日新月异的社会生活相比,不可避免地呈现出滞后于现实的特征,而且无论如何详尽的立法,也不可能穷尽社会生活的所有领域和各个环节,在某些方面无法可依的现象是不可避免的。而这种状态也将一定程度地对公民合法权益的保护造成影响。面对现行成文行政法律规范的种种缺陷和不足,有必要在成文法创制方式之外尝试设置一种灵活的方式来应对,在寻求解决之道的过程中,行政判例逐渐引起了广泛关注。

三、行政判例的意义和作用

行政判例可以在一定程度上弥补现行成文行政法律规范的不足,同时又可以推进行政立法的完善,使行政立法逐步适应社会发展的需要,适应处理新型行政事务的需要。从这个角度讲,两者是互补的,在任何一个法律体系,为建立稳定的规范框架,制定法都是必不可少的,是法律规范性和预测性的基石,而行政判例是不断变化的,这种稳定与变化如果很好的结合就产生了法律体系要求的确定性和适应性,使法律不断向前发展。可以说,行政判例是立法、司法领域的特殊桥梁和中介,是推动法律机制运行的一个重要驱动力。

除此之外,行政判例还在以下几个方面具有重大的意义。

1. 有助于维护法制统一和司法公正

行政判例的形成将在现有行政体制下一定程度地打破地区和部门保护,为同类案件裁决的统一性提供了可能。在统一的市场中实施统一的司法、公正的司法,也是 WTO 对成员国的要求。然而从我国目前来看,由于法律条文过于抽象和概括,甚至某些法条本身就包含多种含义,导致了法官适用时有不同理解。法律解释虽然在一定程度上可以弥补这一缺陷,但大多法律解释本身也存在着抽象、概括的特点,并不针对任何特定的人或事,因而在具体适用过程中仍可能产生歧义。另外,立法解释的制定主体对已经提起诉讼的案件中所涉及的规范进行的解释又有相当的局限性,很难及时适应审判的需要。因此,在司法实践中常常出现事实、情节相似而各地法院判决结果各异的案件。类似的案件获得不同的判决,这是一个理性的法律秩序所不能容许的。由最高法院发布行政判例则有助于缓解上述问题,在一定程度上可以缩小由于行政立法的原则和抽象而给法官裁决行政案件留下的自由裁量空间。

行政判例还将有利于社会公众对司法的监督,使每位法官都审慎地处理案件。同时,对判例的公布,有利于社会公众利用先例,对照自己的案件,对案件的处理过程和诉讼结果,产生一种预期,这种预期无疑是促成司法公正的润滑剂。

2. 规范行政执法,防止行政权滥用

在我国,人民法院原则上只审查行政行为的合法性,而不审查合理性,只有在行政处罚显失公正时才享有变更权。此规定存在两个问题:一是对行政自由裁量权进行司法审查的范围过于狭窄,二是显失公正的规定过于抽象,没有具体标准,操作性不强。如果能够借助行政判例的作用,通过行政判例对司法审查的范围加以界定,可以保证人民法院对行政机关滥用自由裁量权的行为进行有效监督,规范行政执法行为,使行政机关自由裁量权的行使符合比例原则,防止行政权的滥用,保护公民的合法权益不受行政权侵害。

3. 符合公正原则的要求,是构建和谐社会的需要

众所周知,社会和谐需要社会公正,社会公正又必然需要司法公正作为其有力的支撑,而司法公正又要靠判决的公正性和统一性来实现。相似案件应当相似判决是实现正义的一条基本原则。而在抽象的法律规范和具体的社会生活之间,有着根本的冲突。单纯按照现行行政法,很难让人们感受到这条实现正义的基本原则。在相似情况下,司法机关却做出相去甚远的判决,这无疑会成为加重社会不安定的因素。在纷繁复杂的行政案件中,在法律、法规缺失的情况下,行政判例恰能很好地发挥作用,通过连贯地在具体案件中具体适用抽象的规范而解决这种冲突,从而使公平、正义在实际生活中得以具体实现。

四、行政判例的地位

建立行政判例制度并非要用行政判例取代行政(制定)法,而是在行政法的基础上,提高法官所作的行政判例的地位,形成行政判例与目前行政立法的良好结合,填补执法、司法中的空白或灰色地带。

我国是制定法国家,实行人民代表大会制度,制定法必然占据主要地位。制定法作为我国法律渊源的主导地位不能动摇,但可以在行政领域一定的范围内适当的借鉴行政判例的作用,以行政判例的方法在具体审判实践中对制定法的条文和精神进行阐释和说明,使法律条文更加明确和具体,在实践中更具有操作性。

1. 行政判例的定位

行政判例是由法官根据具体情况、对象和场合对有关法律规范所作的具有个案约束力的司法解释,具备个案性司法解释的应有特征及功用,因此依据其基本功能和作用,我国的行政判例应定位于司法解释。[①] 由于是对行政法的补充,我们可以给这种司法解释加上一个定语"行政"司法解释。这里的"行政"不是指司法解释的主体具有行政性,而是指解释的内容是行政法性质的。

在我国,行政司法解释是指在行政法律法规的适用过程中,最高人民法院对其含义及所使用的概念、术语等所作的理解、说明和阐释。这种新型的司法解释与现行的司法解释相比,虽然二者都承担行政司法解释的任务,但有非常明显的区别:行政判例与行政法之间的关系是解释和被解释的关系,而行政判例与目前存在的规范性司法解释属于平行与平衡的关系,即前者是个案性解释,后者是规范性解释。二者是一种互相弥补和完善的关系。行政法的抽象性、概括性,或者具有模糊性的理念虽然需要规范性的行政司法解释来阐述,但同时也需要个案性的行政判例来表现,行政判例能够提供有针对性的、可重复适用和鉴别的判决标准,甚至不拘泥于制定法条文的字面含义,既形象具体又易于被理解和援用。遇到社会发展中的新情况、新问题,还可通过"区别技术"来援引一般法律规则,并以此来修改、解释和发展

---

① 参见陈晰:《我国行政判例研究》,载《河南公安高等专科学校学报》2005年第4期。

行政判例所体现的具体内容。因此,我们主张,两种司法解释并行不悖,各行其道,一种是规范,一种是判例。

2. 行政判例的创制

判例的创制更为重要的是从判决书中提炼出解释、补充法律规则的“判旨”[①]。这也是其与行政案例的重要不同之处。因此,创制行政判例还要有专门的机构负责确定判例与“判旨”的工作。确定的行政判例须经公布,在我国只能由最高人民法院公布。目前情况下,可以沿用最高人民法院公报的形式。一个新的行政判例一旦确立,就与其他行政司法解释具有同等法律效力,应被各基层法院遵循,否则将有悖于法律及司法解释的规范性和统一性。

需要说明的是,这里主张创制的行政判例并不是英美法系的判例法,判例的地位和效力也是迥然有别的,并不是完全地基于“遵循先例”原则的。从法理而言,行政判例的法律效力最终不在于法定权威,而在于它是否能有效合理地处理社会问题。随着社会的发展,行政判例必然也会发展,也将新旧更替。

五、回应可能遇到的质疑

众所周知,我国并不承认判例的拘束力,当然更谈不上判例制度,理论界对待行政判例态度不一。反对者大多从政治制度、审判机关行使审判权而无立法权,连解释法律的权力也属全国人大常委会等角度考虑,认为法院的判例不应成为法源;从历史传统上看,我国没有普通法的判例制度历史根基;从法官的情况看,素质较高的高层法院法官很少办理案件,这使得我国难以有“耳目一新”的案例产生,更谈不上判例了[②];从判例制度本身的缺点上看,零乱分散,繁杂而过于专业很难把握,易使诉讼无序化等。

当然,以上这些理由所关注的事实确实存在,在一定程度上成为我国承认行政判例的障碍。但是行政判例在我国的引入是符合社会发展需要的,并且具有可能性和现实性。

---

① 参见裴玫、卓月娇:《论判例法的兴起及对我国的借鉴意义》,载《安徽警官职业学院学报》2003年第5期。

② 参见张庆旭:《判例法质疑》,载《比较法研究》2002年第4期。

1. 我国现行司法运行机制虽然没有判例法机制,但始终没有抛弃判例,否定判例在司法实践中的作用。相反,中国从秦汉时期开始,就明确认可判例的法律效力。秦代的廷行事、汉代的引经决狱和决事比就是例证。社会的发展也进一步证明了对判例的需要。2005 年 5 月 1 日,全国首个交通事故定责标准——《北京市道路交通事故当事人责任确定标准(试行)》开始试行。北京市交管局将交通事故能归入此标准中,采用标准全责、AB 类的判定方式;无法归入该标准的,将形成"判例",然后将"判例"再纳入标准中,今后遇到类似情形,北京将以相关判例定责。据统计,该标准试行一年后,酒后驾车降幅达 75%,责任认定信访下降 77.3%。

2. 审判机关无立法权,法律解释权归属于全国人大常委会,但凡属于法院审判工作中具体应用法律、法令的问题,由最高人民法院进行解释。[①] 行政判例是最高人民法院在审判实践中,针对具体应用法律而以个案的形式所作的司法解释。

3. 我国司法工作人员的素质正在提高,司法改革也提上了议事日程,为法官运作行政判例的技能日益提高提供了可能。另外,各省高级法院审判的案件具有一定的代表意义。

4. 虽然我们是制定法国家,但是不可否认的是,我们的法院、法官从来不缺乏裁量权。这一方面是由于法院往往不能因为法律空白而把案子推出门外。正如《法国民法典》所规定[②]的,法官不得借口法无规定或法律不明确、不完备而拒绝予以判决。法官的裁判义务与司法有时的"无法"使自由裁量成为必需。另一方面立法模糊与立法空白及其抽象性的必然存在也为法官裁判案件留下了广阔的自由裁量空间。[③]这在一定程度上需要行政判例发挥作用来填补。

另外,还应强调一点,行政判例不会影响整体法律体制的统一、和

---

① 见《全国人民代表大会常务委员会关于加强法律解释工作的决议》第 2 条。

② 1804 年《法国民法典》第 4 条:"裁判官如以法律无规定或规定不明确不完备为理由,不进行审判,以拒绝审判论罪。"该法典的主要起草者之一波塔利斯说:"裁判官面对很多法律没有规定的事项是必然的。在这种场合,应该允许裁判官有根据正义、良知和睿智光辉补充法律的权能。"

③ 参见波斯纳:《法理学问题》,中国政法大学出版社 1994 年版,第 538 页。

谐。法律优先和法律保留原则是我国依法行政原则的重要内容。法律优先原则要求在我国的行政法律体系中,全国人民代表大会指定的法律具有高于行政法规和行政规章的地位和效力。当然也高于行政判例的效力。法律保留原则要求在涉及公民权利义务等事项方面,应由法律规定。只有法律明确授权,行政机关才能实施相应的管理活动。这也是行政判例的创制应遵循的原则。

结论

我国的法律从概念、术语到法律逻辑和法律框架均受大陆法系的深层影响。要一步否定历史传统,完全借鉴英美法系的判例法制度是不可能的,而且也不符合我国实际情况。目前针对行政法学领域的特殊性,将行政判例定位于司法解释。通过对行政判例的研究和采用,可以使我国的司法更加人性化,更加发挥我国对法律的独特的理念和认识,为我国未来的法治走向提供更丰富的想象和创造空间。为我国推进依法治国的进程,注入新的活力。

行政审判实践迫切需要“法官造法”*
——构建我国行政判例制度的思考

一、一则案例引起的思考

《中华人民共和国最高人民法院公报》曾刊登田永诉北京科技大学拒绝颁发毕业证、学位证行政诉讼案，这个案例在当时的法学理论界和司法实践界引起了不小的轰动。这一案件最引人注目的，也是人们争论不休的就是北京科技大学作为行政诉讼被告是否适格。

我国《行政诉讼法》第25条明确规定：被告是行使国家行政权的行政机关。而高校属于事业单位，是否可以作为行政诉讼的被告？依照《中华人民共和国教育法》第21条的规定：“国家实行学业证书制度；经国家批准设立或者认可的学校及其他教育机构按照国家有关规定颁发学历证书或者其他学业证书。”第22条规定：“国家实行学位制度；学位授予单位依法对达到一定学术水平或者专业技术水平的人员授予相应的学位，颁发学位证书。”由此可见，高校具有行使教育法赋予的对合格学生颁发学历证书和学位证书的行政职权。就此，最终法院认可高校具有被告主体资格，使这起行政诉讼案得以进入司法审查程序，经审理最终田永胜诉。最高人民法院公报对此案评析道：“在我国目前情况下，某些事业单位、社会团体，虽然不具有行政机关的资格，但是法律赋予他们一定的行政管理权。这些单位、团体与管理相对人之间不是平等的民事关系，而是特殊的行政管理关系。他们之间因管理行为发生的争议，不是民事诉讼，而是行政诉讼。尽管《中华人民共和国行政诉讼法》第25条所指的被告是行政机关，但是为了维护管理相对人的合法权益，监督事业单位、社会团体依法行使国家赋予的行政管理权，将其列为行政诉讼的被告，适用行政诉讼法来解决他

---

* 本文系与金丽合作。

们与管理相对人之间的行政争议,有利于化解矛盾,维护社会稳定。"[1]其后,刘燕文诉北京大学拒绝颁发博士毕业证书案中,法院也认为:"高等学校作为公共教育机构,虽然不是法律意义上的行政机关,但是其对受教育者进行颁发学业证书与学位证书等的权力是国家法律授予的,其在教育活动中的管理行为是单方面做出的,无须受到教育者的同意。"[2]这两个案例打破了成文法"只有行政机关才能做被告"的规定,为以后出现的类似以高校或其他事业单位、社会团体为被告的行政诉讼案起到了案例参考的作用。

自 1985 年开始,最高人民法院以公告的形式公开发布案例,已有 20 多年的历史。案例在拓宽法学理论研究、指导司法实践方面发挥的作用是显而易见的,以上两个判决虽不能称之为判例,但在实际上确实起到了判例所具有的作用。

一提到判例制度,大家更多马上想到的应该是英美法系国家。的确,英美法系国家的基本法律形式就是判例法。而大陆法系国家奉行的是较为严格的成文法传统,法官判案也严格以成文法为依据。但是随着社会的进步,时代的发展,两大法系在很多方面都出现了互相借鉴、乃至互相融合的趋势,英美法系也有成文法,大陆法系也存在判例制度。而我国作为大陆法系国家之一,现行法律还不承认判例是法的一种表现形式,具有法律意义上的约束力,但是现实生活中时刻会出现急需司法调控的新的社会关系,而立法总是相对滞后的,有时仅仅靠成文法判案会出现无"法"可依的情况,出现没有法律来调整的"空白领域"或叫"法律真空"。这样有时会纵容行政机关滥用手中的权力,侵害国家、集体、个人的合法权益。因此笔者在深入思考的基础上,认为在主要依靠成文法办案的原则下,确立我国的行政判例制度,赋予行政判例以法源性的重要地位,是形势所迫、大势所趋,这是必要的,也是可行的,这便是笔者写这篇文章的初衷,目的是唤起同仁对建立我国行政判例制度的重视和思考。

---

① 《最高人民法院公报》1999 年第 4 期,第 139—143 页。

② 北京市海淀区人民法院行政判决书(1999)海行初字第 104 号。

二、构建我国行政判例制度的原因分析

牛津法律大辞典中对判例的释义为：“是根据以往法院和法庭对具体案件的判决所作的概括”。所谓行政判例，是指在行政审判实践中，由具有权威性的审判机关做出的可以影响或在事实上约束今后审理同类案件的权威性行政判决。① 通俗地说，笔者认为行政判例就是指在成文法没有明文规定的情况下，法院判决的具有一定新颖性、代表性、独到性，在事实认定、适用法律、审判程序方面都没有错误的经典案例，可以作为以后相同或类似行政案件审理的参照依据。

判例法是普通法系国家的基本法律形式，其主要特点就是“法官造法”和遵循先例。成文法是大陆法系国家的基本法律形式，主要特点就是依法办案。这与两大法系所奉行的法律理念是有直接关系的，英美法系奉行自由心证，法官有很大的自由裁量权，所以判例在法律制度中发挥很大的作用；而大陆法系国家法官的自由裁量权相对较小，法官的任务仅仅是从案件中提取事实，把案件事实与法律条款对号入座，然后做出判决。② 但不是英美法系的所有国家只注重判例法，大陆法系的所有国家都只注重成文法，相反，由于成文法与判例法在社会法律生活中互相补充，互相融合，导致英美法系也有成文法，大陆法系也有判例法。例如，作为英美法系代表性国家的美国，建国之初就显示出比英国更加重视成文法的倾向，在后来的发展中也出现过欧陆式法典或法规取代判例法的倾向，19 世纪末以来，美国的制定法远比英国多得多，作用也越来越重要。③ 这说明英美法系也是重视成文法的。在大陆法系国家以成文法为主，但是判例在大陆法系国家的司法实践中所起的作用也是不容忽视的。正如法国比较学家勒内·达维德所指出的：“它们企图强调法律是唯一的法源，拒绝判例的法源资格。这些提法如果用在像法国或德国这样一些国家是有些可笑

---

① 参见姜明安主编：《行政法与行政诉讼法》，法律出版社 2003 年第 1 版，第 501 页。

② 郭华成：《法律解释比较研究》，中国人民大学出版社 1993 年版，第 2 页。

③ 参见董茂云：《比较法律文化：法典法与判例法》，中国人民公安大学出版社 2000 年第 1 版，第 51—52 页。

的,因为判例在这些国家的法的发展中在某些领域承担第一流的作用。"①

我国虽是成文法国家,但判例作为调控社会的法律手段在历史上起着举足轻重的作用,我国古代就有判例法。翻开历史的长卷,从湖北云梦出土的《云梦秦简·法律答问》中多次提到"廷行事"来看,秦朝已有判例法是没有疑问的。廷行事的主要作用,在于补充制定法秦律的不足和疏漏,司法实践中可以直接援引廷行事作为判决的依据。②此外,起始于汉唐时代,盛行于宋及明清的"例",也是判例法的形式之一。中国古代例的来源有两个:一是皇帝对各种特殊案件或争议案件做出的断决;二是中央审判机关就具体案件所做出的并经过皇帝批准的判决。

新中国成立以后,对于用"案例"来指导审判工作也有一定的认识,毛泽东主席 1962 年 3 月 22 日针对当时的法制建设的情况,指出:"不仅刑法要,民法也需要,现在是无法无天。没有法律不行。刑法、民法一定要搞,不仅要制定法律,还要编案例。"③

这说明,判例制度无论在英美法系国家,还是大陆法系国家,抑或是我国,都有存在的土壤,在行政审判领域更为凸显。在英美法系国家和大陆法系的法国,实行的都是典型的行政判例制度,行政判例是作为主要法源而存在的。行政判例在法国行政法中的重要地位,用法国行政法学家的话来说就是:"如果我们设想立法者大笔一挥,取消全部民法条文,法国将无民法存在;如果他们取消全部刑法条文,法国将无刑法存在;但是如果他们取消全部行政法条文,法国的行政法仍然存在,因为行政法的重要原则不存在于成文法中,而存在于判例之

---

① 〔法〕勒内·达维德:《当代主要法律体系》,上海译文出版社 1984 年版,第 124 页。

② 参见汪世荣:《中国古代判例法制度》,载武树臣主编:《判例制度研究》,人民法院出版社 2004 年第 1 版,第 295 页。

③ 武树臣:《现代中国的法律样式》,载武树臣主编:《判例制度研究》,人民法院出版社 2004 年第 1 版,第 327 页。

中。”[①]在日本，行政判例作为习惯法的一种，在事实上具有法的拘束力。[②] 在我国台湾地区，“最高行政法院”公布的判决，更是对将来发生之同类事件有一般之约束力。[③] 因此，我国的行政判例制度的建立是合理的，也是可行的，具体阐述如下：

1. 行政判例可以弥补成文法规定的不足

成文法由于其内敛性和封闭性，易滞后于社会现实，而判例法体系呈现出外扬性、开放性的特点，根据新出现的个案由“法官造法”，能够在一定程度上避免法律与现实的脱节。其实成文法与现实的冲突和矛盾存在于所有的法律部门中，只是在行政领域体现得更为突出。由于行政领域纷繁复杂，涉及行政部门行使职权的方方面面，包括公安管理、教育、海关、贸易、商检、税收、交通、资源、邮电、卫生、环保、工商、文化出版、农业、民政、城市建设规划、审计、金融等若干个部门，每一类行政事项也都很繁杂，又具有一定的专业性、技术性，彼此差异很大，单就某类行政事项编制一个系统的法典已经很难，要想对全部行政事项制定一部完整法典就难上加难，成文法在行政领域的调节相比在刑法、民法等其他部门就显得更加力不从心。因此，行政法领域在一定程度以内接受判例法制度是不可避免的。[④]

从成文法与判例法二者体现正义的角度看，成文法只能规定一个社会的整体正义，而判例法可以体现个别正义。因为再完备的成文法都不可能涵盖社会生活的全部变化，一经制定就已经落后于社会生活，而成文法本身具有的稳定性以及制定成文法的繁琐程序又不允许立法频繁的变动，而如果出现新的情况成文法没有规定或者规定的明显不符合正义角度的话，用什么办法来弥补呢？笔者认为首选判例，因为判例法没有成文法那样复杂的制定程序，具有强大的生命力。判

---

① 转引自王名扬：《法国行政法》，中国政法大学出版社 1988 年第 1 版，第 21—22 页。

② 参见〔日〕室井力主编：《日本现代行政法》，吴微译，中国政法大学出版社 1995 年版，第 17 页。

③ 转引自王霁霞：《行政判例制度研究》，载《行政法学研究》2002 年第 4 期，第 47 页。

④ 参见王名扬：《法国行政法》，中国政法大学出版社 1988 年第 1 版，第 23 页。

例法一般以成文法的基本原则为依据,再结合个案的具体情况,加上资深法官扎实的法学理论功底和公平正义的内心良知做出的,绝大多数都是符合“正义”法则的,因此,以这样完善的判例法作为判案依据能够最大化实现个案的公平正义。

2. 行政判例可以统一法律适用

法律适用能力在行政领域不仅包括诉讼阶段法官判案时适用法律的能力,而且还包括行政机关在行政执法活动中适用法律的能力。在行政机关的执法活动中,由于没有统一完备的行政法典,往往导致行政机关适用法律缺乏遵循的统一标准,难以做到适法统一。若建立起行政判例制度,行政判例一经公布生效,不仅对法院产生约束力,而且也约束行政机关本身,因为行政诉讼制度就是司法权对行政权的监督,行政机关做出行政行为后,如果相对人不服就会提起行政诉讼,法院会对行政机关的行政行为做出最终评判。那么法院做出的裁判对于行政机关来说就起到了一个判例作用,增强了法律的可预测性,有助于行政机关明了自身的权利义务,可以根据法院判决所揭示的原则来约束自身的行政行为。这样通过行政判例为行政机关的行为提供标准,可以促进行政机关依法行政,统一行政机关的执法标准。

党的十六届四中全会提出“加强党的执政能力建设”的重大命题。加强法院和法官的司法能力建设是加强党的执政能力建设的必然要求。前最高人民法院院长肖扬在全国高级法院院长会议上从六个方面提出增强司法能力建设,以提高司法水平,其中一个重要方面就是要提高适用法律的能力。在具体的行政诉讼中,法官所面临的适用法律问题要比其他诉讼更为复杂。我国《行政诉讼法》规定:人民法院审理行政案件,以法律和行政法规、地方性法规为依据。地方性法规适用于本行政区域内发生的行政案件。人民法院审理民族自治地方的行政案件,应以该民族自治地方的自治条例和单行条例为依据。另外,我国《行政诉讼法》还规定:人民法院审理行政案件,参照国务院部、委根据法律和国务院的行政法规、决定、命令制定、发布的规章以及省、自治区、直辖市和省、自治区的人民政府所在地的市和经国务院批准的较大的市的人民政府根据法律和国务院的行政法规制定、发布的规章。由此可见,我国行政诉讼法要适用的实体法层次多,范围广,不仅要适用法律、行政法规、地方性法规,还要参照浩如烟海的部门规章、地方规章和规章以下的规范性文件,适用起来难度很大,这样就给司法实践带来了诸多不便和困难。而全国各地有自己的特殊情况,各地人民法院参照自己所在地的规章做出的行政判决必然存在极大的差异。因此,要解决上述问题,建立行政判例制度是一个好的途径,如果有统一的行政判例,就会给法院提供一个规范标准,能够防止司法地方化,加强法律适用的统一。而法律适用的统一对于实现司法裁判的正确,实现司法的公平、正义具有重大的理论意义和现实意义。

3. 行政判例可以更好地实现行政诉讼目的

行政诉讼的目的一方面是维护和监督行政机关依法行政,另一方面是保护公民、法人和其他组织的合法权益,而后者是终极目的。在行政管理过程中,由于主客观各种因素的影响,不可避免地存在不适当、错误行使行政权力,不同程度地侵犯公民、法人和其他组织合法权益的现象。

我国是人民民主专政的社会主义国家,人民是国家的主人,政府是为人民服务的,这就要求在公民、法人和其他组织的合法权益遭受侵犯的时候,为受侵犯者提供补救的途径。行政诉讼就是这样一种专门的、固定的并且被证明为有效、公正的补救制度。[①] 但是成文法的相对滞后和不完善性又给相对人获得行政救济设置了障碍,例如,比较明显的就是行政诉讼的受案范围问题。行政诉讼受案范围与行政行为行使方式密切相关,随着经济发展社会进步,政府职能不断转化,由干预行政向服务行政转化,行政行为行使的样态不断增多,相应的对相对人侵犯样态也不断增多,成文法难以涵盖所有的侵权类型,而行政判例可以很好地克服受案范围的局限性,做到对相对人权益的充分保护。[②] 可以通过创制一个又一个具体的行政案例不断扩大行政诉讼的受案范围,增加行政诉讼的种类,使更多的案件能够走入行政诉讼的程序之中,广泛的保护相对人的合法权益。

实际上,自《行政诉讼法》颁布实施以来,各级人民法院行政审判庭就普遍感到在“受案范围”上不好掌握,因为行政行为在实际生活中

---

① 参见唐德华主编:《行政诉讼法及司法解释适用指南》,人民法院出版社、中国方正出版社 2002 年第 1 版,第 4 页。

② 参见薛刚凌:《行政诉讼受案标准研究》,载《法商研究》1998 年第 1 期。

存在很多侵权样态无法归类于《行政诉讼法》及司法解释明文规定的应予受理或不予受理的范围之中，面对这种情况，最高人民法院曾多次以“批复”或“通知”的形式对行政审判实践进行指导，例如：最高人民法院关于及时审理因农民负担过重引起的案件的通知；[①]最高人民法院关于受理房屋拆迁、补偿、安置等案件问题的批复；[②]最高人民法院关于“少年收容教养”是否属于行政诉讼受案范围的答复；[③]最高人民法院行政审判庭关于当事人不服公安机关采取的留置措施提起的诉讼，法院能否作为行政案件受理的答复。[④] 这些批复、通知、答复虽然不是判例法意义上的判例，但是却发挥着判例的作用，对于不断扩大行政诉讼受案范围，从而更好地实现行政诉讼目的起到了很大作用。

我国《行政诉讼法》规定人民法院审查行政机关做出的具体行政行为，将对抽象行政行为的审查排除在受案范围之外，但笔者认为对抽象行政行为的审查也应纳入行政诉讼受案范围，因为抽象行政行为是行政机关制定行政规范的行为，而行政规范又是具体行政行为的基础和依据，如果不对这些“基础”和“依据”进行审查，行政诉讼很可能只能治标不能治本，进入一种恶性循环之中。近年来法学理论界关于这方面的呼声很高，不乏一些很有见地的观点，笔者在这里就不作具体理由的阐述了，只强调一点，在受理对抽象行政行为不服提起的诉讼案中，要严格限制原告主体资格，必须是受该抽象行政行为调整的对象才能提起该行政诉讼，否则当事人可能会滥用诉权，只有将抽象行政行为纳入司法审查范围，才能更好地保护相对人的权益，实现行政诉讼的目的，当然可以通过创制这方面的判例来检验是否可行。

可以说，行政案件从受理到判决，每一个环节都离不开行政判例的补充和具体化。同样，法官审查具体行政行为是否合法的合法性标准缺失问题也需要借助行政判例来解决，例如以往的行政行为合法性审查仅仅涉及行政行为的外在合法性，即形式合法性，这种外在合法

---

① 1993 年 4 月 7 日，法发[1993]6 号。

② 1996 年 7 月 24 日，法复[1996]12 号。

③ 1998 年 8 月 15 日，[1998]行他字第 3 号。

④ 1997 年 10 月 29 日，[1997]法行字第 21 号。

性对行政判例的依赖还不是很大;但是当行政行为的内在合法性也成为司法审查的范围时,行政判例的作用就会凸现出来。因为行政行为的内在合法性涉及法律规定的内在精神和要求,涉及行政法的目的以及公平、正义等法律理念,不借助判例很难形成。[①] 总之,要想彻底实现行政诉讼目的,保护公民、法人和其他组织的合法权益,判例必将发挥其应有作用。

4. 行政判例是联系行政法学理论和实践的桥梁

近年来,法学理论研究与司法实践结合的趋势正逐步加强。法学院的学生在做毕业论文的时候往往要到司法实践部门如法院、检察院实习;而法院、检察院也更加注重调研工作,法官、检察官们在办理案件过程中,也要经常查阅法学理论资料作为自己工作的支撑。因为只有实现法学理论与司法实践的良性互动,使得二者相得益彰,才能推动我国的法治建设不断走上新的台阶。

记得笔者刚参加工作接触行政诉讼的时候,尽管将行政诉讼法及其司法解释条文看得非常仔细,能够熟背法条,将行政诉讼方面的教材也仔细研读,以为自己对行政诉讼已经略知一二,但是在实际工作中仍觉得很吃力,无法将学到的课本上的东西融入具体的案件中,对行政审判的思维和角度理解得不是很好,在工作中有点摸不着头脑。但是一段时间过后,通过与审判员一起办理一个又一个鲜活的案例,猛然觉得自己对行政案件的理解比以前好了很多,究其原因,就是在工作中不知不觉地将行政法学理论与行政审判案例结合在一起学习,对于一个案件,首先确定它涉及的领域,然后查找相关法律、法规研究,再听听审判员的分析、讲解,提高很快,不仅增长法学理论水平,而且提高办案能力。由此可见,是判例起到了沟通理论界与实务界的桥梁作用。

通过行政判例,司法实践中的创新和弊端得以显现,为理论研究提供了丰富的素材,促进了行政法学理论的发展。行政判例中的判决理由及判决意见是实务工作者对有关问题的看法和处理意见,完整公开地表明了实务部门的态度,可以适时给行政法学研究提供新的研究

---

① 参见薛刚凌:《对行政诉讼审查范围的几点思考》,载《行政法学研究》1997 年第 2 期。

课题与对象。另外,对公布的行政案例,通过行政法学理论界的分析和评论,法学家的观点和释义又会给法院在具体案件的审理带来一些好的启示,便于法官在审判实践中大胆尝试和创新。这样,以行政判例为纽带,可以形成行政法学理论与实践的良性互动。[①]

5. 行政判例能够推动立法、规范执法、协调司法

法律虽然是由立法者制定出来的,但是并非立法者的臆想,而是实践的产物。而司法实践的一个重要载体就是司法案例,从司法案例中发现具有法的价值的规则,然后法学理论者将这些规则进一步升华为原则,立法者最终择其精髓制定为成文法律。在运用法律解决具体案件时,法官会对成文法律做出自己的价值判断,若认为有些法律规定有漏洞、不甚完善,或者已经落后于社会发展应该废止,就可以向立法机关提出自己的意见,便于立法机关及时补充完善,然后法官就可以拥有不断完善的法律了,通过这样不断完善的法律才能更具有生命力,更具有可操作性。

法律、法规、规章中每一个法条的制定都有背景,都是为了解决实际生活中出现的问题,但是问题总是无法穷尽的,法院在审理案件中总会遇到新情况,而这种新情况、新问题根本没有相应的法律条文规范调整,那么法官就要凭借自己的法学理论功底及法学素养归纳出相应的原则,然后做出公正的判决,经过司法实践的运用最终可能导致相应成文法的出台。如美国 1876 年货物贮运诉讼案确立了允许政府对经济进行管制和管制经济法律存在的思想,这使得各州商业管制法得以制定,并促进统一的州际商业法最终于 1887 年获得通过。[②] 由此可以看出,行政判例对于推动行政立法的不断补充完善起着很大的作用。

作为社会主义法治国家,依法行政是其内在本质要求。但是行政机关在行使职权时,有时往往不能正确对待手中的权力,容易对相对人的利益造成损害。随着行政相对人维权意识的不断增强,在认为自

---

① 参见李新生、薛刚凌:《行政法学理论与实践关系研究》,载《行政法学研究》2002 年第 1 期,第 20 页。

② 参见胡建森主编:《外国行政法规与案例评述》,中国法制出版社 1997 年版,第 480 页。

己的合法权益受具体行政行为侵害时，相对人会拿起法律武器将行政机关告上法庭，使其行为受到司法的最终评判。特别在北京、上海等大城市，近年来，随着城市规划、房屋拆迁、绿化隔离带建设等行政行为的不断出现，导致行政案件数量大幅度攀升。法院便根据合法性原则对行政机关的具体行政行为进行司法审查，如果合法法院会予以维持，如果不合法法院会做出撤销或确认违法的判决。特别是一些具有普遍性的有重大影响的案件判决做出后，会引起相关行政机关领导的重视，他们会对法院的裁判仔细研究，分析自己做出的行政行为在事实认定、适用法律、审判程序等方面存在的问题，进而避免在今后的行政执法中犯下类似的错误，不断规范行政主体依法行政。由此可见，行政判例使行政主体在行使行政职权，进行行政活动时更加规范，可以明确预测到自己行为的法律后果，最终起到规范行政执法的作用。

关于行政判例具有协调司法的作用就更显而易见了，在行政诉讼中，由于各方面因素的影响，各种价值冲突需要协调，各种利益冲突需要权衡，不同的法院、不同的法官容易做出不同的选择，导致对于同一案件，法院之间处理结果不太一致，甚至差别很大，当事人有时拿着不同法院对同一事项做出的截然不同的裁判找到法院讨说法，弄得法院很尴尬。例如，当事人对市国土资源和房屋管理局在房地产开发商报送的《关于公摊面积分摊原则》上盖章的行为不服提起诉讼，请求法院判令该核准行为无效。有的法院经审理认为，某国土资源和房屋管理局在分摊原则上加盖公章，仅仅证明开发商提交给房产测绘部门的分摊原则的内容与该公司办理商品房预售许可时提交原市国土房管局的分摊原则一致，该行为不是行政机关的审核行为，不属于行政审判权限范围，裁定驳回原告起诉；而有的法院认为这一盖章行为属于行使职权具体行政行为而进行了实体审理。当事人不服，认为法院之间对待同一事项应做出相同的处理，笔者也觉得当事人的说法有道理。成文法没有规定这一盖章行为是否为可诉的行政审核行为，如果这方面有行政判例的存在，那么就可以依照判例进行统一的裁判，就不会出现上述尴尬问题，因此笔者认为建立行政判例制度可以保障法院司法的统一，增强法院执法的严肃性。

我国行政诉讼实行二审终审制，上级法院的判决对下级法院会起协调和指导作用，在实际上发挥着行政判例的作用。上级法院的法官素质和法律水平一般高于下级法院,如果将他们裁判的案件作为判例可以在下级法院裁判时参照,就会提高司法效率,增强裁判的准确性。在法国,最高行政法院的判决,逐月逐年公开发表,而且不轻易改变自己的观点。因而,下级法院就更加重视最高行政法院的判例,否则在当事人提起上诉时,自己的判决很可能会被最高行政法院判决撤销。

三、行政判例制度的具体构建

1. 构建我国行政判例制度的有利条件

在创制任何制度之前都要考虑是否具有可行性,行政判例制度的构建也莫不如此。在本文中,笔者用了大量的篇幅论述了在我国创建行政判例制度的必要性、合理性原因,同时笔者认为在我国建立判例制度具有一定的有利条件,是可行的。

首先,我国有判例意识基础。前面提到过,在我国古代,"廷行事"、"决事比"、"例"就存在于司法实践中,以其灵活性、可操作性对司法实践发挥着重要作用,历史是割不断的,目前法学界已认识到判例是迅速弥补成文法固有的僵化、滞后缺点的可行有效途径,法官愿意接受判例制度。其次,我国建立行政判例制度已经具备一定的实践经验。按照有关法律规定,最高人民法院拥有准立法权,在司法实践中,最高人民法院对于全国各级人民法院上报的有关案件做出的司法解释属于有权解释,各级法院都要认真执行。不可否认最高人民法院的司法解释、对有关案件的批复、通知及最高人民法院公报上刊登的案例实际上已经发挥着行政判例的作用,有力地指导着司法实践。再次,我国法官素质的大幅度提高可以保证行政判例制度的正常运行。建立判例制度对法官素质的要求比较高,不仅要有熟练的业务技巧和深厚的理论修养,而且要善于运用法律意识裁判案件,并根据社会发展的要求和对社会发展的预测来创制判例。因此有人担心建立判例制度会导致法官随意造法和司法专横。但是,按照《法官法》对法官的任职要求,我国法官在学历、道德、阅历等方面不断提高,不乏优秀的资深法官,不能因为担心就否定建立这一制度,那是一种不成熟的考虑,要权衡利弊,法官素质可以在建立判例的实践中提高,在提高中实践。我们相信,只要迈开建立我国判例制度的第一步,法官敢于"造法",适当借鉴英美法系的成功经验,最终我们会实现判例制度与成文法制度的有机结合，达到互相补充、互相促进的良性循环。

2. 行政判例的制定主体

在英美法系国家，只要上级法院没有制定过类似有约束力的判例，各级法院都可以有自己的判例。在我国，人民法院分为基层、中级、高级、最高四级。从原则上讲，各级人民法院都可以创制行政判例，但是为了保证判例质量及判例的合法性、准确性、权威性，就不能把创制判例的权力赋予各级审判机关，而只能赋予最高人民法院。因为最高人民法院业务水平高，有利于制定出高质量的判例，保证判例与法律、法规之间的协调，有利于法制的统一适用；最高人民法院具有的法律解释权能够保证行政判例的约束力，有利于指导下级人民法院正确行使审判权；同时能够避免使创制判例处于混乱无序的状态，在实践中具有可操作性。

由于最高人民法院很少直接审判案件，那么制定行政判例的案源必然来自地方各级人民法院的判决和裁定。因此，地方各级人民法院，尤其是高级人民法院要负担起向最高人民法院推荐本地区比较典型的行政判决或裁定的职责，以便于最高人民法院能够及时创建更多更好的典型判例，有效指导各级人民法院正确理解和执行法律、行政法规、地方性法规、自治条例和单行条例、规章。

3. 行政判例的制定程序

关于创制程序，应在实践中不断摸索。总体上说，应先由各级人民法院向最高人民法院报送典型案例，由最高人民法院行政庭或研究室等专门机构负责收集、整理、筛选、编撰，形成初步案例雏形。这一步对于创建成功的行政判例至关重要，直接决定着行政判例的质量，只有认定事实清楚、适用法律正确、审判程序合法，具有一定的新颖性、典型性的案件才能成为行政判例，为此要做到：慎重、及时、准确。

然后应将这些经编撰的判例雏形报送最高人民法院审判委员会讨论，经表决通过后，就可以作为判例予以公布；为保证行政判例的公开性和透明性，方便社会公众查阅，行政判例应在最高人民法院创办或认可的刊物上公布，例如《中华人民共和国最高人民法院公报》就是一个大家都比较信任、具有权威性的报刊，可以将判例刊登在公报上，待条件成熟时，也可以创办《行政判例汇编》，便于统一规格，便于查找和援引。

检察院作为法律监督机关应履行监督职责,最高人民检察院对于最高人民法院刊登的判例,如果认为不合适应向最高人民法院提出监督意见,然后最高人民法院经审委会讨论做出答复。各级人民检察院对于各级人民法院在适用行政判例的过程也要进行法律监督,对适用判例不当的案件,有权提起抗诉。

4. 行政判例的地位与效力

虽然我国目前没有建立行政判例制度,但审判人员在具体的办案过程中都在自觉不自觉地查找、参考上级人民法院直至最高人民法院曾办过的案件,只是不承认判例的法律地位而已。因此,笔者认为要在我国真正建立起行政判例制度,最重要的是要真正确立行政判例的法律地位,笔者认为赋予其辅助于成文法的法源性地位是合适的,可以在《行政诉讼法》中增加一款:人民法院审理行政案件参照规章及行政判例。只有这样,才能使行政判例具有权威性,在办案中才可以理直气壮地直接援引这些行政判例作为判决的理由和依据,只有这样,才能使行政判例发挥其在英美法系国家所发挥的作用。

最高人民法院公布的行政判例对地方各级人民法院审理行政案件具有一定的约束力,效力仅在成文法之下。各级法院在审理与行政判例相同或类似案件时,在正确理解和依据现有成文法的同时,遵循最高人民法院公布的判例,最后做出正确的判决。但是任何事物都不是一成不变的,随着形势的发展,行政判例的适用效力可能发生变化,一定时期后,某些行政判例的内容可能会出现同现行的新的法律法规相抵触的情况,或不再适应司法实践的需要,那么就要由最高人民法院适时撤销或变更,但要注意判例的相对稳定性,变更或废除判例的程序应该同制定行政判例的过程一样规范,先由专门机构提出意见,经审委会讨论做出变更或废除的决定并说明理由,并在《中华人民共和国最高人民法院公报》上正式予以公布。

功能视角下的行政诉讼类型法定化*

一、引言

行政诉讼类型研究，已经逐渐受到行政法学界的重视。① 行政诉讼类型化是20世纪以来各国行政诉讼制度发展的共同趋势之一，且已成为多数大陆法系国家行政诉讼制度的核心问题。② 比如在德国，对诉的类型进行规范是《行政法院法》的核心内容。《行政法院法》不仅对诉的类型进行了划分，而且其诉讼程序的设置在一定程度上就是建立在这一划分的基础之上的。③ 又如，日本的《行政案件诉讼法》就是以行政诉讼类型为主线编辑而成。④ 在我国，《行政诉讼法》并未对行政诉讼类型予以明确规定，一些学者通常根据我国《行政诉讼法》的受理范围及判决形式，认定我国存在撤销之诉、确认之诉、变更之诉、赔偿之诉、履行之诉等诉讼类型。⑤ 且不论这些学者的论述是否正确，单是下面的问题就要引起我们的注意：这些学者所言"行政诉讼类型"与德国或日本行政诉讼法上的"行政诉讼类型"一样吗？如果一样，那

---

* 本文系与李大鹏合作，为2006年11月WTO与司法审查会议论文。

① 例如马怀德、吴华：《对我国行政诉讼类型的反思与重构》，载《政法论坛》2001年第5期；薛刚凌：《行政诉讼类型研究》，载《诉讼法学研究》2002年第1期；吴华：《行政诉讼类型研究》，中国人民公安大学出版社2006年第1版；刘飞：《行政诉讼类型制度探析——德国法的视角》，载《法学》2004年第3期；刘东亮：《行政诉讼类型问题研究》，载《上海师范大学学报》(哲学社会科学版)第34卷第5期；章志远：《我国行政诉讼类型化之初步探索》，中国公法网，等等。

② 参见吴华：《行政诉讼类型研究》，序一，中国人民公安大学出版社2006年第1版，第1页。

③ 参见薛刚凌主编：《外国及港澳台行政诉讼制度》，北京大学出版社2006年版，第34页。

④ 参见吴华：《行政诉讼类型研究》，中国人民公安大学出版社2006年第1版，第52页。

⑤ 转引自马怀德：《行政诉讼原理》，法律出版社2003年第1版，第116页。

么它们在功能上是一致的还是有差异？如果不一样，我国学者所谓的“行政诉讼类型”到底在《行政诉讼法》中实际扮演了怎样的角色？它应该扮演怎样的角色呢？

目前，社会各界正在热烈地讨论《行政诉讼法》的修改，改革的方案不胜枚举。可以说，无论“大改”还是“小改”，都要遵循两条标准：① 要能尽量回应社会需求，适应中国国情。《行政诉讼法》担负着不小的社会责任，修改它，就是要使它成为一条更加有效的权利救济途径。② 要保证法律修改的科学性和前瞻性。法律是实践理性的产物，做不得实验，因此就要充分利用比较法的成果，透彻了解法律内部的运作机制及其功能，不能贴标签，不能搞简单类比。同时，修改《行政诉讼法》，应使这部法律有一定的弹性空间，不仅要适于解决现在出现的问题，更要为未来可能产生的问题留有解决的余地。比如，2004年6月9日日本公布的行政案件诉讼法部分修正法律案中，其第3条第7项增加了“阻止诉讼”这一诉讼类型，规定了行政机关在不应做出一定的处分或者裁决而将要做出时，相对人可以请求法院，命令行政机关不得做出该处分或者裁决。[①] 这一制度便具有极明显的优点，它使得《行政诉讼法》这一权利救济法产生了一定的“事前预防”的功能。事实上，目前在我国很多的权利诉求之所以没有浮出水面，很大程度上是由于制度供给不足造成的。

行政诉讼法是随着行政权的扩张和行政活动的多样化逐渐产生和发展起来的，其根本任务就是要因应不同类型的行政活动，为相对人提供最便捷有效的权利救济途径。不同类型的行政活动会使相对人面临的权利侵害互有不同，相对人的诉讼请求因而也多种多样；行政诉讼法研究的就是解决实体法律问题的程序设计，行政诉讼法拿出的就应是应对不同行政争议的方案组合。[②] 我们研究行政诉讼类型的意义就在于，只有通过对行政诉讼做精细化、类型化的研究，才能提出针对不同行政争议的不同方案，才能使相对人不因诉讼手段的单一化

---

① 参见吴华：《行政诉讼类型研究》，中国人民公安大学出版社 2006 年第 1 版，第 162 页。

② 对制度的需求决定制度供给，适度的制度供给将有效满足现有的需求并激励未来的需求，这一规律在立法过程中是普遍存在的。

而难以实现“充分、有效”救济的目的。当然，德、日等国家对行政诉讼类型的研究也是催生本文的直接动因，其至少提示我们，德、日等国家将行政诉讼类型作为其行政诉讼法的“架构性因素”，肯定有重要的立法考虑。无论我们是否采用他们的模式，都应对行政诉讼类型给予同样的重视与考察，当然，这其中如果有能为我所用的成分，我们也是有理由对之加以吸收和利用的。

二、行政诉讼类型的含义及意义

在《德国行政诉讼法》中，行政诉讼类型是指“对行政诉讼中的诉依据一定的标准进行分类后确定下来的诉的种类……立法者划分诉讼种类的目的在于为行政诉讼受案范围内的每一种国家权力都设置一种诉，以期当公民权利受其侵害时，至少有一种类型的诉可供选择并借此获得法律保护。因此，一种特定类型的诉，就是行政诉讼中对公民权利进行法律保护的一种特定方式”。[①]“民事诉讼上的诉讼种类，虽然是行政诉讼确定诉讼种类时仿效的对象，但是民事诉讼的保护目的，仅在于实现当事人所主张的实体法上的权利，而行政诉讼则因为《基本法》第19条第4项规定的要求，增加了一层防卫公权力侵害的目的。因此，行政诉讼上诉讼种类的设计，必须考虑是否已经涵盖所有行政行为可能选择的方式，否则即无法落实《基本法》第19条第4项规定对一切公权力侵害均得寻求法律保护的要求。”[②]从上面的引述可以看出，德国法上的行政诉讼类型是为适应实体法上不同种类的行政行为而设计出来的程序组合，当行政相对人的权利遭到公权力的侵害时，他可以从中找到一类解决问题的特殊诉讼类型。而且各类诉讼程序之间在当事人资格、起诉条件、审理程序、法律适用、判决形式等方面均有所不同。向德国学习的日本和我国台湾地区对行政诉讼类型也有基本相同的理解，我国台湾学者将诉讼类型称为“诉讼种类”，“行政诉讼法上之诉讼种类，乃指在习惯或法律之规定上，行政诉

---

① 薛刚凌主编：《外国及港澳台行政诉讼制度》，北京大学出版社2006年版，第33页。

② 彭凤至：《德国行政诉讼制度及诉讼实务之研究》，（台湾地区）“司法院”年报第19辑，第40页。

讼针对不同之程序标的、诉讼原因及救济之期望或目的，必须循一定之方式(包括诉讼之先行程序，如诉愿或行政申请)，一定形式之诉讼声明或在诉讼请求与主张上，必须有不同之类型，原告始得就其所受之侵害，请求行政法院提供救济，相应的行政法院亦仅得且应在法律针对各该诉讼种类所定之裁判方法内裁判”。[①] 从这个定义可以看出，某一个诉讼类型的开始，是由原告启动的，原告于行政诉讼法上选择了法律事先规定的某一诉讼类型，之后的诉讼程序的进行便受这一选择的约束，即使是法院也必须按这一诉讼类型规定之裁判方法裁判。

那么，以上国家在行政诉讼法中规定行政诉讼类型的立法意图是什么呢？笔者认为主要有以下四点：

1. 更好地保障行政诉权。行政诉权是指行政活动中的权利主体按照法律预设程序，请求法院对有关行政纠纷做出公正裁判的程序权利。[②] 世界上任何民主法治国家的行政诉讼法的首要宗旨都是为了保护行政相对人的合法权益，所以运用各种制度手段保障行政相对人的诉权，无疑成为行政诉讼法始终致力的目标。行政诉讼类型之规定，首先和最重要地保障了行政相对人的诉权。立法上明确规定了行政诉讼类型，原告据之提出自己的诉讼请求，法院就要受这一请求的约束，审判程序也要依照原告提出的此一诉讼类型进行。行政诉讼类型的法定，使行政案件的主动权更多地掌握在行政相对人的手中。不仅如此，“每一种类的行政诉讼都包含着对特定权利或利益的保护，意味着社会权利主体请求法院解决行政纠纷的范围的拓宽，也意味着国家在保护公民权益以及在确保行政法治方面承担着更多的司法保障义务。因而，通过立法或判例对新的行政诉讼类型的确认，就是对行政诉权的扩展和丰富”。[③] 同时，行政诉讼类型的法定也有利于作为被告的行政机关行使诉权。不难看出，在类型法定化的情况下，行政机

---

① 蔡志方:《论行政诉讼法上各类诉讼之关系》，第 76 页，《行政救济 行政处罚 地方立法》(台湾地区行政法学会学术研讨会论文集〈1999〉)，元照出版有限公司 2000 年第 1 版第一次印刷。

② 参见薛刚凌:《行政诉权研究》，华文出版社 1999 年第 1 版，第 16 页。

③ 同上注，第 146 页。

关对案件进行的方向会有一个更合理、明晰的预期,能够使行政机关迅速把握案件争点,及时选择诉讼策略。

2. 更好地应对行政争议多样化的趋势。“现代社会的政府职能不断扩大,国家行使权力的危险性和不可预测性也与日俱增,因此,制约国家权力越发显得重要。”[①]行政争议多样化的趋势,使个人权利受到侵害的概率增大,人们的诉讼请求增多亦呈多样化,行政诉讼法该如何回应这一趋势呢?

有两种策略都要考虑:第一,扩大行政诉讼受案范围,去除不合理的诉讼限制。除了基于一些更高层次的考虑(如国家秩序的稳定)外,一个法治国家不应该有过多不适当的“不可诉的禁区”。行政诉讼范围的扩大,增加了人们实现诉讼请求的可能性。第二,合理地设计并规定行政诉讼类型。实际生活中发生的行政争议千变万化,但人们在诉讼请求中包含的“策略性”要求却并不多,只有撤销、变更、履行义务、确认等少数几种。[②] 行政诉讼类型,就是行政诉讼法的一种“数目有限的分类设置”,在行政诉讼法中合理地设置了行政诉讼类型,就可以实现“以不变应万变”,适应人们的诉讼请求。在德、日等国家,大多数行政争议是可诉的,因而,行政诉讼的受案范围并不是讨论的重点,而行政诉讼类型的设置却是讨论的核心,原因就在于行政诉讼类型已成为最有效地实现原告诉讼请求的关键机制。

3. 行政诉讼类型的法定更好地实现了行政诉讼法的“处分原则”。“从诉讼请求本身并由此也从诉讼标的来看,行政诉讼中适用处分原则。也就是说,就诉讼标的而言,法院受当事人请求的约束……处分原则的最重要结果是:法院通常只能依申请行事,而且它不得超越诉讼请求做出裁判,或者对未被申请的事项做出宣判”[③]。试举一例:一个德国建筑商申请核发建筑执照,被行政机关驳回。依德国法,此建筑商首先可以提起课以义务之诉。虽然依照德国法,行政机关之

---

① 马怀德主编:《司法改革与行政诉讼制度的完善——〈行政诉讼法〉修改建议稿及理由说明书》,中国政法大学出版社 2004 年第 1 版,第 108 页。

② 或者诉讼双方处于有限的几种对峙状态中,如日本的行政诉讼类型。

③ 〔德〕弗里德赫尔穆·胡芬:《行政诉讼法》,莫光华译,刘飞校,法律出版社 2003 年第 1 版,第 545 页。

驳回是一种具体行政行为,此建筑商也可提起撤销诉讼,但是,只要此建筑商选择的是课以义务之诉而非撤销之诉,那么,法院就只能按照课以义务之诉的实体裁判要件对该案进行审查。处分原则体现了法律对当事人权益的尊重,而行政诉讼类型的法定则有利于当事人更好地从中选择并提出自己的诉讼请求,有力地配合了行政诉讼法处分原则的实现。

4. 有效地规范了司法审判权。在权力分立的国家,立法、行政、司法三种权力都要受到规制,并不得不当干涉其他权力的行使。司法审判权也不例外。在行政诉讼中,针对当事人提出的不同类型的行政诉讼,法律具体规定了法院行使的不同类型的司法审判权的方式,这样就使法院权力受到严密地规范,使法院在审判中的自由裁量权不致过大。

从以上的分析可以看出,德、日等国家在行政诉讼法中规定行政诉讼类型有比较充分的立法理由,在上述国家中,“有权利就有救济”的思想早已深入地贯彻到他们的行政诉讼法之中。行政诉讼类型之设,更多考虑的是怎样实现以寻求救济方为主导的、有效的、专业化的救济。同时,分门别类的诉讼类型,也有力地推动了行政实体法的发展和学术上对行政诉讼行为的深入研究。当然,行政诉讼类型的制度设计要想很好地达到上述目标,还取决于行政诉讼类型的规范模式,这个问题将在下文展开探讨。

三、行政诉讼类型法定的两种功能

1. 对立法政策允许进入行政诉讼法调整的实体行政法律关系进行引导与选择性处理。

行政诉讼之发生,以行政争议的出现为前提。“行政争议是一种法律争议,是在行政法律关系中,因双方对权利义务分配过程和分配结果有不同意见而引起的。在行政程序中,行政主体对权利义务的分配起着主导作用,是分配过程和最终结果的决定者,因此,法律有必要将申请司法救济的权利赋予行政法律关系中的另一方主体——行政相对人。”[1]简言之,行政诉讼法的目的,就是要调整出现分歧的行政法律关系。

面对这些行政法律关系,行政诉讼法必须根据当事人的诉讼请求和法律关系的性质,设计出不同的“审查标准”,以便对不同类型的行政争议适用最符合情况的诉讼程序,以使实体行政法律关系得到最佳诉讼程序的配合。那么,这种“审查标准”是什么呢?“行政诉讼之目的,一般认为主要在于人民权利之保护,其方式则系藉由控制行政活动之合法性达成。换言之,基于法治国家原理,藉由适用客观之行政法规范,控制行政活动之合法性,以达人民权利保护之目的。此时,连结‘客观之行政法规范’与‘主观之人民权利保护要求’二者间之桥梁概念,则为‘公权利’。由于实践上公权利此一概念之功能,多止于诉讼要件的判断上,单纯自‘公权利’此一概念尚无法得出当事人基于该权利,为何种具体主张(即有何种请求权)。其结果,关于人民权利之救济,乃不得不大幅依附于实定法所规定之诉讼类型。”[2]

行政诉讼类型是法院处理行政诉讼案件的具体审查标准和裁判方法,类型化的处理方法使当事人的权利得到了认真的、专业的对待,在审理具体案件时,法院必须因各种法律关系的类型差异,而为不同之分析、解释、定性,进而将不同的法律关系适用于不同的诉讼类型,用特定的诉讼类型解决特定的行政争议。在这里,体现出这样一种关系:争议中的行政法律关系的样态直接影响了诉讼类型的选择,同时,正确的适用诉讼类型适用则促进了此一行政争议的合理解决。

2. 具体规范了行政诉讼法律关系。

“诉讼,并不仅仅是‘从请求到判决’的一系列诉讼行为,从理论上探讨,诉讼也是一种在诉讼当事人之间产生的并且涉及法官的非常特别的法律状态。习惯上我们将这种状态称为‘诉讼关系’,或‘诉讼

---

① 马怀德主编:《司法改革与行政诉讼制度的完善——〈行政诉讼法〉修改建议稿及理由说明书》,中国政法大学出版社 2004 年第 1 版,第 88 页。

② 赖恒盈:《行政法律关系论之研究——行政法学方法论评析》,元照出版公司 2002 年版,第 11 页。

法律关系'"。[①] 行政诉讼法律关系是指"人民法院与诉讼当事人、其他参加人、参与人之间以及行政诉讼当事人、其他参加人、参与人之间为解决行政争议,进行行政诉讼,根据行政诉讼法律规范而发生的各种法律关系。"[②]行政诉讼法律关系在行政诉讼类型法定的国家,都是在某一个具体的行政诉讼类型中展开的,行政诉讼类型对起诉、受理、举证责任、对诉讼请求的实体审查等方面都有具体的要求,而且不同的诉讼类型之间在这些方面的具体要求也各有不同。在每一个具体事项中,行政诉讼法律关系依法律对关系方权利、义务的规定而展开。例如,在日本,抗告诉讼是以"行政机关权限之行使"为诉讼标的,因此,负举证责任方应围绕此点进行举证,法院对诉讼请求的实体审查也应围绕"行政机关权限行使的合法性"进行,而且,此种诉讼应以"行使权限之行政机关"为被告;相反,日本的形式当事人诉讼,虽然也是以"行政机关之权限行使"为诉讼标的,但在诉讼形态上,并非以行使权限之行政机关,而是以法律关系之当事人为被告。

当然,不同的诉讼类型所规范的诉讼法律关系会有诸多不同,此处不一一列举。每一类型的行政诉讼,正是通过这一类型的行政诉讼法律关系的不断发生和变换而推进下去的,正是这些诉讼法律关系的动态组合为我们展示了某一具体类型的行政诉讼的全过程。行政诉讼类型对行政诉讼法律关系的细密规范,体现了"程序正义"的观念。[③] 行政诉讼类型通过对行政诉讼法律关系的细致、具体化的规定,有力地保障了诉讼当事人的诉讼权利,从而为实现诉讼的程序公正做出了贡献。"诉讼的实际结果由于诉讼程序或具体过程的差异可能有极大的不同"[④],行政诉讼类型在功能上确实有助于正确、最优地选择诉讼程序,进而对行政诉讼案件的实体公正也有助益。

总之,在微观层面上,行政诉讼类型之设置,为行政争议的解决提

---

① 〔法〕让·文森等:《法国民事诉讼法要义》,罗结珍译,中国法制出版社 2001 年版。

② 姜明安:《行政诉讼法学》,北京大学出版社 2001 年版,第 57 页。

③ "程序正义的观念即使不是赋予审判正当性的唯一依据,也应当被认为是其重要根据之一。"参见〔日〕谷口安平:《程序的正义与诉讼》,王亚新、刘荣军译,中国政法大学出版社 2002 年第 1 版,第 10 页。

④ 姜明安:《行政诉讼法学》,北京大学出版社 2001 年版,第 6 页。

供了有针对性的解决方案,为争议中的行政法律关系进入行政诉讼提供了一个类型化的“入口”;同时,每一类行政诉讼类型,都蕴含着一组特殊类型的行政诉讼法律关系,行政诉讼类型对行政诉讼法律关系的形塑,增加了对程序参与方诉讼权利的关照,加固了对程序参与方实体权利的程序保障,蕴含了“程序正义”的精神。但是,行政诉讼类型要充分发挥上述作用,必须在行政诉讼法上有一个合理的设置,这就是下面要谈到的行政诉讼类型的规范模式问题。

四、行政诉讼类型的规范模式

行政诉讼制度的发展,一方面应扩大裁判上应救济的范围,另一方面则应追求诉讼程序的合理化。在促进诉讼程序合理化方面,行政诉讼类型制度的作用是不容忽视的,已如前述。粗略看来,诉讼类型越多,可容纳的行政争议的范围越广,则越有利于当事人行使诉权,解决行政争议。但是,“诉讼种类的多寡,不能仅从行政诉讼法明文规定的诉讼种类来观察,而必须先确定其行政诉讼法所采取的诉讼种类的规范模式是哪一种,是采取‘默示主义’还是‘明示主义’,而在‘明示主义’中是采取‘列举主义’还是‘例示主义’?”[①]这位学者所提出的,就是“行政诉讼类型的规范模式”问题。行政诉讼类型的规范模式,讲的是法律以何种方式向诉讼当事人“供给”行政诉讼类型;考察各国法律,不同的行政诉讼类型的规范模式,将极大地影响诉讼当事人对行政诉讼类型的选择,进而对当事人行使诉权造成很大影响。在立法例上,各国确定行政诉讼类型的方式有以下三种:

1. 法律没有明确规定行政诉讼类型

法国的行政诉讼类型主要由行政法院的审判实务和学说发展而来。[②] 学说上主要有两种行政诉讼类型分类法。传统的行政诉讼类型分类,以法官判决案件权力的大小作为分类的标准,行政诉讼可以分为以下四类:完全管辖权诉讼、撤销诉讼、解释及审查行政决定的意义

---

① 吴华:《行政诉讼类型研究》,中国人民公安大学出版社 2006 年第 1 版,第 56 页。

② 参见王名扬:《法国行政法》,中国政法大学出版社 1988 年第 1 版,第 664 页。

和合法性诉讼、处罚诉讼。另一类行政诉讼类型分类法由波尔多学派开创，这一分类的出发点是区别客观的法律规则、法律地位，以及主观的法律规则、法律地位。对于违反客观的法律规则和法律地位所提起的行政诉讼是客观的行政诉讼，对行政机关违反主观的法律规则和法律地位所提起的行政诉讼是主观的行政诉讼。这种诉讼类型分类法的优点在于能够明白表示两种诉讼的当事人资格和判决的效果不一样，缺点在于不能够划分全部行政诉讼，而且对于客观和主观的认识也不可能完全一致。由于客观诉讼和主观诉讼分类标准的这种缺点，法国大部分学者和行政法院仍然采用传统的分类方法，这种分类方法符合法国行政诉讼制度的实际。①

意大利的行政诉讼，主要由一般行政法院（资政院及地区行政法院）和普通法院裁判，少数由特别行政法院裁判。由行政法院裁判的，由于行政诉讼法欠缺诉讼类型的规定，只能依据 1971 年 12 月 16 日第 1034 号法律第 26 条对判决的规定，推论其种类同民事诉讼一样，有给付诉讼、确认诉讼、形成诉讼三种，其中以形成诉讼（撤销及变更处分）最为重要。由普通法院裁判的，诉讼程序原则上依据民事诉讼法的规定，诉讼类型与民事诉讼类型相同，原则上有给付诉讼（主要为金钱给付）、确认诉讼及形成诉讼。②

瑞士联邦司法组织法行政诉讼部分之规定（《瑞士联邦司法组织法》第 97 条以下），除列举直接诉讼与间接诉讼以外，没有明确规定诉讼类型，但从第 97 条及《瑞士联邦行政程序法》第 5 条的规定，可以综合得知瑞士之行政诉讼类型，包括撤销诉讼、确认诉讼及给付诉讼。

法律未明确规定行政诉讼类型的模式，优点在于：法律没有对行政诉讼类型的明确规定，也就意味着诉讼类型的设定不那么僵化，司法实践可以根据具体情况发展出新的诉讼类型，这有利于及时保护人民的诉讼权利。但是，这种模式的缺点是，它使法院的裁判方法欠缺明确性，对法院人员的素质提出了较高的要求；当事人难以准确把握诉讼进程；同时这种模式也不利于行政诉讼制度的专业化发展。

---

① 王名扬：《法国行政法》，中国政法大学出版社 1988 年第 1 版，第 668 页。

② 参见蔡志方：《行政救济与行政法学》（一），三民书局 1993 年版，第 157 页。

2．法律间接规定行政诉讼类型

在奥地利，《奥地利联邦宪法》第 130 条在规定行政法院的权限时，就附带规定了诉讼的类型，且在该法第 81 条 a(4)规定“指示诉讼”、第 131 条规定“裁决诉讼”、第 131 条 a 规定“措施诉讼”、第 132 条规定“怠慢诉讼”的特别要件。虽然奥地利的行政裁判权一直采取概括权限条款，但因诉讼种类采取的是列举主义，无形中限制了人民权利保护范围及实务、学说发展的余地。[①]

在德国，依《基本法》第 19 条第 4 款“有效权利保护”的“最低要件原则”及《行政法院法》第 40 条第 1 款概括权限条款的精神，在行政法院法、社会法院法及财政法院法上，放弃了诉讼类型列举主义。因此，在这些法律中所见到的诉讼类型只是对一定的诉讼类型的要件做的特别的规定，或者只能是例示规定。这样，不仅上述三部法律所未规定的诉讼类型可依一般法律原则、特别是法院组织法及民事诉讼法的规定为补充，并且可以依据宪法的精神，根据需要而发展。德国的行政法院法明文规定的诉讼类型有撤销诉讼、课予义务诉讼、确认诉讼、抽象规范审查诉讼、一般给付诉讼等。

3．法律直接规定行政诉讼种类

在日本，《行政案件诉讼法》明确规定诉讼类型。该法第 2 条规定：“本法所称的行政案件诉讼，为抗告诉讼、当事人诉讼、民众诉讼及机关诉讼。”第 3 条至第 6 条分别规定了这些诉讼类型的要件。抗告诉讼又分为“撤销处分诉讼”、“撤销裁决诉讼”、“无效等确认诉讼”及“不作为违法确认诉讼”；当事人诉讼又分为“确认诉讼”与“形成诉讼”。日本的这种诉讼类型规范模式究竟是列举规定，还是例示规定？从该法第 2 条来看，似乎采取的是列举主义，但如果结合《日本宪法》第 76 条第 1 款及《裁判所法》第 3 条第 1 款所蕴涵的概括权限条款及人权保障的精神，又似乎应认为是例示规定，允许实务及学说适应环境需要有所发展。

从对各国立法例的分析中可以看出，行政诉讼类型制度的设计，有的未见诸明文，如法国、瑞士、意大利，即采取所谓的行政诉讼类型的“默示主义”。更多的国家采取明文规定的方式规定行政诉讼类型。

---

① 参见蔡志方：《行政救济与行政法学》(一)，三民书局 1993 年版，第 155 页。

在采取明文规定方式的国家中,有的采取"列举主义",严格限制行政诉讼类型的种类,行政诉讼的类型仅以法律的明文规定为限;有的采取"例示主义",即行政诉讼类型以法律的明文规定为主,却并不以法律的明文规定为限。从功能的角度考虑,默示主义能赋予法院很大的行政诉讼类型的形成空间,使法院能够适应审判实务需要,灵活应变;同时,人民寻求救济的空间也比较大,在起诉时不用过多考虑行政诉讼类型问题。但此种规范模式的缺点是与特定诉讼相关的诉讼要件与效果的范围不够明确,容易引起争议,法院参与形塑特定类型诉讼的任务较重。[①]

在行政诉讼类型采取"列举主义"的情况下,行政诉讼类型之多少,完全取决于行政诉讼法的规定,而行政诉讼法是否能为行政相对人提供完善且充足的权利救济手段,则取决于其所列举的行政诉讼类型是否能涵盖行政活动的各种类型。因此,在"列举主义"的情况下,行政诉讼类型的设计水平需要相当高超,才能满足权利救济的需要。相应的,"列举主义"常要面对一个问题:为了解决诉讼实践的需求导致的诉讼类型的供给不足的矛盾,行政诉讼法必须及时进行修改,这使立法者的负担较重。[②] 在采取"例示主义"的情况下,法律将诉讼实践需要的主要诉讼类型明文规定下来,在这一点上,它与"列举主义"没有差异。但是,采取"例示主义"的国家,在宪法或行政诉讼法上会有关于法院的"概括权限条款",在裁判行政诉讼案件时,即使没有恰当的行政诉讼类型可资适用,法官也可基于其权限对诉讼类型进行拓展。[③] 也就是说,在采取"例示主义"的国家,在法律明文规定的诉讼类型可资适用的情况下,法院应严格依照其规定进行诉讼。在法律明文规定的诉讼类型不适于解决新出现的诉讼案件而此类案件又需要法院予以审理时,"概括权限条款"允许法官尝试新的诉讼类型进行裁判。在采取"例示主义"的国家,"概括权限条款"与"行政诉讼类型"

---

① 参见蔡志方:《行政救济法新论》,元照出版公司 2001 年第 2 版第 1 刷,第 257 页。

② 同上注,第 257 页。

③ 参见〔德〕弗里德赫尔穆·胡芬:《行政诉讼法》,莫光华译,刘飞校,法律出版社 2003 年第 1 版,第 380 页。

是配合作用的，这使行政诉讼中行政诉讼类型的适用是明确的，同时又保障了行政诉讼类型的发展具有一定的潜力，不致像“列举主义”那样的僵化。在各国的“行政诉讼类型规范模式”中，“例示主义”具有“默示主义”的弹性优点，又兼具“列举主义”的明确化特征，因而能够适应诉讼实践发展的需要，是一种较成熟的立法体例。

五、两个相关问题

1. 诉讼类型的选择与确定

也许有人会问，诉讼类型的选择是否会对当事人行使诉权造成限制呢？即当事人如果不适当地选择了错误的诉讼类型，法院是否会因此驳回其起诉呢？德国行政诉讼实务上有一些经验[①]，可以避免这类局面的发生。在德国，原告于起诉时所为之诉讼上请求，也就是诉之声明，是在有争议发生时，确定诉讼类型的选择是否正确的基础。但是，在德国行政诉讼实务上，不得以原告起诉时所选择的诉讼类型错误，即原告声明请求之事项不在其所选择的诉讼类型所提供保护的范围之内，而驳回原告之诉。如何对原告的诉之声明做法律上的定性，并将其归列于特定之诉讼类型，主要是法院的任务。此时法院并不能创设一项声明，而是应依行政法院法所提供之诉讼类型，来解释原告诉讼上的请求。如果原告的请求有不清楚的地方，或其表达有违法理，则审判长应依《行政法院法》第86条第3项规定，协助原告提出符合法理的声明。可见，在诉讼类型的选择过程中，原告的诉讼请求是基础，但法院的阐释与帮助义务则为关键。只要法院尽到此种义务，则诉讼类型这种法律设置就不会成为当事人行使诉权的障碍。

2. 我国的判决形式与诉讼类型

根据我国《行政诉讼法》第54条、第55条和《最高人民法院关于执行〈中华人民共和国行政诉讼法〉若干问题的解释》第53条至第60条以及第62条的规定，我国行政诉讼法有六种主体判决和一种辅助判决。其中六种主体判决为：维持判决、撤销判决、履行判决、变更判

① 参见彭凤至：《德国行政诉讼制度及诉讼实务之研究》，（台湾地区）“司法院”年报第19辑，第62页。

决、确认判决和驳回诉讼请求判决。辅助判决为:情况判决。[1] 我国《行政诉讼法》没有明确划分诉讼类型,所谓的撤销之诉、履行之诉、赔偿之诉、变更之诉、确认之诉、执行之诉,是学界总结司法实践,对《行政诉讼法》有关规定(主要是《行政诉讼法》第54条)进行系统化解释的结果。[2] 可以说,我国学界是通过我国所拥有的"判决形式"逆向推理出有哪些诉讼类型。

通过对德、日等国家行政诉讼类型制度的说明,可以推论出诉讼类型制度与判决形式有关,却不仅仅涉及诉讼类型。德、日等国家的不同诉讼类型在起诉条件、法院审理规则和权限、举证责任、对诉讼请求的实体审查以及判决形式等方面都有明显的区别,在这些国家,一个诉讼类型是一套特别的、完整的诉讼程序。在我国,所有的"诉讼类型"都适用一套通用的诉讼程序,导致这些"诉讼类型"在程序上的功能差别不那么明显。行政诉讼类型制度在我国行政诉讼法上已经到了需要重新定位的时候了。

六、结语

总之,在对待"要不要明确规定"行政诉讼类型的问题上,我们不能笼统地下结论,因为不同的制度设计所呈现出来的功能是不同的。考察国外的经验,有些国家的行政诉讼类型制度确实可以有针对性地满足人们多样化的诉讼需求,并有利于诉讼实践的专业化发展;另外,有些国家的行政诉讼类型制度也确实存在一定的弊端,对人们寻求诉讼救济造成一定的不利影响。笔者认为行政诉讼类型制度有一条根本宗旨不可改变:有权利,必有救济。一套诉讼类型制度必须保障给人民以充分的救济,而不能成为人们寻求救济的障碍;同时,诉讼类型的设计必须具有充分的专业水平,能够给诉讼双方的诉权以充分的程序保障。如果要重新构建诉讼类型制度,我们的诉讼类型制度无疑要实现这两个目标。

---

① 情况判决,即人民法院经审查,确认被诉具体行政行为违法,本应予以撤销,但考虑到公共利益需要而不撤销,责令行政机关作其他补救的判决形式。

② 参见〔德〕尤翰林:《中德行政诉讼法与地方自治法比较》,中国致公出版社2006年版,第71页。

普通债权人行政诉讼原告资格的特定情形*

——对"法律上利害关系"的理解

我国《行政诉讼法》中涉及原告资格的条文有三处。该法第2条规定："公民、法人或者其他组织认为行政机关和行政机关工作人员的具体行政行为侵犯其合法权益，有权依照本法向人民法院提起诉讼。"第24条第1款规定："依照本法提起行政诉讼的公民、法人或者其他组织是原告。"第41条规定：原告是认为具体行政行为侵犯其合法权益的公民、法人或者其他组织。

权利保障与维护秩序是行政诉讼的两个基本价值。由于二者内在的紧张关系，平衡地兼顾是有困难的。我国行政诉讼法基于立法时的具体情况，在价值取舍上，对维护秩序即维护行政机关依法行使职权给予更多的关注。1991年最高人民法院的司法解释对"具体行政行为"的限制性解释更是限制了行政诉讼原告资格：行政诉讼的原告就是具体行政行为的相对人，对行政诉讼原告资格的理解就是对行政相对人的理解。其实，这种相对人的概念是狭义的。因为广义相对人是指被管理相对人，即行政诉讼法不嫌拖赘地称之为"公民、法人、其他组织"的被管理一方。从狭义相对人的角度界定行政诉讼原告资格，人为地缩小了行政诉讼受案范围。2000年最高人民法院《关于执行〈中华人民共和国行政诉讼法〉若干问题的解释》（以下简称《若干解释》）第12条规定："与具体行政行为有法律上利害关系的公民、法人或者其他组织对该行为不服的，可以依法提起行政诉讼。"明确了只要与具体行政行为有法律上利害关系，不管其是否是行政行为直接针对的对象，都有权提起行政诉讼。显然，最高人民法院的新司法解释放宽了对原告资格的限制。行政诉讼原告资格从"相对人资格论"转

---

* 本文系与王达合作，载《人民司法》2006年第7期。

变为“法律上利害关系论”,这是我国行政诉讼制度与观念的一大飞跃。[①] 但如何准确理解“法律上的利害关系”,不但困扰着行政审判实践,同时也构成理论界争议的问题。

应当说,对原告资格宽松程度的判断取决于司法制度、民主法治进程、法院权威性以及原告需要保护的权利等多种因素。对法律制度的理解和适用不能超脱于现实社会。本文参考国外相关制度的发展趋势,结合我国民主法治及法院地位的现状,希望从普通债权人的权利保护的视角去认识、理解和探讨“法律上的利害关系”。

一、国外值得借鉴的规定及原告资格判断的发展趋势

1978 年以前,英国规定公法救济采取“法定权利”标准,私法救济采取“直接利益”标准;1978 年之后,英国统一实行“足够利益”标准,即“申请司法审查必须根据法院的规则得到高等法院的同意,高等法院不能同意,除非法院认为申请人对于申请事项有足够的利益。”显然,“足够利益”是法院拥有自由裁量权的弹性标准。[②]

德国关于原告资格的规定与个人权利密切相连,《基本法》第 19 条第 4 款规定,任何一个主观权利遭受公权利侵害的公民都可以诉诸法律途径。所谓主观权利,“是指法律规范赋予主体的权能,即为了实现个人利益,要求他人为或者不为一定的行为,容忍或者不作为的权利”。[③]《联邦行政法院法》第 42 条第 2 款又将该规定具体化和现实化,规定只有在公民能够主张其权利遭受侵害,即对其权利的侵害至少是可能的情况下,才能针对行政机关所谓的违法行为提起诉讼。

在明治宪法之下,日本将“权利毁损”作为行政诉讼案件原告资格的要件;日本在现行宪法之下制定的《行政案件诉讼法》第 9 条将原告界定为“具有法律上的利益”,该标准“在某种意义上是以利益侵害

---

① 参见沈福俊:《论对我国行政诉讼原告资格制度的认识及其发展》,载《华东政法学院学报》2000 年第 5 期,第 3 页。

② 参见张旭勇:《“法律上利害关系”新表述》,载《华东政法学院学报》2001 年第 6 期,第 42 页。

③ 〔德〕哈特穆特·毛雷尔:《行政法学总论》,高家伟译,法律出版社 2000 年版,第 152 页。

为要件的……既然是利用裁判制度,只要没有特别规定,当然要求原告具有裁判性保护的必要性。"[①]探讨"法律上的利益"的内涵又促进了判例的发展。日本最高法院在新泻空港诉讼的判决中,将"具有法律上的利益者"进一步解释为"由于该行政处分自己的权利或者法律上保护的利益受到侵害或者具有必然被分割的危险者"。[②] 显然,日本关于"法律上的利益"与我国《若干解释》所规定的"法律上的利害关系"比较接近,其关于利益的有无是否以实体法的规定来决定原告资格,对理解和适用《若干解释》第12条中规定的"法律上的利害关系"有较大参考价值。

上述国家关于起诉标准的规定有一个共同趋势,即起诉资格的标准由法定权利向法律保护的利益或法律上值得保护的利益扩张。起诉人资格标准扩张现象背后深刻的社会背景是:20世纪尤其是第二次世界大战之后,一方面,迫于社会事务管理的巨大压力,且市场经济需要适度公权力干预,公权力迅速膨胀,极大地增加了公民权利受公权力侵害的深度和广度;另一方面,基于第二次世界大战对人权残酷践踏的教训及人类文明自身发展的经验,在制度层面,基本权利范围不断扩大,对基本人权的尊重和保护不断加强,各国关于行政诉讼原告资格的判断标准都突破了法定权利界限。另外,迫于行政事务的巨大压力,为了保证行政管理的效率,又不得不适当设置原告起诉资格的门槛。

应当说,原告资格的确定标准也是利益衡量的结果,规范社会秩序与人权保障相互矛盾,强化规范社会秩序价值必然严格原告资格标准,导致保护诉权不力;强化权利保障价值必然放宽原告资格标准,可能出现滥诉、浪费司法资源。从法律发展史看,法律大致可分为人治之法和法治之法两大类型,法治之法就是洋溢着法治精神的现代法律。保障人权、实现民主、提高效率是法治之法所负载的基本价值内

---

① 〔日〕盐野宏:《行政法》,杨建顺译,法律出版社1999年版,第336、337页。

② 杨建顺:《日本行政法通论》,中国法制出版社1998年版,第101页。

容，构成法治之法的实质要件。[①] 从实质法治的原理可以看出，对原告资格的判断及其诉权的保护是一种动态发展趋势。我国的《行政诉讼法》颁行之后，最高人民法院先后制定了两部司法解释。有人批评前面一部司法解释限制了诉权，后者扩大了诉权，是歪曲了法律原意的解释。这样的观点建立在对法律静止地、机械地、片面地理解的基础之上，是典型的形式法治观的表现。随着我国加入 WTO，拓宽司法审查范围是法律全球化发展的趋势，放宽原告资格标准成为必然，符合实质法治、社会主义法治的基本原理，也是马克思辩证唯物主义原理在法学领域的具体运用。

二、起诉人所主张的权益应当属于法律所保护的权益

法律保护的权益也即法律保护的利益。很多学者称之为合法权益，并将合法权益解释为权利和利益。认为利益不受行政诉讼法保护，权利受行政诉讼法保护。[②] 这样便割裂了权利和利益内在的一致性。笔者认为，社会成员的权利与利益是一致的，都称为权益。另外，根据法律一体化原则，对权益的保护无需区分私法保护和公法保护。但是，根据正当程序原则，动用私法保护应当依照民事诉讼法等程序法；动用公法保护应当依照行政诉讼法等程序法。无论动用哪种程序法进行保护，实体结论是唯一的。对于法律保护权益的理解应当坚决摒弃将合法权益人为地分为私法保护和公法保护的权利。目前的社会状态和法律框架，将合法权益分为人身权和财产权，符合规范社会秩序与人权保障矛盾平衡的要求。例如，人们普遍将相邻权归类为民法保护，虽然民法保护相邻权，但是，行政法保护也不容忽视。规划部门进行规划时，应当对相邻权予以保护，如果规划许可损害相邻权人利益，应当允许相邻权人向法院提起行政诉讼，人民法院应当将规划许可的受益人列为第三人承担补偿责任。法律保护的权益还包括抵押权、普通债权、拆迁受偿权、继承权、专利权、商标权、股权、土地承包

---

① 参见黄基全：《论法治之法的实质要件与形式要件》，载《四川师范大学学报》（社会科学版）2000 年第 4 期，第 95 页。

② 参见张旭勇：《“法律上利害关系”新表述》，载《华东政法学院学报》2001 年第 6 期。

权、土地经营权、宅基地使用权、地役权、共有权、公平竞争权等。上述有些权益已经通过《若干解释》第13条至第18条的明确规定,充分保护其行政诉权。

受教育权是否纳入行政诉讼法调整的范围问题,笔者认为对行政诉讼受案范围不应机械地理解为保护相对人人身权和财产权,根据宪法的规定,受教育权是公民的基本权利。在教育还不很发达的今天,能否平等地享有受教育权,对其人身权和财产权产生巨大的影响,同等情况下,能接受高等教育的人易受到社会的良好评价,其就业容易一些、经济收入相对高一些。从这个意义上说,受教育权直接影响人身权和财产权。最高人民法院《关于当事人不服教育行政部门对适龄儿童入学争议做出的处理决定可否提起行政诉讼的答复》规定:"当事人不服教育行政部门对适龄儿童入学争议做出的行政处理决定,属于行政诉讼法第十一条第二款规定的受案范围,人民法院应当受理。"该司法解释已明确将公民的受教育权列为行政诉讼范围,即公民的受教育权受司法权的救济。按照《行政复议法》第6条第9项的规定,保护相对人的受教育权也是行政复议的范围。同理,受教育权应当属于行政诉讼受案范围。

当然,起诉人和法官对"法律保护的权益"的理解难免存在偏差,在存在偏差的情况下,法官会依据现行的法律和司法解释的规定,做出不予受理或者驳回起诉的裁定,使得案件难以进入实体审查。例如,个体户王某委托张某运输一车燃料油,于山西省境内被某市技术监督局针对张某做出没收燃料油的处罚决定,张某的利益没有受到损害,其当然不会向法院提起诉讼。而受到损害的是个体户王某,王某向法院提起行政诉讼,法院以其不具有"法律上的利害关系"为由,裁定驳回起诉。这未免使人有一种掩耳盗铃之感。因为就本案而言,法院明知该处罚决定违法,一旦进入实体审查,必然判决撤销。该案暴露了目前裁判分类方式存在的弊端,笔者建议将驳回起诉裁定、不予受理裁定和驳回诉讼请求合三为一。因为"法律上的利害关系"需要对"法律保护的权益"是否受到损害进行实体审查才能做出判断,程序上的诉权与实体上的胜诉权密切关联,因此,为了充分保护诉权,在原告坚持起诉的情况下,应当受理并进入实体审查,做出判决。

三、具体行政行为与损害后果的因果关系分析是确定“法律上利害关系”的基础

行政相对人之所以提起诉讼,是因为其认为合法权益受到被诉具体行政行为的不利影响;法院之所以受理,是因为其认为原告的合法权益受到侵害。因此,损害结果与被诉行政行为之间的因果关系成为判断原告资格不可回避的问题,“法律上的利害关系”无不与因果关系密切联系。显然,起诉人所主张的损害与具体行政行为应当具有内在的联系。起诉人申请法院对行政行为进行司法审查,应当证明其权益受到损害,而这种侵害是由被诉行政行为造成的。① 辩证唯物主义认为,联系是物质普遍存在的事物,内在联系是联系的一种,因果关系是事物最普遍存在的联系。法律责任必须建立在事物因果关系的一般原理基础之上。具体行政行为与起诉人主张的合法权益受到侵害的事实之间,必须具有因果关系。然而,由于因果关系的复杂性和客观性,在实际操作中有不同的掌握和理解。有人认为,在客观上产生了直接因果关系和间接因果关系。② 笔者认为,如此分析因果关系会造成法官理解的随意性,难以实现行政管理和权利保障的双重目的。分析因果关系时,应当重点分析是唯一原因还是多种原因。一般而言,直接行政相对人与一因一果存在必然的联系,如某公司进行虚假宣传,工商行政管理机关认为其违反广告法,对其做出吊销营业执照的处罚决定,吊销营业执照后因停止生产造成经济损失。该公司就是直接行政相对人,这种因果关系也只能是一因一果的关系。

“法律上的利害关系人”与多因一果存在必然的联系,而多种原因之间又存在互为条件的关系。如张某将自己的房屋出租给李某,李某以办理营业执照为由向张某借用其房屋所有权证,私下伪造了一份房屋所有权证,并非法制作了假身份证,然后李某以张某的名义将该房屋出售给了王某,王某取得了房屋所有权证。张某在失去房屋所有权

---

① 参见江必新主编:《中国行政诉讼制度的完善》,法律出版社 2005 年版,第 113 页。

② 参见章剑生:《论行政诉讼中原告资格的认定及其相关问题》,载《杭州大学学报》1998 年 7 月第 28 卷第 3 期。

之后向房管局提出异议,房管局拒绝注销颁发给王某的房屋所有权证。本案被诉具体行政行为是房管局给王某颁发房屋所有权证,王某是直接相对人,张某是利害关系人,张某失去房屋的损害之原因包括李某的诈骗、房管局的违法以及自己的过错。该案属于典型的多因一果情形。

行政行为按其产生的结果分为授益性行为、损益性行为、复效行为和双效行为。利害关系人一般仅存在于双效行为[①],双效行为对直接相对人产生授益性法律效果,而对利害关系人产生损益性法律效果。这种行为一般基于直接相对人的申请,在申请的程序中,根据直接相对人的主观状态分为:真实合法的申请、故意欺诈的申请、过失虚假的申请。无论实体法如何规定,行政主体依申请的职权行为可能会影响利害关系人的权益,都应当进行实质审查。例如,房地产权属登记、国有土地使用权登记、行政许可、商标权注册、专利权注册等双效行政行为,公权力主体在做出上述双效行政行为时应当平衡直接相对人和利害关系人的权益保护的关系,都应当进行实质审查。目前一些行政机关认为实质审查的审查标准对行政机关过于苛刻,笔者认为基于申请的职权行为,行政机关有权力对申请人提供的材料进行审查核实,不能只强调行政效率而忽视公平和安全。这种职权行为有些会涉及交易安全,如不动产的登记;有些会影响公平竞争,如特种行业许可;有些会涉及有限资源的占有、使用、受益权,如公共运输许可;有些会涉及财产权保护,如拆迁许可。当然,从目前的实际情况来看,行政机关之间的协同和信息共享存在障碍,给行政机关的实质审查造成困难。例如,房地产管理机关在办理所有权转移登记时,对申请人提供的身份证的真伪缺乏有效判断能力,给房地产交易欺诈和诈骗提供了可乘之机。解决这类问题需要公安机关的协同和信息共享的辅助,当然也需要完善相关法律。只要造成利害关系人权益的损害,就必然存在民事主体的过错和行政主体违法。

对行政机关违法也有不同的理解:有人认为行政机关"违法"是指违反法律、法规或者规章的明确规定。笔者坚持认为"违法"包括违反

---

① 对于非强制性行为也存在法律上的利害关系人,该类问题更为复杂,需另行研究。

法律、法规、规章、规范性文件、法律原则——至少笔者认为实质法治应当包括法律原则——以及公序良俗,在存在普遍法律冲突的成文法国家中,对依法行政、司法审查、立法中的“法”的理解应当符合实质法治的要求。总之,行政机关未进行实质审查而造成损害后果的,就是损害结果的原因之一。只有在行政行为与损害后果存在因果关系的情况下,才可能存在“法律上的利害关系”,其受害主体才可能成为行政诉讼的原告。

对于法律责任——从此名词看,也是对责任的因果关系进行判断,而非对原告资格的因果关系进行判断——的因果关系判断成为法学理论界和司法实践的共识,通行的判断方式为直接因果关系和间接因果关系。如此判断会造成法官的无所适从以及滥用自由裁量权。如果采取对多种原因综合判断的方式,从主要原因和次要原因、必要原因和非必要原因、密切联系原因和松散联系原因、直接原因和间接原因等方面进行分析。应当分析原因之间、原因与结果之间的关系,进而从实体上确定份额、连带或者补充等行政责任类型,既实现权利保障,又实现行政目标。有人认为进入实体审查之后才有必要探讨责任问题,笔者认为判断“法律上利害关系”离不开因果关系,离不开法律责任。因此,原告资格的判断并非如传统观点所认为的那样,即属于程序问题,原告资格的判断需要探讨“法律上的利害关系”,只有进入实体审查才能确定是否存在“法律上的利害关系”。

四、普通债权人在特定情形下成为“法律上利害关系人”

与具体行政行为相对人具有债权债务关系的公民、法人或者其他组织是否具有行政复议申请权和提起行政诉讼权,取决于该债权人与被诉具体行政行为是否具有法律上的利害关系。所有权、抵押权在内的不动产物权的变动都有行政机关登记的行政确认程序,债权人对这一行政确认程序是否具有提起行政诉讼的权利,在审判实践中是有争议的。例如,2002 年 8 月,甲为周转资金向银行申请贷款 50 万元,期限一年。甲请朋友乙帮忙担保,乙遂在借款合同上签名,并写明为担保人。2003 年 8 月,贷款到期,甲因生意亏损,无力还款,银行遂请求乙承担连带责任归还借款。经查,2003 年 5 月,乙将自己名下的住房赠与其子丙并申请房管局变更了产权登记。债权人银行以乙的赠与行为侵害其债权为由起诉乙,行使《中华人民共和国合同法》(以下简称《合同法》)规定的撤销权。然而,房屋所有权人为丙,人民法院审查银行行使撤销权后,并不能当然使房屋重归于乙名下,而乙又不可能主动申请变更房屋所有权登记为乙。这里涉及司法权尊重行政权、司法权监督行政权必须依照正当程序原则。由此引发了一个法律问题:债权人对影响其债权实现的房地产产权变更登记行为是否具有司法救济权?换句话说,该债权人是否具有行政诉讼原告资格。不动产所有权的变更和抵押权的设定均需以法定登记机关的登记为对抗和生效要件,对不动产权属登记行为提起行政诉讼的原告资格就从登记申请人演变为"法律上的利害关系人",即原告可能是登记申请人、抵押人、抵押权人、共有人、继承人、债权人等广义的主体。

判断起诉人是否为适格的原告,必须对"法律上的利害关系"进行界定。从行政审判的现状看,以"法律保护范围"作为界定比较合适。[①] 诉讼请求所保护的不能是泛泛的或者一般性的合法权益,必须是与被诉具体行政行为有关联的、具有确定性的和易于把握的合法权益。按照该标准衡量,起诉人诉讼请求所保护的权益(主张其受到损害的权益)必须是与被诉具体行政行为有关的法律规范所保护的利益,即通常是用以衡量被诉具体行政行为合法性的法律规范所保护的范围,该法律规范以保护该权益为目的或者指向。只有在属于这些法律规范保护的范围内时,才可以认定起诉人与被诉具体行政行为具有法律上的利害关系,或者说才能构成法律上而不是事实上的利害关系。也只有在属于被诉具体行政行为依法保护的范围内时,该合法权益才能在行政机关做出具体行政行为时纳入行政诉讼受案范围。否则,即使客观上给起诉人造成了损害,但并不认为属于应当给予保护的损害,也不能产生法律上的利害关系。如传销人员的上线拖欠下线的"红利",下线要求工商行政管理局向上线追缴,而工商行政管理局拒绝追缴,下线以不履行职责为由向法院提起行政诉讼,法院不予受理。

债权人的撤销权是指债权人在债务人实施减少其财产而害及债

---

① 参见孔祥俊:《法院在实施〈行政许可法〉中的监护作用》,载《法律适用》2004 第 8 期。

权人债权的积极行为时,债权人请求人民法院予以撤销的权利。[①]《合同法》第 74 条第 1 款规定:"因债务人放弃其到期债权或者无偿转让财产,对债权人造成损害的,债权人可以请求人民法院撤销债务人的行为。债务人以明显不合理的低价转让财产,对债权人造成损害,并且受让人知道该情形的,债权人也可以请求人民法院撤销债务人的行为。"保障债权人债权的实现关键在于债务人的财产,只有保证债务人的财产不减少,才能保证债权人债权的实现。

房地产权属登记,是指房地产行政管理机关根据申请人的申请或依职权将不动产物权设立、变更、消灭等情况依法记载于其专门设置的登记簿上。房地产权属登记作为现代房地产法律制度的基础,具有三个方面的职能:一是产权确认职能。确认房地产的权属状态,赋予房地产权以法律效力,建立房地产与其权利人之间的法律支配关系。二是公示职能。指将房地产权利变动的事实向社会公开,用以标示房地产流转的职能。三是管理职能。表现为产籍管理职能和审查监督职能。我国尚未制定不动产登记法,现行的不动产登记制度缺乏完整的体系,对许多有关登记的问题没有统一的规定,因而显得有些混乱。然而,普遍认为:房地产登记具有强制性,应实行实质审查,不动产的转让、抵押均实行合同加登记。故我国的房地产登记是一种具体行政行为,它体现的是国家行政权力对不动产物权关系的合理干预,具体来说是一种行政确认行为。[②] 登记行为既然是一种具体行政行为,就有可能影响相关人的合法权益。根据行政诉讼法的立法精神及发展趋势,就应当允许在符合条件的情况下提起行政诉讼,这也是法治精神的体现。

根据《合同法》第 74 条规定,债务人无偿转让或者低价转让不动产的,能够对抗善意第三人的生效要件是变更权属登记,债权人的债权因此造成损害,债权人可以对无偿转让或者低价转让的民事行为行使撤销权。但是,当民事行为经行政行为确认而产生拘束力时,其债

① 参见刘建文、王振华主编:《中华人民共和国新合同法释义与适用指南》,中国人民公安大学出版社 1999 年版。

② 参见王达编著:《房屋所有权、抵押权登记行政诉讼理论与实务》,知识产权出版社 2006 年版,第 1 页。

权遭受损失的债权人就不能通过直接行使合同撤销权来否定无偿转让或者低价转让行为。也就是说,按照正当程序原则,通过行使合同撤销权的民事诉讼已经无能为力了,只能通过行政复议或者行政诉讼来否定变更权属登记行为。

具有行使合同撤销权的债权人与不动产权属变更登记行为存在"法律上的利害关系",此时,债权人具有原告资格。应当说,具有合同撤销权的债权人的范围与行政诉讼原告资格是一致的。同时,该类行政诉讼案件还必须考虑第三人的确定。债权人行使撤销权时,债务人与第三人的行为作为撤销的对象,第三人与债务人应一并作为民事诉讼的被告,民事诉讼的被告在行政诉讼中是诉讼第三人,因为该第三人的权利义务与诉讼结果具有直接的法律关系。

五、结语

法律上的利害关系,因为在不同情形下有不同的衡量,很难有一个具体又统一的标准,因此本文仅取诸多利害关系人之一"普通债权人"作为研究对象,试图说明作为原告资格的"法律上的利害关系"应当如何认定。同时,作为原告的普通债权人的起诉期限如何确定也是值得研究的问题,鉴于该问题的复杂性,笔者在本文不作阐述。

行政诉讼被告资格若干问题探讨*

行政诉讼被告的定义有不同的表述①,一般而言,行政诉讼被告的确定与行政主体、责任主体、行政诉讼受案范围密切相关,也与一个国家民主法治状况密切相关。

在法国,只要是行政诉讼受案范围内的事项,似乎被告的确定不存在任何问题。因为法国以"行政主体"的技术办法来确定被告。行政主体是能够承担责任的主体即国家或地方公共团体以及公务法人。在行政机关之外,以行为者确定行政诉讼的被告,行政机关系统虽然体系庞大、复杂,但确定被告是国家即可。

美国《联邦行政程序法》第702条规定:"美国法院受理的诉讼,不是寻求金钱赔偿,而是控告行政机关或其官员或职员,以官方身份的或在法律掩饰下的作为或不作为时,不得以该诉讼反对美国或者美国是必不可少的当事人为理由而驳回,或拒绝给予救济。"第703条规定:"在没有能够适用的、特定的、法定的审查程序时,司法审查的起诉可以对美国、对机关以其机关名称或者适当的官员提起。"所以,在美国,联邦政府行使行政职权的行政机关、行政官员等都可以成为行政诉讼的被告。指控的标准是"以官方身份的或在法律掩饰下的作为或不作为。"因此,美国的行政诉讼被告确定的标准是行政行为。这种确认标准反映出了美国人文主义精神的司法审查理念。

英国法院对司法审查的被审查人没有资格上的限制,一般而言,部长、地方政府、行政裁判所都可以成为司法审查的被审查人,但英王

---

* 本文系与王达合写,载《法律适用》2006年第8期。

① 参见最高人民法院行政审判庭编:《〈关于执行中华人民共和国行政诉讼法若干问题的解释〉释义》,中国城市出版社2000年版,第36页;应松年主编:《行政诉讼法学》,中国政法大学出版社2002年版,第100页;姜明安主编:《行政法与行政诉讼法》,北京大学出版社、高等教育出版社2005年版,第508页。

不能作为被审查人。[1]

在日本,政府、政府首脑、行政厅、行政主体、公共团体、行政人都可以成为行政案件诉讼的被告。[2]

根据《联邦德国行政法院法》第78条,被告必须是发布行政行为的联邦、州或者团体。这里的"团体"是一个抽象概念,在这个概念之下,除了社区、社区联合和其组织法上的组织外,还有公法机构和基金会。这些公法机构和基金会之所以可以成为行政诉讼的被告,决定性因素是"发布"了具有公法性质的行政行为。[3]

在我国,由于行政法理论发展的局限以及现行法律框架的桎梏,行政诉讼被告的确定比较复杂。行政诉讼被告的确定存在原告认知与法官认知两个不同认知主体的主观活动,这两种活动难免存在差异。而法官的认知具有强制力,原告的认知存在局限性,所以,为了保护原告的诉权,在起诉时没有准确确定被告的情况下,法官应当通过行使释明权引导原告准确确定被告。面对行政诉讼林林总总的被告,本文仅选取村委会、高等学校、开发区管委会、监狱看守所等若干争议较大的被告资格问题进行探讨。

一、释明权与行政诉讼被告变更机制

诉讼的核心价值在于最大限度地、公正地解决纠纷,"公正"和"效率"是判断法律制度优劣的标准。为了最大限度地探求客观事实并保证诉讼程序进行的有序性和效率性,防止诉讼过分拖延,行政诉讼应当明确规定法官适时行使释明权。所谓法官释明权,是指在当事人的诉讼请求、陈述的意见或提供的证据不明确、不充分、不适当的情形下,法官依法对当事人进行发问、提醒、启发或要求当事人对上述事项做出解释说明或补充修正的诉讼行为。《最高人民法院关于执行

---

① 参见谭兵、贺善征:《中国行政法原理》,四川人民出版社1993年版,第102页。

② 参见马怀德:《中国行政诉讼法》,中国政法大学出版社1999年版,第73页。

③ 参见应松年:《行政诉讼法学》,中国政法大学出版社1994年版,第118页。

〈中华人民共和国行政诉讼法〉若干问题的解释》(以下简称《若干解释》)第23条第1款规定:“原告所起诉的被告不适格,人民法院应当告知原告变更被告;原告不同意变更的,裁定驳回起诉。”显然,这里规定了法院有告知当事人变更被告的释明义务,明确了法院“应当”行使释明权。

在法国,释明被认为是法院的权利;在德国早期,释明曾被认为是一种权力,但现在德国学者一般都主张释明是法院的义务;在日本及我国台湾地区,学者们认为释明既是法院的一项权能又是法院的一项义务。笔者同意台湾学者的意见,认为释明权作为法官行使的一种诉讼指挥权,既是法官的职权,也是法官的职责。从发展趋势看,法官释明权虽兼有职权与职责的双重属性,但基于诚实信用原则的考虑,为弥补当事人法律知识、诉讼能力的不足,立法者似乎更倾向于从职责和义务的角度去规定释明权。这实际反映了国家对实体公正和诉讼效率的价值取向,有利于督促法官依法履行自己的法定责任。因为释明的前提是诉讼当事人不能准确确定被告,因而在含义上又能避免法官以行使“职权”为名而随意介入诉讼。公正、有效地解决行政争议,监督和支持行政机关依法行政是我国在行政诉讼中设立释明权制度的价值基础。

法官释明权有利于实现实体公正,实现社会正义。我国现阶段的法律关于行政诉讼被告确定的规定还具有复杂性,甚至有时候连法官也难以认定谁是行政诉讼的被告。而行政诉讼中的原告,通常缺乏相应的专业知识和法律知识,缺乏诉讼经验,有时也没有经济实力聘请律师,原告不能准确确定被告是情理之中的。如果仅仅因此就驳回起诉,让原告补正了被告再诉,有悖于诉讼经济原则。如果法官适时地行使释明权,帮助原告准确判断行政诉讼被告并进入司法审查的过程,是实现行政诉讼价值的比较经济的路径。

法官释明权有利于提高司法效率。由于当事人法律专业知识的欠缺,再加上对案件事实掌握的片面甚至误解,从而导致原告起诉被告不准确。如果完全按照当事人主义模式和法院审判中通行的“不告不理”原则,这部分案件很可能被驳回起诉。这样一来,原告就必须另行起诉,造成重复诉讼,增加了诉讼成本,降低司法效率,影响实质公正。如果法官通过行使释明权,使原告准确确定被告,减少当事人的诉累,就可以节约国家司法资源,提高司法效率。

二、村民委员会不应成为行政诉讼的被告[①]

国家设立行政诉讼制度的目的是为了追究行政机关在行政行为过程中的法律责任,即国家只对代表行政机关的主体的行政行为才承担责任,因此,法律规定只可以对此种行为提起行政诉讼。政府从事行政行为的方式包括:行政机关亲自作为;国家以法律法规授权某些非行政机关的组织作为;行政机关委托其他组织作为。

以行政诉讼被告论,我们假定村民委员会做被告,在人民法院确认了村民委员会的行为违法并涉及赔偿时,有两种途径赔偿:其一是,赔偿金由村民委员会负担,但是这样的责任承担实际上是用全体村民的钱赔了村里的个别人;其二,由国家承担赔偿责任,但国家是将国家赔偿资金列入政府财政预算,村民委员会无法动用国家赔偿资金。

我们认为村民委员会不宜作为行政诉讼的被告,理由如下:

第一,按照《村民委员会组织法》,村民委员会是通过村民会议选举出来的自治机构,以民主原则实现对村务的处理,村民委员会的自治性决定了国家不应为其行为承担行政责任。

第二,行政行为具有强制性,而村民委员会的行为不具有"强制性"。如果村民委员会的决议不能得到实施,则无法通过申请人民法院予以强制执行,而只能提起民事诉讼,通过民事诉讼程序确认该村民是否侵权或者违约,是否负有法律义务。当然,村民也可以向人民法院提起民事诉讼行使撤销权。

第三,在村务管理活动中,村民委员会不以法律规定的民主方式决定村内事务,或者对村民会议通过的内容强行执行的,村民委员会成员要对村委会的行为承担责任,这种责任即适用民事代理的法律规定,根据其自身过错程度进行判断。

目前土地征用补偿费用分配纠纷,到底属于民事诉讼范围还是属于行政诉讼范围尚存争议。有人认为,土地征用补偿费用分配纠纷不属于人民法院管辖,不属于民事诉讼范围。主要理由是:对土地征用

---

① 参见秦绪启:《村民委员会作为行政诉讼被告主体资格浅析》,载《山东审判》第20卷第161期,第86页。

补偿费用的分配,是集体经济组织内部事务的处理,不是平等主体之间的民事行为。土地征用补偿费用的分配纠纷,属国家建设征用土地中出现的纠纷,应由县级以上人民政府协调、裁决,对裁决不服,可以提起行政诉讼。

也有人认为,依照《土地管理法》的规定,集体经济组织是代表其成员集体行使经营、管理权的机构,与其成员之间地位平等,其经营、管理权的行使必须依法征得绝大多数成员或成员代表的同意。集体经济组织分配土地征用补偿费用的行为,是依法行使集体土地的经营、管理权的具体体现,是一种民事行为。土地征用补偿费用分配权是我国农村公民的一项法定的财产性民事权利。对该民事权利的侵害是侵权行为,应当依法由侵害人承担相应的民事责任。因此,此类纠纷属民事诉讼受案范围。

基于认识的不同,各地法院对此类案件的管辖掌握不一,有的法院管辖,有的法院不管辖,有的作为民事案件受理,有的作为行政案件受理。

最高人民法院有关部门制定了明确规定①:农村集体经济组织与其成员之间因收益分配产生的纠纷,属平等民事主体之间的纠纷。当事人就该纠纷起诉到人民法院,只要符合《中华人民共和国民事诉讼法》第108条的规定,人民法院应当受理。基于上述理由,笔者也同意其属于民事诉讼受案范围。但遗憾的是,这两个答复毕竟不是最高人民法院的司法解释,在权威性上略有欠缺。

三、高等学校可以作为行政诉讼被告

在英美法系国家的大学制度中,从法律上确立大学的自治地位是大学与政府关系的核心。英美法系国家没有公法和私法的划分。长期以来英国以设立的依据为标准,将依国家法律或通过国家特许状建立的自治团体纳入英国行政法中的公法人。因此,部分公立学校也具

---

① 最高人民法院研究室2001年7月9日发布了《关于人民法院对农村集体经济所得收益分配纠纷是否受理问题的答复》,最高人民法院研究室2001年12月31日发布《关于村民因土地补偿费、安置补助费问题与村民委员会发生纠纷人民法院应否受理问题的答复》。

有独立的法人地位。英国行政法教授韦德认为,如果大学是依法规设立的,可以将它作为法定公共机构对待,归入行政法的范畴;如果只是依章程或私自设立的,则不属于行政法的范畴,学生针对这种大学的权利便取决于契约。[①] 可见,在英美国家,大学是否可以作为公法人纳入司法审查,取决于该大学如何成立,以及使用的钱财是公是私。

大陆法系国家早期的行政法理论普遍将高等学校视为"公营造物"。为了使得行政机关能够高度自主地完成行政任务,避免法律保留原则的拘束,监狱、学校等公营造物可以制定内部规则来管理和规范其成员,并对其拥有一定的惩戒权,司法机关对其内部争讼没有管辖权,故而传统上将其纳入特别权力关系的范畴。第二次世界大战以后,特别权力关系因为排除法治原则与司法审查而不断遭到质疑。

也有人认为高等学校的法律性质比较特殊,应当纳入公务法人中的公法社团。包括公立学校、博物馆、图书馆在内,均属于文教性公务法人。公务法人相对行政机关而言是一种衍生的行政主体。其作为公务法人具有如下特点:① 国家行政主体为特定目的而设立的服务性机构;② 享有一定的公权力,具有独立的管理机构和法人资格,能够独立承担法律责任;③ 与其利用者之间既存在私法关系又存在公法关系。[②]

例如在德国,依照《大学基准法》第 58 条第 1 项的规定:"大学为公法社团。亦同时为国家设施。"一般认为大学在学术、研究与教学的领域内具有公法社团的性质。德国法律所规定的大学与政府的关系体现在两个方面:大学由国家设立,政府在一定程度上影响大学的管理、运行,大学行政在一定意义上属于国家事务;但大学同时是自治的机构、团体,拥有自治行政权,特别是在教育、研究等事务的处理上大

---

① 参见〔英〕威廉·韦德:《行政法》,徐炳等译,中国大百科全书出版社 1997 年版,第 220 页。

② 参见马怀德:《公务法人问题研究》,载《中国法学》2000 年第 4 期。

学完全自主地行使权力。[①] 大学在充分享有上述自治权的同时,作为法律意义上的国家机构,还必须受到政府的某些制约。政府要对大学的决定及行为是否符合法律和大学章程的规定进行监督;大学制定的章程与选举产生的校长最终要经过政府的承认;新聘的大学教师由大学推荐之后须得到政府的任命;各大学提出的预算方案最终须获得政府的批准。政府行使上述权力的依据是法律,政府行使权力必须在法律规定的框架内。

法国也承认公立高等学校为公法人,属于《高等教育方向指导法》和《高等教育法》规定的"科学文化和职业公务法人"之列。近年来,日本也开展了大学独立行政法人化改革,承认公立学校的法人地位。[②]我国台湾地区将公立学校定位为独立法人的呼声也日渐高涨。[③]

我国的高等学校在社会生活中扮演多种角色。因而,其法律性质与法律地位不是单一的。在我国现行法律制度下,高等学校具有事业单位、法人、法律法规授权的组织、行政相对方等多重法律性质与地位。作为法人的高等学校与学生之间形成平等的民事法律关系;作为法律法规授予行政权的组织,高等学校与学生之间形成纵向管理与被管理的行政法律关系;作为教育事业单位的高等学校与学生之间形成特别权力关系。[④] 依据《中华人民共和国教育法》第 28 条的授权,高等学校可以:招收学生或者其他受教育者;对受教育者进行学籍管理,实施奖励或者处分;对受教育者颁发相应的学业证;对聘任教师及其他职工实施奖励或者处分等。这些权力具有明显的单方意志性和强制性,符合行政权力的主要特征,因而在性质上应当属于行政权力或

---

① 大学的自治权主要包括:大学内的评议会或总选举会选举产生大学校长,校长对外代表大学,对内负责大学自治的一切事务;大学自主制定学校章程及规则;大学下属的各学部成立教授会,学部部长由教授会选举产生,教授会是大学自治的核心机构之一,它负责处理学部内的一切事项;在大学的人事制度方面,大学拥有教师招聘、教授资格评定等权利,这些权利基本上归于各学部。

② 参见申素平:《论公立高等学校的公法人化趋势》,载《清华大学教育研究》,清华大学出版社 2002 年版。

③ 参见董保城:《行政法与学术自由》,元照出版公司 1997 年版,第 168 页。

④ 参见陈庆云、高学敏:《高等学校的法律性质与地位研究》,载《学术探讨》第 2006 年第 1 期,第 82 页。

公共管理权力。可见高等学校经由国家法律法规的授权可以行使国家行政权力或公共管理权力,具有行政主体地位。

在田永诉北京科技大学案判决中,法院明确指出了高等学校具有行政主体地位——“在我国目前情况下,某些事业单位、社会团体,虽然不具有行政机关的资格,但是法律赋予它们行使一定的行政管理职权。这些单位、团体与管理相对人之间不存在平等的民事关系,而是特殊的行政管理关系。他们之间因管理行为而发生的争议,不是民事诉讼,而是行政诉讼。尽管《中华人民共和国行政诉讼法》第25条所指的被告是行政机关,但是为了维护管理相对人的合法权益,监督事业单位、社会团体依法行使国家赋予的行政管理职权,将其列为行政诉讼的被告,适用行政诉讼法来解决他们与管理相对人之间的行政争议,有利于化解社会矛盾,维护社会稳定。”[①]判决书还引用了有关的法律、法规,进一步指出了对于因高等学校行使行政权力引起的争议,可以适用行政诉讼法予以解决。

四、开发区管理委员会及其内设机构

二十多年来[②],开发区的发展成为我国经济体制改革的重要内容。在我国,开发区的范畴一般包括经济技术开发区、高新技术产业开发区、保税区、出口加工区等。在诸种开发区类型中,以经济技术开发区和高新技术产业开发区为典型;根据规模、任务和批准设立机关的不同分为国家级、省级和省级以下经济技术开发区和高新技术产业开发区。其中,国家级开发区的发展较为稳定,而省级和省级以下开发区规范性较差,仍处在调整变化之中。开发区管理委员会(以下简称“管委会”)是否具备行政主体资格,开发区管委会下设的“职能机构”是否具备行政主体资格,是其在行政诉讼中能否成为被告的关键。

建立开发区是为了提高效率、促进经济发展,凸显了效率的价值;我国是人民当家作主的社会主义国家,人民当家作主体现为行政主体

---

① 北京市海淀区人民法院(1998)海行初字第142号行政判决书,载《最高人民法院公报》1999年第4期,第139—143页。

② 1984年9月国务院批准兴建第一个国家级经济技术开发区——大连经济技术开发区。

的权力来源于人民,通过人民代表大会选举产生各级人民政府。开发区管委会没有通过人民代表大会即取得行政主体资格,其权力应当受到一定的限制,即应当突出限权价值。显然,上述两种价值有矛盾,需要平衡。兼顾两种价值的平衡,我们认为应当给予开发区管委会一定的管理职权,即有限权力。当然,由此可知,开发区管委会可以在行政诉讼中作被告。另外,开发区管委会内设的职能部门属于内设机构,不应当成为行政主体,当然不能成为行政诉讼的被告。

开发区管委会作为行政主体是得到普遍认同的,但对其属于行政主体中哪一类,则有不同认识。有观点认为它是地方政府设立的派出机构①;也有观点认为它是法律、法规授权组织。② 笔者同意第二种看法。因为,法律、法规授权的组织,是指依有效的法律、法规授权而行使特定行政职能的非国家机关组织。被授权组织的法律特征是:第一,被授权组织在行使法律、法规所授职权时,享有与行政机关相同的行政主体地位;第二,被授权组织以自己的名义行使法律、法规所授职权,并承担相应的法律后果;第三,被授权组织在执行其被授职权以外的自身职能时,不享有行政权,不具有行政主体的地位。

目前,行政法学和行政诉讼法学认可的行政主体有两类:一类是行政机关,是以自己名义独立行使行政权力,以自己名义独立承担责任的行政组织。主要有国务院、国务院各部委、国务院直属机构和办事机构、国务院部委归口管理的国家局、地方各级人民政府、地方各级人民政府的派出机构、地方各级人民政府的职能部门;另一类是法律、法规授权组织。也就是说,那些不是行政机关的组织,或不够格的行政机构,由于法律法规授权而成为行政主体。如行政性公司、事业组织、企业组织、社会团体、依照法律法规的授权而直接设立的专门行政机构、行政机关的内部机构、政府职能部门的派出机构等。《行政诉讼法》第25条第4款规定:"由法律、法规授权的组织所作的具体行政行

① 参见袁明圣:《派出机构若干问题》,载《行政法学研究》2001年第3期;周会德:《经济开发区管理机构是独立的行政主体》,载《法学杂志》1997年第6期。

② 参见郭会文:《国家级开发区管理机构的行政主体资格》,载《法学》2004年第11期,第60页。

为,该组织是被告。"开发区管委会符合"法律、法规授权的组织"的法律特征:第一,省级以上开发区条例一般由"较大的市"以上的人大常委会制定,并经上一级人大常委会批准,属于地方性法规;[①]第二,开发区条例一般对开发区管理机构有明确的授权;[②]第三,开发区管理机构以自己的名义行使条例所授职权,而承担相应的法律后果。所以,应当认定开发区管理机构属于"法律、法规授权的组织",具有独立的行政主体资格。[③]

《国家经济技术开发区管理机构职责》规定:国家经济技术开发区由所在市人民政府领导,实行中国经济特区的某些政策和新型管理体制,市人民政府在开发区设立管理委员会,作为市政府派出机构,代表市人民政府对开发区的工作实行统一领导和管理、协调市各部门、各单位与开发区有关的工作。《国家高新技术产业开发区管理暂行条例》规定:开发区管理委员会作为开发区日常管理机构,可以行使省、自治区、直辖市、计划单列市人民政府所授予的省市级规划、土地、工商、税务、财政、劳动人事、项目审批、外事审批等经济管理权限和行政管理权限,对开发区实行统一管理。由此可知:第一,在授权范围内,开发区管理机构可以行使一定的行政管理权限;第二,开发区管理机构的行为涉及外部法律关系和内部法律关系,外部法律关系是以自己的名义与行政相对人形成管理与被管理关系,内部法律关系是与市政府形成授权与被授权关系;第三,内部法律关系从属于外部法律关系,开发区管理机构应该是外部主体。

是否拥有行政职权,决定了开发区管理机构是否具有行政诉讼的被告资格。《最高人民法院关于执行〈中华人民共和国行政诉讼法〉若干问题的解释》第20条第2款规定:"行政机关的内设机构或者派

---

① 《杭州高新技术产业开发区条例》杭州市第八届人民代表大会常务委员会通过,浙江省第八届人民代表大会常务委员会第十八次会议批准,属于地方性法规。

② 《广州经济技术开发区条例》第3条规定:"开发区设立管理委员会,代表广州市人民政府,行使市一级管理权限,对开发区实行统一领导和管理,协调开发区内中央、省属单位有关开发区的工作。"

③ 参见郭会文:《国家级开发区管理机构的行政主体资格》,载《法学》2004年第11期,第60页。

出机构在没有法律、法规或者规章授权的情况下,以自己的名义做出具体行政行为,当事人不服提起诉讼的,应当以该行政机关为被告。”该条的言外之意是:行政机关的派出机构在有法律、法规或者规章授权的情况下,以自己的名义做出具体行政行为,当事人不服提起诉讼的,以该派出机构为被告。该条第3款规定:“法律、法规或者规章授权行使行政职权的行政机关内设机构、派出机构或者其他组织,超出法定授权范围实施行政行为,当事人不服提起诉讼的,应当以实施该行为的机构或者组织为被告”,这就间接地承认了行政机关派出机构的诉讼能力,包括诉讼权利能力和诉讼行为能力。[①]

五、监狱、看守所

在实践中对待下列问题的救济机制并不畅通:在刑事侦查阶段,犯罪嫌疑人在看守所羁押期间被同仓人打死、打伤的赔偿问题;在刑事判决生效后,罪犯在看守所羁押期间被同仓人打死、打伤的赔偿问题;在刑事侦查阶段,犯罪嫌疑人在看守所羁押期间患病未得到及时有效治疗而死亡的赔偿问题;罪犯在看守所羁押期间患病未得到及时治疗而死亡的赔偿问题;罪犯在监狱服刑期间患病未得到及时治疗而死亡的赔偿问题;罪犯在监狱服刑期间被同服刑的罪犯致死、致伤的赔偿问题;罪犯在监狱进行劳动改造期间,因劳动造成伤亡的工伤认定和赔偿问题。

有观点认为属于司法赔偿,也有观点认为属于行政赔偿。例如,张某因涉嫌重大责任事故罪被某县公安局刑事拘留后被依法逮捕,并羁押于该县公安局看守所并与涉嫌故意杀人、故意伤害罪罪犯王某(其没有个人财产,已被执行死刑)关押于同一监舍。2001年11月30日凌晨,王某趁张某熟睡之机,用私藏的铁丝将其右眼刺伤,后经医院诊断为右眼球穿透伤,经该县劳动鉴定委员会评定为五级伤残。该县公安局为张某治伤支付医疗费4万余元,并给予了一定的生活补助费。该县人民检察院做出关于对看守所在押人员致伤问题的调查报告,结论为张某被刺伤一事系王某因琐事产生不满故意实施报复行为

---

① 参见郭会文:《国家级开发区管理机构的行政主体资格》,载《法学》2004年第11期,第59页。

所致,看守所民警没有失职、渎职行为。张某认为看守所未尽到严密警戒和看管、防止犯人行凶的行政职责,疏于管理,致使已两次伤害他人身体的在押犯王某再次伤害原告张某的身体健康,该县公安局看守所监管失职,应承担行政不作为的赔偿责任。对该案是否属于行政赔偿诉讼受案范围产生不同的认识。

有损害必然有救济是社会主义法治的基本原则。因此,对上述损害有畅通的司法救济是最基本的保障,在这一前提下,司法赔偿、行政赔偿,必居其一。至于此种情况究竟属于行政赔偿还是司法赔偿,存在争议,笔者认为应当属于行政赔偿。具体理由如下:

(1) 监狱依据《监狱法》行使职权,看守所依据《看守所条例》行使职权,显然其职权来源于法律或者行政法规的规定,而非《刑事诉讼法》的明确授权。故其羁押看管犯罪嫌疑人、被告人或者罪犯的行为在性质上属于行政行为而非刑事司法行为。监狱、看守所应当保障在押犯罪嫌疑人、被告人或者罪犯的人身安全,保证其合法权益,防范和制止犯人自杀、逃脱、行凶等,对同监室的犯罪嫌疑人、被告人或者罪犯的人身及其活动场所应当定期或不定期地进行检查,消除可供犯罪嫌疑人、被告人或者罪犯自杀、逃脱、行凶和进行破坏活动的物品。

(2) 进行国家赔偿以确认为前提,这种确认可以是有关国家机关自愿、自觉的确认,也可以是通过司法程序的强制确认;行政赔偿可以通过行政审判进行强制确认,司法赔偿则除了某些情况下的刑事判决外,没有强制确认的程序。这一制度设计的弊端已经显现,将来修改国家赔偿法必将考虑。但现在如果将上述情形的赔偿纳入司法赔偿范围,当事人并没有畅通的司法救济途径。

(3) 法律并没有界定监狱的职权为司法行为,作为行政机关的司法部设置了监狱管理局、劳动教养管理等内设机构,那么这种管理可以理解为行政管理,因而应当承担行政赔偿责任。

(4) 不应孤立地看待行政赔偿和司法赔偿,而应站在人民法院的角度,把对诉诸法律的受害人得到救济当作人民法院不可推卸的职责,当事人进行司法赔偿行不通时,应当考虑行政赔偿。最高人民法院国家赔偿委员会办公室认为,上述情形不属于《国家赔偿法》第15、16条规定的司法赔偿范围,那么可以由此推断,应当通过行政赔偿程序进行救济。

我国反倾销司法审查标准刍议*

一

司法审查制度是现代社会民主法治的根本保障。在现代法治国家,司法审查制度以司法权制衡行政权的扩张,通过监督政府行政行为,保障公民的合法权利。WTO 要求各成员方必须建立独立的司法审查机构和客观公正的司法审查程序,以赋予受到行政行为影响的当事人提出司法审查和司法救济的权利。中国在加入 WTO 的议定书中也承诺要"实行 WTO 所要求的司法审查制度"。但是,由于各国国情和法律体制不一,入世时对司法审查体制做出的承诺不同,导致各国在履行 WTO 反倾销司法审查义务时也有一定区别。

按照司法审查的法律含义和我国既有的司法体制,反倾销司法审查,在我国是指人民法院按行政诉讼程序对反倾销主管机关的行政行为进行法律审查。2001 年 11 月我国公布新的《反倾销条例》,紧接着与其配套的部门规章和最高人民法院的司法解释也相继出台,使得与 WTO 规则接轨的新《反倾销条例》更具可操作性。尤其是新《反倾销条例》确立了反倾销司法审查制度,且随后出台的司法解释作了更为细致、更具操作性的规定。适时建立反倾销的司法审查制度,树立我国透明、公正的司法及政府形象,有利于我国政府扩大对外贸易,履行国家法律义务。

目前,在我国现行行政诉讼法律制度下,如何合理维护经济主权,又能保证在反倾销司法审查方面完全履行入世时的承诺是亟待解决的问题。司法审查的标准是其中主要的问题之一。

反倾销司法审查标准,是人民法院对反倾销行政行为进行审查和判断并做出判决时所应参照的尺度。司法审查标准是法院确定司法审查强度的操作性标准。对于反倾销司法审查的标准,《反倾销条例》

---

* 本文系与石磊合作,2006 年 2 月"WTO 与司法审查"杭州会议论文。

和最高人民法院的相关司法解释指明了原则和方向，但尚待进一步完善；理论界对于反倾销司法审查的标准也有所讨论，但仍未形成统一、明确的观点，有待进一步深化。因此，讨论这一问题有相当的必要性和紧迫性。

二

（一）WTO 协议对我国合法性审查原则内涵的影响

1. WTO 协议与我国《行政诉讼法》对司法审查标准的不同规定

WTO 有关协议并没有为司法审查设定具体、详细的标准。反倾销司法审查的标准与其他司法领域一样，都是一些原则性的标准。例如，GATS[①] 第 6 条第 1 款规定："在已做出具体承诺的部门，每个成员应确保所有普遍适用的影响服务贸易的措施，将以合理、客观和公正的方式予以实施"。另外，GATS 在第 6 条第 4 款和第 5 款中规定，各成员应当基于客观和透明的标准，具有提供服务的资格和能力。GATT[②] 第 10 条第 3 款 a 项规定，缔约各国应以统一、公正和合理的方式实施本条第 1 款所述的法令、条例、判决和决定。同时，GATT 第 10 条第 3 款 c 项规定："实施这种程序的缔约国如被请求，应向缔约国全体提供有关这种程序的详细资料，以便缔约国全体决定这种程序是否符合本项规定的要求。" WTO 的上述司法审查标准同时也是对成员国国内法院司法审查的要求，这些规定要求成员国法院进行司法审查时，适用客观、公正、理性的审查标准。

《反倾销条例》第 53 条规定了反倾销的司法审查机制，但对具体的司法审查标准则没有做出相应的规定。[③] 我国《行政诉讼法》第 5 条规定，人民法院审理行政案件，要对具体行政行为是否合法进行审

---

① GATS——《服务贸易总协定》，涉及自然人的流动、金融、电信、航空运输、海上运输等服务领域，目的在于促进世贸组织成员逐步开放其服务贸易市场。

② GATT——《多边货物贸易协定》即平常所称的《（1994）关（税与）贸（易）总协定》，目的是促进世界货物贸易最大限度地自由流动。

③ 《反倾销条例》第 53 条规定："对依照本条例第二十五条做出的终裁决定不服的，对依照本条例第四章做出的是否征收反倾销税的决定以及追溯征收、退税、对新出口经营者征税的决定不服的，或者对依照本条例第五章做出的复审决定不服的，可以依法申请行政复议，也可以依法向人民法院提起诉讼。"

查。该条规定确立了我国司法审查的合法性审查原则。该法第54条规定了相对具体的标准,即主要证据是否充分,适用法律法规是否正确,是否违反法定程序,是否超越职权,是否滥用职权,是否履行法定职责,行政处罚是否显失公正等。最高人民法院《关于审理国际贸易行政案件若干问题的规定》第6条规定,人民法院审理国际贸易行政案件,应当依照行政诉讼法,并根据案件具体情况,从以下方面对被诉具体行政行为进行合法性审查:(1)主要依据是否确实、充分;(2)适用法律、法规是否正确;(3)是否违反法定程序;(4)是否超越职权;(5)是否滥用职权;(6)行政处罚是否显失公正;(7)是否不履行或拖延履行法定职责。这里规定的审查标准可以说是对行政诉讼法中普通行政行为审查原则的细化。

最高人民法院《关于审理反倾销行政案件应用法律若干问题的规定》第6条则进一步规定,法院依照行政诉讼法及其他有关反倾销的法律、行政法规,参照国务院部门规章,对被诉反倾销行政行为的事实问题和法律问题,进行合法性审查。从这些审查标准可以看到,我国行政诉讼是从实体和程序两个方面对司法审查的标准做出规定的,都以合法性审查为原则。

2. WTO对司法审查标准的要求是否突破了我国行政诉讼合法性审查标准?

我国传统的行政行为司法审查理论认为,人民法院对具体行政行为进行审查时,以合法性审查为原则,合理性审查为例外。对于行政机关在自由裁量范围内的行为是否适当,人民法院一般不进行审查。作为合法性审查原则的例外,行政处罚显失公正的,人民法院可以审查它的合理性。[①]因而,有学者认为,WTO协定对我国司法审查的标准提出了更高的要求,司法机关对行政行为进行审查的标准不能限于合法性标准,而需侧重客观与事实上的公正,即要求实质上的公正与合理。[②] WTO客观、公正、理性的审查标准突破了我国行政诉讼合法性审

---

① 参见方世荣主编:《行政法与行政诉讼法》,中国政法大学出版社1998年版,第329—330页。

② 参见戚建刚:《WTO与我国行政行为司法审查制度的新发展》,载《法学》2001年第1期。

查标准。

另有一些学者认为,在行政诉讼法中,行政处罚显失公正(严重不合理)即构成不合法。这一点与行政诉讼法关于滥用职权属于不合法范畴的规定是一致的。《行政诉讼法》第 54 条对行政处罚显失公正作了特别的规定,目的在于赋予法院特殊条件下的司法变更权,而并非赋予法院对行政行为合理性的审查权。行政诉讼法确立了合法性审查的标准,并不排除法院将严重的合理性问题作为一个合法性问题进行审查。这与行政复议法规定复议机关对具体行政行为适当性的审查的重要区别是,复议机关拥有合理性审查的一般权限,对不合理(未构成不合法)的问题也可以进行审查,并有权做出变更的复议决定。[①]

上述争论的焦点在于我国行政诉讼法中的"显失公正"标准和"滥用职权"标准能否完全包含于合法性标准。其中关键的问题是对"合法性"中的"法"如何理解。第一种观点将"法"理解为实定法,第二种观点对"法"作一种宽泛的解释,包括实定法和法律的原则和精神。从世界各国的司法实践看,一般仅以合法性审查为准,只是不同国家的立法和判例对"合法"的内涵有不同理解。

笔者认为,尽管 WTO 对司法审查的标准提出了客观、公正、合理的要求,但并未突破我国行政诉讼合法性审查原则的框架,只需对"合法性"中的"法"作宽泛的理解,赋予其更全面的内涵。如此,"显失公正"——严重的不合理,完全可以作为合法性审查问题。另外,要满足 WTO 对司法审查标准的要求,必须改变对"滥用职权"标准的认识。传统的司法审查理论将"滥用职权"作为狭义上的合法性审查标准,笔者认为"滥用职权"标准实际上是赋予了法院对行政自由裁量权的审查权限。滥用职权标准使法院对行政行为的审查不仅局限于形式上合法性的审查,还要求对行政行为目的是否符合法律的原则和精神进行审查。在法院有充分理由认为与 WTO 有关的行政行为违反正当性和合理性标准的时候,法院应当援引行政诉讼法有关滥用职权(自由裁量权)的条款做出相应的判决。[②]

但是"滥用职权"标准具有一定的局限性。滥用职权往往被认为

---

① 参见甘文:《WTO 与司法审查》,载《法学研究》2001 年第 4 期。

② 同上注。

与行政机关的主观过错相关联,因而在实践中法官不愿意适用滥用职权标准判定行政机关违法。并且,如果滥用职权标准以行政机关的主观过错为要件的话,就无法涵盖行政机关没有故意或过失违法,但客观上没有合理运用自由裁量权的情形。因而,有学者主张行政诉讼法应确立“裁量明显不当”标准,主要审查行政裁量是否明显与立法目的和精神、基本法治原则、习惯法、一般公平正义观念或常人理性相悖,而不是追究行政机关的主观过错。[1]裁量明显不当标准可以很方便地用于法院对行政自由裁量权的审查。法官在审查行政机关的自由裁量行为时,无需探究行政官员的内心世界,而是依据行政法的立法目的、基本原则和精神,从客观上衡量行政行为是否符合正当性和合理性的标准,这样更能全面、充分地保护行政相对人的合法权益。同时,也满足了 WTO 对司法审查标准提出的客观、公正、合理的要求。

(二) WTO 要求对行政程序司法审查标准的影响

如上文所述,我国行政诉讼是从实体和程序两个方面对司法审查的标准做出规定的,都以合法性审查为原则。行政诉讼法规定,具体行政行为违反法定程序的,人民法院应判决撤销或部分撤销,并可以判决被告重新做出具体行政行为。也就是说,法院对行政机关是否违反法定程序有权进行司法审查,并给予公民程序权利的救济。行政诉讼法的这一规定,第一次将行政程序提高到和实体同样重要的地位,体现了程序与实体并重的原则,是中国行政法史上立法观念和立法技术的重大突破。[2]因而,有学者认为,应修改或补充说明《反倾销条例》第 53 条的规定。因为,该条的列举式立法形式容易使人误解为反倾销司法审查的标准仅有法定的实体性标准而无法定的程序性标准。[3]

但是学者们也普遍认为,“法定程序”与“正当程序”是两个不同的概念。法定程序是法律明文规定的具体的行政程序,正当程序是符合法律精神和原则的行政程序。WTO 有关协议对正当法律程序作了

---

① 参见沈岿:《行政诉讼确立“裁量明显不当”标准之议》,载《法商研究》2004 年第 4 期。

② 参见甘文:《WTO 与司法审查》,载《法学研究》2001 年第 4 期。

③ 参见吴喜梅:《论 WTO 与我国反倾销法中的司法审查制度》,载《郑州大学学报》(哲学社会科学版)2003 年第 2 期。

充分的规定,例如,TRIPS[1] 中的相关规定,有关知识产权的执法程序应公平和公正。它们不应产生不必要的烦琐或费用高昂,也不应规定不合理的期限或导致无端的迟延。这些规定确立了行政行为公平、公正的程序原则,也就是正当法律程序原则。我国目前行政诉讼法"法定程序"的审查标准与 WTO 关于正当法律程序的规定是不相符的。我国行政诉讼法仅赋予法院对法定程序的司法审查权,公民的程序权利是否能够获得司法救济取决于相关的法律规范的具体规定。我国还没有一部统一、完整的行政程序法典,若相关立法规定得不具体,则可能导致公民最低标准的程序权利都无法获得救济。因而,确立正当程序的司法审查标准,应当是中国司法审查制度改革的一个重要方向。充分保护公民的程序权利,履行 WTO 要求的国际法律义务,最佳方案是修正我国行政诉讼法中的法定程序标准,明确规定正当法律程序标准。也可以对行政诉讼法中法定程序作扩大的"非立法原意"的解释,即法定程序不应只是法律规定的具体的行政程序,而应当是指符合法律精神和原则的行政程序。[2]

三

根据最高人民法院《关于审理国际贸易行政案件若干问题的规定》第 6 条以及最高人民法院《关于审理反倾销行政案件应用法律若干问题的规定》第 6 条的规定,我国对反倾销行政行为的司法审查内容包括事实问题和法律问题。

(一) 对于法律问题的司法审查标准

WTO《反倾销协议》第 17.6 条规定了争端解决机制专家组的审查标准。对于法律问题,专家组认为,如果《反倾销协议》的有关规定可做出一种以上的可允许的解释,只要进口国行政主管当局的措施符合其中一种解释,该解释即与《反倾销协议》相符。这一点深受美国司法审查标准的影响。在法律问题的审查上,美国法院对行政机关对制定法(statutory)的解释给予充分的尊重。在 1984 年"切夫朗案"中,最高

---

① TRIPS 是世贸组织"与贸易有关的知识产权协定"的英文缩写。

② 参见甘文:《WTO 与司法审查》,载《法学研究》2001 年第 4 期。

法院确立了著名的“切夫朗”原则:只要行政机关对制定法的解释是可允许的,法院将不推翻该解释。根据“切夫朗”原则,法院只能审查行政机关的法律解释是否合理,不能用法院认为是正确的解释去代替行政机关合理的解释。

对于法律问题的司法审查标准,我国未做出规定。有学者认为,基于国内司法审查程序与 WTO 争端解决程序的关联性以及我国《反倾销条例》与 WTO《反倾销协议》的一致性,人民法院在对法律问题进行司法审查时,可参照前述 WTO《反倾销协议》第 17.6 条的标准。[①]但笔者认为,法官是法律问题的专家,对反倾销案件中法律的解释和适用问题,法官应当具有完全的审查权,可以用自己对法律的解释代替行政程序中主管机关的解释。因为我国反倾销制度建立的时间并不长,反倾销主管机关执法时大量依靠一些部门规章,部门规章数量多、层次低,法院如果不对反倾销主管机关适用法律进行全面审查,容易导致行政机关对法律解释的混乱,导致违法的执法行为。而且,目前 DSB[②] 从推进国际贸易自由化的角度出发,对各国反倾销主管机关对协定的“可允许性解释”的审查趋于严格,有限缩主管机关“可允许性解释”的趋势。[③]

因而,人民法院在判断《反倾销条例》有关规定可做出几种可允许的解释时,应参照 WTO 专家组在已决案件中做出的相关解释,或者选择与 WTO 反倾销协议最为准确的解释。这样,有助于避免日后我国在 WTO 争端解决程序中败诉的危险。

(二) 对于事实问题的司法审查标准

对事实问题的审查标准包括“主要证据是否确实、充分”,“确实、充分”的审查标准,要求行政机关对倾销事实的认定,不仅是适当的、合理的,还必须是正确的,这样往往迫使法院既要审查反倾销程序中证据的真实性,还必须审查证据的证明力,用自己对事实的判断衡量

---

① 参见黄涧秋:《论反倾销司法审查制度》,载《国际经贸探索》2003 年第 4 期。

② DSB 是“世贸组织争端解决机制”的英文缩写。

③ 参见贺小勇:《论 DSB 对〈反倾销协定〉解释的边界——〈反倾销协定〉第 17.6(ii)条评析》,载《法学》2005 年第 9 期。

行政机关对事实的判断,并进而做出评价。然而,如此严格的审查标准,是否符合我国外贸管理的实际情况,是否符合国际上的通行做法呢?笔者认为,确立我国反倾销司法审查中对事实问题的审查标准应当考虑以下几个问题。

1. 行政程序与司法复审程序的关系

司法审查程序作为行政程序的延续程序,是对行政程序的复审程序。就事实认定而言,法院在司法审查中是在复审被告认定的事实是否合理,据以认定事实的证据是否充分。在此过程中,法院不是简单地以自己认定的事实取代被诉行政机关认定的事实,也即法院不是推倒重来地对案件事实进行重新审查,而主要是审查行政机关认定事实的程序是否合法、是否遵循证据规则等。由于反倾销措施本身具有高度的外贸管理专业性,如果缺乏相关的行政管理、贸易、会计等一系列专门的知识,就无法止确地认定事实。在行政程序中应当充分发挥行政机关专业性、技术性的优势,而在司法复审程序中,则要充分发挥法官是法律专家的作用,着眼于行政机关是否严守法律程序、是否遵循证据规则等方面进行审查。

2. 充分运用 WTO 规则,维护我国的经济利益

加入 WTO 以后,我国关税大幅降低并受到严格约束,反倾销、反补贴等保障措施逐渐取代关税成为国家管理对外贸易的经常性手段。反倾销措施不仅具有保护国内产业的重要作用,也是国家维护经济主权的重要手段。反倾销司法审查标准的确立,对一国对外贸易利益具有不可忽视的影响。虽然加入 WTO,我国必须履行所承诺的反倾销司法审查义务,但是履行义务的标准只要不低于 WTO 协议规定的最低要求就可以了。在保证遵守 WTO 最低义务要求的前提下,应当根据我国外贸管理和司法的实践,确定适当的反倾销司法审查标准,对外贸主管机关的反倾销行政措施予以必要的尊重。就我国的现状,加入 WTO 后最大的问题不是履行协议义务的问题,而是如何在这一多边贸易体制中运用合法的游戏规则使自己利益最大化的问题。[①]

---

① 参见王慧:《我国反倾销司法审查尺度刍议》,载《人民法院报》2004 年 5 月 16 日。

3. 保障政府行政效能与WTO要求的国际义务的履行

WTO协议主要是规范政府行为的规则,但是同时,只有成员方行政管理活动能够有效运作,WTO规则所确定的义务才能得到有效遵守。因而,加入WTO,成员国政府行政权力受到制约的同时,其作用也更加突出,政府行政管理行为应当更加高效、灵活。WTO体制下的货物贸易、服务贸易以及知识产权协议在执行过程中产生的问题是政府行政行为调整的主要对象,政府不仅要负责监督这些协议的执行,还要根据具体情况制定或调整经贸政策,采取经贸措施。因此,政府应当拥有充分、灵活的权力以应付复杂的经贸关系,保证WTO规则的遵守及在其体制下谋求最大的利益。[①]因而,WTO体制下的国内司法审查制度应当根据本国政治、经济与政府职权的特点构建,充分尊重行政权的地位并考虑政府有效行政的重要性,确立适当的司法审查标准以保障政府行政效能发挥作用。

4. 美国反倾销司法审查标准的借鉴

美国1930年《关税法》第1516A(b)(1)(B)条对反倾销司法审查的标准规定为:没有记录的实质性证据支持或其他不符合法律规定的裁决,法院应判决为不合法。区别事实问题和法律问题,对它们适用不同的审查标准,是美国司法审查的主要原则。在事实问题的审查上,美国法院采用"记录的实质性证据"(substantial evidence on record)标准。在1951年Universal Camera Corp. v. NLRB案中,美国最高法院将其解释为:"是一个合理的人可能将其接受为支持一个决定的足够证据。"[②]实质性证据标准是法院对行政机关权限的尊重,只要行政机关的证明合理,即具备实质性的证据支持。实质性证据只适用于审查正式程序裁决所做出的决定的事实问题。因为正式程序裁决只能根据听证记录的资料,行政机关对事实问题的裁定是否有合理的证据支持,易于审查。

5. WTO争端解决机制中专家组审查标准的影响

《反倾销协议》第13条从整体上规定了各成员国的司法审查义

---

① 赵红光:《WTO司法审查程序与成员方国内司法审查制度》,载《武汉大学学报》(社会科学版)2002年第6期。

② Universal Camera Corp. v. NLRB, 340 U.S. 474, 477 (1951).

务,即每一成员国均应设立司法审查的机构或程序,且必须保持独立,但对各国如何实施该义务的具体要求并没有明确规定,为成员国留下较大的自主决定的空间。①尽管对成员国的司法审查标准未作要求,但该协议第17条"磋商和争端解决"中对DSU② 中专家组的审查标准作了明确的规定,即专家组对主管机关的审查限于主管机关对事实的认定以及对事实的评估,对事实的认定采纳的是"适当"标准,而对事实的评估,采纳的是"无偏见、客观"标准。这样,既限定了专家组的审查范围——主管机关对事实的认定和评估,也明确了专家组的审查标准——适当性和无偏见、客观。③

WTO争端解决机制与国内司法审查机制虽然是相互独立的系统,一方对另外一方并没有直接的约束力,但二者之间间接的、实际的影响却是显著的。从总体上讲,WTO协议为各成员国的贸易管制措施提供了一个最低标准的要求,其争端解决机制中对专家组审查标准的规定,可以说为各成员国国内的司法审查提供了一个具体的参照标准。当然,与成员国国内司法审查程序对案件事实及法律适用问题实行全面审查不同,WTO的司法审查程序由于受到各种条件的限制,不可能对案件作全面的审查,不能自行收集与案件事实有关证据,而是在成员提交的事实陈述及法律意见或国内裁决意见的基础上对争端问题进行审查。④虽然存在上述区别,但是专家组审查标准体现的注意行政程序与司法程序的区别,对自身审查权限的"自限"意识,对行政主管机关地位的充分尊重原则还是具有显著的启示。

---

① 《反倾销协议》第13条有关司法审查的规定:本国立法中有反倾销措施条款的成员方,应保留或增加对最终裁定有关的行政行为和涉及第11条复审决定的行政行为进行迅速审查的司法、仲裁或行政法庭(行政裁判所)或程序。这样的法庭或程序应当独立于负责上述裁定和审查的主管机关。

② DSU即《争端解决谅解》,WTO协议中的组成部分。

③ WTO《反倾销协议》第17条规定,在审查第5款所述案件事项时:(1)对案件事实的判断,专家组须决定(成员方)主管当局的事实认定是否适当以及他们对那些事实的评估是否公正和客观。若事实认定适当并且评估属公正客观,则即使专家组可能得出不同结论,亦不得推翻该事实之评估。

④ 参见赵红光:《WTO司法审查程序与成员方国内司法审查制度》,载《武汉大学学报》(社会科学版)2002年第6期。

最高人民法院《关于审理反倾销行政案件应用法律若干问题的规定》第7条规定,人民法院依据被告的案卷记录审查反倾销行政行为的合法性。这一案卷审查原则表明我国的反倾销裁决是一种正式程序裁决,是一种基于案卷做出的裁决。行政机关做出反倾销裁决必须基于案卷中所记录的事实,而行政机关在做出被诉反倾销行政行为时没有记入案卷的事实材料不能作为认定该行为合法的根据。

综合上述因素,笔者认为,人民法院在对反倾销案件进行事实审查时应以反倾销主管机关认定的事实为基础进行判断,并按照证据规则进行审查。即我国反倾销司法审查中对事实问题实质上应当采用合理性审查标准,审查限于行政机关案卷记录的证据是否能够合理地推理出其做出的裁决,即行政裁决是否有足够、充分的记录证据的支持,而不是对证据本身的真实性和证明力的大小进行审查。即使法院对行政程序中事实的认定有不同结论,但如果反倾销主管机关的认定合理,就不应推翻该行政裁决认定的事实。

四

最后,笔者认为反倾销司法审查应当确立如下具体审查标准:

(1) 案卷记录的证据是否足以合理地推出行政裁决;

(2) 适用法律法规是否正确;

(3) 是否违反正当法律程序;

(4) 是否超越职权;

(5) 行政裁量是否明显不当;

(6) 是否不履行或拖延履行法定职责。

第三篇　政府管制与行政法

税收法定与立法保留*

引言

2007年5月30日和2008年4月23日，财政部和国家税务总局两次调整证券（股票）交易印花税率，沪深两市随之跌宕起伏[1]，牵动了广大证券投资者的心。一位律师向全国人大提交建议书，吁请尽快制定“印花税法”。[2] 该律师在建议书中认为，现有的《印花税暂行条例》违反《立法法》关于法律保留的规定，并称股票交易印花税的设定更是违法。遗憾的是，该律师似乎并不知道20世纪80年代全国人大及其常委会曾经两次对国务院的立法授权，使得国务院获得了税收立法权。国务院因全国人大的授权获得了税收立法的法定权力，这在体制上是不存在问题的，但如果我们深究一下，会发现税收立法授权本身颇值得讨论。因为这个问题比国务院税收立法还要处于更加“上游”的位置，所以更带有根本性，因而不管结论怎样，关注并讨论这一问题是有必要的。

一、两次授权决定的历史背景

（一）1984年授权决定的背景

1982年12月10日，五届全国人大五次会议批准了国务院《关于第六个五年计划的报告》，该报告提出：“今后三年内，在对价格不做大的调整的情况下，应该改革税制，加快以税代利步伐……对大中型企业，要分两步走。”

由于利改税的第一步取得了比较不错的效果，时任国务院总理的赵紫阳在1984年5月15日的第六届全国人民代表大会第二次会议

---

* 本文系与王凌光合作，载《国家行政学院学报》2008年第6期。

① 相关报道可参见三大证券报（《中国证券报》、《上海证券报》和《证券时报》）的相关报道。

② 参见《法制日报》2008年3月9日第5版的报道。

上所做的《政府工作报告》中提出要进行利改税的第二步改革,从税利并存过渡到完全的以税代利。[1] 当月的31日,该次大会批准了这个报告。确定了这个目标后,国务院开始了利改税的第二步改革。

由于此前关于国营企业能否征收所得税的讨论属于理论禁区[2],所以利改税的改革完全属于"摸着石头过河"。为了争取在改革中获得更大的灵活性,国务院在1984年9月7日向全国人民代表大会常务委员会发出了《国务院关于提请授权国务院改革工商税制和发布试行有关税收条例(草案)的议案》[3],请求全国人大常委会授权国务院以草案的形式发布试行《国营企业第二步利改税试行办法》和产品税、增值税、盐税、营业税、资源税、国营企业所得税等六个税收条例(草案),国营企业调节税征收办法,以及城市维护建设税、房产税、土地使用税、车船使用税等四个地方税条例(草案)。同年9月18日,全国人大常委会做出了《关于授权国务院改革工商税制发布有关税收条例草案试行的决定》(以下简称《决定》)。该《决定》规定:"授权国务院在实施国营企业利改税和改革工商税制的过程中,拟定有关税收条例,以草案形式发布试行,再根据试行的经验加以修订,提请全国人民代表大会常务委员会审议。国务院发布试行的以上税收条例草案,不适用于中外合资经营企业和外资企业。"

(二) 1985年授权决定的背景

这次授权决定也源于1984年5月的六届全国人大二次会议。这次会议所作的《关于政府工作报告的决议》批准了国务院在经济体制改革和对外开放方面所采取的政策和措施,同意国务院关于进一步办好经济特区和开放一批沿海港口城市的建议。这些实际上已经对当时的有关法律做了变通,也为1985年六届全国人大三次会议做出的《关于授权国务院在经济体制改革和对外开放方面可以制定暂行的规定或者条例的决定》埋下了伏笔。

---

① 《一九八四年五月十五日在第六届全国人民代表大会第二次会议上的政府工作报告》。

② 参见李万甫:《中国税法改革:回顾与展望》,载《月旦法学杂志》2002年12月第91期。

③ (84)国函字126号。

1985年4月10日，第六届全国人民代表大会第三次会议决定：授权国务院对于有关经济体制改革和对外开放方面的问题，必要时可以根据宪法，在同有关法律和全国人民代表大会及其常务委员会的有关决定的基本原则不相抵触的前提下，制定暂行的规定或者条例，颁布实施，并报全国人民代表大会常务委员会备案。经过实践检验，条件成熟时由全国人民代表大会或者全国人民代表大会常务委员会制定法律。[①]

关于这次授权的理由，彭真解释说："事情的起源是审议法案遇到了问题……这就带来了一个问题：经验不成熟的不能立法，如果没有法律又不好开展工作……翻来覆去考虑了两个月，委员长认为需要授权国务院在经济体制改革和对外开放方面可以制定规定或者暂行条例。"[②]

做出这次授权决定的六届全国人大第三次会议也承认：这次授权是由于"不少新的复杂问题超出由行政法规调整的范围，目前还缺乏必要的实践经验，需要探索、实验，由全国人大和全国人大常委会制定或补充、修改法律的条件还不成熟，实际工作中又不能等待"，所以才需要"先行探索、实验，总结实践经验，全面权衡利弊，把成功的政策定型化，制定法律。"[③]

通观这两次授权决定的背景可以看出，这两次授权在很大程度上是当时的立法者面对整个国家正在经历着的经济和社会的巨大变革所做出的迫不得已的选择。当时全国人大常委会刚获得法律的制定权[④]，又正值改革开放全面展开，大量事项需要通过立法来规制，而全国人大及其常委会在短时间内难以完成如此繁重的工作。全国人大

---

① 《全国人民代表大会关于授权国务院在经济体制改革和对外开放方面可以制定暂行的规定或者条例的决定》。

② 彭真：《论新时期的社会主义民主与法制建设》，中央文献出版社1989年版，第244—245页。转引自周旺生：《立法学教程》，北京大学出版社2006年第1版，第345页。

③ 《中华人民共和国第六届全国人民代表大会第三次会议文件汇编》，人民出版社1985年版，第115—116页。转引自万其刚：《立法理念与实践》，北京大学出版社2006年第1版，第149页。

④ 在我国1982年《宪法》颁布之前，全国人大常委会并无制定法律的权力。

授权国务院就各个税种制定税收暂行条例的做法,有着立法周期短、程序简单、针对性强、较为灵活、适应当时社会状况的优点,在当时具有很大程度的合理性。可二十多年后的今天,当我们审视这两个授权决定在当今社会所扮演的角色时,却发现它们与我们的法律体系和社会状况有着诸多不协调。

二、两次授权决定之再审视

(一)授权决定违背了授权明确原则

2000年3月15日第九届全国人民代表大会第三次会议通过了《中华人民共和国立法法》,该法第9、10条对授权立法做出了规定,根据这些规定:

第一,从立法授权的内容上讲,全国人大及其常委会不能授权国务院就犯罪和刑罚、对公民政治权利的剥夺和限制人身自由的强制措施和处罚、司法制度等事项做出规定。可见,税收不属于法律绝对保留事项。在相当保留的情形下,税收事项可以由全国人大及其常委会授权国务院立法。

第二,从立法授权的目的、范围上讲,全国人大及其常委会的授权决定应当明确授权的目的、范围,被授权机关应当严格按照授权目的和范围行使该项权力。要达到授权明确性要求,一个授权决定至少要满足两个条件[①]:一是明确授权目的,这就要求立法者在授权时要明确授权的理由和依据;二是明确授权范围,包括授权的事项范围,不能一揽子授权或者空白授权[②],也包括规定授权的时间范围。因为既然这种授权源于立法经验不成熟,那么应当在预计的时间里取得相应的立法经验,与其留下几乎不可能的撤销授权的机会,不如直接限定授权立法的时间长度,以避免永久授权。

---

① 学界对立法授权的限制研究较多,笔者仅从《立法法》的规定进行论述,这是立法授权所应达到的底线。

② 美国行政法学者伯纳德·施瓦茨指出:"如果在授权法中没有规定任何标准制约委任之权,行政机关等于拿到了一张空白支票,它可以在授权的领域里任意制定法律。"〔美〕伯纳德·施瓦茨:《行政法》,徐炳译,群众出版社1986年版,第33页。

第三,被授权机关不得将该项权力转授给其他机关。

反观这两个授权决定可以看出,其授权明确性方面有着明显缺陷:1984 年的授权决定没有说明授权的理由和依据;两个授权决定也都没有明确授权的事项范围。1984 年的授权决定授权国务院"拟定有关税收条例,以草案形式发布试行","有关税收"四个字就将所有涉及利改税和工商税制改革的事项囊括在内,属于典型的"白纸"授权;1985 年的授权决定范围更宽,因为很难有人说出在改革时期,经济领域有什么事项不属于"有关经济体制改革和对外开放方面的问题",事实上这也是一个一揽子式的空白授权。实践中,国务院根据授权决定制定了我国现行的绝大多数的税收法规。[①]

两个授权决定都没有明确授权的时间。1984 年的授权决定用"在实施国营企业利改税和改革工商税制的过程中"这样含混的语言来限定授权的时间,实际上等于没有时间限制;[②]1985 年的授权决定根本没有时间性语言。尽管有学者认为授权目的"为了保障经济体制改革和对外开放工作的顺利进行"已经隐含了授权的时间界限,但也承认"这种对行使授权的时间的限制,等于什么也没有规定,因为我国的经济体制改革和对外开放,是一个永远不能停止的事业。"[③]

(二) 授权决定在当前的社会经济状况下已经逐渐失去存在的合理性

我国经济体制改革的目标、方式、进程越来越明朗。改革已经由当初的"摸着石头过河"迈向有序稳定发展阶段。尽管仍有许多社会、经济、政治关系需要通过进一步的改革来调整、理顺,但改革的巨变与不稳定时期已经过去。近几年,我国加快了经济立法的步伐,陆续出

---

① 到目前为止,在我国的所有征收过的税种中,仅有《中华人民共和国个人所得税法》、《中华人民共和国外商投资企业和外国企业所得税法》(已废止)、《中华人民共和国农业税条例》(已废止;其虽然名为"条例",但因是 1958 年全国人大常委会通过的,所以从立法权限的角度来看,应当属于"税收法律")和《中华人民共和国企业所得税法》由全国人大及其常委会立法。在税收征管方面,也仅有《中华人民共和国税收征收管理法》由全国人大常委会制定。

② 参见陈伯礼:《授权立法研究》,法律出版社 2000 年第 1 版,第 167 页。

③ 同上注,第 169 页。

台的民商经济类法律规范大多采取国家正式立法的形式。[①] 从整个法律体系的协调出发,作为调控市场经济关系主要法律之一的税法不应该以行政法规为主。随着我国建设法治国目标的确立,税收及其使用应当成为人民代表大会制约政府的手段,这一点是经由西方法治经验所证实的。继续任由中央政府自己设定税收,与这一目标不一致。

三、按照税收法定原则构建税收立法体制

其实,学界关于我国税收立法的讨论由来已久,学者们大多主张根据税收法定主义,对现有的规定进行修改。[②] 下面,笔者也从税收法定主义的视角对现行体制进行一番梳理。

(一)税收法定主义的起源和发展[③]

1. 税收法定主义在英国的确立

税收法定主义起源于最早发生资产阶级革命的英国,是由封建制度内部的权力斗争引起的。随着国家主权逐渐从君主手中转移到全体国民手中,税收法定主义逐步得以确立,是资产阶级革命时期反对封建王朝具有民主进步意义的产物。

在英国封建时期,国家的主权掌握在君主手中,征税权也不例外。封建君主为了满足其奢侈的生活或为了筹集战争的费用,经常巧立名

---

① 如2006年8月27日通过的《中华人民共和国企业破产法》,2006年10月31日通过的《中华人民共和国农民专业合作社法》,2007年3月16日通过的《中华人民共和国物权法》,2007年3月16日通过的《中华人民共和国企业所得税法》,2007年6月29日通过的《中华人民共和国劳动合同法》,2007年8月30日通过的《中华人民共和国反垄断法》,2007年8月30日通过的《中华人民共和国就业促进法》和2007年10月28日通过的《中华人民共和国城乡规划法》等。

② 最早向国内介绍税收法定主义等西方税收原则的是民法学者谢怀栻。但此后的研究中,税收法定主义作为税法基本原则之一并未获得应有的重视。只是在20世纪90年代后期,学者们在反思我国税收实践中的问题时才纷纷对其展开了较为深入的研究。参见郑勇:《税法法定主义与中国的实践》,载刘剑文主编:《财税法论丛》第一卷,法律出版社2002年版。近年来,以税法法定或相关的博士、硕士论文亦不在少数。

③ 本部分内容主要参考刘剑文、熊伟:《税法基础理论》,北京大学出版社2004年第1版,第100—103页。

目,肆意征税。封建社会末期,在与国王争夺课税权的斗争中,“自视为国民代表的大贵族开始谋求建立国王未经批准不得擅自征收国税的制度,既而谋求将批税权归属于他们可以参加的机构”①,这种机构即是议会的前身。正是通过这种机构,封建贵族和新兴资产阶级形成了对王权强有力的限制,但国王与议会的矛盾也越来越深。1215 年 6 月,诺曼王朝的约翰王因干涉教会选举、侵占附庸土地、滥征苛捐杂税,加之连年对外战争的失利,引起了原来支持王室的既得利益阶层的不满。在领主、教士和城市市民的联合压力下,约翰被迫签署了《大宪章》。《大宪章》确认了王权有限、法律至上的思想。在《大宪章》的引导下,英国历史上先后形成了一系列在税收上限制王权的文件:《无承诺不课税法》(1295 年)、《权利请愿书》(1628 年)和《权利法案》(1689 年)等。它们都阐述了税收课征的合法性来自被课征者的同意。尤其是 1689 年英国国会制定的权利法案,重申国王不经国会同意而任意征税为非法。由此,近代意义的税收法定主义正式确立了。

2. 税收法定主义在美国的确立

英法战争结束后,为了缓和国内财政危机,1764 年英国财政大臣克伦威尔向下议院提出从美洲殖民地取得税收的议案。据此国会制定了《税收法令》和《糖税法》,1765 年又通过了《印花税法》。这些税收法令引起了殖民地人民的强烈不满。弗吉尼亚议会围绕《印花税法》展开讨论,声明只有弗吉尼亚议会才拥有“对本殖民地居民课加赋税的唯一排他性权力”,殖民地人民对于英国议会的征税权企图享有“任何法律不受屈从的约束的权力”。此举为其他地区的议会所效仿,各地纷纷通过决议,否认英国议会有权向他们征税。

1765 年 10 月,在马萨诸塞等 9 个殖民地代表举行的反对《印花税》的会议上,通过决议指出:“非经他们自己亲口同意,或者由它们的代表表示同意,是不能向他们课税的……唯一能代表他们这些殖民地人民的是由他们自己在殖民地选出的人,除非经由他们各自的会议,

① 刘新成:《英国都铎王朝议会研究》,首都师范大学出版社 1995 年版,第 174 页。

谁也不曾向他们征过税，也不能够合乎宪法地向他们征税……”①，明确了“无代表不纳税”的原则。在殖民地的强大压力下，英国议会当时撤销了《印花税法》，但其后又通过了许多针对殖民地的税收法案，最终导致了美国独立战争。

美国独立后，1787 年制定的《美国宪法》第 1 条规定：“一切征税议案应首先在众议院提出，但参议院得以处理其他议案的方式，表示赞同或提出修正案”（第 7 款第 1 项），“国会有权赋课并征收税收，进口关税，国产税和包括关税与国产税在内的其他税收……”（第 8 款第 1 项）。第一次在成文宪法中确定了税收法定主义的宪法地位。

3. 税收法定主义在法国的确立

大约在 13、14 世纪间，西欧各国都出现了代表纳税人利益的等级会议。虽然此时的臣民还仅限于贵族和有市民权的城市居民，对这些市民来说参加等级会议是一种义务，权利并不确定，但国王的征税权毕竟受到了限制。在法国，1483 年国民议会发表宣言指出：“不召开国民议会，不获得其同意，国王不能凭借其自由与特权，向国民谋取任何金钱。”但到了路易十四时代，法国变成了绝对君主制的国家，国王经常以种种免税特权对贵族和教士进行收买和驯服，正是这种仅有少数人可以享受的免税特权加上对平民的苛捐杂税激化了社会矛盾，埋下了大革命的种子。1788 年巴黎会议否定了国王的抽税及修改司法程序的通令，国王路易十六为了筹划税收方案，解决财政问题，迫不得已在 1789 年重新召开了 1614 年以后未曾召开过的三级会议，不料引发了法国大革命。

就在这一年，法国发布了《人权宣言》，第 14 条规定：“所有公民都有权亲身或由其代表来确认赋税的必要性，自由地加以认可，注意其用途，决定税额、税率、客体、征收方式和时期。”②之后，《法兰西共和国宪法》第 34 条规定“征税必须有法律规定”。至此，税收法定主义在法国也最终得到确立。

---

① 〔美〕布莱克：《美国社会生活与思想史》（上册），宋蜀碧译，商务印书馆 1994 年版，第 187—211 页。

② 《世界著名法典选编·宪法卷》，中国民主法制出版社 1998 年版，第 103 页。

4. 小结

总之,在资产阶级反对封建君主任意征税的运动中,逐渐形成了税法的原则,即"无代表,则无课税",凡是课税事项均应由国民全体所推出的代表通过法律程序将其制订为法律,作为课税的依据。税收法定主义的确立对法治主义的确立乃至民主宪政的出现,产生了极为重要的影响。

税收法定主义产生后,倡导法治的国家纷纷在宪法中加以规定,税收法定主义作为宪法的基本原则已经成为现实。正如张守文先生所说:"倡导法治的国家,无论其发达程度、地理位置、社会制度、气候条件、历史传统如何,多注重在其宪法中有关财税制度的部分,或在有关国家机关、权力分配、公民权利和义务的规定中,对税收法定主义予以明确的规定"。[①] 如《日本国宪法》第 84 条规定:"课征新税或变更现行的税收,必须依法律或依法律确定的条件。"[②]又如《意大利宪法》第 23 条规定:"不根据法律,不得规定任何个人税或财产税。"[③]《比利时宪法》第 110 条规定:"国家税必须通过立法才能规定。省、城市、市镇、联合体和市镇的地方税,非经各自议会的决议不得征收。"第 112 条规定:"在税收方面,不得规定特权。免税或减税,只能由法律规定。"[④]马来西亚、新加坡、斯里兰卡、印度尼西亚等国的宪法都强调,非经法律规定,不得征税。再如,《埃及宪法》规定,只有通过法律才能设置、修改或取消公共税捐;除法律规定的情况外,任何人均不得免交税捐,只有在法律规定的范围内,才可以责成人们交纳其他形式的赋税。

历史发展表明:

其一,税收法定主义是在市民争取国家主权的斗争中逐步确立的,体现了权力制衡的思想,与法治的要求——限制权力的任意性扩

---

① 张守文:《论税收法定主义》,载《法学研究》1996 年第 6 期。

② 〔日〕金子宏:《日本税法原理》,刘多田等译,中国财政经济出版社 1989 年版,第 49 页。

③ 姜士林、陈为主编:《世界宪法大全》(上卷),中国广播电视出版社 1989 年第 1 版,第 1112 页。

④ 同上注,第 681 页。

张,权力围绕着由民主机关制定的法律来行使——是相适应的。因此可以说,税收法定主义是法治主义最重要的组成部分,是“法治主义规范和限制国家权力以保障公民财产权利的基本要求和重要体现;而且,从渊源上说,还是现代法治主义的发端和源泉之一,对法治主义的确立起到了先导的和核心的作用”。[①]

其二,税收法定主义的发展最终使得大部分法治国家以宪法的形式加以确认,成为宪法的基本原则之一。各国宪法在确立税收法定主义时,大都从征税主体的征税权力与纳税主体的纳税义务两方面加以规定,并特别强调征税权的形式必须限定在法律规定的范围内,确定征税双方的权利义务必须以法律规定的税法构成要素为依据,任何主体行使权力或履行义务均不得超越法律的规定,从而使当代的税收法定主义具有了宪法原则。[②]

(二) 税收法定主义的含义和具体要求

1. 税收法定主义的含义

税收法定主义,也被称之为租税法律主义[③]、税收法律主义[④]、税捐法定主义[⑤]、税收法律主义原则[⑥]、税收法定原则[⑦]、税收法定主义原则[⑧]等,尽管学者尚未对概念的称谓表述一致,但基本含义都可以用“有税必须先有法,未经立法不得征税”[⑨]来概括。张守文先生在《论

---

① 饶方:《论税收法定主义原则》,载《税法研究》1997年第1期。

② 参见张守文:《论税收法定主义》,载《法学研究》1996年第6期。

③ 参见〔日〕中川一郎:《税法学体系总论》,载《当代公法理论》,月旦出版公司1993年版,第607页。

④ 参见〔日〕金子宏:《日本税法原理》,刘多田等译,中国财政经济出版社1989年版,第48—49页。

⑤ 参见陈清秀:《税捐法定主义》,载《当代公法理论》,月旦出版公司1993年版,第589页。

⑥ 参见鲁篱:《税收法律主义初探——兼评我国税收授权立法之不足》,载《财经科学》2000年第2期。

⑦ 参见涂龙力、王鸿貌:《税收法定原则与我国税法体系的完善》,载《中国税务研究》1999年第12期。

⑧ 参见饶方:《论税收法定主义原则》,载《税法研究》1997年第1期。

⑨ 同上注。

税收法定主义》一文中认为税收法定主义是指税收主体的权利与义务必须由法律加以规定,税法的各类构成要素必须且只能由法律予以明确规定,征税主体的权利与义务只能以法律规定为依据,没有法律依据,任何主体不得征税和减免征收。日本学者金子宏在《日本税法原理》一书中认为税收法律主义就是税的课赋和征收必须基于法律的根据进行,没有法律的根据,国家就不能课赋和征收税收。这里所说的法律,是指狭义的法律,即由代表民意的国家立法机关制定的规范性法律文件,在我国是指全国人大及其常委会制定的法律。

但日本学者北野弘九认为上述定义都是形式上的税收法定主义,仅以法定的形式规定税收,而未涉及税收法律的内容。在现代宪政条件下,应当更加注重实质意义上的税收法定主义,即从禁止立法机关滥用权力、制约议会课税权的角度,来构筑税收法定主义的体系。税收法定主义应立足于维护纳税者基本权益,立足于租税的征收和使用相统一,立足于将税收作为财政民主的一环。由此,纳税者有权只依据合宪的法律纳税,有权基于税收法定主义的原理关注和参与税收的支出过程。①

就中国当下的法治水平而言,很难一步到位地实现实质意义上的税收法定主义。当前,税收立法中还存在着大量的授权立法,各种税法规范性文件的效力层次不明确之类的多种问题,如果不解决这些问题,税收立法权也可能遭受行政的蚕食。只有"解决形式上的税收立法权的归属,消除税法效力体系内部的冲突与矛盾,探讨税收法定主义的适用范围和界限,以实现形式上的税收法治。只有在这个层次上奠定坚实的基础后,才有可能追求实质意义上的税收法治,真正实现财政民主主义。"②

2. 税收法定主义的具体内容

关于税收法定主义的具体内容,学者们概括表达不一,但都至少包含三个方面的内容:

---

① 参见〔日〕北野弘九:《税法学原论》(第4版),陈刚、杨建广等译,中国检察出版社2001年版,第73—80页。

② 刘剑文、熊伟:《税法基础理论》,北京大学出版社2004年第1版,第106页。

(1) 课税要素法定。课税要素(或称课税要件)是税法理论中的一个核心概念,有广义和狭义之分。广义的课税要素,即国家征税通常所需具备的各种要件,包括税法主体[①]、征税客体[②]、税目[③]与计税依据[④]、税率[⑤]、税收特别措施[⑥]和纳税的程序。税收要素法定中的法主要是指狭义上的法律,即由议会等国家权力机关制定的法律。换言之,有关税收实体和程序方面的一般的和基本的事项、要素,均必须由法律规定。

(2) 课税要素明确。税收要素明确原则是指在税法体系中,凡有关创设税收权利义务关系的规范在内容、宗旨、范围方面必须规定明确,从而使纳税义务人可以预测其税收负担。因为税收要素是税收法律关系得以具体化的客观标准,各个税收要素对应于税收法律关系的各个环节,是其得以全面展开的法律依据,故税收要素明确构成税收法定主义的主要内容。

(3) 依法稽征原则

如前所述,依据税收法定主义的要求,课税要素及与其密切相关的、关涉纳税人权利义务的程序法要素均必须由法律予以明确规定,在这一前提下,税收行政机关必须严格依据法律的规定稽核征收,而无权变动法定课税要素和法定征收程序,这就是依法稽征原则,也称合法性原则。依据该原则,没有法律依据,税收行政机关无权开征、停征,也无权减免、退补,依法征税既是其职权,也是其职责。在是否征纳税的问题上,税收行政机关与纳税人一样无选择权,均必须严格按税法的实体法要素和程序法要素执行。同时,也不允许征纳双方或纳

---

① 包括纳税主体和征税主体。参见张守文:《税法原理》(第 3 版),北京大学出版社 2004 年版,第 46 页。

② 指征税的直接对象或称标的,它说明对什么征税的问题。前揭《税法原理》,第 47 页。

③ 是指税法规定的征税的具体项目。前揭《税法原理》,第 47 页。

④ 简称税基,指根据税法规定所确定的用以计算应纳税额的依据。前揭《税法原理》,第 47 页。

⑤ 是应纳税额与计税基数之间的数量关系或比率。前揭《税法原理》,第 47 页。

⑥ 包括税收优惠措施和税收重课措施。前揭《税法原理》,第 48 页。

税义务人之间达成变更课税要素或征税程序的税收协议,以排除强行法的适用为目的的一切税收协议都是无效的。

(三) 我国离税收法定主义还有多远?

我国立法上是否存在税收法定主义,是学界经常讨论的一个话题。

1. 宪法与税收法定主义

我国《宪法》第56条规定:"中华人民共和国公民有依照法律纳税的义务。"有学者认为,这是对税收法定主义的明确规定。[①] 有学者从法律目的解释的角度对这一观点进行论证。[②] 还有学者认为,该条的反面解释即是:非依法律,中国公民有不纳税的权利,所以应可解释为税收法定主义的宪法依据。[③]

但更多学者持相反意见,他们的论证思路并不相同。第一种观点认为,该规定仅能说明公民的纳税义务要依照法律产生和履行,并未说明更重要的方面,即征税主体应依照法律的规定征税,因而该规定无法全面体现税收法定主义的精神;[④]第二种认为,我国1982年宪法修改时,立法机关制定上述条款本无体现税收法定主义之意,该条中

---

① 参见胡微波、袁胜华主编:《现代税法实用辞典》,法律出版社1993年版,第31页。台湾学者陈清秀也认为这一规定"揭示了税收法定主义的意旨"。参见陈清秀:《税捐法定主义》,载《当代公法理论》,月旦出版公司1993年版,第607页。

② 他们认为:《宪法》的目的只有一个,即保护公民的基本权利,税收的开征也必须受制于公民的基本权利;结合《宪法》第13条有关保护公民的合法私有财产的规定,未经以代议制机构立法作为形式的公民的"同意",通过征税侵犯公民的私有财产权利就是违法。所以该条规定既是对公民纳税义务的确认,也是对国家课税权的一种限制。此处所谓的"法律",应该仅指全国人大及其常委会制定的法律。参见刘剑文、熊伟:《税法基础理论》,北京大学出版社2004年第1版,第108页。

③ 朱大旗:《论税法的基本原则》,载《湖南财经高等专科学校学报》1999年第4期。

④ 参见张守文:《论税收法定主义》,载《法学研究》1996年第6期;王鸿貌:《税收法定原则之再研究》,载《法学评论》2004年第3期。

的“法律”也并非狭义的法律。[①]

笔者赞同反对意见中的第二种观点。我国《宪法》第56条并没有规定税收法定主义的内容。该条所说的法律并非仅仅指狭义的法律。

关于宪法文本中“法律”一词的含义，有宪法学者曾作过较为周延的实证分析。[②] 他们将宪法文本中出现82次之多的“法律”一词，按照其具体应用的语境作了一个大致的分类，其中，第56条中的“法律”一词，属于“主体是私人的，且是义务性的情况”。他们认为，这里的“法律”是从立法体系这一实质意义上来使用的，首先指宪法，然后是形式意义上的法律，再次是行政法规、地方性法规等。

也有税法学者持同样的见解[③]认为，可以通过对与第56条同处“公民基本权利和义务”一章的第55条第2款所使用的“法律”一词的分析，来推定第56条中“法律”的含义。如果将该款中的“法律”从狭义上理解，将会出现我国公民在1982年12月4日《宪法》通过之时到1984年5月之间不负有服兵役的义务，而且至今都没有参加民兵组织的义务的情形，前种情形是因为那段时间并没有“兵役法”，后一种情形是至今仍无狭义“法律”出现作为依据。这种情况也适用于税收领域。如果强调第56条中的“法律”作狭义解，那么先前大多数的税收立法都将是违宪的。而这种解释是大多数学者和国家决策机关所不愿看到的。

笔者认为这种分析是站得住脚的。这个观点还可以用体系解释和历史解释方法分析得出同样的结论。从《宪法》文本的体系上看，第56条处于“公民的基本权利和义务”一章，而非规定在总纲或者国家机构一章，因而不能说这是对税收立法权的限制，只能说是对公民纳税义务的确认；从我国1982年宪法的制定过程看，税收法定主义最早

---

① 参见覃有土等：《论税收法定主义》，载《现代法学》2000年第3期；胡戎恩、刘书燃：《我国税收立法之原理与实践分析》，载《法学杂志》2007年第4期；李刚、周俊琪：《从法解释的角度看我国〈宪法〉第五十六条与税收法定主义——与刘剑文、熊伟二学者商榷》，载《税务研究》2006年第9期。

② 参见韩大元、王贵松：《中国宪法文本中“法律”的涵义》，载《法学》2005年第2期。

③ 参见翟继光：《税收法定原则比较研究——税收立宪的角度》，载《杭州师范学院学报》2005年第2期。

是在1989年由谢怀栻作为西方国家税法基本原则之一介绍到我国来的,而我国现行《宪法》是1982年颁布,当然并未考虑税收法定主义。考察现行《宪法》制定的历史,可以知道其第56条是明确作为有关"公民的基本义务"来定位的,而且在当时的宪法修改委员会的历次讨论中,亦无人对这一条文的理解问题有其他不同意见[①],这从一个侧面证明了本条的规定无涉税收法定主义的事实。

2.《立法法》与税收法定主义的关系

我国《立法法》第8条规定:"下列事项只能制定法律:……(八)基本经济制度以及财政、税收、海关、金融和外贸的基本制度"。从而把有关税收基本制度的事项的立法权列为法律保留。但《立法法》第9条又规定:"本法第八条规定的事项尚未制定法律的,全国人民代表大会及其常务委员会有权做出决定,授权国务院可以根据实际需要,对其中的部分事项先制定行政法规,但是有关犯罪和刑罚、对公民政治权利的剥夺和限制人身自由的强制措施和处罚、司法制度等事项除外。"这就意味着税收立法是一种法律相对保留事项,全国人大及其常委会可以将其授权给国务院行使。

在《立法法》颁布之初,就有税法学者意识到了它与税收法定主义的深刻渊源。[②] 他们认为,《立法法》第8条确认了税收立法权是国家立法机关的专属权力,这一点与税收法定主义是统一的;但其有关授权立法的规定显然"范围过宽",且立法权的行使又缺乏监督,所以很难在实践中保证税收法定主义的实现。

还有学者认为《立法法》第9条规定国务院可以对第8条中的"部分事项"制定行政法规,是将税收方面的立法事项区分为"基本制度"和"部分事项",只有属于"部分事项"的立法权才能授权给国务院行使,因而可以"将其视为对授权立法的一种限制"。[③] 笔者认为这是对

① 参见许崇德:《中华人民共和国宪法史》,福建人民出版社2003年版,第623页。

② 参见刘剑文、沈理平:《立法法与税法法定的两个基本问题》,载《税务研究》2001年第7期。

③ 刘剑文、熊伟:《税法基础理论》,北京大学出版社2004年第1版,第107页。

《立法法》规定的误解:第9条的"部分事项"是相对于第8条关于法律保留全部事项而言的,这部分事项即第9条列出的"犯罪和刑罚"、"对公民政治权利的剥夺"等事项,而非将每个事项再作整体与部分的区分。所以,根据该法规定,有关税收"基本制度"的税收立法权,才属于法律保留,而基本制度除外的税收立法权不属法律保留的范围,行政机关不需授权即可行使。但究竟哪些事项属于"基本制度"范围,还没有一部法律予以明确。

笔者认为,从规定层面上讲,《立法法》虽然坚持了税收法定主义,但由于其没有界定法律保留的具体范围,还是有缺陷的。

这种有缺陷的规定在实践中偏离税收法定主义更远。本文开头所述的1984年和1985年的两个授权决定将有关"工商税制改革"、"经济体制改革"和"对外开放方面"的税收立法权慷慨地授予了国务院,授权的范围之大,几乎包括了除农业税法之外的所有税收实体法,并且欠缺对法律内容的限制,有关税种选择、纳税人和征税对象的确定、税率的高低、减免税的裁量等,权力尽数归入国务院。

这种做法的结果是国务院的税收立法数量要比国家立法机关的税收立法数量多得多,而且有的已明显越权。[①] 更为严重的是,国务院有时还将税收立法权转授权给财政部或国家税务总局[②],从而违反《立法法》不能转授权的规定。文章开头所提到的2007年和2008年两年对印花税率过山车般的调节,即出自财政部和国家税务总局的联袂演出。这种做法使税收法定主义本有的保持法律稳定性和当事人可预测性的机能受到重创,导致纳税人无法合理预期,从而严重影响了经济主体的自由和理性的选择,加大了税收成本和市场交易成本,同时也使税法的宏观调控职能难以充分有效地发挥。

3.《税收征收管理法》与税收法定主义

作为对《宪法》和《立法法》中税收法定主义缺失的弥补,我国《税

---

① 参见李诚:《略论我国当前立法中存在的问题》,载《中外法学》1996年第2期。

② 国务院税收暂行条例中的某些课税要素却是由财政部或国家税务总局加以具体化的,这种具体化有的是经行政法规的授权,有的是"经国务院批准",即基础是国务院的再授权。

收征收管理法》第3条规定:“税收的开征、停征以及减税、免税、退税、补税、依照法律的规定执行;法律授权国务院规定的,依照国务院制定的行政法规的规定执行。任何机关、单位和个人不得违反法律、行政法规的规定,擅自做出税收开征、停征以及减税、免税、退税、补税和其他同税收法律、行政法规相抵触的决定。”

笔者认为,这一规定涵盖了税收法定的部分内容,但是,它却具有几个明显的缺点:

其一,不足以确立税收法定原则。税收征管法是一部税收程序法,它的内容主要是有关税收确定程序与征收程序的规定,因此,它实际上是对具体实施税法的规定,即关于征税与纳税的各项手续的规定,属于税法的辅助部分。它的立法目的是“加强税收征收管理,规范税收征收和缴纳行为”[①],其范围并没有扩展到税收立法行为,因而不足以确立税收法定主义的地位。

其二,《税收征收管理法》只适用于税务机关的征收管理行为,由财政部门和海关征收的税收不包括在内。它不能涵盖整个税收领域。

所以,那种认为如果对授权立法做出严格限定并与《税收征收管理法》规定相结合就“可以在形式上覆盖税收法定主义的全部内容”[②]的论述是有失偏颇的。

(四)走向税收法定主义

鉴于税收法定主义在我国立法和实践中的缺失,应当在制度层面上逐步做出改善,可以考虑从以下几个步骤着手:

1. 废止不合理的授权规定,如需国务院继续行使部分税收立法权,按照一事一权原则重新授权

1984年和1985年的授权决定,在今天的不合理性及其危害前文已述,笔者认为全国人大及其常委会当尽快将其废止。

考虑到现阶段我国税收法律体系尚未完善,而且全国人大及其常委会的立法能力有限,可以考虑重新制定法律授权国务院就立法条件尚不成熟的事项制定行政法规。但应明确授权的目的、范围、期限和

---

① 《中华人民共和国税收征收管理法》第1条。

② 刘剑文、熊伟:《税法基础理论》,北京大学出版社2004年第1版,第107页。

监督。尤其注意的是授权范围和授权立法监督问题:

在授权立法的范围上讲,首先,新的授权决定应当严格遵循“一事一权”原则,像1985年那种空白授权只能是特定条件下的产物,在当今我国经济体制改革已经日趋成型的情况下不该再为其预留空间。其次,还应明确规定可授之权与不可授之权的范围。对此,凡是涉及税收要素的事项必须实行完全的立法(机关)保留,而对于税收具体的实施细则或者在具体税收程序方面的一些规定,可以授权给国家行政机关进行委任立法。

关于税收立法权行使监督的问题。尽管《立法法》第87条、第88条规定,对超越权限的行政法规全国人大常委会有权撤销,但该撤销程序如何启动及运行却没有相应规定;第90条规定,国务院等国家机关认为行政法规同宪法或者法律相抵触的,可以向全国人大常委会书面提出进行审查的要求;其他的国家机关、社会团体、企业事业组织以及公民可以就违宪或违法的上述规范性文件提出进行审查的建议。但对上述“要求”和“建议”启动受理的步骤、方式、顺序、时限等程序问题,缺乏具体规定。之后虽有《中华人民共和国各级人民代表大会常务委员会监督法》颁布实施(2007年1月1日),但是监督法仍然没有对全国人大常委会的审查程序做出规定。立法监督的缺乏,必然导致立法越权、立法侵权、立法冲突等诸多弊端。对此,可以有两套方案,一是以后在对《立法法》进行修改时,考虑加入相应的内容;二是尽快由全国人大常委会制定出像“全国人大常委会议事规则”那样的单行法来对此做出规定。

2. 尽快制定税收基本法

应在恰当的时候制定一部税收通则法,在税收通则法中将征税中的共同事项如税法的基本原则、征税机关的权力和义务、纳税人的权利和义务、税收征管权的划分等一系列的基本问题在一部法律中加以规定,对各单行税法起统领、约束作用,对每一具体税种的立法和征管进行必要的指导。克服和解决我国目前税法体系结构不合理,整体效力级次低、效力差,缺乏权威性和稳定性,各单行税法松散排列,相互之间协调性差以及体系不够完整等问题。

3. 在适当的时候将税收法定主义的内容写入《宪法》

税收立宪于当今世界已成为一种潮流[1],而其对于保障公民权利又有重大意义,所以学者纷纷建言在将来修改《宪法》时加入税收法定主义的内容。但在《宪法》中加入什么内容则观点不一。第一种观点认为,关于我国的税收,宪法内容主要包括:明确全国人民代表大会税收立法的专有权;限定税收的委托立法权;对纳税人的权利做出明确规定;明确规定政府必须依法征税;在条件成熟时,应考虑设置专门的税收章节,最终体现税收宪政原则。[2] 第二种观点认为,税收立宪即在宪法中增加最基本的税收事项以及人民与国家最基本的税收关系,如税收法定主义、税收立法权的归属以及公民纳税的权利与义务等内容,是创建与完善社会主义市场经济条件下的税收法律的最高目标。[3] 第三种观点认为,按照税收立宪和税收法定主义的要求,有关税收立法权限、立法程序、税收管理体制、纳税人基本权益等问题,应当由宪法来规定。[4] 第四种观点认为,税收立宪的事项主要包括税收法定原则、税收公平原则和征税权的划分。[5] 第五种观点认为,应该注意区分纳税人和公民这两个概念,在宪法文本中不应当规定纳税人权利,税收宪法的内容应当主要包括纳税义务、税收法定原则、税收公平原则、征税权的划分和税收立法程序。[6]

笔者认为,无论税收法定主义入宪如何重要,其毕竟只是宪法中的一项内容,而不是其全部内容,而宪法又有纲领性、原则性的特点,所以不能将税收法定主义的全部要素尽极备细地全部列入宪法条文。

---

① 参见王鸿貌、李小明:《税收立宪论》,载《法学家》2004 年第 2 期。

② 参见刘蓉:《我国税收立宪选择及其建设》,载 http://www.cftl.cn,2007 年 12 月 9 日最后访问。

③ 参见涂龙力、涂京联:《税收基本法立法若干基本问题研究》,载《税务研究》2005 年第 8 期。

④ 参见施正文、徐孟洲:《税法通则立法基本问题探讨》,载《税务研究》2005 年第 4 期。

⑤ 参见刘剑文:《关于我国税收立宪的建议》,载《法学杂志》2004 年第 1 期。

⑥ 参见毕金平:《我国税收立宪之探讨》,载《安徽大学学报(哲学社会科学版)》2007 年第 6 期。

可行的方法是在《宪法》中只列税收法定主义中最重要的内容，至于更为具体的规定可以在税收基本法中规定。

由于税收法定主义的基本精神在于保障公民的财产权利，可以考虑将税收法定主义的内容写入《宪法》第13条，在第13条中增加一款作为第4款："国家除依照法律规定外不得对公民、企业和其他团体进行征税。"如此通过写入公民私有财产保护的内容中，就可以把税收归入需要征得国民同意的高度，这样既有利于提高税收法定主义的地位，也符合第13条保护私有财产权的初衷。

2008年5月1日《政府信息公开条例》生效后，《新京报》载文描述调查数据表明，71.3%的人选择最希望知道的政府信息是政府财政预算、决算报告。① 这说明我国的公民已越来越关注政府是怎样花钱的，而我们法律人对此的关注是两方面的：政府花的钱是怎样得来的和政府是怎样花钱的。

---

① 参见《官员财产不是潘多拉的盒子》，2008年5月13日《新京报》A03版。

美国新闻自由管制的两种标准及借鉴*

一、新闻自由及对其管制

新闻自由是一种广义的言论自由，指公民在宪法和法律规定的范围内，有通过出版物表达自己的意见和思想的权利。新闻自由是言论和出版自由在新闻传播领域的延伸，换句话说，是通过新闻传播媒介实现的言论和出版自由。[①] 就新闻自由与政府的关系而言，它又是一种权利防卫措施，用以保障新闻媒介免受政府控制的独立性。[②]

早在1644年，明确提出"新闻自由"口号的约翰·密尔顿，在其《论出版自由》中写道："让我有自由来认识、抒发己见，并根据良心作自由的讨论，这才是一切自由之中最重要的自由。"他强烈反对书报检查，对那些"能够决定书籍应不应当进入这个世界"的"审判者、操书籍的生杀大权的人"表达着不满和蔑视："这些检查官的所谓判断都只不过是他们自己狭隘的胃口"，"试问谁又能保证他们的判断是正确的呢？"[③]美国民主之父杰斐逊宣称："民意是我们政府的基础。所以我们先于一切的目标是维护这一权利。如果由我来决定，我们是要一个没有报纸的政府还是没有政府的报纸，我将毫不犹豫地选择后者。"[④]

但是任何权利和自由的实现都是有条件的。即使在资产阶级争

---

* 本文系与金石合作，载《行政法学研究》2004年第3期，标题为"政府对新闻自由管制标准管窥"，同时收入《高等学校文科科学学术文摘》2004年第6期。

① 参见李斯颐：《言论和出版的自由与界限》，载《新闻与传播研究》2002年第1期。

② 参见丛日云：《西方新闻自由理念的形成和发展》，载"北大三角地论坛"。

③ 〔英〕约翰·密尔顿：《论出版自由》，吴之椿译，商务印书馆1959年版，第28—30页。

④ 《杰斐逊集》(下)，生活·读书·新知三联书店1993年版，第1325页。

取自由、权利的过程中，他们也承认自由是受限制的，新闻自由也不例外。1789 年法国资产阶级革命中诞生的《人权宣言》宣称："自由就是指有权从事一切无害于他人的行为。各个公民都应有言论、著述和出版的自由，但在法律所规定的情况下，应对滥用自由负担责任。"一些资产阶级启蒙思想家把自由和法律联系在一起。洛克说："哪里没有法律，哪里就没有自由……但是自由，正如人们告诉我们的，并非人人爱怎样就可以怎样的那种自由。"[①]孟德斯鸠说："自由是做法律所许可的一切事情的权利；如果一个公民能够做法律所禁止的事情，他就不再有自由了，因为其他的人也同样会有这个权利。"[②]由此可见，对新闻自由进行管制的思想萌芽差不多和新闻自由的口号同时产生，其后的过程只是强调自由多些或强调管制多些罢了。

新闻自由的保障与管制，是一对矛盾的统一体。新闻自由的保障是目的，新闻自由的管制是达到保障目的的手段。对新闻自由的管制，不能随意、漫无边际，而必须有合理的限度。根据各国的立法和司法实践，通常可以因下列原因对新闻自由进行管制：

1. 新闻自由应受公共利益的制约，新闻自由的实现不应以牺牲公共利益为代价。公共利益包括国家安全、国内秩序、社会良俗和司法权威等。霍姆斯认为："当国家处于战争状态时，许多平时可以容忍的言论，因其妨碍战事而变得不能容许了，法院也不认为它们是宪法所保障的权利。"[③]罗伯特·博克宣称："如果任何人都能在任何时间和任何地方说任何事情，那政府就不可能运作。"[④]

2. 新闻自由应受私人利益的制约，新闻自由的实现不应以牺牲私人利益为代价。私人利益包括个人名誉权、隐私权、财产权以及受到公平审判的权利等。这些权利也是公民在民主社会享有的基本权

---

① 〔英〕洛克：《政府论》下册，关文运译，商务印书馆 1997 年版，第 36 页。

② 〔法〕孟德斯鸠：《论法的精神》上册，张雁深译，商务印书馆 1961 年版，第 154 页。

③ Schenck v. United States，249U. S. 47，51-52(1919)．许多学者认为霍姆斯只是提出了这一原则，然而在此案中所适用的仍是以前的"恶劣倾向"原则，即根据言论的恶劣倾向来决定予以限制。

④ Robert H. Bork，"Neutral principles and some First Amendment problems"，*Indiana Law Journal*，vol. 47，no. 1 (fall，1971)，21.

利，不能为了保障新闻自由权而任意侵害公民的其他权利，在保障新闻自由和保障公民其他权利之间应当建立一种平衡。1948 年的《联合国人权宣言》第 12 条宣布："任何人的私生活、家庭、住宅和通信不得任意干涉，他的荣誉和名誉不得加以攻击。人人有权享受法律保护，以免受这种干涉或攻击。"

3. 市场失灵理论要求对新闻自由进行管制。市场失灵理论强调，过去那种认为"检验真理的最好方法就是把思想放入市场之中"的"思想市场"理论[①]在现实生活中是行不通的，因为在思想市场上扮演主要角色的大众传媒往往为少数人所把持，所谓不同观点之间的竞争往往与财富、阶级、权力、种族、性别等结合在一起。参与市场的各个人或各类人拥有的资源是不均衡的。总有部分人能够比其他人说得多些，说得有效些。因而需要对"思想市场"进行干预。[②]

二、美国政府对新闻自由管制的两项标准

对新闻自由管制的最重要问题，是要考虑这种管制的限度。历史表明，管制的滥用与自由的滥用一样有害，甚或更为有害。因为从历史上看，人类滥用管制的历史要比滥用自由的历史长得多，有关管制新闻自由的经验要比保护新闻自由的经验多得多。管制总是能很轻易地超过必要限度，造成对自由的侵害。西方各国为了保障新闻自由，防止政府对新闻自由的不当管制，根据立法和司法实践，对新闻自由确立了不同的管制标准：如美国的明显且即刻危险原则、恶劣倾向

---

① 美国最高法院法官霍尔姆斯 1919 年在埃伯拉姆斯诉美国一案中提出了关于言论自由的著名的"思想市场"理论。他在该案中写道："当人们认识到许多争论不休的信仰都随着时间的流逝而消失殆尽时，他们最终知道……人们渴望已久的终极目标是通过思想的自由交换而达到的——检验真理的最好方法就是把思想放入市场之中……" Abrams v. United States, 250 U. S. 616, 630 (1919) (Holmes, J., dissenting).

② 见 Todd G. Hartman, *The Marketplaces vs. The Ideas: The First Amendment Challenges To Internet Commerce*, 431.

原则、优先地位原则、逐案权衡原则等。[1] 日本和德国的公共福祉原则、必要且最小限度原则、相当原则、必要原则和法益衡量原则等。[2] 限于篇幅,本文仅对美国的明显且即刻危险原则和逐案权衡原则作一评介。

(一) 明显且即刻危险原则

明显且即刻危险原则可以看作是密尔"伤害论"[3]在法律领域内的应用,它的理论基础是权利法哲学,关注的是权力与权利之间的冲突,强调以权利对抗权力。密尔认为:"人类之所以有理有权可以个别地或集体地对其中任何分子的行动自由进行干涉,唯一的目的只是自我防卫。这就是说,对于文明群体中的任一成员,所以能够施用一种权力以反其意志不失为正当,唯一的目的只是防止对他人的危害。若说为了那人自己的好处,不论是物质上的或者是精神上的好处,那不成为充足的理由……任何人的行为,只有涉及他人的那部分才须对社会负责。在只涉及本人的那部分,他的独立性在权利上则是绝对的。对于他自己,对于他自己的身和心,个人乃是高主权者。"

这一原则最早是美国联邦最高法院大法官霍尔姆斯在 Schenck v. United States[4] 一案判决书中提出的。1969 年美国联邦最高法院在

---

① 叙述、探讨、评价这些原则的英语文献可谓汗牛充栋,于其要者,可参看 Emerson, "Toward A General Theory of The First Amendment", 72 *Yale Law Review* 908-912(1963); L. Tribe, *American Constitutional Law*, The Foundation Press, 841-845(2nd ed. 1988)等。

② 有关这些原则的简单介绍,参见朱武献:《言论自由宪法保障》,载氏著:《公法专题研究》(二),辅仁大学法学丛书编辑委员会编(1992)。

③ 密尔:《论自由》。密尔强烈反对扩展道德警察的力量去侵及个人的合法自由。因此,密尔对不合流行道德观念的生活方式和有伤风化的出版物持一种不干涉的态度。

④ 查坦克斯·申克是美国社会党总书记。在该党散发的传单中,呼吁人们"不要向恐吓投降",号召美国公民索求自己的权利,指责美国政府无权把美国公民送往国外去枪杀其他国家的人民。联邦政府认为申克在鼓动抵制征兵,因此据《反间谍法》对他加以指控。在地区法院审讯后,大陪审团裁决被告有罪。最高法院肯定了这一判决,霍尔姆斯法官在解释高等法院做出这一判决的理由时,提出了著名的"明显且即刻的危险"的原则。249U. S. 47(1919).

Brandenburg v. Ohio 一案的判决中对这一原则又重新予以确认。[①] 该原则适用于以下言论:① 煽动他人为暴力内乱行为的言论;② 攻击性言论;③ 批评审理中的案件或者意在阻碍法院审判之正当程序的言论;④ 煽动他人为违法行为的言论。[②] 这一原则主要用来解决新闻自由与公共利益之间的冲突。

美国学者科恩则对"明显且即刻的危险"原则提出批评,他认为,限制这些言论表达的主张是与它所要保持的民主精神与运行原则格格不入的。[③] 概括美国学者的批评,"明显且即刻危险"原则存在以下几方面的问题:

第一,"明显且即刻危险"原则模糊不清,难以准确把握,实际运用仍取决于个人主观判断。正如布兰蒂斯和霍尔姆斯在 Whitney v. California 一案中承认的,最高法院尚未"确定一个标准用来决定何时危险是明显的;危险可能有多遥远才应被视为是即刻的"。[④]

第二,"明显且即刻危险"原则在有些情况下使社会承担的风险太大。在这一原则支配下,必须等到实际危害的发生已迫在眉睫,才能防止,所付出的代价可能过高,或者已经无法防止危险的发生。

第三,"明显且即刻危险"原则的效果会因战争或和平、冷战或国际关系缓和,以及世界形势的繁荣、萧条等外部条件的变化而变化。在一种社会背景下,新闻自由有可能得到宪法第一修正案(即人权法案)的保护,在另一种社会情况下又可能被拒绝给予保护,而且,除非法院认可了当事人的表达,否则,言论或出版者不会知道其具体表达是否可以得到保护。"因此'明显且即刻危险'原则可能产生使边缘写作或议论失去信心的作用。"[⑤]

第四,"明显且即刻危险"原则不仅破坏自治原则,而且不利于教

---

① 395U. S. 444,449(1969).

② Note Hentoff, Speech, Harm, and Self-government: Understanding the Ambit of the Clear and Present Danger Test, 91 *Columbia Law Review*, 1991, pp. 1459-1461.

③ 〔美〕科恩:《论民主》,聂崇信译,商务印书馆 1994 年版,第 142 页。

④ T. 巴顿·卡特、朱丽叶·L. 迪、马钉·J. 盖尼斯、哈维·祖克曼等:《大众传播法概要》,黄列译,中国社会科学出版社 1997 年版,第 9 页。

⑤ 同上注,第 10 页。

育适于自治的年青一代公民。米克尔约翰基于言论自由的自治理论[1]反对霍尔姆斯的“明显且即刻危险”原则,认为它实际上取消或者用第五修正案取代了第一修正案。米克尔约翰指出,“明显且即刻危险”原则的哲学基础是一种强调对立和竞争的个人主义;用这种个人主义是无法理解那些团结起来决意自治的人们的自由事业的。

第五,“明显且即刻危险”原则有削弱民主的可能性。民主意味着公民可以有效地参与管理,而要做到这一点就要准许他们就共同关心的问题听取正面和反面的一切意见,其中当然包括某些被认为是危险的意见。否则不利于他们做出明智的决断。而民主所依靠的正是公民的智慧,而不是别的什么。从这一层面上看,“明显且即刻危险”原则“干扰了这种智慧,也就削弱了民主。”[2]压制言论自由必然(在其实行范围内)否定它宣称要保护的民主。它所造成的伤害,不只是威胁要破坏民主,而是实际上破坏了民主。

第六,“明显且即刻危险”原则的背后是对人民缺乏基本的信任,对人民的判断能力缺乏信心。然而民主正是基于对公民的信心,才把社会的最高决定权置于他们手中。认为危险时期社会成员不可信任的主张,是和民主不相容的。科恩指出:如果某些意见太危险而不准发表,或某些人太危险而不准有言论自由,谁替社会来作这些决定呢?凡持这种观点的虽未明言,却已假定某些人可以听取那些难应付的人的意见而不受危害,但其余的人必须禁止接触,以免感染。简言之,他们所假定的正是民主所否定的——因为广大人民不能自治,他们需要一伙聪明的统治者以保护他们免受“危险思想”的侵害。“明显且即刻危险”原则是公然与民主为敌的。[3]

第七,基于“明显且即刻危险”原则,政府常以国家安全为借口限制新闻自由,他们往往认为言论如果不利于国家安全,法院就有权对发表意见的人加以惩罚。按照这一假定,如果某些人或某些意见不加

---

① 米克尔约翰认为:绝对言论自由的原则不是自然的或理性的抽象法则,而是从公共问题应决定于普遍性投票这一基本契约推导而来的。这就是言论自由的自治理论。

② 〔美〕科恩:《论民主》,聂崇信译,商务印书馆 1994 年版,第 142 页。

③ 同上注,第 142 页。

禁止,整个社会就处于危险之中。这一说法显然荒唐,因为国家的安全、人民的幸福从不系之于禁止任何人或任何党的言论。正如罗尔斯所言:“一个得到适度而良好管理的民主社会的基本制度不会如此脆弱或不稳定,以至于仅仅用颠覆性的主张就可以颠覆它。”[①]如果一个国家真的如此不稳固,我们应当对其政策的明智与公正表示严重关切,而且更要急于听取一切可能与政策有关的意见。[②]

虽然一些学者对“明显且即刻危险”原则的批评不断,但它却获得了大多数学者的认可。相比其他原则,在正确理解与适用之下,这一原则可以较好的保护新闻自由,又不至于置其他利益于不顾;同时,任何原则都不能脱离其他的制度条件而孤立地发挥所期望的作用。一个尽善尽美的原则是不存在的,一个能够彻底地满足两种对立利益的原则也是不存在的。

(二) 逐案权衡原则

相对主义者认为,新闻自由可以因为其他社会的和私人的利益而受到限制,新闻自由在社会权利配置系统中应与周围一系列权利形成一种相互制约、均衡发展的形态。当新闻自由与其他权利发生冲突时,相对主义论者广泛采用“利益衡量法”,衡量诸种冲突权利的利益分量以及保护或压制所造成的不同后果,然后进行判断给予何种权利以何种程度的保护,并可能形成适用于某些情形的一些原则。相对主义论者往往是结果主义论者,他们认为:问题的解决不取决于抽象的权利,而取决于具体的后果。但是,多数相对主义论者并不主张一切冲突都要就事论事的解决,也强调追求一致的判断与选择方法,以增强言论者对其言论后果的预见性。[③] 正如尤因所言:“……若两个定律发生冲突,除非考虑到结果的善或恶,否则很难根据理性做出

---

① 〔美〕约翰·罗尔斯:《政治自由主义》,万俊人译,译林出版社 2000 年版,第 368 页。

② 参见〔美〕科恩:《论民主》,聂崇信译,商务印书馆 1994 年版,第 143—145 页。

③ 参见侯健:《言论自由及其限度》,载《北大法律评论》第 3 卷第 2 辑,法律出版社 2001 年版。

选择。"[①]

美国联邦最高法院在处理言论自由讼案时,以功利主义的利益平衡理论为基础发展出"逐案权衡"的原则,即在具体案件中比较言论自由与其他利益之轻重缓急,做出一个具有高度局限性的结论。[②] 它的意义在于反对居于统治地位的一人或一集团以一己之私利代替社会利益,而给予最大多数个人利益之集合利益以首要考虑地位,允许自由在与其他利益的冲突中被选择。"逐案权衡"原则是美国最高法院审理涉及公民私人利益的言论自由案件的一个主要标准。但"逐案权衡"原则亦有理论和实践上的不足:

首先,逐案权衡原则起决定作用的是判断者的价值观和个人经验认识。每个案件都要求法官衡量各种因素:说的是什么?在什么地方说的?是怎样说的?说话人的意图是什么?哪一级政府(是州政府还是国会)想控制这种言论?该级政府想怎样控制这种言论?如此等等,问题是如此复杂,以致不同的法官甚至同一法官在不同的社会情形下,对类似的案件也会做出不同的判决。因此,这一原则的适用要求法官具有高度的正义感和智慧。即使这样可以保证判决的公正,也使得判决结果难以预测。可以推测的是,在这一原则支配之下,言者无法确知其言论的后果,而担心不测的惩罚,便可能产生一种自抑的态度,许多未必会受到惩罚的言论也受到抑制,言论自由会受到不当损害。[③]

其次,"逐案权衡"原则往往牺牲少数人的正当利益。这一情形更多地发生在立法和行政领域,以获得所谓的效益最大化或最大多数人的最大幸福。它易于被居于政治、经济优势地位的人们歪曲和利用以打击、排斥他们的对立者。边缘政治理念和边缘文化意识难以在这种方法之下取得和主流理念与意识平起平坐、受到同等保护的地位。

---

① A. C. Ewing, *Ethics*, New York: Free Press, (1965), 58.

② 确定这一原则的是 American Communication Association v. Dounds, 339U. S. 94(1950)。

③ 参见侯健:《言论自由及其限度》,载《北大法律评论》第3卷第2辑,法律出版社2001年版。

它也难以抑制一个社会以暂时利益压制长远利益的急功近利的要求。[①]

为了弥补“逐案权衡”原则的上述缺陷,最大限度的发挥它保护新闻自由的作用,在适用“逐案权衡”原则时,必需求助于对立的理论来弥补这些缺陷。以罗尔斯和德沃金为代表的权利法哲学是弥补“逐案权衡”原则上述缺陷的可取方法。权利法哲学尊重个人权利,强调权利的普遍性和平等性,重视正义原则而非结果,优先考虑权利而不是善,主张一定条件下的最少受惠者的最大利益,要求政府同等关心和尊重所有的人,反对将权利看作是公共福利的附属品,反对为了抽象的公共利益牺牲个人权利。[②] 权利法哲学要求对那种在公共决定中以公共利益为由限制言论自由的做法进行限制。例如,不能以保护大多数人的政治理念为由压制少数人申说其政治主张,不能以维护社会稳定为由而禁止公民进行集会、游行和示威。在解决新闻自由与私人利益之冲突时,可以更多地考虑带有功利主义色彩的“逐案权衡”原则,辅之以强调权利对抗权力的权利法哲学。

三、建立我国对新闻自由管制的标准

社会主义新闻自由的目的,是要使新闻媒介更好地服务于社会主义民主和法治。压制新闻自由和滥用新闻自由,都是对新闻自由的破坏,同样妨碍这一目的实现。正如马克思所说:“应当认为,没有关于出版的立法就是从法律领域中取消出版自由,因为法律上所承认的自由在一个国家中是以法律形式存在的……因此,出版法就是出版自由在法律上的认可。”[③]借鉴国外新闻自由的相对主义理论并根据我国的国情,笔者认为我国对新闻自由的管制应建立在“公言论”和“私

① 参见侯健:《言论自由及其限度》,载《北大法律评论》第3卷第2辑,法律出版社2001年版。

② 对权利法哲学主要观点的概述主要源于罗尔斯的《正义论》和德沃金的《认真对待权利》。参见罗尔斯:《正义论》,何怀宏等译,中国社会科学出版社1988年版,尤其是第二章;德沃金:《认真对待权利》,信春鹰、吴玉章译,中国大百科全书出版社1988年版,特别是第6、7、12、13章。

③ 《马克思恩格斯全集》(第1卷),人民出版社1956年版,第71页。

言论”的区分之上。[①]

(一)对公言论的管制标准

“公言论”指涉及公共利益,特别是讨论公共问题的言论。在民主政治领域,讨论公共事务的利益绝对地压倒了其他利益,对公共事物的讨论应当受到更多的保障。这不仅因为新闻自由本身即是一种公共利益,而且因为,其他公共利益之维持有赖于新闻自由,新闻自由对于它们的妨碍只是暂时的、局部的和具体的。另外,讨论公共问题的言论应当比那些仅关涉私人利益的言论受到更大的保障。[②] 它只应当接受为抵消其可能造成的弊害所需要的最小的管制,或者说,管制应与弊害相当。

在对公言论进行管制时,我们可以借鉴美国的“明显且即刻危险”原则,即言论只有在:① 对社会秩序已经造成或极有可能造成重大而实质性的危害时,才可予以限制或处罚;② 言者具有通过言论煽动或

---

① “公言论”(political speech)和“私言论”(private speech)是绝对主义论者米克尔约翰根据新闻自由所涉及的不同领域对言论所做的区分。他认为,言论自由实质上所保障的是人们参与自治的权力。因为自治的权力是绝对不可以被在自治的过程中推举出的政治代理人限制的,所以言论自由也是不可限制的。不可限制的言论并非一切的言论,而仅仅是与自治事务有关的“公言论”,即那些涉及必须由大众直接或间接投票表示意见且与公益有关之公共问题的“政治性言论”(political speech)。米克尔约翰后来将绝对保护范围扩展至有关教育、哲学和科学、文学和艺术的言论,因为这些言论有助于开发民智,培养公民在投票时所必需的作健全和明智之判断的能力。相反,与自治无关的“私言论”(private speech)则无此特权。米克尔约翰认为:“议会不但有权利,而且有义务禁止某些形式的言论”,例如口头及文字诽谤。他甚至认为:“致人犯罪的言论本身即是犯罪,且必须持如是观”。米克尔约翰还认为这两种表述是不矛盾的:在严格限定之下,议会可以“调整”(regulate)公民据以治理国家的言论表达活动,但是这种“调整”并没有限制那些统治性活动的自由。罗伯特·博克教授的绝对主义立场不同于米克尔约翰,他所主张的绝对保障范围仅限于那些“纯粹而明显的政治性言论”(purely and explicitly political speech),这样的言论包括凡涉及政府之行为、政策或人事的言论,具体而言,不仅包括对政府及其官员的公益行为之评价和批评,而且包括从事政治竞选活动以及宣扬政治理念的言论。(参见侯健:《言论自由及其限度》,《北大法律评论》第3卷第2辑,法律出版社2001年第1版)

② 参见侯健:《言论自由及其限度》,《北大法律评论》第3卷第2辑,法律出版社2001年第1版。

产生立即非法行为以破坏既存社会秩序的目的,或者说,具有如此之故意,是限制或惩罚的一个必要条件;③ 对社会秩序所产生或可能产生的破坏必须达到明显而严重的程度,才足以牺牲言论自由的利益;④ 言论之后的非法行为,在产生上有一种“立即性”或“可能性”,对于这种可能性,除非限制言论自由,否则无法阻止或避免;⑤ 决定社会危害性的因素主要不是言论的客观环境,而是其实际内容,客观环境乃是判断其危害性大小的参考因素。[①]“美国法院在历年来就多项言论自由与新闻出版自由案做出的裁决中,对政治言论比对其他言论给予了更大保护。这并不奇怪,因为美国的民主制度在很大程度上就是诞生于对18世纪末英国在北美洲的统治的政治批判。”[②]最高法院在1964年New York Times Co. v. Sullivan一案中裁定:“美国上下普遍认同的一项原则是,对于公众事务的辩论,应当是毫无拘束、富有活力和完全公开的。它可以是针对政府和公职官员的一些言词激烈、语调尖刻,有时甚至令人极不愉快的尖锐抨击。”[③]最高法院在判决中还宣称:“对于公共问题作无约束、强而有力、公开的讨论是国家对人民所承诺的一项基本原则。”

对于公言论,如果是为了促进公共利益而采取的必要措施,政府仍然可以调控言论的时间、地点或方式。“言论和新闻自由并不保护任何人去扰乱公共治安或企图颠覆政府。它并不保护具有危险倾向的出版和教学,去颠覆或危及政府、或妨碍或防止政府履行职责。它也不保护鼓动用暴力推翻政府的刊物;如果作品发表具有摧毁组织社会的倾向,那么处罚这类作品对保障自由和国家稳定而言都是必不可少的。如果言论公开宣扬用暴力和其他非法手段来推翻合众国和州的代议制和宪政形式的政府,那么国家就可以对它施加惩罚。”[④]即当公言论违反“明显且即刻危险”原则时,国家有权对言论者进行惩罚。

---

① 参见侯健:《言论自由及其限度》,《北大法律评论》第3卷第2辑,法律出版社2001年第1版。

② 〔美〕约翰·W. 约翰逊:《自由媒体的作用》,传媒观察(http://www.chuanmei.net),2003年6月6日。

③ New York Times Co. v. Sullivan, 376U. S. 275(1964).

④ Gitlow v. NewYork,268U. S. 652,转引自张千帆:《西方宪政体系》(上册),中国政法大学出版社2004年版,第362页。

社会主义的法律是保护新闻自由的，这种说法同时也表明，新闻自由只有在法律范围才受到法律的保护。借鉴上述美国的“明显且即刻危险”原则并结合我国现实国情，政府在对公民的公言论进行管制时，应最大限度的保护公民的新闻自由，只有当公民的公言论符合“明显且即刻危险”原则的五个要点时，才应当对公民进行制止或处罚；公民发表的涉及公共利益的言论，如果言论的虚假性是由于某种过失造成的，法律应当免除其责任或通过某种方式阻止其发生；在某些情况下，只要不是凭空捏造事实，或不是传播明知不真实或不相信是真实的言论，言论者就不应承担法律责任。

（二）对私言论的管制标准

“私言论”的内容涉及私人利益。对于私言论，米克尔约翰认为：“议会不但有权利，而且有义务禁止某些形式的言论”，例如口头及文字诽谤；[①]“致人犯罪的言论本身即是犯罪，且必须持如是观”。[②] 因此，为了更好地保护私人利益，政府对私言论的管制标准要严于对公言论的管制标准。

维护私人利益也是新闻自由所追求的价值之一，新闻自由并非是与私人利益相对立的事物。而且，对私人利益的最大侵犯莫过于有组织的统治权力的滥用，新闻自由具有有效的抵御和制约这种滥用的作用。新闻自由包含着这样一种期望，即通过个人观念的自由抒发而最终创造出一个更加进步、开明和体面的社会制度，在这种社会制度下，每个人的权利都将会得到更好的支持和维护。相应的，在言论的自由抒发中，对私人利益的侵害，必须有一定程度的容忍。不仅应当保护私人利益，而且应当保护新闻自由，维持二者之间的平衡。[③] 英国的格林伍德和维尔希在《英国新闻界与法律》一文中写道：“揭露坏事符合公共利益，而个人有权使自己的名誉不受恶意和莫须有的攻击，法律

---

① A. Meiklejohn, *Free speech and its Relation to Self-government*, (1948) 18.

② 同上注，第 8 页。

③ 西方有一个说法，“诽谤法是力求维护保护个人名誉和言论自由这两者之间的平衡的。”参见《各国新闻出版法选辑》，人民日报出版社 1984 年版，第 221 页。

就应该力争使二者保持平衡。诽谤法就是用来维持这种平衡的。”[①]

对私言论的管制,我国可以借鉴美国的“逐案权衡”原则,即将私言论可能促进的利益与可能损害的私人利益相比较,从而决定是否对私言论进行管制。关于利益衡量的准则,庞德认为应以最小限度的阻碍和浪费来尽可能满足各种相互冲突的利益;[②]苏力教授主张,在权利冲突时,法律应当按照一种能够避免较为严重的损害的方式来配置权利。[③]

言论在涉及私人利益时,对新闻自由的管制应该严格一些,对于事实的真实性要求要更高一些。而在评论部分,应当允许媒体自由评论公共事务,谨慎评论私人事务——或者不评论,其评论的自由度在涉及社会问题的私人事务上也应当比一般的公共事务(例如公共政策的制定等等)严谨性要求更高。如此区分的理由在于,一般公民相对于政府而言是弱者,相对于媒体也是弱者,在司法保护上应该向他们倾斜。在对新闻自由与私人利益进行权衡时,应当防止为保护多数人的利益而牺牲少数人的利益,因为居于政治、经济优势地位的人们容易利用和歪曲“逐案权衡”原则打击、排斥他们的对立者。因此,在进行利益权衡时,应在保护多数人利益的同时,照顾少数人的利益,以防民主政治变异为多数人的暴政。密尔曾说过:“即使除一人之外的全人类持有一种意见,而这一人持有相反的意见,那么人类要使这一人沉默并不比这一人(假如他有权力的话)要使人类沉默更为正当。”[④]

作为社会主义国家,我国公民可以充分享受新闻自由,但“权利永

---

① 《各国新闻出版法选辑》,人民日报出版社1984年版,第220页。

② 参见庞德:《法理学》第3卷,第16页,转引自沈宗灵:《现代西方法理学》,北京大学出版社1992年版,第291页。

③ 参见苏力:《法治及其本土资源》,中国政法大学出版社1996年版,第183页。

④ 密尔:《论自由》,程崇华译,商务印书馆1959年版,第17页。密尔在《论自由》中将言论自由既看作一种手段,又看作一种目的。实际上,《论自由》中的密尔并不是一个严格的功利主义者。有关密尔在《论自由》中这种立场的讨论,参见R.德沃金:《认真对待权利》,信春鹰、吴玉章译,中国大百科全书出版社1998年版,第11章“自由和自由主义”。

远不能超出社会的经济结构以及由经济结构所制约的社会文化发展"[①]。在社会主义初级阶段,经济、政治、文化发展水平都比较低,新闻自由实现的程度、能力和范围,不能不受到这些条件的制约。社会主义新闻自由,从认识到实践,仍处在发展之中,如何保证在宪法和法律允许的范围内,通过什么形式和途径,享有充分的新闻自由,还有待在实践中创造、发展和完善。

① 《马克思恩格斯选集》,第一卷,人民出版社1956年版,第71页。

去除就业歧视的制度栅栏*

我国的就业歧视不仅表现为一些用人单位的歧视，而且体现为国家机关通过法律法规把一些歧视制度化。要促进就业机会平等，建立和谐社会，首先需要从清理现行的法律法规开始，扫除就业歧视的法律和制度性障碍。因此，我们组织了一项对涉嫌歧视法规的清理研究。研究发现，法规中的歧视主要涉及在招工、公务员录用、职业过程中和社会生活领域中的歧视。我们认为在就业和职业中，设置户籍、性别、年龄、身高、容貌等与工作能力和工作客观要求无关的条件，使人不能获得工作或者在工作中受到差别对待即为歧视嫌疑。

一、普通招工中的歧视

1. 户籍歧视

有的地方政府规定了外来人员在本地的最低就业条件，这些条件包括学历条件、年龄条件、健康条件等。

有的地方政府对外来人员的就业范围作了限制，例如 2000 年 9 月 3 日珠海市人民政府颁布的《珠海市招用外来劳动力分类管理办法》第 3 条规定：分类管理是指按本市工种（岗位）特点，分为三类进行管理。一类为禁止使用外来劳动力的工种（岗位）……

有的地方政府对外来人员和招用外来人员的用人单位收取各种费用，或要求办理各种许可证件。

还有的地方政府明确限制企业招录外地人员，规定企业在招录员工时应遵循“先城镇，后农村；先本市，后外市；先本省，后外省”的原则。

近几年来，我国从中央到地方都非常重视社会公平问题，国家通过种种措施消除各种歧视制度，上文提到的歧视制度正逐渐改变。例

---

* 本文系中国政法大学宪政研究所蔡定剑主持的与荷兰乌特勒支大学合作的“反就业歧视研究”项目的成果摘要。作者为刘莘、邵兴平、金长义，载《经济观察报》2007 年 09 月 02 日。

如:2006 年 3 月 27 日国务院颁布的《国务院关于解决农民工问题的若干意见》的出台;2005 年 3 月 25 日北京市人民代表大会常务委员会决定废止《北京市外地来京务工经商人员管理条例》,等等。但是,户口歧视性规定仍然不少,而且即使已经废止了法规,也并不意味着实践中已经废止这些作法。

2. 年龄歧视

在我国政府的行政法规、规章和政策中,涉嫌年龄歧视的规定非常多,例如:深圳市人事局 2002 年 11 月 18 日颁布的《深圳市事业单位职员招聘暂行规定》第 9 条规定应聘职员必须具备下列基本条件:……(三) 报考行政管理职位的年龄在 40 周岁以下(单位行政领导职位除外),报考专业技术职位的年龄在 45 周岁以下(属特殊专业人才和特殊职位,经市人事部门批准,年龄可适当放宽);宜昌市人民政府 1997 年 6 月 6 日颁布的《湖北省宜昌市客运出租车管理办法》第 23 条规定出租车驾驶员必须符合下列条件:…… (二) 年龄 18 周岁以上、55 周岁以下……。

3. 学历歧视

在我国的行政法规、规章和政策中,涉嫌学历歧视的规定可以概括为以下几类:

有些职业与学历无关,却规定了学历条件,例如:宜昌市人民政府 1997 年 6 月 6 日颁布的《湖北省宜昌市客运出租车管理办法》第 23 条规定出租车驾驶员必须符合下列条件:……(三) 具有初中以上文化程度;四川省成都市人民政府 1994 年 5 月 13 日颁布的《成都市保安服务业管理暂行办法》第 11 条规定保安人员的条件:……(四) 具有高中以上学历(农村具有初中以上学历)。能否开好车、能否做好保安,与初中、高中文化没有必然的联系,这样以文化条件排斥低学历的人是不公平的。

还有些地方政府规定对高学历者可以采用更为宽松的考核录用方式,这也涉嫌学历歧视。

二、公务员招录中的歧视

1. 国家公务员的报考和录用条件

年龄条件。例如,人事部 1994 年 6 月 7 日发布的《国家公务员录用暂行规定》第14条规定：报考国家公务员，年龄必须为35岁以下。

外貌条件。例如，1993年8月13日发布的《中共中央组织部人事部最高人民法院最高人民检察院关于做好地方各级人民法院、人民检察院增编补充干部工作的通知》规定，补充的干部必须“五官端正”。

户籍、生源和毕业学校。例如，北京市人民政府1996年4月29日的《北京市国家公务员录用实施办法》第18条规定：报考国家公务员必须具备北京市常住户口。

学历条件。例如，人事部1994年6月7日发布的《国家公务员录用暂行规定》第14条规定：报考省级以上政府工作部门的应具有大专以上文化程度。

工作经历。例如国务院1993年8月14日公布的《国家公务员暂行条例》(已废止)第18条规定：省级以上人民政府工作部门录用的国家公务员，应当具有两年以上基层工作经历。

2. 国家公务员录用的体检标准

在人事部的《公务员录用体检通用标准(试行)》颁布之前，各地省级政府多颁布了自己地方的公务员录用的体检标准。这些体检标准内容涉及人的身高、体重、外貌、视力、色觉、嗅觉、听力、口吃、残疾等。

例如，天津市人事局1999年5月14日发布的《天津市国家公务员录用体检办法》规定：男性身高一般在1.60米以上，体重在50公斤以上；河南省人事厅1996年6月10日颁布的《河南省国家公务员录用体检实施细则(试行)》规定：红绿色盲不合格，两眼裸眼正视力之和低于0.6者不合格，只有单眼视力者不合格；湖南省人事厅、湖南省卫生厅2004年3月1日发布的《湖南省国家公务员录用体检项目与标准(修正)》第17条规定：嗅觉丧失者为不合格；广东省人事厅1999年发布的《广东省国家公务员录用体检实施细则(试行)》第11条规定，有下列疾病和生理缺陷之一者，为不合格：严重口吃，一句话中有两个字重复两次或明显吐字不清者，肢体有显著残废、影响功能者，如断手、断臂、断腿、断脚，左手拇指、食指、中指残缺或右手拇指、食指、中指、无名指残缺，或者任何一肢体不能运用者(包括装配假肢)。

分析我国地方的公务员体检标准会发现以下几个问题：

体检标准中确定的有些身体条件一般与公务员的工作无关，如身高、体重、体形、外貌、有无牙病等。

有些身体条件并不是所有公务员职务所必需的,如辨色能力、嗅觉、有无鼻病等。

有些地方政府的规定没有考虑到有些身体条件是可以通过仪器改善的,如视力和听力。

还有一些条件根本无任何道理可言的,如要求女性双乳对称等。

不根据具体岗位,而是规定普遍的标准录用人员是容易产生歧视的。

三、职业中的性别歧视

1. 有关男女不同龄退休的规定

我国法律规定的男女退休年龄是不同的,一般是男性 60 周岁,女性 55 周岁。例如 1978 年 6 月 2 日颁布的《国务院关于工人退休、退职的暂行办法》第 1 条规定:全民所有制企业、事业单位和党政机关、群众团体的工人,符合下列条件之一的,应该退休:男性年满 60 周岁,连续工龄满 10 年的……,本项规定也适用于工作条件与工人相同的基层干部。

再如 1993 年 8 月 14 日国务院公布的《国家公务员暂行条例》(已废止)第 78 条——除国家另有规定外,国家公务员符合下列条件之一的,应当退休:男性年满 60 周岁,女性年满 55 周岁。

2. 不录用怀孕妇女的规定

人事部、公安部 2001 年 7 月 3 日发布的《公安机关录用人民警察体检项目和标准》第 45 条:妊娠期内不能录用。

《司法行政机关录用监狱劳教人民警察体检项目和标准》和《北京市公安机关录用人民警察体检项目和标准》有相同规定。

3. 涉嫌外貌歧视的规定

湖南省人事厅、湖南省卫生厅 2003 年 2 月 24 日发布的《湖南省国家公务员录用体检项目和标准》(已修改)第 22 条:第二性征发育正常,乳房对称、无包块,外阴无炎症、溃疡、肿瘤,无子宫脱垂,为合格,等等。

四、社会生活领域中的歧视

1. “同命不同价”的规定——对农民的歧视

《最高人民法院关于审理人身损害赔偿案件适用法律若干问题的解释》第25条第1款规定，残疾赔偿金根据受害人丧失劳动能力程度或者伤残等级，按照受诉法院所在地上一年度城镇居民人均可支配收入或者农村居民人均纯收入标准，自定残之日起按20年计算。根据这一规定，在人身损害赔偿的案件中，残疾赔偿金和死亡赔偿金数额因受害人是农村户口还是城镇户口的差别而相去甚远。

2. 社会保险的规定——对农民工的歧视

现有的有关社会保险的法律并没有排斥农民工，但是实际的情况是农民工参加社会保险的比例低。有的地方专门为农民工或者外来人员设立了综合社会保险来取代国家规定的五种社会保险，但是农民工享有的综合社会保险在险种方面少于城镇职工的社会保险，在具体内容上也与一般的社会保险不同。农民工在社会保险方面还没有享有与城镇职工平等的待遇。

3. 购买经济适用房的规定——不同身份的区别待遇

经济适用房制度是国家推行的一项社会福利制度，应该公平地对待每一个人。但是我国有的地方政府规定经济适用房可以优先卖给引进的外地特殊人才，有的地方政府规定可以优先卖给教师和公务员，有的地方政府规定公务员可以申请购买比普通人面积大的经济适用房，有的地方政府规定不同单位的人可以申购不同面积的经济适用房。这些都是基于身份的歧视。

五、结论

我国的就业歧视是一个严重社会问题。能否解决这一问题不仅关系公民权益，还会影响社会稳定。国家通过立法设置的就业和职业条件不仅要基于职业的需要，而且要基于职业的必要，以利于更多的人参与就业竞争，从而实现社会的机会均等。实现公平就业有赖于政府的不懈努力，而政府要承担起反就业歧视的责任，其自身更要以身作则。清除法律法规中的制度性歧视是实行平等机会就业的当务之急。

非政府组织职权来源初探

从1978年改革开放以来，由政府垄断公共管理职权的局面被逐渐打破，我国的非政府组织承担了越来越多的公共管理职权，如：规则制定权、许可权、惩戒权、争端解决权。[①] 2004年国务院颁发的《全面推进依法行政实施纲要》中进一步宣称："凡是公民、法人和其他组织能够自主解决的，市场竞争机制能够调节的，行业组织或者中介机构通过自律能够解决的事项，除法律另有规定的外，行政机关不要通过行政管理去解决。"非政府组织在处理社会公共事务中的作用越来越重要，以至于行政法学界不得不开始认真考虑非政府组织的兴起会给行政法带来怎样的影响。[②] 在行政法学领域，权力问题一直是学者们关注的重点，本文将遵循这一重点路线，对非政府组织的公共管理职权来源问题作一些初步探讨。

一、非政府组织职权来源途径

根据依法行政理论，行政机关的职权来源只有两个途径：一是职权法定，二是职权委托。非政府组织作为新的公共事务的管理者，除了从这两个途径获得职权之外，还基于其性质、根据成员之间的约定产生职权。

具体而言，非政府组织的职权来源有三个途径：(1) 职权法定。行政权的法律保留是各国的一个基本原则，尽管这里的"法"在各国有着不同的外延。非政府组织的职权主要来源于法的授予，通过一国的法律渊源体系赋予非政府组织从事公共管理的职权，既是把非政府组

---

① 参见黎军：《行业组织的行政法问题研究》，北京大学出版社2002年版，第151页以下。

② 参见应松年：《非政府组织的若干法律问题》，载《北京联合大学学报(人文社科版)》2003年第1期；沈岿：《准政府组织：一个新的研究领域》，载沈岿编：《谁还在行使权力》，清华大学出版社2003年版序言。

织的职权纳入整个国家权力体系的一种努力,又使非政府组织的职权获得了国家权威。(2) 职权委托。行政机关获得职权以后通常应该由自己履行,但是在某些特殊情况下,行政机关为了更好地行使职权,可以将其职权委托给其他主体行使。非政府组织就是这些被委托的主体之一。(3) 职权约定。基于成员之间的约定产生职权是非政府组织职权来源的一个特色。非政府组织可以在各成员自愿的基础上通过章程或者其他规则对组织享有的职权做出明确的约定。

不同的非政府组织有着不同的职权来源,有的源自上述的某一个途径,有的源自上述的两个甚至三个途径,其中尤其以职权法定和职权约定相结合为目前最常见的一种现象。

二、非政府组织职权来源的合理性分析

在我国,非政府组织接受公共管理职权,成为公共事务的管理者,是1978年改革开放以后的事情,有着历史与现实、理论与实践的深刻根源。

1. 历史原因:国家万能神话破灭,全能政府宣告破产。新中国成立以后,我国长期实行高度集中的政治经济文化体制,个人被纳入组织,组织被编入国家政权体系,国家控制了一切资源,无所不包,无所不管。国家权力像空气一样充斥着社会的每一个角落,个人的价值被否定,社会的自主空间被剥夺。个人没有了创造力,社会失去了活力,整个国家的前途命运完全掌握在少数领导人手中。历史的沉痛教训,迫使人们不得不认真反省全能政府的弊端。

2. 经济原因:国家与市场的分离,市场的逐步发育给非政府组织营造了广阔的活动舞台。1978年以来,由于计划经济向市场经济的转变,政府从微观管理行政命令转为宏观调控政策引导,逐步退出市场。这个转变导致在政府与企业之间,客观地产生了一个"中间地带"。非政府组织的出现,正好填补了这个"中间地带"。同时,经济的发展也为非政府组织的存在和运作提供了良好的物质保障。

3. 政治原因:从人民团体到社会团体再到非政府组织,从事公共管理的社会组织的政治性逐渐消退。改革开放前,特别是文化大革命期间,我国社会生活一直极端政治化,所有问题都被烙上了政治的印记。但是改革开放后,政治气氛变得相对宽松:一方面,行政与政治相

对分离,行政问题的泛政治化倾向失去了生存空间,行政的执行性和专业性凸现出来,使得非政府组织介入公共事务变得易于接受;另一方面,民主制度与非政府组织相互促进,民主气氛活跃,民众结社热情高涨,非政府组织发展迅速,同时非政府组织的发展又反过来进一步推动民主制度的前进。

4. 社会原因:随着市场经济的发展,国家与社会一体化的局面逐渐被打破。[①] 当今中国的国家与社会关系的性质是学术界极为关注的问题,尽管存在着种种争议,但是社会在国家的控制下正日益获得相对的独立性却是一个不争的事实。人们逐渐认识到,国家职能不可能和公共职能同步增长,公共职能没有必要都由国家来承担,在国家之外的社会承担了越来越多的公共职能。非政府组织或者接受国家的“权力下放”,或者主动介入公共事务,导致公共职能的社会化,公共职能承担主体的多元化。

5. 行政原因:公共行政自身的变化为非政府组织创造了契机。一方面,随着教育、医疗、社会福利、社会救济等职能被纳入公共职能的范畴,公共行政的强制性和管理性日益减弱,相反其服务性却日益增强;[②]另一方面,随着社会分工的发展,行政事务的专业化和技术化倾向越来越严重。而非政府组织在这两个方面都占有相当的优势,首先,服务性是非政府组织的一个根本特征;其次,非政府组织中的行业组织本来就是社会分工的结果,它们在专业化和技术化方面有着人才和知识的优势。另外,在我国还有一个特殊的现象,在政府机构改革过程中,为了完成机构改革的硬性指标,政府机构改头换面成为事业单位。

6. 组织原因:任何组织基于其组织的性质必然享有对组织成员的管理权。正如美籍英国政治学家、社会学家麦基弗(Robert Morrison Marclver)所说:“任何一个团体,为了进行正常的活动以达到各自的目的,都要有一定的规章制度,约束其成员,这就是团体的法律。”[③]一个

① 参见郭道晖:《权力的多元化与社会化》,载《法学研究》2001 年第 1 期。

② 参见〔德〕巴杜拉:《在自由法治国与社会法治国中的行政法》,载陈新民:《公法学札记》,中国政法大学出版社 2001 年版,第 92 页以下。

③ 邹永贤等:《现代西方国家学说》,福建人民出版社 1993 年版,第 322 页。

组织如果不通过其规章制度等形式来对成员进行管理,那么这个组织只会是徒有其名。在历史上,非政府组织享有规则制定权的事例并不少见。以行业组织为例,“凡有行会的地方,行会又是立法团体。城市或城镇里五花八门的商人和手工业者的行会各自都有自己的法令。”“法令规定诸如此类的事项:学徒身份和成员身份的条件、工作日与假日的日程表、工作质量标准、最低限度的价格、商店之间的距离、有关行会内部限制竞争和平等交易的售卖条件、禁止赊卖(行会内部除外)、限制进口、限制移民以及其他保护主义的措施。”[①]

综上可知,非政府组织承担公共管理职权有着充分的合理性。

三、非政府组织职权来源的合法性分析

合理性为非政府组织的职权来源提供了理论上和实践上的说服力,但是仅仅有说服力是不够的,在法治国家,公共管理的职权来源问题还必须具有合法性。

(一)我国关于非政府组织职权来源的规范性文件状况

我国目前涉及非政府组织职权来源的规范性文件种类繁多、层次不一,从宪法规定到其他规范性文件[②]的规定,从非政府组织的章程到非政府组织自行制定的规则,各种各样的规则都在努力为非政府组织的职权来源提供合法性的依据。

1. 宪法规定。1982 年《宪法》涉及非政府组织的规定只有三个条款,即第 2 条第 3 款“人民依照法律规定,通过各种途径和形式,管理国家事务,管理经济和文化事业,管理社会事务”的规定、第 35 条关于公民结社自由的规定和第 111 条关于基层群众性自治组织的规定。

2. 法律规定。法律规定分为一般性的授权规定和个别的授权规定。一般性的授权规定如《中华人民共和国行政处罚法》第 17 条规定:“法律、法规授权的具有管理公共事务职能的组织可以在法定授权范围内实施行政处罚”。个别的授权规定如《中华人民共和国注册会

---

① 〔美〕哈罗德·J. 伯尔曼:《法律与革命——西方法律传统的形成》,贺卫方等译,中国大百科全书出版社 1993 年版,第 473 页以下。

② 这里指宪法、法律、法规和规章以外的由行政机关制定的具有普遍约束力的文件。

计师法》第9条规定："参加注册会计师全国统一考试成绩合格，并从事审计业务工作二年以上的，可以向省、自治区、直辖市注册会计师协会申请注册"。

3．行政法规规定。如《中华人民共和国标准化法实施条例》第19条第2款规定："制定国家标准、行业标准和地方标准的部门应当组织由用户、生产单位、行业协会、科学技术研究机构、学术团体及有关部门的专家组成标准化技术委员会，负责标准草拟和参加标准草案的技术审查工作"。

4．地方性法规规定。如《深圳经济特区行业协会条例》第27条规定："（行业协会）贯彻实施有关法律、法规、规章，制订并组织实施本行业的行规、行约；建立行业自律机制，提高行业整体素质，协调会员关系；维护行业整体利益"。

5．规章规定。部门规章，如2005年教育部颁布的《普通高等学校学生管理规定》中对学校纪律处分权的规定；地方政府规章，如2002年1月10日上海市人民政府发布的《上海市行业协会暂行办法》第15条规定："（行业协会）监督会员单位依法经营，对于违反协会章程和行规行约，达不到质量规范、服务标准、损害消费者合法权益、参与不正当竞争，致使行业集体形象受损的会员，行业协会可以采取警告、业内批评、通告批评、开除会员资格等惩戒措施，也可以建议有关行政机关依法对非会员单位的违法活动进行处理"。

6．其他规范性文件规定。中央的如原国家经济贸易委员会、国家统计局2001年发布的《关于授予有关行业协会行业统计职能并委托有关工作的通知》中对委托某些行业协会承担行业统计职能做出了规定；地方的如2002年大连市人民政府七个部门联合发布的《关于授予有关行业协会统计等职能并委托有关工作的通知》授予大连市机械行业协会等八个行业协会行业统计等九项职能。

7．经业务主管单位审查同意并报社团登记管理机关核准生效的章程约定。如中国足球协会、中华全国律师协会、中国注册会计师协会等在章程中对本协会职责、职能或职权的约定。

8．非政府组织自行制定的规则。如中国足球协会制定的《中国足球协会纪律处罚办法》对中国足协纪律处罚权的规定；各公立高等学校自行制定的《学生违纪处分条例》对违纪处分的规定。

(二)对非政府组织职权来源合法性的解读

从上述的规范性文件状况可以看出,我国非政府组织的职权可能来源于任何一个级别的规范性文件,上至作为根本法的宪法,下到其自行制定的规则。表面看来,似乎任何一个享有职权的非政府组织都能在规范性文件体系中找到自己的职权来源依据。但是由于非政府组织职权来源途径的多样性,若想对其职权来源的合法性问题做出细致的分析,须对每一种职权来源情况进行单独的研究。

1. 职权法定型。根据2000年《立法法》的规定和行政法学界的通说[①],我国行政法的法律渊源种类是有限的,仅指宪法、法律、法规和规章。因此非政府组织的职权法定就是指非政府组织享有的职权有无宪法、法律、法规或者规章的依据。

我国现行《宪法》是1982年制定的,当时非政府组织正处在萌芽状态,宪法不可能对其做出直接而明确的规定。现在存在的三个规定中,第2条第3款是对人民权力的规定,其实细究起来和非政府组织关联性不大;第35条结社自由的规定确认了设立非政府组织的合宪性,根据组织的性质虽能推断出组织对其内部成员的管理权,但这种推断只是给立法机关的未来立法提供了宪法依据而已;第111条仅仅是对非政府组织中的一种——基层群众性自治组织的规定,不具有一般性。可见,实际上关于非政府组织的职权来源问题很难在宪法中找到直接而明确的依据,寻找非政府组织职权来源的合法性依据得从宪法以外的法律、法规和规章入手。尽管如此,宪法的规定却可以为下位立法提供有效的支持。

事实上,我国的一些法律、法规对非政府组织的职权来源做出了规定。这从1989年颁布的《行政诉讼法》第25条第4款[②]即可以看出。虽然该款是对行政诉讼被告资格的规定,但是学术界从这个法条抽象概括出了“法律、法规授权组织”这一主体性概念,作为行政法上的专用概念与行政机关相并列。法律法规授权组织即是对职权来源

---

① 参见罗豪才主编:《行政法学》,中国政法大学出版社1989年版,第6页以下。

② 该款规定:“由法律、法规授权的组织所作的具体行政行为,该组织是被告。由行政机关委托的组织所作的具体行政行为,委托的行政机关是被告。”

于法律、法规的一类组织的称谓，实际上也是行政法学界对非政府组织的一种称谓。

目前，我国以单行法的方式来规定非政府组织的职权来源的情况居多，如《律师法》、《注册会计师法》、《体育法》、《证券法》等分别对各自领域内的行业组织进行了授权。行政领域的主要立法则对各单行法律、法规的规定进行了确认。如 1996 年《行政处罚法》第 17 条和第 18 条分别对非政府组织职权来源中的法律、法规授权和政府委托做出了明确规定。2003 年《行政许可法》第 23 条对非政府组织职权来源中的法律、法规授权做出了明确规定，第 24 条只规定在行政机关之间可以进行实施行政许可的委托，没有涉及行政机关之外的主体可否接受委托的问题。这两部法律都对之前已经存在的法律、法规授权非政府组织实施行政处罚和行政许可的现象做出了统一的规定，表明最高国家权力机关对此持肯定态度。

至于规章授权的状况，从 2000 年《最高人民法院关于执行〈中华人民共和国行政诉讼法〉若干问题的解释》第 20 条将"法律、法规授权组织"拓展为"法律、法规和规章授权组织"可见一斑。

2. 职权委托型。在我国，职权委托存在两种情形：一是行政机关通过其他规范性文件如决议、命令等将公共管理职权授予非政府组织；二是行政机关与非政府组织通过签订委托合同的形式将公共管理职权授予非政府组织。

对于第一种情形，由于我国的其他规范性文件不属于法的范畴，所以不能从其他规范性文件本身来探讨职权委托的合法性，而应该从制定其他规范性文件的行政机关自身有无将职权委托出去的权力的角度来探讨，即行政机关有无对职权的处分权。关于行政机关对职权有无处分权的问题，理论上一般认为行政机关对行政权不得随意处分，只有在特定的条件下，即法律、法规、规章有明确的规定时才可以将部分权力授予或委托其他主体行使。然而实践中，行政机关常常将自己的职权在没有法律、法规或者规章规定的情况下仅仅凭借其他规范性文件授出，如前文提到的 2002 年大连市人民政府七个部门联合发布的《关于授予有关行业协会统计等职能并委托有关工作的通知》就是一例。这种仅仅凭借其他规范性文件将其职权授出的行为显然经受不住合法性的考验。

对于第二种情形，如果行政机关根据法律、法规或者规章的规定与非政府组织签订合同将其职权授出，则和职权法定的情形重合，合法性当无疑问；如果在没有法律、法规和规章规定的情况下擅自签订合同将职权授出，则和第一种情形类似，尽管这种现象在实践中非常普遍，但不具有合法性。

3. 职权约定型。非政府组织在章程和自行制定的规则中都会对组织的职权做出约定，但是两者的合法性却有所不同。章程的内容可能是法律、法规或者规章的规定和成员之间约定的结合，也可能仅是成员之间的约定，但是只要经过业务主管单位审查同意并报社团登记管理机关核准登记就可以取得合法性。因为根据《社会团体登记管理条例》等法规的规定，登记是非政府组织取得合法性的前提，不登记即为非法组织。非政府组织的章程是登记时的必要事项，通过登记，章程即取得合法性地位。至于非政府组织自行制定的规则，一般不需要向登记机关登记，如果其内容有法律、法规或者规章的授权，那么其合法性自然没有问题，但是如果没有法律、法规或者规章的授权，那么即使其有充分的合理性，在我国现行法律体系下也欠缺合法性。可见，其实职权约定的合法性仍然取决于法律、法规或者规章的规定。

综上所述，尽管我国各个层级的规范性文件都在努力为非政府组织的职权来源提供合法性支持，但是经过细致的分析可以发现，能够为其提供有效支持的只有宪法、法律、法规和规章。而事实上非政府组织的发展速度太快，上述规范性法律文件涉及非政府组织职权来源的规定数量又有限，合法性远远不能满足合理性的需要，这就造成了非政府组织职权来源的合法性危机。[①] 以近年来发展最为迅速的行业协会为例，我国目前关于行业协会的立法状况是：最高国家权力机关没有统一立法；单行法的规定屈指可数；国务院颁布的《社会团体登记管理条例》一枝独秀；上海、温州、无锡、深圳等少数地方或制定规章或

---

① 当下我国非政府组织的合法性危机不仅仅表现在职权来源方面，而且存在于非政府组织从成立到运作的各个环节。相关论述请参见谢海定：《中国民间组织的合法性困境》，载《法学研究》2004 年第 2 期。

制定法规在摸索中前进；[①]法律、法规和规章的生产速度远远落后于行业协会发展的步伐。因此，可以对我国非政府组织的职权来源状况作一个总体评价：合理性有余，而合法性不足。

① 1999年4月15日温州市人民政府发布了《温州市行业协会管理办法》；1999年11月22日深圳市人民代表大会常务委员会通过了《深圳经济特区行业协会条例》；2002年1月10日上海市人民政府发布了《上海市行业协会暂行办法》；2003年8月26日无锡市人大常委会颁布了《无锡市促进行业协会发展条例》。

论行业协会调解*
——制度潜能与现状分析

主体之所以接受并遵守一种人们之间相互关系的结构框架,原因在于他相信这是实现其目的的手段。

——昂格尔:《现代社会中的法律》

一、引子

发展经济,无疑是我们这个时代最重要的主题;公司与企业,是发挥这一主题最主要的角色,他们为经济发展做出了巨大的贡献。然而,也有许多企业,因为陷入纠纷、缠于诉讼而耗尽了精力,无力自拔,有的甚至为此付出了破产倒闭的代价。打官司,对于企业而言,是一种巨大的商业风险。[①]

在企业所面临的众多纠纷之中,同行企业之间的纠纷,可以说是为数众多而又十分独特的一种。从企业之间的不正当竞争行为,到大小企业之间的委托加工纠纷、工业用地纠纷,企业经常会碰到多种纠纷,如何解决这些问题呢?处于这些纠纷中的企业常常面临的困境是:不愿进入诉讼又常常不得不选择诉讼。不愿进入诉讼的原因是诉讼意味着风险和高成本[②],同时司法判决本身也未必能使企业完全满意;然而,可供企业选择的纠纷解决方式如此之少,以至于在多数情况下,企业不得不选择诉讼解决自己的问题。

面对这些纠纷,企业是否非进行诉讼不可呢?通过对行业协会的

---

* 本文系与李大鹏合作,载《当代中国行政法的源流——王名扬教授九十华诞贺寿文集》,中国法制出版社2006年版。

① 孔子曾言:听讼,吾犹人也,必也使无讼。孔子是不喜欢诉讼的,然而,今日的商家又何尝不是如此呢?

② 诉讼的成本问题将在下文分析。

研究,笔者认为行业协会调解作为一种“非诉纠纷解决机制”[①],能够切实可行地解决这类纠纷。目前,我国的纠纷解决机制体系并不完善,各种纠纷大多依靠法院解决,法院难负其重,审判质量和执行效果也不容乐观。要缓解法院的压力,实现纠纷解决的合理分流,必须充分发掘和利用行政机关和各类非政府组织的有效力量。我国的行业协会经历了多年的发展,已经初具规模,为我国的经济发展做出了一定的贡献,然而与国外同类组织相比,它的功能并没有得到充分发挥。行业协会调解这一纠纷解决方式有明确的法理和现实基础,但却没有得到应有的重视,其功能的正常发挥还有许多障碍。那么,这种纠纷解决方式功能得以正常发挥的条件是什么?行业协会调解是如何运作的?它与诉讼相比到底有何种优势?本文将详细解答上述问题。

二、行业协会调解的潜能

(一)“行业协会”的内涵

据美国《经济学百科全书》的定义,行业协会是一些为达到共同目标而自愿组织起来的同行或商人的团体;英国关于行业协会的权威性的定义是:独立的经营单位组成、保护和增进全体成员既定利益的非营利性组织。[②] 关于行业协会的定义,国外学者虽有较多表述,但究其实质而言并无二致,一般认为:行业协会是由参加相同或类似经济活动的经济组织所构成的旨在解决其共同或普遍性问题的组织。[③] 在我国,行业协会属社会团体范畴,社会团体是我国《民法通则》定义的四大法人之一。从上述定义中,我们不难发现行业协会具有以下特征:① 非营利性,非营利性即是不以追求利润最大化为目的,其成立和运作的目的在于为其成员提供一些公共服务,不以营利为主臬。② 中

---

① 即 ADR(Alternative Dispute Resolution),有三个特性:① 代替性,是指对法院审判或判决的代替;② 选择性,是指这种纠纷解决方式以当事人的自主合意和选择为基础;③ 解决纠纷,是 ADR 的基本功能。参见范榆:《非诉讼纠纷解决机制研究》,中国人民大学出版社 2000 年第 1 版,第 10 页。

② 贾西津等:《转型时期的行业协会:角色、功能与管理体制》,社会科学文献出版社 2004 年版,第 10 页。

③ 参见鲁篱:《行业协会经济自治权研究》,西南政法大学博士论文,第 10 页。

介性，中介性是指行业协会是国家与企业之间的联结，其在一定程度上担负着促进和保障国家与企业相互沟通的功能。③ 与政府的目的及企业的目的不同。政府目的是促进公共利益，企业目的是追求自身利益最大化，行业协会的宗旨主要在于促进本行业的集体性利益或共通性利益。

同一行业的经济组织建立行业协会的共同目的，就是为协会成员间解决共同问题而搭建平台。行业协会可以为其成员企业提供一些国家基于政府中立性和法律普适性而无法提供，且单个企业出于成本收益之计算以及防范搭便车的考量又不能提供的一些特殊公共产品。如果协会成员存在一些合理的共同需求而为协会力所能及，同时又不违反国家法律制度，那么协会根据其需求所提供的公共产品便具有经济合理性和制度合理性。

（二）行业纠纷的特殊性

行业纠纷多源自同行间某一次的竞争或合作，然而如果把同行之间的商业关系放到一个更长的时间段里，那么它们之间的关系常常是既有竞争又有合作，因时而异。不容否认的是，有时处于竞争关系的一方将另一方告上法庭，是符合其对利益的长期考量的。然而，即便如此，如果存在一种相等效率甚至更高效的纠纷解决方式，那么相信诉讼也不会是其试图解决纠纷的唯一方式。市场经济发展到今天，简单的商品交换关系已发展为一种整体的复杂社会关系，企业为了保证维持长远的经济关系，更好地实现长远的利益，往往倾向于做出一定让步，达成妥协。[①]

假设企业 A 和企业 B 属于同一个行业，如果 A、B 之间产生纠纷，并将纠纷提交给法院解决，这一事件意味着一系列的后果：第一，这意味着 A 和 B 通过合意解决纠纷失败；第二，这意味着 A 和 B 所在的行业内部无法解决纠纷，无力维持本集体的和谐和秩序；第三，这意味着国家将以普适的法律规则来处理纠纷，法院只会考虑 A 与 B 之间的法律上的争点，而他们之间的其他关系（冲突或合作）将得不到系统的调

---

① 参见范榆：《非诉讼纠纷解决机制研究》，中国人民大学出版社 2000 年第 1 版，第 120 页。

整;第四,通过纠纷的处理,法律规则得以适用,普遍的社会秩序得以维护,但是由于这种处理不是基于合意,所以处理结果很难同时使双方满意,另外由于诉讼需要较高的成本,因此双方的收益难以实现最大化。

从解决社会争议的方式看,司法手段不是唯一的解决方式。所谓"司法是权益保护的最后一道防线"便意味着在正常情况下,司法不应成为首要的选择,而应成为一种例外。司法不是万能的。今天的西方发达国家在实行高度法治的同时,生活方式和社会观念也在悄然变化,对纠纷解决的自主性和机会合理性给予了更多的重视;在国家权力的行使已形成制度的惯性之后,各种非国家的组织、社会共同体或社团的作用,以及非正式的法(即代替性纠纷解决方式)在纠纷解决中的作用正在日益受到重视。行业协会这种非政府组织,就可以通过调解很好地解决行业纠纷。所谓行业协会调解,是指行业纠纷双方在行业协会的主持下,通过行业协会的专业优势促进当事人的沟通协调,并最终促成纠纷双方达成和解协议的纠纷解决过程。

如果让行业协会来调解行业纠纷,至少具有以下优势:① 纠纷双方在行业协会的主持下,通过合意一揽子地解决双方的各种纠纷成为可能。② 行业协会具有一定的专业优势,了解本行业的情况,能够促进纠纷双方有效地进行沟通,可以为纠纷双方提供切合实际的建议或纠纷解决方案。③ 程序简便,行业协会调解的过程只要能有效地促进双方有效对话、有效地解决纠纷就足够了,调解过程可以随着纠纷的解决随时终止。④ 成本较低。如果行业纠纷进入诉讼程序,则意味着要投入较高的诉讼成本。诉讼成本包括两个方面:一个是社会成本,一个是经济成本。社会成本包括声誉成本和关系成本,经济成本则包括各种费用的支出、时间耗费以及可能带来的各种机会成本的损失。[①] 如果纠纷双方对簿公堂,上述成本是难以避免的,但是如果双方利用行业协会进行调解,社会成本和经济成本都会相对小得多。与诉讼相比,行业协会调解确实避免了"一刀两断"式的纠纷解决方式,能为纠纷双方可能存在的合作关系留有余地。同时,行业协会可以利用

---

① 参见冉井富:《当代中国民事诉讼率变迁研究》,中国人民大学出版社2005年版,第293页。

自己的专业优势促成纠纷双方尽可能就纠纷解决达成合意，这样，便有利于纠纷的迅速解决，使企业避免了因陷于诉讼而付出更多的机会成本。

从上述的分析可以看出，行业协会调解行业纠纷具有一定的经济合理性，但是在我国，企业缺乏将纠纷拿到行业协会调解的动力，行业协会本身也没有将"纠纷调解"作为自己的主要职责之一。问题究竟出现在哪里呢？笔者将分析行业协会调解正常运作的内在因素，并以之对照考察行业协会的现状，以期找到问题的症结所在。

三、行业协会调解的基础：行业协会自治

一个企业只有对行业协会在反映和实现他们利益方面抱有很大希望才愿支付成本（如会费的缴纳）来构建行业协会，由于人是自己利益的最佳判断者，因而成员企业组建或加入行业协会并不希望别人来决定和主导他们对自我利益的获取，在更大程度上他们是企盼亲身介入其中，以协会主人的身份来筹划和引导协会成员争取企业利益的集体行动。由此我们不难看出，只有自治的结构才契合行业协会成员"自愿加入行会"行为的本质要求，也只有"自治"才能使行业协会成员给予行业协会以最大程度的信任。

行会自治就是指行业成员以自愿为原则达成协议来构建行业协会，行业成员通过此协议让渡自己的部分自主权给行业协会，行业协会因此获得自治权，而行业协会也依此自治权进行运作。一个行业需要秩序，行业中的成员需要一个良好的行业环境，这些都要求享有自治权的行业协会对行业内成员间的纠纷负责[①]；而成员则享有要求行业协会提供合理服务——包括调解——的权利。正是这种权利义务关系为行业协会调解提供了正当基础。

行会自治需要一定的制度性条件予以保障。这种保障主要有两点：

---

① 行业协会的自治权虽然是一种权力，然而这种权力除了为会员服务之外，没有也不应当有其他目的。因而这种权力是一种"为义务"而生的权力。

1. 要在法律上保障行业协会的结社自由。[①] 宪法上的结社自由常常会受到各个层级规范性文件的限制。如《深圳市行业协会条例》第7条规定:"在本市同一行业内不得重复设立相同或类似的行业协会。"这一规定产生两个后果:首先是现有的行业协会的运作与其部分会员入会目的大相径庭时,部分会员欲重建或新建另一团体来实现其联合的目的时,本规定阻却了他们组建类似行业协会权利的实现。其次是这部分成员由于无法组建新的社团,因而被迫与他们不愿合作的人为伍,这时,行会成员参与行会运作和利用行业协会的积极性将会受到损害。[②] 又如《中国人民银行关于规范银行业协会管理的若干意见》中规定:"在省以下的地(市)和县级行政区域暂不设立银行业协会,正在申请设立的地(市)和县银行业协会应停止筹建活动,已经设立的地(市)和县银行业协会,应予以撤销。"这种规定则直接限制了同行业成员的结社自由。可见,必须在法律层面上保障行业协会的结社自由,同时,对各层级规范性文件基于合理理由对行业协会结社自由的正当限制,应控制在最低限度,这样,才符合宪法规定结社自由的宗旨,才能进而保障行业协会自治的实现。

2. 在立法上要对行业协会自治的权力予以认可,虽然行业协会自治的权力来源于行业协会成员间的契约,但是如果有国家法律对行业自治权的认可,无疑可以提高行业自治行为的公信力。对于行业协会调解而言,这种认可有利于法院承认行业协会调解协议的效力,有利于将行业协会调解纳入国家整个纠纷解决机制中来。

我国目前的行业协会主要有两种形式:一种为体制内行业协会,另一种为自发型行业协会。前者主要是指由国家机关转制而来或主要由国家机关发起设立并主要承担行政部门委托事项的行业协会,而后者主要是指民间自发产生的,通过成员权利的赋予而享有自治权的

---

① 我国宪法规定了结社自由,可以说,行会自治是结社自由的必然结论。因为一个自由结成的社团如果不能管理自身事务,结社自由只会成为一种没有实际意义的"空壳自由"。

② 《温州行业协会办法》第11条也有类似规定。

一些行业协会。在我国,体制内行业协会占有较高比例[①],这类行业协会由于权力来自政府,并不受协会成员的控制,所以在工作中容易形成"只对上负责"的工作态度,为协会成员服务的意识不强[②],行业协会的定位产生了偏差,行业协会的发展处于停滞状态。而与此相反,那些民间自发型的行业协会因为真正实现了行会自治,行业协会是真正为其成员提供服务,所以行会成员也乐于支持其发展,行业协会在规模和服务质量上也进入了良性发展的轨道。如在温州,温州市行业协会的发展速度和工作质量稳居全国第一,其原因就在于协会发展的主要动力来自企业。温州在整体上已经脱离了自上而下靠红头文件组建行业协会的模式。[③] 其实,对于行业协会而言,行业协会的发展与完善在很大程度上取决于政府行为的调整。政府可以鼓励、支持行业协会的发展,但绝不应从内部影响甚至控制行业协会;政府应当尊重并支持行会自治,惟其如此,行业协会才能真正得到发展,协会成员才能真正从中受益。

四、行业协会调解的运行

(一) 合意的二重获得

行业协会拥有自治权,只是行业协会可以正当进行调解的基础;但是,行业协会要现实地解决行业纠纷,必须取得纠纷双方就"纠纷解决方式"和"纠纷解决方案"的双重合意,这种取得纠纷双方双重合意的过程,被日本学者棚濑孝雄称之为"合意的二重获得",这一过程是行业协会调解的整个过程的核心。为什么行业协会调解要取得纠纷双方的双重合意呢?首先,所谓纠纷解决方式是程序问题,纠纷解决方案是实体问题。纠纷解决方式由法定、固定,变成当事人选择,双方当事人选择了行业协会调解发生,即意味着双方对解决自身纠纷在程

---

① 以北京为例,大部分北京市的行业协会属体制内协会,官办色彩较浓。参见汪晓凡:《北京市行业协会外部环境优化研究》,中国人民大学硕士学位论文(2006年),第19页。

② 参见裘丽明:《政府行为与行业协会的发展》,浙江大学硕士学位论文(2005年),第18页。

③ 参见朱国华、朱国泓:《上海、温州行业协会信用制度发展调研及比较分析》,载《民间法》(第4卷),山东人民出版社2005年第1版,第313页。

序上有了合意。其次,因为纠纷调解涉及的是双方当事人对自身私权利(实体权利)的处分,只有双方当事人有权决定以何种方式、何种方案解决双方的私权争议。再次,行业协会作为一个私法人,难以同法院[1]相比,后者只需一方当事人提起诉讼即可;而行业协会与纠纷双方是平等的主体,只有纠纷双方同意由行业协会进行调解,调解才具有正当性,只有双方同意的调解方案,双方才会接受,才符合调解的本意。

双方当事人是否同意将纠纷交由行业协会调解,这涉及行业协会的信用问题,行业协会的专业化程度高,调解工作开展得好,纠纷双方会倾向于将纠纷拿到行业协会来解决。当然,现实中常常是一方先向行业协会提出调解纠纷的要求,这时,就需要行业协会发挥沟通协调的作用,使双方相互了解,促成双方在符合自身利益的前提下进行调解。

当纠纷双方确定将纠纷交由行业协会调解后,行业协会所要做的核心工作就是促进纠纷双方对最终的纠纷解决方案达成合意。在这个过程中,行业协会主要在三个方面发挥功能:

第一,行业协会首先需要在纠纷双方间发挥"中介"的功能。纠纷的双方常常处于信息不对称的状态,对对方的情况并不了解;同时,纠纷的当事人并不一定了解自己在纠纷中所处的地位是有利还是不利。这些都需要行业协会作为一个中介进行沟通和说明,进而为双方达成合意创造条件。

第二,行业协会还要在充当中介的基础上发挥其"判断"的功能。一般说来,行业协会的判断功能主要表现在:先找出某个合意点为标准,以否定离此太远的当事者主张或尽量推动当事者向此合意点靠拢的方式来诱导合意的形成,当然,合意点的形成并不是由行业协会主观臆断的,而是需要依据社会常识、法律规范及纠纷本身的事实关系等客观因素来确定。

第三,为了促进双方形成合意,行业协会需要利用直接或间接掌握的资源来促使当事者接受解决方案。这一功能可以称之为"促合"功能。因为行业协会对纠纷双方而言具有高度的中立性和专业化水

---

① 法院介入民事纠纷裁判,是因有民事诉讼法的授权。

平,其对纠纷的判断又常常与法院裁判的结果相接近,依靠以上优势,行业协会可以说服纠纷双方接受由其参与形塑的调解方案。

总之,行业协会如果能顺利地发挥"中介"、"判断"、"促合"功能,处于纠纷的双方就会逐渐由"各持己见"转向"相互认同",由"互不相让"逐渐转向寻求"妥协与共赢"。

(二)调解与诉讼的衔接

在经历了行业协会的调解之后,纠纷双方达成了调解协议,一劳永逸地解决了纠纷,这当然最好;但是,如果纠纷双方达不成调解协议或者在达成调解协议之后又反悔了,在这种情况下,应该遵循"司法最终解决"原则[①],允许当事人提起诉讼。这样,增加了最后一道救济途径,有利于保护当事人的合法权益。

五、行业协会调解正常运行的保障:信用建设

行业纠纷的双方是否会将纠纷交由行业协会调解,这在很大程度上取决于行业协会的调解工作是否做得好、有信用。调解工作的信用是由工作的成效所赢得的以及外界对其所作的积极评价。信用是通过工作的有效开展取得的,而工作的有效开展又需要一定的条件作保证。完善这方面工作的条件,实际上就是在保障调解工作的信用,这种完善就是关系到行业协会调解工作成败的信用建设。

具体言之,这项信用建设的工作应包括以下几个方面:

(一)工作经费的保障

凡是财务状况好的行业协会,它的信用能力就强。上海市检测协会和律师协会的财务能力很强,所以他们的信用状况和信用形象非常好。但是大多数的行业协会的财务能力是有问题的,甚至不足以支付

---

① 所谓"司法最终解决"原则是指:① 所有的纠纷解决机构在做出裁决之后,当事人不服,都可以向法院起诉;② 法院的终审判决是发生法律效力的判决,除了法律规定或者依照法定程序提起再审,任何国家机关或任何人都不得变更、废除法院的裁判。参见杨伟东:《关于我国纠纷解决机制的思考》,载《行政法学研究》2006 年第 3 期,第 40 页。

基本的开销，甚或没有基本的办公条件，只能依附在行政机关合署办公。[①] 经费不足，导致包括调解工作在内的许多工作难以开展。在对北京市中小企业的一份调查中可以发现，许多企业都有这样的意见：如果不是政府有关部门下文要求加入协会，就不会加入。这主要是由于行业协会还缺乏对企业的吸引力，企业感到加入行业协会只是每年向行业协会缴纳一定费用，行业协会并没有对企业提供什么服务。与此同时，多年来各行业协会也没有形成有效的会费收缴制度，会员欠费现象严重。[②] 可见，经费不足与工作不能有效展开互为因果，恶性循环。如何保障行业协会的工作经费，如何将会费收缴制度与行业协会的有效服务相挂钩，这是信用建设工作首先要解决的问题。

（二）行业协会治理结构的建设

由于法律法规对行业协会的治理结构没有统一的强制规定，各个地区不同的行业协会的治理结构千差万别，行业协会往往为个别官僚、实力雄厚的会员所把持，行业协会的官僚化回潮现象严重，广大会员的根本利益无法保障。这种情况，严重侵害了行业协会的信用。为此，改善行业协会的治理结构非常必要。必须保障会员企业对行业协会的绝对控制权。为此，在绝大多数的行业协会章程中都应明确规定：最高权力机构是会员代表大会，而理事会是会员大会的执行机构。此外，行业协会还应设立专职秘书长负责日常工作，其他机构则根据需要设置。专职人员的管理制度则参照企业人力资源的管理制度，最大限度地减少管理成本。

（三）推动立法确认行业协会的自治权

行业协会的纠纷调解权属于行业协会的一种自治权，这种自治权虽产生于成员创立行业协会的协议，但其法律效力却需要法律予以规定。

---

① 参见朱国华、朱国泓：《上海、温州行业协会信用制度发展调研及比较研究》，载《民间法》第4卷，山东人民出版社，第324页。

② 参见汪晓凡：《北京市行业协会外部环境优化研究》，中国人民大学硕士学位论文（2006年），第26页。

作为自治权之一的纠纷调解权在许多国家和地区的法律均有规定。[①] 我国台湾地区“商业团体法”规定商业团体有13项职能和任务,其中第4项职能是关于同业纠纷之调处事项。台湾地区“工业团体法”规定工业团体有16项职能,其中第10项为:关于同业纠纷之调处及劳资纠纷之协助调处事项。《韩国商工会议所法》第二章规定了商工会议所可以从事15个方面的全部或一部分的活动和职能,其中第7项为:协助和调整大中小型企业之间的关系。《俄罗斯联邦工商会法》规定工商会应完成十个方面的职能和任务,其中第7项为:在法律允许的范围内采取措施,避免和制止不正当竞争和不良合作关系;第8项为:调解企业之间和企业家之间的争端。

各国为什么要在法律中明文规定行业协会的纠纷调解权及其他自治权呢?明文规定这些权力,有利于促进行业协会明确自身的权力范围,促进行业协会展开各项工作。对于行会成员而言,这也有利于成员们增强利用行业协会的意识。但是这种明文规定最重要的意义在于:当行业协会于法律允许的范围内选定自己的权力范围之后,其行使的权力便具有正当性,任何外部公权力都不能在没有特殊法律依据的情况下加以干涉,而应于通常情况下尊重和承认其权力的正当行使。可以说,有关行业协会的立法对行业协会开展各项工作(如调解)的意义至为重要,然而我国法律却缺乏相关规定。[②] 好在一些地方政府已经开始为行业协会开展了立法的活动,如上海市人大制定了《促进行业协会发展规定》,福建省政府出台了《关于促进行业协会改革与发展的指导意见》。[③] 可以预见的是,有关行业协会的法律,将对全国

---

① 参见陈清泰主编:《商会发展与制度规范》,中国经济出版社1995年第1版,第127—134页。

② 原国家经贸委曾以“国经贸产业(1999)1016号文”印发了《关于加快培育和发展工商领域协会的若干意见》(试行),提出了工商领域协会的17项职能,其中第10项、第11项规定:10. 制定并监督执行行规行约,规范行业行为,协调同行价格争议,维护公平竞争。11. 反映会员要求,协调会员关系,维护其合法利益。但是这一部门规章层级的文件,层级不高,又易变动,难以有力支持民间对行业协会的需求。

③ 参见汪晓凡:《北京市行业协会外部环境优化研究》,中国人民大学硕士论文(2006年),第20页。

的行业协会发展产生积极的促进作用。

（四）行业协会的专业化建设

行业协会调解，应该由具备法律知识和本行业专业知识的人来主持，相对于法官而言，行业协会调解的主持者更能够理解和把握本行业纠纷的特殊性。对于经常主持行业纠纷调解的人来说，他们的工作经验将促进调解工作更加专业化，有利于及时化解行业纠纷。专业的调解人员对于提升行业协会调解工作的信用至为重要。

六、结语

在我国，包括法院在内的纠纷解决体系并不完善，加强包括行业协会调解在内的非诉纠纷解决机制的建设对这个体系的完善起着至为重要的作用。诉讼与非诉纠纷解决机制是相互影响的关系：非诉纠纷解决机制有利于分担法院负担，使法院能够集中精力办案，有利于司法公正；同时，法院对于非诉纠纷解决机制仍会起到“把关”的作用，防止非诉纠纷解决机制运作过程中出现的“专业化不足”和“偏离公正”现象的发生。

建设我国的非诉讼纠纷解决机制，必须依靠我国目前大量存在的各种非政府组织，这是基于国情而应做出的现实选择。行业协会在建设非诉纠纷解决机制的过程中，是一股不可忽视的社会力量。其在行业中的地位和专业优势，预示了行业协会调解在解决行业纠纷方面所独具的潜力。“事实上，国家法秩序也一直无法超脱生活中的‘活法’和民间秩序而存在。在 NGO 的民间治理过程中，孕育了一种民间自治秩序，它作为国家制定法缺位和局限时的一种补充和替代，构成了国家法秩序的重要基础。”[①]构建和谐社会，应充分利用全社会力量的共同努力，行业协会调解这一机制，理应为这一历史进程做出自己的贡献！

---

① 马长山：《NGO 的民间治理与转型期的法治秩序》，载《法学研究》2005 年第 4 期，第 78 页。

后　　记

本人以前的文章收录在中国方正出版社2001年5月出版的《行政法热点问题》一书中。这本论文集收录了本人此后至今的三十余篇文章。另外还有六七十篇时评短文，拟结成随笔集出版。

本论文集中的文章分为三篇：第一篇为行政法基础理论研究，着重探讨宪政与行政法的关系、依法行政与法治政府的基本理论、行政法的基本原则等问题；第二篇为变迁时代的中国行政法，较为全面地阐述了当代中国行政法的发展与演进，内容涵盖行政立法、行政行为、行政程序、行政复议和行政诉讼等诸多领域；第三篇为政府管制与行政法，主要从行政法的视角，分析政府以及社会公共组织对经济社会事务的管制职能，探讨在新的历史条件下如何转变政府职能，加快向"服务型政府"转变，实现公共治理的和谐。

本论文集记录了我对当代中国行政法的理性思考与探索，在一定范围内反映了当代中国行政法与政府管制的发展趋向。

论文集中收录的文章有些是合作的成果，没有合作者们的授权论文集难以如此洋洋大观。我的学生石磊、钱蓓蓓、王凌光为本论文集的出版进行了大量的资料搜集、整理工作。如同我一贯认为的那样，作为老师我也始终受益于我的学生！论文的出版更离不开中山大学"985工程"的资助，以及北京大学出版社编辑肖菊女士高度专业性的、辛苦认真的工作，在此一并表示感谢！

刘　莘

2009年3月29日于三木居